良师名师书系

李锦宏 著

教科研修炼
优秀教师专业
成长之需

- 教学素养靠什么成就？
- 优秀教师是怎样炼成的？
- 对未来教科研导向有何预期？
- 本书将为您解读。

JIAOKEYAN XIULIAN

YOUXIU JIAOSHI ZHUANYE

CHENGZHANG ZHIXU

东北师范大学出版社
NORTHEAST NORMAL UNIVERSITY PRESS
长春

图书在版编目（CIP）数据

教科研修炼：优秀教师专业成长之需 / 李锦宏著.

—长春：东北师范大学出版社，2017.4

ISBN 978 - 7 - 5681 - 3025 - 7

Ⅰ.①教… Ⅱ.①李… Ⅲ.①中小学—师资培养—研

究 Ⅳ.①G635.12

中国版本图书馆 CIP 数据核字（2017）第 097422 号

□策划编辑：王春彦　　　　　　□封面设计：中联学林

□责任编辑：王春梅　　　　　　□内文设计：中联学林

□责任校对：王春彦　　　　　　□责任印制：张 允 豪

东北师范大学出版社出版发行

长春市净月开发区金宝街 118 号（邮政编码：130117）

销售热线：0431 - 84568122

传真：0431 - 84568122

网址：http://www.nenup.com

电子函件：sdcbs@mail.jl.cn

北京天正元印务有限公司印装

2017 年 5 月第 1 版　2017 年 5 月第 1 次印刷

幅面尺寸：170mm×240mm　印张：20.5　字数：368 千

定价：52.00 元

成就教学素养

（代序）

什么是教学素养？这是近年来业界热议的一个话题。在回答问题之前，先说说同样在近年来被业界关注的"核心素养"问题吧。

对于"核心素养"问题，专家学者，各尽其能，各显其才，献计献策，纷纷发表文章，表达自己的看法。

华东师范大学教授钟启泉在 2015 年 4 月 1 日中国教育报发表"核心素养的'核心'在哪里——核心素养研究的构图"的文章，认为核心素养的概念大体涉及"人格构成及其发展""学力模型"和"学校愿景研究"等"三大领域"；2016 年 1 月 12 日，山西省教科院教研员张增建在《南方周末》发表文章指出："核心素养：素质教育的新起点。"福建师大教授余文森在《今日教育》2016 年第 3 期发表文章认为，"核心素养的培育需要良好的教育"，提出"就一门学科而言，核心素养的内涵包括核心知识、核心能力、核心品质，但不是它们的简单相加，任何一门学科的目标定位和教学活动都要从素养的高度来进行。价值引领、思维启迪、品格塑造是学校和教师的三大核心任务。"北师大肖川教授则从学科角出发，提倡要为素养而教，通过学科教学育人。

尽管众说纷纭，但是，我始终十分赞赏毛泽东主席主张的"我们的教育方针是，应该使受教育者在德育、智育、体育几方面都得到发展，成为有社会主义文化的劳动者。"使受教育者在"德育、智育、体育"几方面，在后来被人们续为"德、智、体、美、劳"等几方面都得到全面发展的说法。

热议的核心素养和毛主席主张的教育方针，其实两者归纳起来，就是指品格和能力。前者需要内在修养、磨砺；后者在于外在的修炼、提高。落实到学校，就是一个目的，那就是要把青少年学生培养成为对社会有用的、具有良好素养的人才。要实现把青少年学生培养成为具有良好素养的人才，在学校担负育人的教师，首先必须有良好的教学素养，才能有良好的影响力、号召力。因为，学生的良好素养很大程度上有赖于教师素养的影响，而教师的教学素养对学生的影响尤其重要。

那么，教师的教学素养是修炼出来的？还是打造出来的？这是一个值得慎思的问题，也是本书要浓墨重笔来谈论的话题。这里，就围绕什么是教学素养、为什么要具备教学素养、怎样才能具备这些素养等话题而展开。

虽然，目前对于教学素养尚未有定论，但是，笔者认为，教师的教学素养，是对教师投入到教学中的综合要素的概括，其内容至少应该包括品德素养、知识素养、能力素养等三个方面。且应该肯定这三个方面，是构成教学素养的基本方面，是教学素养有机的统一体，绝不是非此即彼、可有可无的东西。

1. 品德素养

品德素养是指教师投入到教学中的情感、态度、价值观等诸要素，即包含心理的、道德的、政治的、社会的等要素。

虽然当今学校提倡教师与学生亦师亦友，但是，教师始终是学生成长的引领者。因此，教师作为教育工作者，其品德素养至关重要。

教师是人类灵魂的工程师。这里说的"人类灵魂"，指的是健康的、积极的、向上的、先进的思想、主张和影响，而不是颓废的、腐朽的、落后的思想、主张和影响。

打铁还须自身硬。教师要无愧于"人类灵魂的工程师"这个称号，就要自身加强修炼，使自身具有健康的、积极的、向上的和先进的思想、主张，并以此正能量，去积极传递、影响受教育者，使受教育者成为良好品德的学习者、受益者。也只有教师自身具备了这种品德素养，才能对受教育者产生积极的影响。

有一位对他的政治老师称兄道弟的学生，称他的这位政治老师——"您是我心中的阳光"，并把它写成了一篇文章。现将其全文录下：

您是我心中的阳光

您是我生活中的阳光，指明了我前进的道路，您更是我心中的阳光，温暖了我冰冷的内心世界。

踏进初一

很早就听过您的大名了，您是出了名严格又友好的老师。

您还记得吗？刚上初中的时候，我一直在您的课堂上捣乱、睡觉，影响您上课的心情，但您总是轻轻地拍拍我的肩膀，和蔼地说："要认真一点，打起精神来听课！"我总是对您不理不睬，但最终我在您的耐心教导下"屈服"了，我越来越感受到您的温暖，您就像阳光般温暖着我的内心，是您让我把政治（思想品德）学科成绩由期中的 46 分魔幻般地变为期末的 95 分。

走向初二

上初二了，您已不再是我的课任老师，您要去教初三了，为祖国培养更多人才，为学校争取荣誉。

即使您不再是我的课任老师，但在我心中您永远都是我心中温暖的阳光，我们依然是无话不谈的好兄弟。

虽然您不教我了，但是有一次我的手受伤了，您便像我父母般关心我，对我嘘寒问暖："没事吧？下次小心点哦！"您轻轻地抚摸着我的头，像慈母呵护子女般地亲切。

您无时无刻都是我心中的阳光，在温暖着我！

拼搏初三

初三生活是初中学习生活中最重要的一年，是我们人生的一大转折点，在这一年的学习生活中要拼搏了，在这一年您又回来接手我们班的政治（思想品德）课了。

无论是上课还是下课，您都会很亲切地问我："记住了没有，有没有不懂的地方，有就提出来，我们一起把它解决了。"在那次我们的谈话中，我发现您对我十分严格，但在严格中透出了一份您对我的期望。您像我父亲般地疼爱我。

我的政治老师啊！您就像我心中的阳光，永远地温暖着我。

从这短短600多字的文章中可以看出这位政治老师对这位学生言传身教的品德感化之所在。同时，也可见教师高尚的品德素养的作用不可小视。

其实，教师也只有"德高为范"，才能对得起教师这个称号，才能言传身教去感化、去影响所教育的学生。

2. 知识素养

学高为师。古往今来，学生所以拜师学艺，是因为除了老师有高尚的品德素养外，更是因为老师具备的学识（包括不断新掌握的学识）能够指导学龄段孩子（除个别天才孩子外）求学的要求。

俗云：要给他人一碗水，自身需有一桶水。要能驾轻就熟地指导学生学习、成才，教师必须不断地精进自身的专业知识。尤其是在当今科技迅猛发展、知识日新月异的时代，尤其必须注重自身知识的积累、更新和精进，才能满足和应对求学者的需要，亦不至于被时代所抛弃。

与时俱进，不断地学习，是教师教学精进的必然要求。就目前而言，教师不仅要有计划地进修、学习相关专业理论，还要依据课程标准，通读相关的教科书籍——尽可能读几种版本的教科书，比较了解各种版本教科书对同一个问题的不同表述。了解同一课程标准下同样问题的编排顺序、阐述方法的不同特点。比如，《义务教育课程标准试验教科书　思想品德》教材，在落实课程标准"一（二）2.7养成自信自立的生活态度，体会自强不息的意义"时，人民教育出版社编写出版的教材上，对这个编排，则安排在七年级下册第二课"扬起自信的风帆"中；北京师范大学出版社编写出版的教材则安排在七年级上册第10课"做一个自信的人"中……这是教材纵向联系对教师提出的素养要求。从教材的横向联系看，学科与学科之间，也会有些联系。比如，课程标准"一（二）2.1认识生命形态的多样性，理解人类生命离不开大自然的哺育"，生物学科对生命的表述，与七年级思想品德学科教材对生命的表述有交叉；对环境保护的问题，思想品德课程标准对"三（二）2.1知道我国的人口、资源、环境等状况，了解计划生育、保护环境、合理利用资源的政策，形成可持续发展意识"的表述，与地理学科的表述各有侧重。等等这些,都涉及教师的知识素养问题。

教师的知识素养愈丰富,对学生愈有吸引力,教学成效也就愈强。

3. 能力素养

笔者认为,能力素养包括教学艺术素养、命题能力素养、试题(卷)评析能力素养、教育科研能力素养以及撰文写作能力素养等五个方面。它们有机地构成了教师的能力素养内涵。

(1)教学艺术素养

教学艺术素养,即人们曾经常说的驾驭课堂的能力,或者说,掌控课堂教学的能力,亦称课堂应变能力。在当今科技迅猛发展、知识日新月异的年代,不少学生借助于各种媒体传播平台,获取这样那样的知识,并将这些知识突然间抛到课堂上来,或希望老师给予解答,或希望与老师分享。这种情况下,则需要上课教师智慧处理。如果对此问题处理得当,那么,既解决了问题,又与同学们共同分享了快乐。

这种教学艺术素养,需要教师具备以下两方面的素养:

一是要有正确的学生观,即以生为本。学生是课堂的主体,教师只是课堂的主导。作为"导演"的教师,要使课堂戏演好,必须依靠学生演员,充分发挥学生"演员"的主体作用、创造才能。要认识到课堂教学的终极目的是为了学生——为了学生的学习,为了学生的成长。如果正确处理好了这种主体与主导的关系,教学目的可以说可望又可即了。

二是灵活处理课堂突发事件的智慧。如果学生突然间在课堂上抛出自己的所见所闻(错与对、正确与否,暂且不论),甚至在义务教育学段的课堂上,突然冒出极不和谐的喧哗声、尖叫声,教师都不要大惊小怪,而应该一边教学一边仔细发现并及时妥善(友善)处置。若是学生抛出生活中见闻的事件或知识,则与学生一起分享;若遇到的是突然冒出的不和谐的喧哗声、尖叫声时,则视情况及时示意并妥善(友善)处置,做到临危不乱。

总之,无论课堂中出现何种情况,都要坚持正确的学生观,绝不能为了完成教学任务而置之不理。这是教学艺术素养所不允许的,亦是教学能力素养缺失的反映。

（2）命题能力素养

命题,即编制试题。

通常情况下,是对教师完成一课书、一个单元或者一个学段的教学任务时,必须要做的质量评估。这种评估的手段,往往是用考试的方式来实现。要考试,自然离不开试题。试题来源,通常有两种:一种是拿来主义,即用他人命制好的现成的试题——美其名曰"他山之石";另一种是自己或备课小组教师分工负责(除非备课小组只有自己一人者),各自承担部分试题命制工作,或者,也有的备课小组规定,教师轮流命制,每人每次各自完成一份完整的试题。若不采用拿来主义,就需要教师应该具备命题能力。

命题能力并非与生俱来,需要学习,需要在教学中积累,从学会命题中积累命题经验,直到驾轻就熟。其实,这也是作为合格第一线教师必须具有的一种技术活,一种职责,一种素养。

（3）试题(卷)评析能力素养

通常情况下,考试完结以后,需要对试题(卷)进行总结分析。一方面,看看通过考查,学生对所学知识与技能、能力与方法,以及情感态度价值观在答卷中是否能正确反映;是否达到教学目标;差距多大;需要改进的方面是哪些;等等。另一方面,看看试题情况,是难,是易,还是适中;均需通过评析,方可知道情况。因此,教师需要具备这样的评析试题(卷)的能力素养。至于,教师评析试题(卷)能力素养的体现问题,在本书第五章《评析试卷》中有细述,此不必赘述。

（4）教育科研能力素养

教育科研,是当今教师专业发展的重要路径。面对身处科技迅猛发展、知识更新日新月异的当今时代,面对正在茁壮成长、发展变化中的青少年学生,如何让他们更好地掌握知识、运用知识,达到因材施教、因人施教之目的,这不是简单地用一句话、两句话,就能完成的事情。

教育教学,需要科学方法、科学安排,循序渐进,一步一个脚印,踏踏实实地实施。需要根据自己的教学对象特点——农村的学生与城市的学生见识不同,求知、认知的路径、方式、速度,都有所差别,甚至差别较大，因此，要根据不尽相同这些特点，进行因材、因人施教。

怎样因材、因人施教？这就需要考量、研究。

与时俱进，积极参与国家、省、市教育科研立项研究，是培养教师教科研素养的好机遇；立足自身和自己所在学校的教改、教研等教育科研活动，也是促进自身教科研素养的好途径。无论哪种方式、途径，只要有利于提升自身教科研素养的，都要大力提倡。

(5)撰文写作能力素养

对教学，对试题(卷)的评析，更多的时候，许多教师采用的是即兴的、口头的评析功能；而把它落实到纸上，形成有形的文字记载，常常被忽视，或者以诸多借口被推掉。

教育事业是一项创新的事业，即人们通常所说的教育教学常教常新。因为，尽管教师一定时期内对自己所教的学科几乎没有多大的变化，趋于稳定状态。但是，教师所面对的学生却是活生生的、有血有肉有灵魂的、富有个性的、正处于茁壮成长中的、发展变化之中的青少年学生，要满足几乎每一天都处于变化状态中的青少年学生的求知需要，教师必须有应对不断变化的教育对象所需的新的策略安排，包括应对的知识储备、经验积累等。这些新的对策从哪里来？除了借他山之石外，更多的是来自教师的自身学识、经验积累，从自身学识和经验中比较而来，形成教学智慧。因此，需要把自身的见识、经验及时地记载下来，甚至要将自己可推广的、好的做法、经验，通过文字推而广之，与人交流。这就需要在教育教学之余，养成撰文写作的好习惯。

具有撰文写作能力，既是一种素养，更是一种财富，可以促进教师的专业成长，还能为传递教育正能量做出贡献，一举多得。

可见，教学素养，是当代教师必备的要素。只有具备一定的教学素养的教师，才能算是合格的教师，才能适应当今教学形势发展的要求。实现这些要素，只能在教育教学实践中，认真思考，自觉修炼。在修炼过程中，杜绝骄躁、虚伪，只有这样，才能水到渠成，马到成功，正果可得。

要使学生具有核心素养，教师必须首先要具有教学素养。以教师良好的教学素养，影响学生应有素养的形成。基于此，本书拟通过"立足教育",以及通过"立项科研""命制试题""评析试卷""撰写论文""学习讲座"等修炼,去促成教师的教学素养形成,去成就由普通教师向骨干教师发展、由骨干教师向优秀教师发展、由优秀教师向卓越教师发展的目标。

这里还必须明确两个问题:一是教学素养的养成,不是一朝半夕就能养成的事情,而是要做长期的艰苦努力的打算。二是,这些修炼,既要顺势而为,又要自觉修炼。只有自己心甘情愿顺势而为地自觉修炼,才能真正到达成功的彼岸,才能成就发展目标。如果不是靠自觉的修炼,如果还要依赖外部力量或者完全依赖于外部力量的推动(即使半推半就),那么,成就目标就是勉强的,成就大的作为也就相对困难。所以,教学素养的养成,根本还在于自觉。

是为序。

目 录
CONTENTS

第一章

概而论之

优秀教师应该具备哪些素养？这些素养是怎样得来的？是打造出来的？还是修炼出来的？

其实，对于优秀教师应具备的这些素养是怎么来的，早在多年前，业界就已经争论不休，最终也有了肯定的答案。明智的、有思想的教育专家认为，优秀教师应该具备的素养，是靠修炼而成的。在此，笔者十分赞同这种思想和主张。

之所以赞同优秀教师是修炼而成的主张，主要是因为四个缘由：第一，就"打造"一词而言，有着野蛮、强迫之烙印；第二，被打造者，究竟是情愿的，还是非情愿、被逼的，我认为，总有不情愿、被逼迫等等之嫌。第三，被打造出来的"优秀"教师，往往不是水到渠成的自然产物，而是拔苗助长的产物，是速成品，不符合事物发展的自然规律。这样的产品，底子不厚实，没有自然属性，没有自然属性的坚韧生命力。第四，之所以赞同优秀教师是修炼而成的观点，是因为修炼而成的优秀教师，具有水到渠成的自然发展属性，是水到渠成的产物。这样修炼而成的优秀教师，则犹如金子那般，总会发光的，因为它具有极强的、坚韧的、耐寒耐高温的自然属性的生命力。因此，不仅十分赞同优秀教师是修炼而成的主张；而且，还认为优秀教师的修炼过程，就要与教科研结缘同行。因此，优秀教师的成长过程，就是与教科研结缘同行的过程。教科研，是优秀教师专业修炼之需。

一、如何理解修炼？

"在线汉语词典"，对"修炼"一词的基本解释是：1. 亦作"修练"，亦作"修炼"；2. 指道教的修道、炼气、炼丹等活动；3. 修养陶冶；4. 学习锻炼；5. 特指修行（成仙）。

本书并非人云亦云，亦非无重点、无目的去说"修炼"。

本书所言的"修炼"，亦非"在线汉语词典"对"修炼"的全部基本解释，而是与其中的"3"和"4"相关，即"修养陶冶""学习锻炼"。这是对做人尤其是老师所必需的要求。

华中师范大学教育学院教授郭元祥于2008年4月出版的《教师的20项修炼》一书中主张，教师要通过修炼形象，精炼生活，锤炼专业，去"成就教育人生"。并指出：教师的修炼，其实是教师的一种内在的精神活动，是教师实现自我提升、自我完善的基本途径。教师的专业成长离不开教师的自我反思、自我修炼。只有那些具有强烈自我发展愿景、不安于现状、富有终身学习的愿望与能力、用心体悟教育魅力的教师，才能真正通过修炼，感悟教育的真情与真谛，收获"教育人生"的幸福与快乐。教师要成为一名教育家型的教师，就应该想大问题，做小事情；就应该从教育信念到教育行为、从外在形象到内在素养、从共同规范到个人风格，反思自我、总结自我、革新自我，从细节入手，逐步提升自我。由此出发，提出了"教师的二十项修炼"，认为教师要进行服饰、微笑、语言、习惯、宽容、德行、智慧、情感、规划、阅读、研究、反思、写作、幸福、以生为本、课程意识、跨越边界、教学艺术、寻找声音、教育之梦等20项修炼来"成就教育人生"。

郭元祥教授，站得高，望得远，主张和强调教师要进行20项修炼，不为别的，只为教育事业，为人类的教育事业，为我们教师适应日趋发展的教育事业，为中华民族神圣的教育事业。因为，教育是教师所从事的育人的神圣事业；从事教育是教师所选择的高尚的育人事业；育人是教师所承载的义不容辞的神圣使命。所以，教师要注重修炼自己的气质，注重修炼自己的形象，注重修炼自己的专业品质。只有这样，才能无愧于教师的称号，才能对学生具有感染力、感动力、感化力、感召力，才能理所当然地被称为教书育人的人民教师。

二、为什么强调教科研要作为优秀教师的必修课程？

为什么教师要把教科研作为必修之课呢？理由至少有三个：

一是国家教育发展的需要。《国家中长期教育改革发展规划纲要（2010－2020年）》指出：建设高素质教师队伍。教育大计，教师为本。有好的教师，才有好的教育。提高教师地位，维护教师权益，改善教师待遇，使教师成为受人尊重的职业。严格教师资质，提升教师素质，努力造就一支师德高尚、业务精湛、结构合理、充满活力的高素质专业化教师队伍。

二是教师专业发展的需要。我国已经明确，建立统一的中小学教师职务（职称）系列，在中小学设置正高级教师职务（职称）。中小学教师职称共分五种：三级、二级、一级、高级、正高级。

根据国家的明确态度,地方各级随之先后表示要创造教师成长发展的路径。比如明确表示:骨干教师队伍建设是省市教师队伍建设的核心内容,并加强了对教师的各项培训渠道——国培、省培、市培、网络培训等制度的完善、实施。

如此大好机遇,是教师们放开手脚大显身手展现自我之时。

所谓教师们要放开手脚大显身手展现自我,并非指仅仅争取国培、省培、市培,亦绝非等待一年一度的网络培训,这里指的是立足教育教学需要,立足自身岗位,自觉进行教科研活动。

三是教师自身素养提升的需要。在当今瞬息万变的信息社会,知识更新周期愈来愈短,用"日新月异"来形容,恐怕已经不能涵盖它的意思了。

面对如此迅猛的发展变化,作为教书育人的教师,应该怎么办?该采取怎样的措施来提升自我?怎样赶上和适应新形势的发展步伐?就是要围绕教育教学形势的发展需要,去进行教科研修炼。

人生在世,要学习要做的东西实在太多了。但是,人的精力是有限的,作为教师,除了纷繁复杂的教育教学工作外,还有家庭等事需要料理。工作时间完结后,还要吃饭睡觉,以补充能量、消除疲劳,才能为继续工作储备精神和力量。所以要分轻重、先急后缓。

教学工作是学校的中心工作。教学质量是学校生存和发展的生命线。教育科研是当今推动教学工作上台阶、提升教师素质和教学质量的重要动力。教师围绕教育教学形势的发展需要,进行有计划、有目的、有步骤的教科研修炼,并利用教科研修炼成果,服务学校的教育教学,成就骨干教师、优秀教师,成为学校教育教学的中坚力量。

教师的成长一般都是由普通教师到骨干教师,由骨干教师到优秀教师,由优秀教师到卓越教师这样一个成长、发展过程构成的。在这个过程中,自觉重视教科研修炼,并以此作为成为优秀教师的成长机制和路径,鹤立鸡群是无可置疑的。必须强调的是,在此过程中,必须有耐性,必须坚持不懈。要坚信,是金子就始终会发光的。

作者是一位长期扎根于农村乡镇中学的政治教师。多年来,在繁重的教学工作压力面前,能够吃苦耐劳,迎难而上,始终坚持一边教学,一边钻研教科研,一直潜心致力探索如何进行课堂教学改革、校本教研,探索如何进行因材、因人施教,探索进行创新课堂教学方式方法,探索如何调动学生的学习积极性,探索如何提高教学质量等问题。扎扎实实地做好日常教学工作,认认真真地把教学中的经历、经验做好总结。根据自己所教的思想品德(政治)学科既不同于数理化等自然科学,也不同于其他文科,是一门与时俱进、常教常新的课程的特点,把所教学科与当时发生在国内外的大事结合起来教学。一方面把教育科研有机地结合起来。至目前,主持或参与主持的教育教学立项科研课题以及获奖课题成果共有14项,分别为市级8项、省级5项、国家级1项。其中,获得市级科研项目奖励5项:1.《推进思想政治课素质教育的认识与实践》课题于1999年1月获东莞市三等奖;2.《情感效应对强化思想政治课素质教育作用的研究》课题于1999年12月获东莞市三等奖;3.《启发、阅读、思考、讨论、实践的教学实验》课题于2001年1月获东莞市三等奖;4.《探索和实践中考政治课最优教学,全面推进素质教育》课题于2003年1月获东莞市三等奖;5.《创新实施初中〈思想品德〉"三维目标"教学研究》2013年12月获东莞市二等奖;东莞市级立项研究课题3项:1.东莞市"规821"课题《实施"三新",推进政治课素质教育的研究与实践》;2.东莞市"规567"课题《创新实施初中〈思想品德〉"三维目标"教学研究》;3.东莞市名师工作室专项科研项目《优秀传统文化提升学生德育认知的思品教学研究》(编号:mskt140002),2014年12月;获省级科研项目奖励5项:1.《情感效应对强化思想政治课素质教育作用的研究》课题于2000年01月获广东省(黄华)三等奖;2.《情感效应促进学生自主学习思想政治(品德)课的研究》课题于2007年12月获广东省中小学教育创新成果奖三等奖;3.《以教育科研推动政治教研组创优实践》课题于2009年12月获广东省中小学教育创新成果奖三等奖;4.《思想品德教学实效性探索》课题于2013年12月获广东省中小学教育创新成果奖三等奖;5.《创新实施初中〈思想品德〉"三维目标"教学研究》课题于2014年12月获广东省中小学教育创新成果奖三等奖;国家级立项课题(教育部"九五"重点课题)1项:《改进和加强思想政治课教学,全面推进素质教育》【德师字(2001)第047号】已于2001年11月通过鉴定。于2012年和2014年先后出版《思想品德教学实效性探索》《初中生品德教论》两部共48万5千字的教

2009年前在省市教育教学杂志发表文章的部分杂志

育教学专著。参与广东省教育厅组织编写出版《廉洁修身》《思想政治STS》等教材、教辅15部；在省、市、镇、校，做学术讲座40余场。（见上页图片，2009年前在省市教育教学杂志发表文章的部分杂志影印件）

实践经验是宝贵的，把宝贵的经验传递出去更是可贵。笔者正是一个善于捕捉机遇，善于把自己的实践经验传递出去的践行者。善于将自己探索实践的经验写作成文，在全国教育核心期刊和省、市教育教学刊物上发表或在省市教育教学业务主管部门评比或交流。这些年来，所为、所写、所发表的文章，主要涵盖五个方面：

1. 为教学提升。自20世纪90年代中期起，几乎年年都在写，从不间断。且大多都是发表于省级以上的教育教学期刊上。例如，1995年，针对教育教学中出现的一些问题，写作《遏止新文盲　把好质量关》，发表于1995第11期《广东教育》上；1996年，针对美国为首的西方国家对我国人权事业说三道四的情况，联系《中国人权事业的进展》白皮书，结合初三政治课关于"我国公民享有广泛的权利"教学，写作《浅谈〈中国人权事业的进展〉在初三〈思想政治〉第七课中的运用》，发表于《中学政治教学》第5期上；1998年，政治课率先实施《课程标准》，结合《课程标准》的实施，写作《〈课程标准〉及新教材教学初探》及其相关教法《启发、阅读、思考、讨论、实践》，分别被推荐在1999年省研讨会上宣读交流和《东莞教研》《中小学德育》上刊载；2006年，当全国掀起学习关于社会主义荣辱观高潮时，结合当前中学生存在的某些现象，在开展教学的基础上，写作《政治课强化"八荣八耻"进学生头脑的实践与认识》论文，发表于《广东教研》第3期上；2008年，结合中学生人生规划指引专题教育活动，写作《"初中生人生规划指引"专题教育与思想品德课的结合》，发表于2008年第6期《广东教育》综合版上；2010年，通过总结教研组建设经验，写作《教育科研推动政治教研组创优实践》，发表于2010年第6期《思想政治课教学》上；结合民族团结教育实际，写作《思品课强化民族团结教育策略刍议》，发表于2010年第7期《中学政治教学参考》主刊上；2010年，结合广东省义务教育思想品德课程改革新阶段教学指导意见，写作《贯彻思品课改新阶段〈指导意见〉策略初探》，发表于2011年第1期《思想政治课教学》上；2011年，根据思想品德优质课展示活动中出现的问题，写作《思品优质课实效性的要件》，发表于2011年第11期《思想政治课教学》上。

2. 为优化学法。针对学生学法问题，首先，从改革自身教学入手，写作《构建学生自主学习的最优教学环境，全面推进素质教育》文；通过调研，认为"受人以鱼"不如"授人以渔"，写作《"七字"学法在思想政治课探究性学习中的教学探究与实践》文；通过总结中考实践，写作《实施中考政治复习最优教学，全面推进素质教育》文；通过总结多年情感教学经验，写作《以情感新思维，推进政治课素质教育的研究与实践》文。

3. 为中考探索。自1994年以来，几乎每一年都在写这方面的文章。有的发表于市、省级教学刊物上，有的发表于核心期刊上。如2010年，针对中考情况，写作《评析去年思品卷　指点今朝备考迷》，发表于2010年第5期《中学政治教学参考》上；针对2010年思品中考卷情况，写作《分析思品试卷，把握教学方向》，发表于2010年第10期上；围绕试题贯彻课程理念，且充满正能量，写作《贯彻课程理念　传递正能量——2013年广东省及其部分地级市初中毕业生学业考试思想品德试题述评及教学启示》，发表于《中学政治教学参考》2013年11期上；发现省试题与自主命题的地方试题均具特色，写作《融·活·显——2014年广东省及其部分地市中考思想品德试题赏析》，发表于《中学政治教学参考》2014年11期上；《2015年广东省及其部分地市中考思想品德金题品赏》发表于《中学政治教学参考》2015年11期上；最近，又根据自己多年的跟踪研究，2016年写就了《预测思品中考动向　感受传递正能量必要》寄往北师大《思想政治教学》杂志社。（下图为2009年后在《广东教育》及全国中文核心期刊发表文章的部分杂志影印件）

4. 为学生健康成长。聊，即聊天。与学生聊天的时间选择，一般都在课后或者说在课余。聊的内容，一般有两种情况：一种是对课堂违纪者聊，一种是对虽然课堂无此现象，但在学习方法上需要帮助的同学。对于前一种，聊之时间多数选择在课后，因为要及时地对他（她）的违纪行为进行批评和教育。针对屡教不改的违纪者，聊为什么对老师的多次课堂警示，均我行我素、毫不理会、毫无悔改之意呢？便引出了学生对"严格"问题的理解话题；针对相当部分学生认为课堂违纪遭到老师课堂批评是对自己不尊重的想法，与学生聊怎样正确理解"自尊"的问题。对于后一种之聊，主

2009年后在《广东教育》及全国中文核心期刊发表文章的部分杂志

要是针对在学习中出现的各种需要帮助的现象。如为了帮助学生正确认识对作业的理解问题，与"作业"的含义、意义，帮助学生正确认识写书面作业是作业的一

种表现形式,要动口读背的(知识)作业是作业的另一种表现形式,两者都是作业,不可偏废,是作为学生都必须认真地去对待和认真地去完成的学习任务,否则,就把自己的雅号"读书人"变成纯粹的写作业的工具了。又如,发现有的学生对学习缺乏自信心时,与该生聊为什么要有自信,怎样做到有自信,等等。

5. 为班主任德育提升。面对后进班、后进生,耐心细致地做好转化工作。回顾在横沥中学连续担任初三毕业班班主任八年的工作经历,感受可谓深刻。的确,在这连续作战的八年班主任工作中,实实在在地磨砺了我那种"难不倒、摧不垮"、勇往直前的坚强意志,也发扬着不言代价与回报的奉献精神。1993年,初到横沥中学,初来乍到,语言不通,学校安排我担任初三(7)班班主任和四个初三毕业班政治课教学工作。好心的同事私下告诉说:"这个初三(7)班是被挑剩的学生组成的班,考验你啊!"经过一学年的努力,唯独我担任班主任的初三(7)班没有一名同学违反《治安管理处罚条例》(注:2005年8月28日第十届全国人民代表大会常务委员会第十七次会议修改通过《中华人民共和国治安管理处罚法》)。之后,担任的班主任工作连续多年被评为优秀。成绩是怎么得来的呢? 除了上课,有时间就去自己班巡堂,看到课堂上开小差的、睡觉的、搞小动作的等凡是不专心上课的,或直接悄悄地走近该生身旁提醒他(她),或课后找他(她)谈话,指出课堂应该做什么,不该做什么。班规班约规定,对违纪同学,第一次教育警告;第二次警告教育;第三次,需要请家长一起来共同教育。凡周末和星期天,请班干部带路到各村去逐个家访。有个别的同学,被反复家访过多次。当然,我去家访,不是去告状的,而是去跟家长友好沟通。即使该生缺点满身,也尽量挖掘其优点向家长汇报。许多在家长看来不是什么光荣的东西,我都用积极的表现形式,哄得家长开心,争取家长积极合作共同转化,以求赢得更多的积极因素投入教学。例如,一些较顽皮学生的家长一见到班主任我的到来,便说:"是不是他(她)又惹事了?"我就以令家长开心的话题回应:"听说在家里很听话喔……"虽然听到这话家长很无奈,但心里舒服,能使沟通的话题有效地展开而达到家访的积极效应。在这连续的八年班主任工作中,可以用七个字、三个方面来概括,那就是:规范、表率、成就感。所谓规范,就是在规范班规班约上做足功夫,使得班级工作管理有章可循;所谓表率,就是一旦通过民主协商并决定的班规,向学生宣布后,班主任首先要身体力行,率先垂范,做学生的表率;所谓成就感,就是先苦后甜的工作效果的快乐感受。善于把班主任工作做细、做实、做出效果,也善于把班主任工作经验总结提升。如1997年,把班主任工作经验总结成"爱、勤、严、细、实"五字诀,写作《爱、勤、严、细、实,耐心转变后进生》德育论文,提交至东莞市教育学会参评,获二等奖;1999年,把班主任工作经验进一步提升而撰写《试论班主任工作在学校德育中的地位和作用》，获东莞市教育学会参评论文二等奖。这两篇论文均被印发全市中小学校交流。2012年下学期，七年级3班，由于频繁变换班主任而使学生人心涣散，纪律松弛，无心向学现象凸显。作为授课教师的我，看在眼里，痛在心上，多次找学生谈话、了解情况。当得知其中原因时，主动请缨为该班召开班会课，学校德育主任知道后，把这次班会课推而广之——号召全校各级班主任前来听课。就这样，这次3班的班会课成了全校的示范班会课。本次班会课后，对这个班还跟踪了一段时间，当确认转化后，将成果撰写成《严而有格　爱生至上》论文，发表于《中学政治教学参考》2013年第9期上。

就这样，勤于钻研课程标准和教材，善于掌握教学信息，善于深入实际，善于调查了解和分析学情、生情，善于把问题当课题来看待、来思考、来探究，并做出实效来。比如，发现学校管理上需要改进的某些方面，能针对这些现象向领导提出自己的看法供参考。有时候，还会把一些带普遍性的现象和改进意见，撰写成论文在权威刊物上发表。如对学校量化管理上的一些需要纠正的误区，将其撰写成论文《学校量化管理应赋予正能量导向之我见》，发表于教育部教育管理信息中心主办的《基础教育参考》2014年第七期上。

这些所作所为，不为别的，只为教育的有利发展，为教学的质量提高。正是不断地在教育教学中探索、积累，在探究积累中提高，教育、教学、教研、科研并进，在促进学生健康发展的同时，也提升了自己。（右图为2014-2015年在全国中文核心期刊发表文章的部分杂志影印件）

2014-2015年在全国中文核心期刊发表文章的部分杂志

实践中所积淀的显著的教育科研业绩，我获得了广东省特级教师、南粤优秀教师、广东省和全国优秀政治教师、东莞市教改积极分子、东莞市教书育人优秀教师、东莞市"三五"普法先进个人、东莞市初中思想品德学科带头人、东莞市优秀党员、东莞市科研先进教师、东莞（敬业奉献）好人、东莞市中小学名师工作室主持人等荣誉。

事实表明，伴随优秀教师成长的力量，不是什么惊人的背景，而是持之以恒的、永不言苦的教科研修炼。因为它，可以使有志者经历其中的苦辣酸甜，可以使其成就事业，真正体悟到坚持不懈的真谛，真正体会到成就事业需要的是什么，领悟到成就的乐趣。

毋庸置疑，教科研修炼是苦行僧的过程，但是，这过程，也是从事教科研修炼的教师学习和提升的过程，自我成长和自我升华的过程，是苦中有乐、乐中有成的辩证统一的过程。

正如广东省教育厅教育研究院副主任、特级教师谢绍嬉在为笔者出版第一部专著《思想品德教学实效性探索》作序时写道的："教育事业是与时俱进的事业。与时俱进的事业，要求从事教育事业的教师，不仅要树立终身为教育事业艰苦奋斗、不言代价与回报的奉献精神，而且还要树立与时俱进的理念，不断学习，不断钻研，不断积累，不断完善，不断升华。只有这样，才能逐步形成像作者那样' 在教学中探索，在探究中积累，在积累中提高，教育科研齐头并进，全面推进素质教育，促进学生全面发展' 的特色。也只有这样，才能不断提高教师自身素质，着力提高服务学生、服务国家、服务人民的社会责任感，勇于探索的创新精神和善于解决问题的实践能力，关爱学生，严谨笃学，淡泊名利，自尊自律，以人格魅力和学识魅力教育感染学生，做学生健康成长的指导者和引路人。"

从这些做法与成就中，我们不难找到为什么优秀教师修炼要与教科研结缘同行的答案了。

本书从优秀教师专业精进的角度，提出"教科研修炼，是优秀教师专业成长之需"的主张，并从细节入手，以适例为引线，借题发挥，深入浅出，阐述立足扎根课堂教学修炼、勇于立项课题修炼、自主命题修炼、自觉进行试题（卷）评析修炼、经常写作教学心得论文修炼、尝试讲座修炼等可行性策略，探讨由普通教师成长为骨干教师、由骨干教师成长为优秀教师、由优秀教师成长为卓越教师的成长过程，解读优秀教师成长与提升的途径，强调扎实教学修炼和积极不断的教研、科研修炼，是普通教师——骨干教师——优秀教师——卓越教师，一步一步地往前发展的根本路径。

正是：人生路漫漫，修炼攀高峰。

三、教科研的主要内容应该包括哪些？

本书没有重复郭元祥老师建议的从教师形象、教师生活、教师专业等诸方面去修炼、精炼、锤炼，去"成就教育人生"的主张，而是从自身实践经验出发，扎实修炼的主张。

1. 扎根课堂教学修炼。课堂教学,是教师专业成长的根据地。教师,如果脱离了教学一线,就不接地气,就没有谈论教学的资本。一线教师,如果没有扎实的课堂教学,也同样没有谈论教学的雄厚资本。如果原来是一线教师,后来调离了教学工作岗位,想再回过头来谈论教学,甚至来指导教学,在此之前若没有深入做相关的功课,那么,也同样不具备谈论和指导教学的雄厚资本了。哪怕只隔了一段时间——1 年、2 年、3 年……后来又没有深入钻研相关课程标准和教材,没有深入到课堂听课,那么想谈教学,或者硬要谈教学、硬要指导教学,那么,只能是纸上谈兵、瞎吹罢了。因为,曾经的教师经历,已经是过眼云烟,成了历史,在当今瞬息万变的时代里,学生变化了,课程标准("课程标准"面世之前叫"大纲")、教材(教材也会随着课程标准的变化而变化)变化了。这些变化,都是无可更改的事实,因此,不能用"我曾经的经验"来考量现在的问题。所以说,脱离了教学第一线,就没有谈论教学的"雄资"了。

可见,扎实的课堂教学功底,对教学是多么的重要,多么的必要。同样,扎实的课堂教学功底,也是优秀教师修炼绝对不可少的。教师的扎实课堂教学功底,主要是从三两个方面修炼出来的:

一是认真钻研课程标准和相关教材。教师准备一堂课,不是那么简单的事情。第一,要阅读课程标准和相关教材。如果是第一次接触课程标准和教材,还要通读课程标准和通读教材,全面了解课程标准和教材的布局。在此基础上,对该学段教学内容作一个总体的了解或构思、设计和安排。钻研课程标准和相关教材,是备课环节的基本工作。认真钻研课程标准和相关教材,是为了理顺课程标准和相关教材的关系,也是备课过程的首要环节,不可或缺。与此同时,还要搜集与课程标准和教材相关、能融入学情、能被学生所接受的素材,以充实、完善教学内容。然后,精心写好教学设计。

教学设计包括:

一、教材分析

二、学情分析

三、目标定位

1. 情感态度价值观

2. 知识目标

3. 能力目标

四、教学重点、难点

五、资源开发

(一)教师准备

(二)学生准备

六、教学过程

(一)新课导入

【设计意图】

(二)新课讲授：

【设计意图】(每一个探讨活动的设计都应说明"设计意图")

(三)课后作业

【设计意图】

七、板书设计

写作教学设计,能锻炼教师的综合思维能力。教师写作教学设计是在钻研课程标准、通读教材的基础上进行的一个过程,因此,也是教师学习、钻研课程标准和相关教材的过程。因为,要写出合格的教学设计,不是一件容易的事情。必须在钻研课程标准和相关教材的基础上,了解学情,融入学情。比如,如何将搜集得来的相关素材融入教学中呢?如何才能被学生所接受?教学重点难点问题如何呈现?运用什么方法与技能去呈现,才能使学生明了易懂?等等这些,都要在教学设计里体现出来。

二是调查了解学情,与学生结伴同行。教学的最终目标,是为学生服务。调查了解学情的目的,是为了教学更有针对性,更加有的放矢地服务学生。为了使搜集得来的充实教学的相关素材融入教学,被学生所接受,就得了解学生。要了解学生,教师就不能高高在上,就得把学生当朋友,甚至称兄道弟,不耻下问,甘当学生的学生。只有走近学生,与学生结伴同行,才能实现教学相长。这一点,可以说,无论哪个学段,哪个年级,都该如此,都相通。因为,教师所面对的都是活生生的有感情的年轻人,他们思想活跃,正处在苗壮成长时期,与他们交朋友,会有很多意想不到的收获。这些收获,往往对教育教学都有非常大的帮助。

举一个案例来说明吧。

案例:

一位细心的农村初中老师发现了这样一种现象:几乎每一堂课前,这位老师都会用几分钟进行课前小检测,检查上节课的教学效果。但是,连续几节课检测均未达到理想目标,老师很纳闷:为什么农村初中教学效果总是那样事与愿违?尽管在课堂上,教师想方设法,也花了很大力气去教学,但总是吃力不讨好、收效甚微?带着这些疑惑,这位老师开始了与学生聊天儿式的调查……

当与学生聊到学习问题时，这位老师以自己平时耳闻目睹的现象问学生："你们七年级的同学，来到中学的时间也不短了，对于你们中间好些同学上课不专心、纪律松散、学习不长进的现象，老师看在眼里，急在心上。班主任几乎对你们天天讲纪律、谈学习，苦口婆心、费尽心血，爱护有加；任课老师对你们的教育也花了不少心思和时间——个别谈话、辅导等等。但是，你们为什么总是'大义凛然'，我行我素，爱理不理，没有根本的改变呢？"

起初，学生无语，在这位老师的再三追问下，他们终于道出了"原委"——"中学老师不严格"。

为了搞清楚"中学老师不严格"的问题，这位老师决定打破砂锅问到底。

于是，接着问："你们心目中的严格是怎样的呢？"

学生回答得很干脆："现在的（中学）老师只骂不打，我们不怕。"

"只骂不打"？这位老师追问道："怎么叫'只骂不打'？能不能举例说明？"

于是，学生似乎有根有据地说："在课堂上只是大声骂学生而不敢打学生。"

"大声骂学生？"这位老师继续问道，"当老师'骂'的时候，老师有没有侮辱学生？"

学生回答得很干脆："没有，只是声音大。"

"啊……老师批评时的声音大了一点，是吗？"老师进一步证实。

学生点头认可。

至此，问题已经水落石出了。原来，学生心目中的"骂"，是老师在上课时对个别学生睡觉、讲话、开小差等违纪现象进行批评时，声音过大；对于一些多次劝告不改的现象，批评时严厉（语气加重）了一点而已。

为了进一步证实此事的真实性，为了对此现象更有评判权，避免偏听偏信，以偏概全现象，这位老师找了一些优秀生了解、证实此事的真伪。

情况明朗后，这位老师跟同学们一起讨论"怎么看待老师对学生的严格要求"问题。

首先，这位老师把他们认为的所谓"骂"与批评做个界定，让同学对"骂"与批评有个正确的认识。

然后，说明"严格"的意义所在。指出，所谓严格，即严而有格，就是学校（老师）依照《宪法》《义务教育法》《未成年人保护法》《预防未成年人犯罪法》《中小学生守则》《中学生日常行为规范》等法律法规对学生进行教育、引导并辅以一定的班规班约，即根据国家法律法规制定的那些适用于本班的，以规范学生应该做什么，不应该做什么，并要求学生对自己的所作所为负责任的教育措施。指出，尽管有的老师在教育引导学生时，嗓门大，很严肃，甚至按照班规班约给学生以一定的惩戒,但只要没有侮辱学生人格的言行和其他违法行为,都是对学生的严格要求,都是正确的做法。作为学生,应该体谅老师的苦口婆心,循循善诱,正确引导;作为学生,应该信其道,行其是,努力以自己的实际行动来感恩报答老师才对。

学生对这番话似乎若有所悟。此时,这位老师加重了语气进一步与同学探讨,说:"违犯课堂纪律的同学,对于老师的劝告(阻)置若罔闻,我行我素,知错不改,你们说对不对?"如此这般,有效地帮助学生端正了对问题的认识。

这是在与学生交流中,收获到的教书育人的信息与实效。这种实效,是任何说教方式都难以得到的。

其实,调查了解获取教育信息资源的方式方法何止上述这样的一种聊天儿式,还有问卷调查式、谈话式、游戏式(在游戏过程中了解学生性格、与他人的合作程度)等,多种多样。深入学生,调查问题,了解学生,掌握教书育人资源,是实现教书育人目标的重要途径。

以上表明,教师准备上一堂课,不是行外人士想象的那样简单,要经过一番策划。只有做足了上课准备,才能把课上好。好课,才会受到学生的欢迎。

扎实的课堂教学修炼,是普通教师逐步向骨干教师成长、骨干教师逐步向优秀教师成长、优秀教师逐步向卓越教师成长的重要过程,不可小视,更不可忽视。

2. 尝试讲座修炼。讲座,有两种倾向:一种是指教师不定期地向学生或老师讲授与学科有关的科学趣闻或新的发展,以扩展他们知识的一种教学活动形式。例如,时事讲座,法制讲座,科普讲座等等;一种讲座,是指主讲人向学员或老师传授某方面的知识、技巧,或改善某种能力、心态的一种公开、半公开的学习形式。例如,优秀教师是怎样炼成的,如何申报立项科研项目,如何写作结项课题报告等等。无论哪种理解,参与讲座的人物,都始终离不开两种人:一种是做讲座的讲授者,一种是来学习的听讲座者。

先说听讲座者。听讲座,是一种学习行为,是一种带着某种目的来学习的行为,且希望这种目的能通过听相关的讲座后,得到某种启发或启示,进而遵循在这种讲座中受到的启发或启示去实践出听课者所希望的结果来。这是听讲座者普遍的心理状态。比如自己想做个讲座,想学习他人的讲座是怎么做的,于是来参加他人的讲座,也是带着某种目的来听讲座的;又比如,为了解决工作中的某个困惑,于是来听相关讲座,如此等等,都是有备而来。尽管目的不同,但是,听讲座的目的是向讲座学习,这一点是相同的。聪明的听课者会将多次、历次听课的经验加以总结,加以比较、取舍,最后形成自己的主张,借鉴他人的思路来做好自己的事情。因为,无论如何高级的讲座,听讲座者所听见的内容,也始终是做讲座者个人的见解、见识。要知道,个人的见解、见识,是有其局限性的,往往代表的仅仅是做讲座者本人的见解、见识。所以,讲座,只能给听讲座者带来某种启发,不能将讲座者的意见照搬照套,需将讲座中得到的启发,结合自己的工作实际,明确哪些方法可以借鉴、哪些做法就不能借鉴。因为,情况不同,条件也不一样。这是听讲座者的修行。

再说做讲座者。通过分析听讲座者的心理状态可知,作为做讲座者,要满足听讲座者的心理需求。

说实在的,做讲座者的水平,必然要比听讲座者高,而且要高出很多很多,才能满足听众的要求。因为,讲座者是听讲座者之师,听讲座者是来求知的"学生","学高为师",师傅必须具备高超的水平,以满足学生的求知欲。俗言"要给学生一瓢水,自己需有一桶水"。要使讲座给人以启发的心理满足,必须用心做好讲座。好讲座的标准,虽然见仁见智,但是,基本的东西是一致的。那就是,讲座内容,或丰实、生动,或富有启发性。这就要求,讲座内容要精心准备。除了对内容要做精心设计外,还要讲究讲授方法,要对讲授方法做精心设计。好马配好鞍。因此,在准备讲座内容时,除了围绕讲座主题,博览群书,广泛搜集相关信息,力求使自己的讲座内容丰富、充实外,还要讲究讲座展示的方式方法。只有内容丰实,呈现方式方法又生动活泼的讲座,才能求得内容与形式的完美统一,才能吸引住听众,才能使人百听不厌。

尽管讲座者和听讲座者的角色不尽相同,目标也不一样,但有一点是相同的,那就是,最终都要根据各自要达到的目标,去设计,去落实。这一点,毋庸置疑。

讲座修炼,更多是要求做讲座者必须做到的事情。即围绕自己承担的讲座主题,博览群书,广泛搜集、精选与讲座主题匹配的信息,并讲究讲座展示方式,以求使讲座内容既丰富充实,又不失新颖的呈现方式,富有启示、启发。

3. 勇于立项课题修炼。立项课题,是指课题主持人为解决某一领域或某一方面的问题而向相关行业的主管部门或相关部门申请批准的研究项目。

课题研究,也是科学研究。按照研究目的分类,可以分为:(1)探索性研究(explorationresearch);(2)叙述性研究,也称描述性研究(descriptiveresearch);(3)因果性研究,也称解释性研究(explanatoryresearch)等三大类型。

根据研究的内容,可将科学研究划分为:基础研究与应用研究两种类型①。

项目研究人员,通常是一个主持人及其团队若干人。立项课题的研究时长,一般2至3年,也有3至5年的,甚至更长时间,十年或十年以上。例如,中山大学生命科学院张宏达教授领衔的团队研究成果,经过几十年,深入全国各地研究采

---

① 摘自网络360百科。

集标本及编写,于 2009 年获得中华人民共和国国家自然科学一等奖的《中国植物志》,从 1934 年,中国植物研究学前辈胡先骕(sù)首次提出编写《中国植物志》,到 2004 年完成出版,共有几百位专家参与编写工作,编研时间超过半个世纪①。

中小学教师,作为基础教育工作者,研究的课题与高校工作者研究的课题,各有侧重。中小学教师围绕所从事的教育教学进行的课题研究,多数都是对基础教育的研究;所研究的课题,多属于探索性研究、应用性研究。

明确研究目标,立项课题研究才有意义;明确项目成果的取得,往往不是一个人能够独立完成的,需要团队合作,共同完成,从而树立团队合作意识;明确项目成果的取得,需要一段时间酝酿,不是一蹴而就的事情。懂得进行课题研究,就要树立付出额外的宝贵时间和艰辛劳动的思想,树立勇于吃苦耐劳、甘于清贫苦行僧的精神,否则,难以坚持,难以成功。这是强调要勇于立项课题修炼的根本原因。能够经得住这些考验,相信通过立项课题修炼,成为优秀教师的时期,不会太遥远。

4. 自主命题修炼。命制试题简称为命题。它是用以检测某一单元或某一时段教学质量(义务教育阶段通常被称为"质量自查")的一项教学准备工作。

无论"单元测验""期中质量自查""期末质量自查",还是初中升高中考试,都要用到试题作为考试的工具。试题的来源有两种途径:即用他人命制的试题,或者自(己)主(张)命制试题。除了教育行政部门规定的初中升高中、高中考大学,必须统一试题(卷)外,其他的如"单元测验""期中质量自查""期末质量自查"等等,则可以灵活机动,可以借"他山之石"——用他人命制好的试题(卷),也可以由自己所在区域、单位领导决定自主命题。如果觉得用他人的试题,不如自己命制的实际,那么,可以以自己所在区域或单位决定自主命制试题。

现在,一般情况下,学校领导都主张"单元测验""期中质量自查",以教研组为单位,自主命题。自主命题,尽管辛苦,但是,试题相对实际些。

教师学会自主命题,能从自主命题过程中得到许多。比如,能进一步理解课程标准,进一步熟悉教材。同时,还能进一步熟悉教学重点难点,还能从中学习命题技能。那么,怎样做到科学命题? 命题前要做哪些准备? 怎样在 100 分的试题里体现教学重难点? 怎样才能使试题不会遗漏重难点? 命题有哪些技巧? 等等,如果不经历命题实践的体验,就无法知晓。这也正是为什么要强调优秀教师的专业成长,必须经历自主命题修炼的环节。这些,在本书"命题修炼"章节里有适例加以叙述。

5. 自觉评析试题(卷)修炼。评析试题(卷),是教学工作的重要环节。认真评析试题(卷),是优秀教师必修的功课。

---

① 摘自 2010 - 01 - 12 广州日报。

学生的答卷是教师教学的晴雨表。学生在答卷上反映出来的问题,一般情况下,都跟教学有着密切的关联。因此,通过认真评析试题和学生的答卷[简称"试题(卷)"],可以发现自己教学中的优点和缺点。发现自己的教学优点,有利于鞭策自己做得更好;发现自己的不足,也有利于改进自己的教学,使自己注意那个方面的问题。人的进步,是从鞭策和改进中取得的。由此可见,学会评析试题(卷),有百利而无一害。

如何坚持做好试题(卷)评析?用两个字概括就是:自觉;用三个字概括就是:要自觉。只有自觉,才能把工作做得仔细,才能修炼出好结果;只有自觉,才能有坚持的毅力;有了毅力,才有把自己修炼成为优秀教师的动力。

怎样做试题(卷)评析?或者说,评析试题(卷),有哪些事项要注意?在本书"试题(卷)评析修炼"章节里有阐述。

6. 经常写作教学论文修炼。教学论文,是对教学经验的总结和提升的产物,是对教学从感性认识上升到理性认识的升华过程。写作教学论文的过程,就是对教学经验加以总结和提升的过程。要使教学论文写得实在,写出水平,作者必须再次钻研课程标准和相关教材。再次钻研课程标准和相关教材的过程,便是学习、再思考、再提高的过程。而且,要使自己所写的论文,表现出高水平来,还得借"他山之石"——去学习他人的经验,去读他人的文章。如果在课余时间,经常地、坚持处于这种学习、写作状态中,那么,可以断言,假以时日,无论你是多么普通的教师,必定会修炼成为很不普通的教师。所以,要强调写作教学论文修炼,正是因为此中之理。

总之,教师要一边教学,一边做教研、科研的有心人。既要扎实教学,又要积极投入教研科研;既要注意积累教学经验,又要经常处于学习、思考和写作状态之中,使教学中的有所为,有所思,有所悟,最终成为有所写,有所成。经验证明,善于总结、积累教育教学经验和改进教学者,必定是教育教学工作的佼佼者。

有志于成为优秀教师者,必须自觉地以教学为依托,积极开展教科研修炼。如果每一位有此志趣的教师都能把教科研作为教师专业成长的必修课程,那么,虽然你是再普通不过的教师,经过一定时间,如此这般的历练,必定能一步一步地由普通教师向骨干教师、由骨干教师向优秀教师、由优秀教师向卓越教师茁壮成长,这将不会是梦想。当然,其中起作用的,是虚心学习和勇于付出;是刻苦钻研,甘于清苦,不受诱惑干扰,不怕苦与累,持之以恒,吃苦耐劳的精神和行动;是坚持到底的耐心和勇气。

有志者,事竟成。坚持修炼,必成正果。

加强修炼尚需啥,下章分解便知晓。

第二章

立足教育

主张教科研修炼是优秀教师专业成长之需，为何这里又提出"立足教育"的主张？对此，应该怎么理解它们的关系？

其实，两者不仅不矛盾，而且还有着内在的联系。因为"教科研"的"科研"是姓"教"。"教"，即教育教学。所以，教科研应该立足"教育"。如果"教科研"离开了"教育"这一基础，没有了这种基因，就是无源之水，就不是教育的"科研"了。

然而，教育有广义和狭义之分。广义的教育泛指一切有目的地影响人的身心发展的社会实践活动；狭义的教育主要指学校教育，即教育者根据一定的社会要求和受教育者的发展规律，有目的、有计划、有组织地对受教育者的身心施加影响，期望受教育者发生预期变化的活动①。但是，学校教育工作的中心是教学，教学或者教学过程始终都是为了人的成长，即学生的成长。

"教学"两字看起来简单，其实，学问大着呢。首先，就参与教学中的人物而言，有教师、有学生；其次，分清师生中谁是主体谁是主导的问题。新课改强调，学生是教学的主体，教师是教学的主导。如何让教与学这两者有机地统一起来，成为学得成就，教得开心，各得其所？在实践中，要正确处理好这两者的关系，却不是一件那么简单、那么容易的事情。实践好它，需要认真思考，刻苦钻研，加上扎扎实实地去落实，才能回答好这个看似简单却实不简单的问题。

有人认为，我们平时上的课，只是给自己的学生听的，不像公开课，有领导、有教师和学生在一起听课。于是认为，对待公开课，不仅备课认真，而且反复训练、演练，唯恐有失；而对待平常课（其实公开课也是由平常课来的），虽然也认真备课，但毕竟就没有如公开课那么重视。这种想法和做法都是错误的。无论上给学生听的平常课，还是上给领导、教师和学生在一起听的公开课，应该做到一视同仁，童叟无欺。教学，不是为了上公开课才认真，也不能因为不是公开课就可以允许自己马虎应付。两种课的对象虽然有所不同，但是，同样都要让听课者、学习者

---

① 摘自网络 360 问答。

有所学，而且，要让学习者学之有效、学之有用。这就是授课者的责任，不可推卸。

山东省青岛市第五十六中学张所新老师在 2002 年 6 月 19 日《中国教育报》第 4 版发表《公开课要有可学性》。文章批评：公开课听得多了，但发现如今的公开课都有了共同的特点：一是广泛使用多媒体，并制作了课件。课件画面清晰艳丽，动感强，可操作性强；二是教师准备充分，小到先说哪句话，大到怎样分析课文结构，都早在老师掌握之中；三是预演、表演、导演痕迹过重，给人一种"不是听课而是看演出"的感觉；四是只要是公开课都是成功的。举行公开课的目的，就是要通过一种大家可学、能学、可推广的形式，给听课人树立一种典范、一个标本。听课人能把听课学来的方式方法用于自己的教学中。从这个角度上说，公开课应是人人可以模仿、个个教师都可学的大众课。

如果公开课以演出形式出现的话，那么，其科学性就大打折扣了。不论是什么课，也不论是怎样上课，都要讲究"实"——即实在，实效。随着科技的日益发展，慕课趋势汹涌，它要求每一节都要利用多媒体、课件，这已经不是什么新鲜的话题了。随着慕课不断地渗透课堂教学，促使着教师在日常上课，几乎每堂课都要用多媒体、计算机、课件。所以，老师平时上课，除了要有预先准备的教案，还要对课堂上意料之外的事情——我们也可以把它叫作"突发事件"作好预案——主要是要对该节课内容中可能会出现的问题作一个预测，遇到学生从教学过程中提出的、教师备课中没有意料到的问题时，有心理准备，不至于手忙脚乱，做到有备无患。一堂课，学生几十人，授课老师通常只有一个。教师一人的思维，必定敌不过众人的思维。学生在课堂上，提出这样那样的、教师意料不及的问题在所难免。这是很正常的"课堂事件"。这种课堂事件，也是考验老师处理灵活性问题的一道"试题"。缺少了处理这些试题的课堂，授课教师会在听众面前、学生面前尴尬，甚至损失威信。所以，公开课也好，平常课也罢，都必须给听众、给学生留下实实在在的好印象。

要具备这样的素养，只有一个办法——加强自身修炼。而这种修炼，主要是在于加强对课程标准和教材的钻研，加强对课堂教学驾驭能力的修炼。

在课堂之中，教师既需要声情并茂、感情饱满、口若悬河的演讲能力，更需要言之有物、教之有方的有用、实用的东西。这样才不会给学生留下虚伪的印记。

要想学生"亲其师，信其道"，要使教育教学真正具有教师自己的特色，还必须从钻研课程标准和教材做起。

一、钻研课程标准

2016年秋季义务教育阶段起始年级政治课启用《道德与法治》课程,但该课程编写除了依据《青少年法制教育大纲》外,仍沿用2011年版义务教育思想品德课程标准作为编写依据。强调钻研课程标准,就是仍然要钻研该课程标准。

那么,2011年版的义务教育思想品德课程标准制定的背景是什么?它对课程性质的定位是怎样的?它对课程性质的规定任何?课程设计的思路又是怎样的?课程目标是哪些?课程内容分为几部分?等等这些,都应该了解。

(一)课程标准制定的背景

正如2011年版的义务教育思想品德课程标准"前言"指出:道德是人自身发展的需要,也是人类文明进步的重要标志。当今世界,科技进步日新月异,人类面临的共同问题不断增多,国际竞争日趋激烈,对人的思想观念、道德品质和综合素质提出了新的挑战和要求。我国社会主义经济、政治、文化、社会建设都进入一个新的历史阶段。初中学生处于身心迅速发展和学习参与社会公共生活的重要阶段,处于思想品德和价值观念形成的关键时期,迫切需要学校在思想品德的发展上给予正确引导和有效帮助。

为适应初中学生的成长需要,思想品德课程融合道德、心理健康、法律、国情等相关内容,旨在促进初中学生道德品质、健康心理、法律意识和公民意识的进一步发展,形成乐观向上的生活态度,逐步树立正确的世界观、人生观、价值观。

从上述可以清晰地看到,2011年版的义务教育思想品德课程标准制定的前因后果,是要对正处于身心迅速发展和学习参与社会公共生活重要阶段的初中生,给以思想品德发展上的正确引导和有效帮助,促成其乐观向上的生活态度,树立其正确的世界观、人生观、价值观。至2016年秋季义务教育阶段启用《道德与法治》课程时,2011年版课程标准仍然沿用。

(二)课程标准对课程性质的规定

课程标准指出:思想品德课程是一门以初中学生生活为基础、以引导和促进初中学生思想品德发展为根本目的的综合性课程。本课程的特性主要有以下几个方面：

一是思想性。以社会主义核心价值体系为向导，深入贯彻落实科学发展观，根据学生身心发展的特点，分阶段分层次对初中学生进行爱祖国、爱人民、爱劳动、爱科学、爱社会主义的教育，为青少年健康成长奠定基础。

二是人文性。尊重学生学习与发展规律，体现青少年文化特点，关怀学生精神成长需要，用初中学生喜闻乐见的方式组织课程内容、实施教学，用优秀的人类文化和民族精神陶冶学生心灵，提升学生的人文素养和社会责任感。

三是实践性。从学生实际出发，并将初中学生逐步扩展的生活作为课程建设与实施的基础；注重与社会实践的联系，引导学生自主参与丰富多样的活动，在认识、体验与践行中促进正确思想观念和良好道德品质的形成和发展。

四是综合性。有机整合道德、心理健康、法律和国情等多方面的学习内容；与初中学生的家庭生活、学校生活和社会生活紧密联系；将情感态度价值观的培养、知识的学习、能力的提高与思想方法、思维方式的掌握融为一体。

（三）课程标准规定了哪些课程基本理念

课程标准对于课程基本理念作了如下三个方面的规定：

一是帮助学生过积极健康的生活，做负责任的公民是课程的核心。

初中学生正处于身心发展的重要时期，自我意识和独立性逐步增强。在初中阶段帮助学生形成良好品德，树立责任意识和积极的生活态度，对学生的成长具有基础性的作用。思想品德课程的任务是引领学生了解社会、参与公共生活、珍爱生命、感悟人生，逐步形成基本的是非、善恶和美丑观念，过积极健康的生活，做负责任的公民。

二是初中生逐步扩展的生活是课程的基础。

思想品德是人在对生活的认识、体验和实践过程中逐步形成的。初中学生生活范围逐渐扩展，需要处理的各种关系日益增多。思想品德课程正是在学生逐步扩展的生活经验的基础上，与他们一起体会成长的美好、面对成长中的问题，为初中学生正确认识成长中的自己，处理好与他人、集体、国家和社会的关系，提供必要的帮助。

三是坚持正确价值观念的引导与学生独立思考、积极实践相统一是课程的基本原则。

思想品德的形成与发展，离不开学生的独立思考和积极实践，国家和社会的要求只有通过学生的独立思考与实践才能为学生真正接受。思想品德课程将正确的价值引导蕴含在鲜活的生活主题之中,注重课内课外相结合,鼓励学生在实践中进行积极探究和体验,通过道德践行促进思想品德的健康发展。

(四)课程标准规定的课程设计思路

课程设计的思路紧紧围绕思想品德课程以初中学生逐步扩展的生活为基础,以学生成长过程中需要处理的关系为线索,有机整合道德、心理健康、法律、国情等方面的内容,进行科学设计而展开。

初中学生逐步扩展的生活,尤其是处在青春期的初中学生的身心发展特点是思想品德课程设计的基础,课程从学生的生活实际出发,直面他们成长中遇到的问题,满足他们发展的需要。初中阶段的学生需要进一步学习正确处理与自我、与他人和集体,以及与国家和社会的关系。这三组重要关系依次构成了本课程的三大内容板块。每一内容板块中均涉及道德、心理健康、法律和国情等方面的具体内容。

(五)课程标准规定的课程目标

课程目标主要在情感、态度、价值观,能力,知识等三个方面上做文章。

思想品德课程以社会主义核心价值体系为导向,旨在促进初中学生正确思想观念和良好道德品质的形成与发展,为使学生成为有理想、有道德、有文化、有纪律的社会主义合格公民奠定基础。

思想品德课程引导和帮助学生达到以下几个方面的目标。

1. 情感、态度、价值观

①感受生命的可贵,养成自尊自信、乐观向上、意志坚强的人生态度。

②体会生态环境与人类生存的关系,爱护环境,形成勤俭节约、珍惜资源的意识。

③养成孝敬父母、尊重他人、诚实守信、乐于助人、有责任心、追求公正的品质。

④形成热爱劳动、注重实践、崇尚科学、自主自立、敢于竞争、善于合作、勇于创新的个性品质。

⑤树立规则意识、法制观念,有公共精神,增强公民意识。

⑥热爱集体、热爱祖国、热爱人民、热爱社会主义,认同中华文化,继承革命传统,弘扬民族精神,有全球意识和国际视野,热爱和平。

2. 能力

①学会调控自己的情绪，能够自我调适、自我控制。

②掌握爱护环境的基本方法，形成爱护环境的能力。

③逐步掌握交往与沟通的技能，学习参与社会公共生活的方法。

④学习搜集、处理、运用信息的方法，提高媒介素养，能够积极适应信息化社会。

⑤学会面对复杂的社会生活和多样的价值观念，以正确的价值观为标准，做出正确的道德判断和选择。

⑥学会运用法律维护自己、他人、国家和社会的合法权益。

3. 知识

①了解青少年身心发展的基本常识，掌握促进身心健康发展的途径与方法，理解个体成长与社会环境的关系。

②了解我与他人和集体关系的基本知识，认识处理我与他人和集体关系的基本社会规范与道德规范。

③理解人类生存与生态环境的相互依存关系，认识当今人类所面临的生态环境问题及其根源，掌握环境保护的基础知识。

④知道基本的法律知识，了解法律在个人、国家和社会生活中的基本作用和意义。

⑤知道我国的基本国情，初步了解当今世界发展的现状与趋势。

（六）课程标准规定的课程内容

课程内容分为"成长中的我""我与他人和集体""我与国家和社会"等三个部分。其中，"成长中的我"包括"认识自我""自尊自强""心中有法"；"我与他人和集体"包括"交往与沟通""在集体中成长""权利与义务"；"我与国家和社会"包括"积极适应社会的发展""认识国情，爱我中华""法律与秩序"等与初中生成长的渐进式认识逐步提高相适应。三部分的各部分具体课程内容与相关教学的活动建议如表［按照"义务教育思想品德课程标准（2011年版）"节录］：

一、成长中的我

（一）认识自我

课程内容	活动建议
1.1 悦纳自己的生理变化，促进生理与心理的协调发展。 1.2 了解青春期心理卫生常识，体会青春期的美好，学会克服青春期的烦恼，调控好自己的心理冲动。 1.3 正确对待学习压力，克服厌学情绪和过度的考试焦虑，培养正确的学习观念和成就动机。 1.4 理解情绪的多样性、复杂性，学会调节和控制情绪，保持乐观、积极的心态。 1.5 客观分析挫折和逆境，寻找有效的应对方法，养成勇于克服困难和开拓进取的优良品质。 1.6 主动锻炼个性心理品质，磨砺意志，陶冶情操，形成良好的学习、劳动习惯和生活态度。 1.7 了解自我评价的重要性，能够客观地认识自我，积极接纳自我，形成客观、完整的自我概念	1.3 讨论学习活动和游戏活动之间相互矛盾又相互促进的关系，树立正确的学习观念和游戏观念。 1.4 分组交流当情绪冲动或低落时自己的表现，和教师一起讨论如何利用倾诉、转移、换位、自我宽慰等方法，合理调节情绪。 1.5 搜集"战胜困难和挫折，在逆境中自强不息"的事例，讨论应该如何面对困难和挫折。 1.7 从"我心目中的我""同学心目中的我""老师心目中的我"和"父母心目中的我"等不同角度，给自己画像，反思和分析评价的差异，找出前进的方向

（二）自尊自强

课程内容	活动建议
2.1 认识生命形态的多样性，理解人类生命离不开大自然的哺育。 2.2 认识自己生命的独特性，珍爱生命，能够进行基本的自救自护。 2.3 自尊、自爱，不做有损人格的事。 2.4 体验行为和后果的联系，懂得每个行为都会产生一定后果，学会对自己的行为负责。 2.5 能够分辨是非善恶，学会在比较复杂的社会生活中做出正确选择。 2.6 体会生命的价值，认识到实现人生意义应该从日常生活的点滴做起。 2.7 养成自信自立的生活态度，体会自强不息的意义	2.1 以"我们身边的动植物伙伴"为主题，作一次本地区的植物、动物物种及其生存状况的调查，观察每个物种及每个生命个体的独特性，体会生命世界的神奇。 2.2 通过观看纪录片、图片等方式，初步了解地震、火灾、水灾等灾害，学习一些自护、自救、互救、他救的常识。 2.4 开展一次合法、安全的"行为后果体验"活动，从中感受"对自己行为负责"这一意识的重要性。 2.6 列举一些中外人物特别是革命领袖和英雄人物的事例，或围绕自己和同学的生活故事，就"人生的意义"开展一次主题讨论

（三）心中有法

课程内容	活动建议
3.1 知道法律是由国家制定或认可,由国家强制力保证实施的一种特殊行为规范。理解我国公民在法律面前一律平等。 3.2 知道不履行法律规定的义务或做出法律所禁止的行为都是违法行为,理解任何违法行为都要承担相应的法律责任,受到一定的法律制裁。 3.3 知道法律对未成年人的特殊保护,了解家庭保护、学校保护、社会保护和司法保护的基本内容。掌握获得法律帮助和维护合法权益的方式和途径,提高运用法律的能力。 3.4 了解违法与犯罪的区别,知道不良心理和行为可能发展为违法犯罪,分析未成年人犯罪的主要原因,增强自我防范意识	3.1 结合本地实际情况,用与学生生活密切相关的案例,讨论说明法律面前人人平等。 3.2 列举预防未成年人犯罪法规定的易沾染的不良行为和严重不良行为表现,分析这些行为对个人、家庭及社会的危害。 3.3 搜集保护未成年人合法权利的典型案例,讨论和说明未成年人增强自我保护意识的重要意义。 3.4 搜集身边的案例,讨论并说明扰乱公共秩序、妨害公共安全、妨害社会管理秩序等具有社会危害性的行为,都是违法行为

二、我与他人和集体

（一）交往与沟通

课程内容	活动建议
1.1 知道礼貌是文明交往的前提,掌握基本的交往礼仪与技能,理解文明交往的个人意义和社会价值。 1.2 了解青春期闭锁心理现象及危害,积极与同学、朋友和成人交往,体会交往与友谊对生命成长的意义。 1.3 体会父母为抚养自己付出的辛劳,孝敬父母和长辈。学会与父母平等沟通,调适"逆反"心理。增强与家人共创共享家庭美德的意识和能力。 1.4 了解教师的工作,积极与教师进行有效沟通,正确对待教师的表扬与批评,增进与教师的感情。 1.5 学会用恰当的方式与同龄人交往,建立同学间的真诚友谊,正确认识异性同学之间的交往与友谊,把握原则与尺度	1.1 交流使用和不使用文明礼貌用语,以及在公共场所大声喧哗和轻声细语的不同感受,体会讲文明、懂礼貌在生活中的作用和价值。 1.3 举办搜集"父母说得最多的十句话"的活动,尝试理解父母"源于爱"的初衷,同学之间进行交流和分享。 1.4 采访教师,内容包括该教师对其所教学科的认识、对班级的评价和期望、生活中的烦恼和欢乐等,根据采访写出报告。 1.5 搜集灾难或其他事件中中学生勇救他人、互相救助的感人事迹,体会同学友谊的珍贵

（二）在集体中成长

课程内容	活动建议
2.1 正确认识个人与集体的关系,主动参与班级和学校活动,并发挥积极作用,有团队意识和集体荣誉感,感受学校生活的幸福,体会团结的力量。	2.1 开展多样化的班集体活动,在集体活动中体会温暖与力量。
2.2 学会换位思考,学会理解与宽容,尊重、帮助他人,与人为善。	2.2 用小组内交流的方式讨论在与同学发生争执时,如何通过换位思考或其他方式来化解矛盾。
2.3 领会诚实是一种可贵的品质,正确认识生活中诚实的复杂性,知道诚实才能得到信任,努力做诚实的人。	2.3 以"诚信"为题开展一次课堂讨论。
2.4 理解竞争与合作的关系,能正确对待社会生活中的合作与竞争,敢于竞争,善于合作。	
2.5 知道每个人在人格和法律地位上都是平等的,做到平等待人,不凌弱欺生,不以家境、身体、智能、性别等方面的差异而自傲或自卑,不歧视他人,富有正义感	2.5 就"公民的平等"问题开展一次课堂讨论,理解平等主要表现在人格与法律地位上

（三）权利与义务

课程内容	活动建议
3.1 了解宪法对公民基本权利和义务的规定,懂得正确行使权利、自觉履行义务。	
3.2 知道公民的人身权利受法律保护,任何非法侵害他人人身权利的行为,都要承担相应的法律责任。	3.2 搜集因侵犯人身权利而受到法律严厉惩处的案例,说明公民的人身权利受到法律保护,并讨论维护人身权利的途径和方法。
3.3 知道公民有受教育的权利和义务,学会运用法律维护自己受教育的权利,自觉履行受教育的义务。	3.3 搜集有关资料,讨论维护受教育权利的途径。
3.4 知道法律保护公民的财产,未成年人的财产继承权和智力成果权不受侵犯,学会运用法律保护自己的经济权利。	
3.5 知道法律保护消费者的合法权益,学会运用法律维护自己作为消费者的权益	3.5 搜集侵害消费者权益的典型案例,讨论如何维护消费者权益

三、我与国家和社会

（一）积极适应社会的发展

课程内容	活动建议
1.1 关注社会发展变化，增进关心社会的兴趣和情感，养成亲社会行为。正确认识好奇心和从众心理，发展独立思考和自我控制能力。 1.2 合理利用互联网等传播媒介，初步养成积极的媒介批评能力，学会理性利用现代媒介参与社会公共生活。 1.3 了解不同劳动和职业的特点及其独特价值，做好升学和职业选择的心理准备。 1.4 知道责任的社会基础，体会承担责任的意义，懂得有时候承担责任可能需要付出代价，知道不承担责任的后果，努力做一个负责任的公民。 1.5 理解遵守社会规则和维护社会公正对于社会稳定的重要性，正确认识和理解社会矛盾，理解发展与稳定的辩证关系。 1.6 积极参与公共生活、公益活动，自觉爱护公共设施，遵守公共秩序，有为他人、为社会服务的精神。 1.7 感受个人成长与民族文化和国家命运之间的联系，提高文化认同感、民族自豪感，以及构建社会主义和谐社会的责任意识	1.1 选取一个感兴趣的社会热点话题或现象，发表个人的意见和看法，并与同学交流。 1.2 开展"假如没有网络，我的生活会怎样"的讨论活动，思考如何正确使用网络。 1.4 尝试分析自己在家庭、学校和社区中的不同身份和不同责任，就"怎样做一个负责任的公民"进行一次主题讨论。 1.6 考察社区内残障人群在生活上的主要困难，向社区管理部门提出改善的建议。组织一次志愿者活动，在社区内开展有意义的公益服务。 1.7 举办"祖国发展我成长"的主题班会，认识祖国发展的大好形势，回顾自己的成长历程，认识二者之间的关系

（二）认识国情，爱我中华

课程内容	活动建议
2.1 知道我国的人口、资源、环境等状况，了解计划生育、保护环境、合理利用资源的政策，形成可持续发展意识。	2.1 调查本地区存在的资源短缺问题，根据科学发展观的要求，通过讨论共同设计一个珍惜资源的宣传标语。
2.2 知道我国是一个统一的多民族国家，各民族人民平等互助、团结合作、艰苦创业、共同发展。	
2.3 了解我国在科技、教育发展方面的现状，理解实施科教兴国战略的现实意义，认识科技创新的必要性，努力提高自身素质。	
2.4 了解全面建设小康社会的奋斗目标。知道促进城乡、区域协调发展是实现全面建设小康社会奋斗目标的一项重要要求。	
2.5 知道中国特色社会主义理论体系。了解我国现阶段基本经济制度和根本政治制度，知道我国各民族人民的共同理想。	2.5 搜集反映新中国成立特别是改革开放以来，反映社会生活中发生巨大变化的资料，讨论变化的原因，感受中国共产党是我们事业发展的领导核心。
2.6 学习和了解中华文化传统，增强与世界文明交流、对话的意识。	
2.7 了解文化的多样性和丰富性，尊重不同的文化和习俗，以平等的态度与其他民族和国家的人民友好交往。	2.7 分组搜集不同国家、民族和区域的独特文化，认识文化的多样性和丰富性。
2.8 了解当今世界的发展趋势，知道我国在世界格局中的地位、作用和面临的机遇与挑战，增强忧患意识。	
2.9 认识树立全球观念的重要性，增强为世界和平与发展做贡献的意识和愿望	2.9 以世界地图为依托，开展"我在地图上旅行"的演讲活动，搜集不同国家或地区的自然风光、人文历史等素材，积极感受"和平进步、和谐发展、和睦相处、合作共赢、和美生活是全世界的共同理想"

（三）法律与秩序

课程内容	活动建议
3.1 知道中华人民共和国宪法是我国的根本大法，是全国各族人民、一切国家机关和武装力量、各政府和各社会团体、各企业事业组织的根本的活动准则，增强宪法意识。	3.1 以班级为单位，举行"宪法在我心中"的主题活动。
3.2 知道依法治国就是依照宪法和法律的规定管理国家，体会依法治国基本方略的实施有赖于每个公民的参与，是全体公民的共同责任。	3.2 开展"我是中国公民"主题活动，讨论群众举报和舆论监督对维护司法公正和社会秩序的作用。
3.3 知道我国环境保护的基本法律，增强环境保护意识，自觉履行保护环境的义务。	3.3 以"环境保护，人人有责"为主题，设计一个以班级为单位的讨论活动，并进行相应的实践。
3.4 了解建立、健全监督和制约机制是法律有效实施和司法公正的保障，增强公民意识，学会行使自己享有的知情权、参与权、表达权、监督权。	
3.5 懂得维护国家统一，维护各民族的团结，维护国家安全、荣誉和利益是每个公民的义务	3.5 结合本地实际，以"维护国家各民族的团结"为主题，开展一次主题活动

现行教材是依据课程标准制订的。对此，义务教育思想品德课程标准对教学的建议是：教学是落实本标准、达成思想品德课程目标的主要途径和基本环节。教学的组织与实施，应全面贯彻党的教育方针，以社会主义核心价值体系为导向，坚持正确的政治方向；应坚持课程改革的理念和要求，贯彻思想品德教学原则，进行教学改革，提高思想品德教学的实效性；应以本标准为依据，遵循初中学生身心发展和思想品德形成与发展的规律。

二、钻研相关教材

课程标准是制订教材的根本依据。义务教育思想品德课程标准在对教材编写建议时要求：教材编写者应根据《基础教育课程改革纲要（试行）》和《中小学教材编写审定管理暂行办法》的基本精神和要求，以本标准为依据，以现实的社会生活与学生生活所面临的各种现象和实际问题为基础，创造性地编写教材。现行适用于全国学校的教材，都是按照相关课程标准编写而成的。

（一）落实课程标准对教学的要求

依据课程标准和相关教材,落实教学任务时,主要应该关注如下5个问题①:

1. 准确把握课程性质,全面落实课程目标

教学应准确把思想品德课程的综合性,以学生健康成长需要处理的主要关系为线索,将道德、心理健康、法律、国情等内容进行有机整合、科学设计,避免将这些内容割裂开来,分块进行教学;应准确把握思想品德课程的德育性,避免概念化、孤立化地传授和记诵知识,努力使知识的学习服务于学生思想道德发展的需要。

2. 强调与生活实际以及与其他课程的联系

教师要深入了解学生的学习需求,面向丰富多彩的社会生活,善于开发和利用初中生已有的生活经验,选取学生关注的话题组织教学,为学生的思想道德成长服务。思想品德课程实施者应增强课程的开放性,积极开发各门学科中的相关资源,加强与其他课程的有机联系和融通,形成教育合力。

3. 创造性地使用教材,优化教学过程

教材是学生学习的基础性资源。教师要了解、研究教材的整体布局,把握教材的具体内容。在单元和整套教材中的地位、任务。根据本标准,设定鲜明而集中的教学目标。在合理使用教材的基础上,教师应创造性地组织教学内容,设计合理的教学结构,灵活采用多种教学方法和手段,优化教学过程,提高课堂教学水平。

4. 注重学生的情感体验和道德实践

情感体验和道德实践是最重要的道德学习方式。教师要善于利用并创设丰富的教育情境,引导和帮助学生通过亲身体验与感悟,在获得情感体验的同时,深化思想认识。教师还要为学生提供直接参与实践的机会,提高他们道德践行的能力。

5. 引导学生学会学习

教学中,教师要激发学生的学习积极性,引导学生通过调查、参观、讨论、访谈、项目研究、情景分析等方式,主动探索社会现实与自我成长的问题,在合作和分享中扩展自己的经验,在自主探究和独立思考的过程中增强道德学习能力。

---

① 5个问题均摘自2011年版《义务教育思想品德课程标准》[M].

(二)了解教材新动态①

教材是动态的、变化的。尤其是政治教材，更是与时俱进的。

据南方周末记者滑璇发表于2016年5月20日《改变的不仅仅是教材名称，"法治"走进政治课》文章称：2016年4月29日，教育部办公厅发布《关于2016年中小学教学用书有关事项的通知》(下称《通知》)。2016年起，义务教育阶段小学和初中起始年级的"品德与生活""思想品德"教材名称将统一更改为"道德与法治"。这是1949年以来，"法治"二字首次出现在义务教育阶段的政治课程名称之中。

政治课是唯一由中央多次直接发文指导改革的课程，从来都与时事政治紧密相连，也与法律在中国的地位息息相关。2016年6月28日，教育部等三部委印发《青少年法制教育大纲》。与初中对应的《义务教育思想品德课程标准》(下称《课标》)新一轮修改虽未启动，但课标未改，教材先行。在教育部开列的《2016年义务教育教学用书目录》中，《道德与法治》教材已列入秋季启用范围。有关职能部门也在紧锣密鼓组织编写出版义务教育阶段《道德与法治》教材。

道德与法治教育有机融合，不仅使义务教育阶段德育课程华丽转身，也使新教材更突出宪法。

现行的2011年版初中《课标》中，法律内容约占政治课的1/3。主要由"心中有法""权利与义务""法律与秩序"三个层次呈现，让学生以自身成长、自身与他人和集体、自身与国家和社会为顺序，逐渐感受、认知。这是符合初中生的理解和判断能力的设计安排。

尽管《通知》对高中思想政治课没有专门的法律章节安排，却在德育教育中已经渗透了法治教育。从现行教材总体看，"经济生活"中法律内容约占1/3，内容有票据法、价格法、劳动法、合伙企业法等相关知识；"政治生活"中法律内容约占2/3，有宪法、选举法、信访条例、人民法院组织法等多部法律法规的相关知识呈现其中。

在对高中政治课的设计中，有分层次的法律选修内容。比如选修一呈现生活与法律，以及教授物权法等与日常生活密切相关的内容；选修二呈现法官、检察官与律师等相关内容。

----

① 部分内容源自《改变的不仅仅是教材名称"法治"走进政治课》[N]，系南方周末记者滑璇2016年5月20日发表于《南方周末》第7版上的文章。

将小学、初中政治课更名为"道德与法治",将"法制"统一改为"法治",加强"道德与法治"教育,既表明教育主管部门落实依法治国战略的动态,又是进一步落实中共十八届四中全会通过的《中共中央关于全面推进依法治国若干重大问题的决定》的重要举措。

(三)通晓教材纵横关系

1. 了解教材纵横相关性

教材纵横相关性,是指本学科教材之间的内部分工与联系和本学科与他学科之间的有关联系。

本学科教材之间的内部分工联系,是指本学科教材之间的内部功能分工,它在每个学段所担负的角色不同,所要教学的内容都有所侧重。比如,就上述义务教育思想品德课程标准而言,"成长中的我""我与他人和集体""我与国家和社会"等三个部分内容的安排,基本上是按照七年级、八年级、九年级的顺序,这样的安排遵循了初中生的认识发展规律,渐进式逐步提高。把握这一关联性,有利于教学深浅度的把握。

本学科教材与其他学科之间的有关联系,是指有些知识学科与学科之间具有相关性。比如讲"改革开放",政治(思品)课讲,历史课也讲,但是,两个学科所讲的侧重点却不同。政治学科侧重讲改革开放的必要性、重要性;历史学科讲的侧重点是何时发生,为什么发生。又如讲"环境保护",思想品德课与地理课都有,但是,侧重点不同。思想品德课侧重讲环境保护的必要性、重要性;地理课重点讲环境保护对地理环境的影响。类似如此这般的交叉知识,在当今学生课本中很常见。教师要把握好这些交叉的相关知识,有利于更好地进行教学活动。

2015 年,上级教育部门有个征询教材修改意见,笔者乘机粗略地写了一篇《对照课标要求 完善教材建设——给人教版〈思想品德〉教材编写、修订提点建议》(见本书第四章)。

2. 对本学科教材不同版本或同一版本特点的了解

目前,依据《义务教育课程标准思想品德》(2011 年版)编写而成的《道德与法治》教材,有人教版、粤教版、沪教版、苏人版、鲁人版、北师大版、陕教版、湘师版等,林林总总,版本繁多,各个版本的教材各具特色,全国范围内适用的教材之多,多种版本教材各具特色与特点……

与时俱进是政治教材编修的显著特点。比较依据 2011 年义务教育思想品德课程标准编写的义务教育课程标准试验教科书《思想品德》/《道德与法治》教材可见其踪。例如在落实课程标准"二(一)1.4 了解教师的工作,积极与教师进行有效沟通,正确对待教师的表扬与批评,增进与教师的感情"时,人教版教材却不一样,不仅编排顺序不同,而且内容也有着很大的变化。《思想品德》把它编排在八年级上册第四课(见人教版目录截图):

《道德与法治》把它编排在七年级上册第六课(见人教版目录截图):

从目录中可见,人教版七年级《道德与法治》上册"成长的节拍""友谊的天空""师生情谊""生命的探究"等四个单元的编写,较原人教版更加贴近和符合初中一年级学生的认知以及身心发展规律。

此外,同一出版社在不同时期版本教材对落实同一课标的安排顺序不仅有区别,而且在思想内涵上的设计上也各不相同。例如,原《思想品德》在对"二(一) 1.4"课程标准的落实上,思想内涵的呈现——八年级上册第四课编排了《我知我师 我爱我师》(如图片一)、《主动沟通 健康成长》(如图片二)共两框:

图片一:

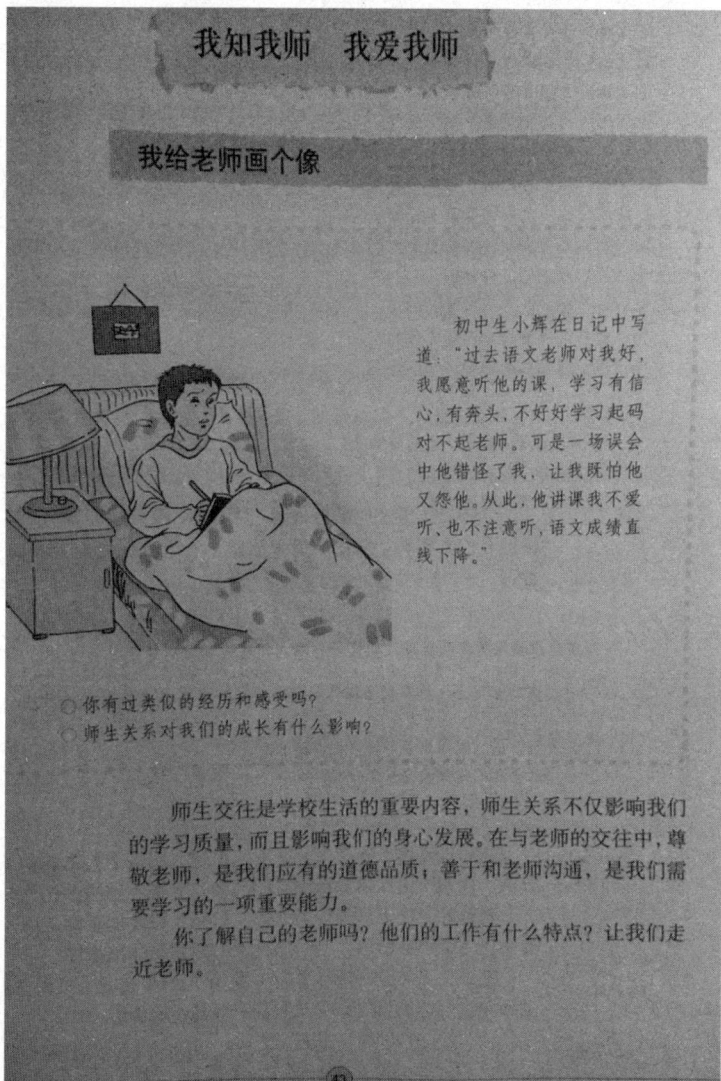

图片二：

现在，人教版《道德与法治》对此在七年级上册第六课"师生之间"框架下，设置"走近老师"（图片三）、"师生交往"（图片四）两节：

图片三：

第六课
师生之间

老师是我们学习的指导者和成长的引路人。古人云："安其学而亲其师。"很多成年人回忆青春往事，常常把与老师共处的校园生活看成一生中一段美好的经历。我们经常与老师在一起，我们了解他们吗？我们能愉快地与老师相处吗？

走近老师

运用你的经验

▷ 如果让你形容遇到过的老师，你会怎样描述？

幼儿园时的老师，_____

小学时的老师，_____

现在的老师，_____

▷ 在以上三个不同时期，老师在你心目中的印象有变化吗？
▷ 回忆并分享老师对自己成长的帮助。

图片四：

师生交往

运用你的经验

场景一

师生共同创建班级博客

场景二

老师和大家一起讨论，倾听同学发言

场景三

老师和同学一起打球

场景四

老师和同学及其家长一起交谈

在与学生交往的过程中，老师扮演着组织者、倾听者、陪伴者等角色。回想你与老师交往的场景，在那些场景中，老师扮演着什么样的角色？请记录在下面的表格中。

第六课 师生之间 65

　　粤教版《道德与法治》教材则安排在七年级上册的则是另一番景象。它把这一课程标准的内涵安排在第三课，题目是"老师，您好"，下设"我知我师"（见内容图片一）、"师生关系新变化"（见内容图片二）、"尊师爱师，亦师亦友"（见内容图片三）三目。

内容图片一

学海导航

从幼儿园、小学到中学，老师为我们打开广阔的知识之门，教我们领悟人生道理，带我们认识丰富多彩的社会生活。老师在我们每个人的成长历程中留下了深深的印记。

我知我师

不少伟人、成功者都曾回顾青少年时代老师对他们的影响，给予他们的帮助。可以说，众多默默无闻的老师成就了历史上一颗颗闪耀的明星。那些在平凡的工作岗位上默默耕耘的普通人，他们也不会忘记老师的教诲与引导。

韩愈说："师者，所以传道授业解惑也。"人生不能缺少教育，教育不能没有老师。

老师是文化知识的传播者，带我们在知识的海洋中遨游，为我们奠定终身学习的基础。

老师是我们的人生导师，教导我们如何为人处世，体察我们的内心，为我们扫除心理障碍，指引我们实现自己的梦想。

老师是我们的榜样，言传身教，用人格的力量影响我们，让我们受益终生。

老师是我们的朋友，尊重、理解和爱护我们。

老师的工作平凡、辛苦又责任重大。年年岁岁，老师送走一届届毕业生，迎来一批批新学生。老师用智慧和心血培育我们，让我们带着理想高飞，自己则站在讲台上、校园里为我们祝福。老师是我们攀登人生阶梯的引导者、扶持者。老师，无愧于"人类灵魂工程师"的崇高称谓。

老师带领我们在知识的海洋中遨游

· 19 ·

内容图片二：

第一单元　走进中学

互动

教育家陶行知说："要学生做的事，教职员躬亲共做；要学生学的知识，教职员躬亲共学；要学生守的规则，教职员躬亲共守。"你认为老师"躬亲"有必要吗？为什么？

师生关系新变化

进入中学，我们感觉到自己长大了，感觉到老师对待自己的方式发生了一些变化……

中学的老师可能不再像小学的老师那样，时时刻刻督促我们，事无巨细地照料我们，而是给予我们更多的信任，更多的自主空间。我们和老师的关系变得更加平等，和老师的关系更像朋友。

在课程学习中，老师会更注重培养我们自主学习的能力，引导我们探索问题，鼓励我们提出创意，带领我们一起寻找通往目标的途径。我们的学习过程会变得更活泼有趣，但也更需要我们自觉自主。

在课外活动中，老师常常不再是领导者，而是合作者、协助者。在民主的气氛中，我们的想法可以得到尊重，我们的能力可以得到锻炼，但也需要我们更积极主动。

老师的教育引导方式有所变化，是因为我们的成长进入了新的阶段，但老师对我们的关怀和爱护是不变的。我们需要调整自己的思维和行为方式，主动适应这种师生关系的新变化，在变化中提升自己。

> 务学不如务求师，师者，人之模范也。
> ——（汉）扬雄

拓展

教师和学生在教育、教学过程中结成相互关系，包括彼此所处的地位、作用和相互对待的态度等。良好的师生关系应该是教师和学生在人格上是平等的，在交互活动中是民主的，在相处的氛围上是和谐的。

· 20 ·

38

内容图片三：

尊师爱师，亦师亦友

师生之间有时会出现误解、隔阂、矛盾甚至冲突，我们心里不痛快，老师也一定很烦恼。化解师生矛盾，建立和谐的师生关系，理解和沟通是关键。我们要从自己做起，为建立和谐的师生关系发挥主动作用。

尊重和信任老师。当老师的某些要求与自己的想法不一致时，我们可以先检讨自己是否错了，避免陷入抵触情绪。当自己受了批评，我们应该先冷静反省，体会老师的批评和表扬都是为了让我们成长得更好。如果老师对我们有误解，我们可以主动找老师沟通，讲清事实。

亦师亦友，心心相印

理解和体谅老师。老师也是普通人，也有自己的喜怒哀乐，也有力所不能及的地方。当我们需要老师帮助时，我们可以主动求助，而不是被动等待。当老师做错事情时，我们也可以用恰当的方式善意指出。

关心和帮助老师，和老师做朋友。亦师亦友是师生关系的美好境界，需要我们和老师共同努力营造。我们可以主动接近老师，找机会和老师谈心，欣赏老师的优点；当老师有困难的时候，真诚地关心，给予力所能及的帮助……只要我们共同努力，真诚美好的师生情谊一定会留在我们每个人心中。

《中华人民共和国教师法》第三十五条规定：侮辱、殴打教师的，根据不同情况，分别给予行政处分或者行政处罚；造成损害的，责令赔偿损失；情节严重，构成犯罪的，依法追究刑事责任。第八条第四点规定教师应当履行下列义务：关心、爱护全体学生，尊重学生人格，促进学生在品德、智力、体质等方面全面发展。以上的法律规定对你理解师生关系有什么启示？

· 21 ·

3. 对教材育德源点了解举例

教书育人是赋予学科教学责无旁贷的职责。无论文科还是理科，其责任都是平等的。除却班主任，若按学科来分，应该说，政治课负担的德育责任，相对其他学科更有着天然优势，也是学科本身承担的主要责任之一。因此，相对其他学科应当更有担当。这是一向的,毋庸争辩的。

那么,政治学科亦即现今的义务教育阶段的《道德与法治》之前的《思想品德》、高中阶段的《思想政治》如何发挥学科优势,落实教书育人的德育任务?这需要解决优化学科资源,提升教学实效的问题。要做到这些绝不是简单的问题。首先要厘清和解决好教学资源的优化问题,其次,才能发挥好学科教书育人的责任问题。两者关系是条件关系。也就是,只有解决了学科教学资源的优化问题,才能发挥学科教书育人的优势和落实学科教书育人的责任。

下面就以2016年秋季实施的《道德与法治》课程为例,来谈谈如何优化教学资源问题。

一是要明确2011年版义务教育思想品德课程标准是修订《道德与法治》的依据,也是指导教学的依据。因此,必须重视对课程标准的钻研、把握。这是优化学科教学资源,发挥学科教书育人的优势和落实学科教书育人的责任的前提条件。

二是要钻研教材,挖掘学科德育资源,为落实德育任务做充分准备。《道德与法治》突出的特点是富有育德与法育(法治教育的缩语)功能。

钻研教材,挖掘学科德育资源,必须对教材进行纵深梳理,横向对比,明确新教材育德与法育源点,落实课程教学育人目标。主要有两个目的:

目的一:纵深梳理,把握教材育德与法育内容

通过对广东省各地使用的人教版、粤教版、北师大版等三种版本教材第一单元内容进行列表梳理,可知各版本新教材中的育德与法育信息源点情况,为落实学科德育明晰方向。

列表梳理人教版、粤教版、北师大版等三种版本新教材,发现——

(1)人教版《道德与法治》七年级上册育德与法育信息点(见表一)

表一：

版本	单元/题	课序/课题	教材育德源点	教材联系法律情况
人教版	一/成长的节拍	一/中学时代	人生的重要奠基 P4；珍视 P6、把握 P6－8，努力实现梦想 P9－13；	/
		二/学习新天地	适用学习方法 P15－19；体味学习快乐 P20－24	/
		三/发现自己	多方面多角度认识、评价自己 P25－31；做更好的自己 P31－36	/
	二/友谊的天空	四/友谊与成长同行	友谊力量，友谊原则 P40－48	/
		五/交友的智慧	友谊需要真诚，以诚相待；慎交网友 P49－58	/
	三/师生情长	六/师生之间	知师，尊师，爱师 P61－69	/
		七/亲情之爱	家庭，家庭文化；沟通，家庭和谐、和睦 P71－86	宪法、婚姻法、老年人权益保障法 P74
	四/生命的思考	八/探究生命	生命没有永恒，要敬畏生命 P89－98	/
		九/珍视生命	关注自身健康、发掘生命力量，应对人生挫折 P100－109	/
		十/绽放生命之花	感受生命意义，做好即平凡 P112－119	/

(2)粤教版《道德与法治》七年级上册育德与法育信息点(见表二)

表二:

版本	单元/题	课序/课题	教材育德源点	教材联系法律情况
粤教版	一/走进中学	1/我上中学了	体验、适应中学学习生活 P4－6	P5 义务教育法第三条
		2/融入新集体	融入新班集体,克服闭锁心理 P11－13	/
		3/老师,您好	知师,尊师,爱师 P19－21	P21 教师法第三十五条、第八条第四款
	二/学会社交	1/我爱我家	和谐家庭的建立与维系 P28－31	P29 老年人权益保障法第十八条;P31 婚姻法
		2/文明交往	文明交往 P37－39	P39 中学生日常行为规范
		3/绿色上网	自觉抵制不良信息诱惑 P45－47	P46 上网守则
	三/在学习中成长	1/学习照亮每一天	树立正确的学习、终身学习观念 P54－57	P55 接受九年义务教育是每个中国公民的权利和义务
		2/好方法,好习惯	好方法,好习惯受益终生 P63－65	/
		3/享受学习	调节学习压力,享受学习快乐 P72－74	/
	四/向上吧,时代少年	1/悦纳自己	认识、悦纳自己 P82－85	/
		2/全面发展	陶冶情操 P89－92	/
		3/生活在法治时代	认识法律 理解法律的规范作用 P97－99	本课是法律常识

（3）北师大版《道德与法治》七年级上册育德与法育信息点（见表三）

表三：

版本	单元/题	课序/课题	教材育德源点	教材联系法律情况
北师大版	一/走进中学生活	一/适应新环境	主动适应，积极心态，主动结交师生新朋友 P1－12	/
		二/开始新学习	端正学习态度，培养良好习惯，提高学习效率 P13－22	P17 义务教育法第五条、第十三条
	二/融入集体生活	三/正确认识自己	正确认识自己的责任及其途径 P25－33	/
		四/共同建设集体	懂得建设良好班集体的意义以及做法 P35－42	P41《中央关于城市纪律的指示》（1949年5月16日发布）
		五/积极投入社会	积极融入社会，善于与人交往，建立良好人际关系 P44－52	/
	三/学会待人接物	六/平等待人	理解平等的含义，初步确立平等理念 P56－62	P63 宪法（第四十八条）、《消除……歧视公约》、《北京行动纲领》
		七/礼貌待人	礼貌是对人的尊重，体现人的文明素养 P64－70	/
		八/与人为善	宽以待人，换位思考，友善待人 P72－78	/
	四/少年当自强	九/做一个自尊的人	自尊的意义及行为 P81－89	/
		十/做一个自信的人	自信的作用和做法 P92－99	/
		十一/做一个自强的人	自强的意义及做法 P101－107	/

　　表一、二、三所显示的所教教材育德与法育源点，一目了然，有的教材不仅融

入了国家的法律,而且还融入了地方性法规。对此,只有明确所教教材育德与法育源点,才能更好地在教学中发挥育德与法育的功能作用。

目的二:横向对比,明确教材育德与法育的结合点

横向对比,就是要通过课程标准、找出对应的教材内容。同样将人教版、粤教版、北师大版等三种版本教材的同质内容,即同样或近似讲述同一性质内容的课程及第一单元——走进中学,进行横向列表对比,足见其育德与法育信息点的异同。

人教版、粤教版、北师大版《道德与法治》七年级上册第一单元"走进中学"育德与法育信息点(见表四)。

表四:

版本	单元/题	课序/课题	教材育德源点	教材联系法律情况
人教版	一/成长的节拍	一/中学时代	人生的重要奠基 P4;珍视 P6、把握 P6 - 8,努力实现梦想 P9 - 13;	/
		二/学习新天地	适用学习方法 P15 - 19;体味学习的快乐 P20 - 24	/
		三/发现自己	多方面多角度认识、评价自己 P25 - 31;做更好的自己 P31 - 36	/
粤教版	一/走进中学	1/我上中学了	体验、适应中学学习生活 P4 - 6	P5 义务教育法第三条
		2/融入集体	融入新班集体,克服闭锁心理 P11 - 13	/
		3/老师,您好	知师,尊师,爱师 P19 - 21	P21 教师法第三十五条、第八条第四款
北师大版	一/走进中学生活	一/适应新环境	主动适应,积极心态,主动结交师生新朋友 P1 - 12	/
		二/开始新学习	端正学习态度,培养良好习惯,提高学习效率 P13 - 22	P17 义务教育法第五条、第十三条

从表四中"教材联系法律情况"栏目里可以发现,三种版本教材同样在第一单元讲述"走进中学"的内容,人教版不见联系法律,粤教版在"我上中学了"、北师大版在"开始新学习"出现联系法律。再翻开原人教版《思想品德》教材第一单元第二课第二框"享受学习"第 19 页"相关链接",可见《中华人民共和国义务教育

法》及其第四条、第十一条内容。我们在拷问人教版新教材要将其删除掉的问题时，笔者认为要更多地把原来有相关的法律条文或相关的法治意涵（而现在却被删除掉的），是否还可以在教学新教材时有机地联系起来以便充实教学，这样会更加实际些。这是作者通过列表对比来欣赏教材的真愿景。

尽管如此，它们也没有改变对应的课程标准的规定性。翻开 2011 年版义务教育思想品德课程标准可以看到，对应人教版、粤教版、北师大版等三种版本新教材第一单元的课程内容是"走进中学"，在课程标准在第一部分"成长中的我""（一）认识自我"中有两个内容：一是"1.3 正确对待学习压力，克服厌学情绪和过度的考试焦虑，培养正确的学习观念和成就动机"；二是"1.6 主动锻炼个性心理品质，磨砺意志，陶冶情操，形成良好的学习、劳动习惯和生活态度"。

纵深分析，横向对比，找准教材对应课程标准，都是为我们学科德育落实提供基本的教学素材。吃透课标与教材，优化教学手段和教学素材，都是厘清和解决好这些问题的有效举措。

欣赏新教材，钻研新教材，就是要明确教材中育德与法育两者结合得较为妥帖的地方，明确哪里凸显育德功能，哪里凸显法治教育功能，哪里该凸显法治教育与育德双功能的，这体现着用好现行教材，将课程教学安排得尽善尽美。

了解相关课程标准和教材，是进一步搞好教学的必要环节。只有熟悉课程标准和教材，才能对教学驾轻就熟，运用自如。

从以上比较可以看到，就编写思路而言，虽然都是以引导学生探究方式入手，但是，使用的方法不同。《思想品德》以通过"展示案例——提出问题——阐述道理"的编写思路进行教学引导；《道德与法治》人教版教材以"运用你的经验"、粤教版教材以"探究园"等各种形式，引导学生去探究、去体验、去思考。其编写的手法虽然不尽相同，但是，共同的特点是，都遵循着人们认识事物的一般规律——由感性到理性发展的过程。如此这般的设计，能让初中生通过感性去思考，去认识，从中掌握知识和升华情感，从而也加强了对知识由感性到理性的认识过程，符合初中生的认知规律。其实，这也是人类认识事物由浅入深的一般思维发展规律——从感性到理性的逐步深化的认识过程在当中的体现，体现以生（人）为本理念。这样的设计思路，更适合义务教育阶段初中生的实际学习能力与思维水平，更接地气。这种接地气的设计，易让初中生接受。由此可以让我们欣赏到：新时期教材的设计编写思路，既与时俱进又不失对优点的传承。

《道德与法治》课程，强调育德与法治教育。面对新教材新任务，我们就要从教材的思想内涵上去思考和关注问题。比如，如何将道德与法治进行有机联系？教材有没有这方面结合的需要？如何做，才能将道德与法治相结合并落实得更好？又比如,从教法学法上去关注和思考:如何教,才能让学生学得更有效……这些问题,都是需要我们去综合思考和认真钻研的。坚持自觉思考、钻研、学习是教师素质提升的最佳机制和路径。

三、教学设计的撰写及适例

立足教育教学,学会写作教学设计,加强教学设计修炼,是学会教学的重要组成部分。教学设计,是搞好教学工作不可忽视的一个重要环节,也是提高课堂教学效率的一个重要途径。加强教学设计修炼,有利于教师专业成长,促进教师专业素养的提升。

什么是教学设计？教学设计应该包括哪些要素？这些要素在撰写教学设计时又是如何具体体现的？下面分别一一道来。

(一)什么是教学设计?

教学设计是根据课程标准的要求和教学对象(主要指教材和学生)的特点,将教学诸要素有序安排,确定合适的教学方案的设想安排。一般包括教材与学情分析、教学目标如何落实、教学重难点用什么方法突破、在教学过程中如何设计对这些要素的显现等内容。

(二)教案与教学设计有什么不同?

教案,是教学方案或教学预案。有简单罗列教学提纲的,叫作"简案";有详细一点的,叫作"详案"。这两种"教案",都是教师为自己上课而准备的"教学备忘录"。

教案的主要内容包括教学目标、重点、难点,教学过程及作业等。教学设计要求与教案不同,除了教师自己用,还要给他人参考。所以,教学设计的内容一般包括:教材分析;学情分析;教学目标;重难点;教学过程以及学生在学习过程中可能出现的问题及反应,对可能出现的情况教师如何处理等;最后是课堂小结和作业。教学设计,还要求写明教学环节的设计意图。例如,组织这项教学活动的目的是什么,需要说明其意图。

（三）教学设计的要素是什么？

教学设计撰写的格式或者叫作模板是怎样的？内容如同上面所列，一般应包括：教材内容分析；学情（学生学习状况）分析，教学目标（制订教学设计的依据），重难点，教学过程，以及学生在学习过程中可能出现的情况或者问题及反应的预案，对可能出现的情况教师如何处理等；最后是课堂小节和作业。教学设计要求写明某些设计意图，比如对于如何突破重难点的活动，要写明设计意图。

（四）教学设计要素在设计方案中的具体体现

关于教学设计要素在设计方案中如何具体体现的问题，我想通过以下四个教学设计的案例来和大家一起探析。

写作教学设计是进行教学修炼的必要环节，也是教师提升教学素养的必要环节和有力推手。

教学设计的基本要素有：教材分析，学情分析，目标定位，教学重点、难点，资源开发，教学过程（设计意图，须贯穿于教学过程的各个环节），板书设计等七项。

下面以2013年东莞市《思想品德》学科的教学设计模板为蓝本设计案例解读。

首先介绍一下该模板：

《思想品德》学科的教学设计模板

《思想品德》（人教版）_____年级____册第____课第____框题《（三号宋体加粗）》

第　课时教学设计

一、教材分析

【依据课标与教材文本设计的思路；每一课框题前都有一段或几段文本，须紧扣；课标与教材不能脱节。】

二、学情分析

【对学生的认识。学生在学习该内容时的心理、会遇到什么问题（好的、不好的），解决问题时又会遇到什么困难。对初一的要求要向小学六年级看齐（即要降低要求）；对初三的要求要向高中一年级学生看齐。教材与学情分析，影响着之后的各项分析。】

三、目标定位

【基于前面教材与学情；规范"三维目标"，要有"知识与方法""能力与过程""情感态度价值观"；"三维目标"必须依据课标，表述要具体、贴切（"三维目标"均须呈现）；若照搬课标原话则视为不贴切。要根据年级不同，要求程度有所不同，避免过高、过空、过虚的目标设置。】

四、教学重点、难点

【基于教材与学情分析，思想品德的难点，通常是情感态度价值观方面的问题】

五、资源开发

【基于教材与学情分析，教师要做什么（准备的教学方式方法）；学生要准备什么（游戏，搜集图片，数据，等等；教师要准备哪些教学活动？这些活动的合理性要与学情相一致，要简要说明根据学情设置这样（这个）活动的理由（含教育学、心理学知识在此的呈现）。

要呈现地方元素，如让学生收集环保、志愿者等资料——文化资源开发、整合和运用巧妙、适切。】

六、教学过程

【若教学设计是一块一块的，只需前后一致、呼应即可】

（一）

1.

……

【设计意图】（贯穿在教学过程的各环节中）

（设计目的是什么或为了什么——要达到的目的）

七、板书设计

【本节课的精华内容的呈现，忌板书成"是什么""为什么""怎么办"；应精练板书的呈现。】

教学设计格式的特别说明：请不要更改模板的任何格式（字体、页面设置、字间距和段落）。正文为小四号宋体，1.5倍行距；设计意图为小四号楷体，1.5倍行距。文中标题（参考"教学过程"范例）：一级标题：标题序号为"一、"，4号黑体，独占行，末尾不加标点符号。二级标题：标题序号为"（一）"，与正文字号相同，独占行，末尾不加标点符号。三级标题：标题序号为"1."，与正文字号、字体相同。

附四个教学设计范例——

适例一：

《思想品德》(人教版)七年级下册第七课第二框题
《法不可违》第一课时教学设计

一、教材分析

《法不可违》是七年级《思想品德》下册第七课第二框内容。本框设置的主要目的是让学生懂得什么是违法行为,什么是犯罪行为,什么是一般违法行为,什么是严重违法行为;违法犯罪必然受到法律追究或制裁的道理,从而增强法制观念,防微杜渐,做遵守法纪的合格公民。

对应课标:1. 理解我国公民在法律面前一律平等。2. 了解违法与犯罪的区别,增强自我防范意识。

二、学情分析

处于身心发展、成长时期的初中生,其情绪、情感、思维、意志、能力及性格还极不稳定和成熟,具有很大的可塑性和易变性,他们既可以在良好的教育影响下走向品学兼优、健康向上的道路,也可以在不良的环境影响下走向道德败坏、违法犯罪的道路。近年来,青少年犯罪总数已经占全国刑事犯罪总数的70%,表明本框题教学应担负起帮助学生认识违法犯罪的危害性,帮助学生增强法制观念,防微杜渐,树立做遵守法纪的合格公民的任务。

三、目标定位

1. 情感态度价值观目标:

通过教学,帮助学生正确认识违法犯罪的社会危害性,让学生领悟加强自身修养、增强法制观念、防微杜渐、避免自身违法犯罪的发生。

2. 能力目标:

(1)通过教学,具有正确判断什么是违法行为,什么是犯罪行为的能力。

(2)通过教学,逐步形成自我控制、约束自己不良行为的能力。

3. 知识目标:

(1)通过教学,知道什么是违法行为,什么是犯罪行为,什么是一般违法行为、什么是严重违法行为。

(2)通过教学,知道一般违法行为与犯罪行为的区别。

四、教学重点

1. 教学重点:通过教学,让学生掌握民事违法行为、行政违法行为、犯罪行为的特征。

2. 教学难点:通过教学,能区别一般违法行为与犯罪行为的异同。

五、资源开发

(一)教师准备:

1. 搜集现实生活中的一般违法行为与犯罪行为的典型案例。

2. 让学生当"法官"。

3. 根据课标、教材和学情等资源,制作 PPT 简易课件。

(二)学生准备:

1. 按照老师布置,阅读教材,准备扮演"法官"的角色。

2. 完成学案要求。

六、教学过程

基于教材和学情,拟设计 5 个活动来探讨和实现教学目标。

(一)新课导入:

活动一:【请你当法官,通过下列个案分析,析案悟理】

【播放视频】2012 年 9 月 24 日,重庆市原副市长、公安局长王立军因涉嫌徇私枉法、叛逃、滥用职权、受贿案,被四川省成都市中级人民法院第一法庭依法以徇私枉法罪判处有期徒刑 7 年,以叛逃罪判处有期徒刑 2 年,剥夺政治权利 1 年,以滥用职权罪判处有期徒刑 2 年,以受贿罪判处有期徒刑 9 年,数罪并罚决定执行有期徒刑 15 年,剥夺政治权利 1 年。

师:副省级公安局长犯罪也要受到法律制裁,说明了什么?

生:谁都不能违法。

师:谁违法都要……(回归课本)

生:受到法律的追究(制裁)。

师:表明在法律面前……

生:一律平等。

师归纳并板书:(略)

【设计意图】以公安局长违法犯罪受到刑罚的典型案例,让学生懂得谁都不能违法。无论谁违法犯罪,都要受到法律的追究或制裁。法律对全体社会成员都具有普遍约束力,表明在我国,公民在法律面前一律平等的道理。

(二)授课过程:

活动二:【析案悟理:请你当法官,通过分析下列个案例,认识违法行为及其类别。】

1. 行政违法行为,案例:

师:1. 某市高中生在广场游玩时,对健身器材拳打脚踢,使其遭到严重破坏。警方对他们进行了批评教育并责令赔偿损失 100 元。这是因为……

生:违反治安管理处罚条例。

师:2. 某青年骑自行车闯红灯,被交警给予交通安全法规教育后,并被处50元罚款。是因为……

生:违反道路交通安全法。

师:3. 某电镀厂偷排废水到河流,被罚款1000元并责令停产整改。是因为……

生:违反环境保护法。

师:4. 王某开了间时装店,生意很红火,但他一直不交税。税务人员上门催其交税,他反而威胁说:"谁要我交税,我就教训谁。"公安机关根据税务人员的举报,给予王某拘留10天。王某补交了税款。是因为……

生:违反税法。

师:5. 某家长认为就读八年级的儿子人长到1.7米,身强体壮,就是学习成绩太差,于是强制其辍学到工厂打工。家长的做法不对,是因为……

生:违反未成年人保护法。

2. 民事违法行为,案例:

师:6. 虐待家人。违反了……

生:违反婚姻法。

师:7. 拾获他人财物不还。违反了……

生:违反民法通则。

师:8. 销售劣质商品。违反了……

生:违反消费者权益保护法。

师:9. 拖欠薪金并逃匿的行为。违反了……

生:违反经济合同法。

3. 刑事违法行为,案例:

师:10. 福建郑民生砍杀多名小学生。违反了……

生:违反刑法。

师:至此,可以对什么是违法行为及其类别做出归纳。板书:什么是违法行为及其类别?

生:凡不履行法律规定的义务,或者做出法律所禁止的行为,都是违法行为。类别可以分为一般违法行为和严重违法行为。

师:哪些是一般违法行为? 哪些是犯罪行为?

生:①行政违法、民事违法——一般违法行为:特征:情节轻微,相对刑事违法行为而言,对社会危害性较小;

②刑事违法,就是违反刑事法律的行为,即犯罪行为。特征:社会危害性严重……

【设计意图】通过让学生当法官,分析以上个案,帮助学生厘清什么是民事违法行为、什么是行政违法行为、什么是刑事违法行为。在此基础上,总结归纳,得出什么是一般违法行为,什么是严重违法(犯罪)行为,符合由感性认识到理性认识的认识规律,让学生易明易懂且易记。

过渡:懂得了什么是一般违法行为、什么是严重违法(犯罪)行为后,还要知道对犯罪行为是如何处罚的?

活动三:【请你当法官,分析下列案例,认识犯罪必受惩罚的道理】

案例:诈骗犯王某,小时候就有小偷小摸的坏习惯,经多次批评教育仍不改正,后来发展到冒充国家干部行骗,被公安机关拘留,送劳动教养3年。他利用从劳改农场保外就医之机,继续行骗作案79次,骗得公私财物价值400多万元。王某的行为严重危害社会,触犯了刑法,被人民法院依法判处无期徒刑,没收财产10万元。

阅读材料和课本知识思考并回答:

师:请你指出王某行为中哪些行为是一般违法行为,哪些是犯罪行为,犯罪的含义及其基本特征。

生(在老师的启发下):①王某小偷小摸的行为、被公安机关拘留,送劳动教养3年是一般违法行为;

②王某行骗作案79次,骗得公私财物价值400多万元属于严重违法,即犯罪行为;

③犯罪是指具有严重社会危害性、触犯刑法并依法应受刑罚处罚的行为。犯罪具有三个基本特征:A 具有严重社会危害性的行为。严重危害性,是犯罪的最本质特征。

B 是一种触犯刑法的行为。刑事违法性,是犯罪的法律标志。

C 是应受刑罚处罚的行为。刑罚当罚性,是犯罪的必然结果。

师:(2)王某最终受到的处罚是一种什么性质的处罚? 这种处罚分为哪几类、哪几种? 并结合案例说明它适用了哪几种?

生(在老师的启发下):①王某被依法判处无期徒刑,没收非法财产10万元,其受制裁的性质是刑事处罚。

②刑事处罚分为主刑和附加刑两类。A. 主刑:管制、拘役、有期徒刑、无期徒刑、死刑等五种;B. 附加刑:罚金、剥夺政治权利、没收财产三种;

③本案适用了主刑和附加刑各一种。王某被人民法院依法判处无期徒刑,是

主刑中的一种;被没收财产,是附加刑中的一种。

【设计意图】通过王某小错不改,逐步到违法犯罪的过程,让学生认识加强道德修养、增强法制观念、防微杜渐的重要性;从王某犯罪被判处无期徒刑、没收财产等刑罚事实,帮助学生认识违法犯罪必受刑法制裁的道理以及刑罚种类。

活动四:

师:(3)请"法官"运用所学法律知识忠告欲以身试法者。

①加强道德修养、增强法制观念、防微杜渐、有错就改,避免沾染不良习气,防患于未然。

②犯罪历来是国家法律打击的重点,犯罪分子终究要受到严厉的刑事处罚。

③犯罪造成严重危害,必须远离犯罪。

【设计意图】以总结的形式,引导学生从案例中吸取教训,提高对违法犯罪的认识,懂得加强道德修养、增强法制观念、防微杜渐、有错就改,避免沾染不良习气,防患于未然的道理,实现做知法、守法、护法的现代合格公民的情感态度价值观目标。

活动五:〔随堂检测,强化基础〕

单项选择题:

材料:王某开了间时装店,生意很红火。但他一直不交税,税务人员上门催其交税,他反而威胁说:"谁要我交税,我就教训谁。"公安机关根据税务人员的举报,给予王某拘留10天。王某补交了税款。根据材料回答1、2题:

1. 王某之所以受到处罚,主要是因为　　　　　　　　　　　　　( )

A. 做出了法律所禁止的事　　　B. 不履行法律规定的义务

C. 不享受法律规定的权利　　　D. 态度不好

2. 王某的行为是　　　　　　　　　　　　　　　　　　　　　( )

A. 刑事违法行为　　　　　　　B. 民事违法行为

C. 行政违法行为　　　　　　　D. 一般违法行为

3. 新疆乌鲁木齐发生打砸抢严重暴力犯罪事件,造成156人死亡,1080人受伤。这说明犯罪最本质的特征是　　　　　　　　　　　　　　　( )

A. 一般违法性　　　　　　　　B. 严重社会危害性

C. 刑事违法性　　　　　　　　D. 刑罚当罚性

4. 凡不履行法律规定的义务,或做出法律所禁止的行为。根据其违反的法律又可分为　　　　　　　　　　　　　　　　　　　　　　　　　( )

①行政违法行为　　②民事违法行为　　③刑事违法行为　　④严重违法行为

A. ①②③   B. ②③④

C. ①②④   D. ①③④

5. 罪犯郑民生持刀致 8 名小学生死亡、多名重伤,被人民法院依法判处死刑,立即执行。对此判断正确的是   (   )

①从违法性质上看,郑某的行为属于一般违法行为

②从本质特征上看,郑某的行为具有严重的社会危害性

③从违反法律上看,郑某的行为违反的是刑法

④从法律后果上看,郑某的行为应受到刑罚处罚

A. ①②③   B. ②③④

C. ①③④   D. ①②④

6. 陈某在互联网上编造、传播虚假信息,骗人钱财,严重扰乱了社会公共秩序,被人民法院判处有期徒刑 5 年,并处罚金。对此认识不正确的是   (   )

①陈某的行为属于民事违法行为,应当承担刑事责任

②陈某的行为属于犯罪行为,应当受到的处罚是行政处罚

③陈某的行为属于犯罪行为,应当受到刑罚的处罚

④陈某的行为属于行政违法行为,应当受到的处罚是行政处罚

A. ①②④   B. ①②③

C. ①③④   D. ②③④

【设计意图】通过随堂检测,可以看出本框题要求学生掌握的基础知识是否被学生所把握,以此强化基础知识课和对案例的分析能力。

【参考答案】1. B   2. C   3. B   4. C   5. B   6. A

七、板书设计

(二)法不可违

1. 谁都不能违法

(1)不违法是人们行为的底线

(2)违法行为的含义及类别

(3)一般违法行为的含义

2. 犯罪必受惩罚

(1)犯罪及其基本特征

(2)刑罚及我国刑罚的种类

适例二：

《思想品德》(人教版)八年级下册第一课第二框题
《我们享有广泛的权利》第一课时教学设计

一、教材分析

"我们享有广泛的权利",是第一单元第一课第二框,其地位是八年级下册教材的统领之一。它担负着帮助学生明确依法享有的权利和基本权利,让学生认识日常生活中正确行使权利的意义。

对应课标是"了解宪法对公民基本权利的规定"。

二、学情分析

初中学生对公民享有广泛的权利所包含的内容并不了解,让学生了解这些权利是本框题的主要教学任务。

三、目标定位

1. 情感态度价值观:

通过教学,懂得在行使权利时,必须在法律允许的范围内进行,不能我行我素,要尊重他人的权利,要维护国家、社会、集体的权益,要遵循法律规定、法定程序,否则就是违法。

2. 知识目标:

(1)知道宪法规定的公民的基本权利包括经济的、政治的、文化等领域,涵盖家庭生活、学校生活、社会生活等方面。

(2)懂得行使公民权利必须在法律许可的前提下行使。

3. 能力目标:

(1)让学生认清公民享有宪法和法律规定的权利的能力。

(2)提高行使权利的能力。

(3)具有自觉遵纪守法,学会寻求法律保护的能力。

四、教学重点、难点

1. 教学重点:正确行使权利。

2. 教学难点:具有在法律允许范围内行使权利、以合法的方式行使权利的情感态度价值观。

五、资源开发

(一)教师准备:

1. 课前布置学生预习课本 P8 至 P12,强调学生要特别认真研讨课本中的各个"案例",思考"为什么要依法行使公民权利"。

2. 制作 PPT 简易课件。

(二)学生准备:

1. 做好课前预习,尤其要搜集公民享有的权利和思考"为什么要依法行使公民权利"。

2. 预习课本 P8 至 P12 和完成相关《导学案》"导向预习"填空、"随堂练习"选择题。

六、教学过程

基于教材、学情,拟设计 3 个教学活动来实现教学目标。

(一)新课导入:

过渡:在我国,广大人民成为国家的主人。作为主人享有宪法和法律规定的哪些权利呢?

活动一:让学生搜集公民享有的权利,填写 P8"田甜享有的权利",并让学生思考这些权利涉及和涵盖哪些方面的?

教师点拨引入本课主题。

【设计意图】让学生知道公民享有的权利是多方面的,引出"公民权利的广泛性"的问题。

(二)新课讲授:

过渡:请同学们展示交流课前准备(预习)的成果吧。

活动二:分组交流展示课前搜集的案例,阅读和各自填写 P8"田甜享有的权利",并请说明这些权利涉及和涵盖哪些方面?

学生甲:有经济的……

学生乙:家庭生活的、学校学习生活……

教师归纳、点拨:这些权利涉及经济、政治、文化等领域,涵盖家庭生活、学校生活、社会生活等方面。

【设计意图】由于这些权利有主人公田甜的感性材料做铺垫,因此,只要引导学生通过阅读和认真思考、填写 P8 项目,以及通过老师的点拨,学生即容易从 P9 第一段中获得我国宪法规定的公民的基本权利涉及经济、政治、文化等领域,涵盖家庭生活、学校生活、社会生活等九个方面的信息。

过渡:公民在行使权利时,怎样做才是正确的?

活动三:分别 4 个小组探讨,然后交流——

A 小组:P9 狗主人有没有正确行使自己享有的公民权利? 为什么?

B 小组:P10 蒋某在抗击"非典"时造谣惑众违法吗? 为什么?

C 小组:P10 - P11 诬陷厂长是言论自由吗? 为什么?

D 小组:P11 一些球迷以上街游行来庆贺球队的胜利,这种行为受法律保护吗？为什么？

通过小组讨论后，学生交流代表总结及教师点拨：

A小组：我国法律规定，公民行使权利时，要尊重他人的权利。狗主人没有正确行使自己享有的公民权利。

教师启示：表现在哪里？

——学生继续补充：狗主人没有管理好自己的狗，惊吓了邻居，威胁到其他公民的人身安全，不尊重他人的权利。

B小组：蒋某在抗"非典"时期，造谣惑众，影响恶劣，是违法行为。我国法律规定，公民行使权利时，不得损害国家的、社会的、集体的权益。否则，要受到法律的追究。

教师启示：法律对言论自由有没有限制？

——学生续言道：有。言论自由不是无限制的绝对自由。滥用言论自由是法律不允许的。

C小组：诬陷厂长不是言论自由，会造成严重的社会危害性。我国法律规定，公民行使自己的权利，要限制在法律允许的范围内。任何人不得利用言论自由来侮辱、诽谤他人。

教师点拨：任何人，不得利用言论自由教唆、煽动他人实施危害国家安全、破坏民族团结、破坏社会公德、扰乱社会秩序的行为。否则，要负法律责任。

D小组：我国法律规定，要以合法方式行使权利。这些球迷上街游行庆贺球队胜利的做法是非法行为。

教师启示：这些球迷上街游行庆贺球队胜利的做法有没有按照《集会游行示威法》规定的程序进行？

学生补充：没有。

教师点拨：没有按照《集会游行示威法》规定的程序进行的集会、游行、示威，是不受法律保护的。

通过教师的适时启示、点拨、归纳、总结，帮助学生升华认识，增强法律意识，提升正确行使公民权利的情感态度价值观。

【设计意图】通过小组探讨、课堂交流、教师点拨，让学生深刻理解我国法律对公民行使权利的规定，强化学生懂得公民行使权利时，要尊重他人的权利；不得损害国家的、社会的、集体的权益；要在法律允许的范围内；要以合法方式行使权利，以此明确正确行使公民权利的情感态度价值观。

（三）课后作业：

A. 单项选择题：

1.《中华人民共和国宪法》和《刑事诉讼法》(修正案)都规定了"国家尊重和保障人权"这一内容,但在保障公民权利方面是有区别的。主要区别在于(　　)

A.《宪法》是公民基本权利的确认书和保障书

B.《刑事诉讼法》仅仅规定公民的基本权利

C.《宪法》规定的是我国公民的各项民事权利

D.《刑事诉讼法》只维护犯罪嫌疑人的合法权益

2. 2013 年 12 月 28 日,江西省某市三位市民因在禁烟区吸烟,被依法行政拘留 5 日。对此,有人不理解:"吸烟是他们的自由和权利,为什么要处罚他们呢?"你会这样告诉他(　　)。

A. 吸烟有害自己的身体健康

B. 在禁烟区吸烟是一种严重违法行为

C. 公民要多履行义务,少享受权利

D. 公民要在法律允许的范围内行使权利

3. 对于利用网络造谣生事者和散布谣言者的行为,下列认识正确的有(　　)。

①污染网络环境,危害社会稳定　②纯属个人言论自由,法律无权干涉 ③影响公民的正常生活,侵犯公民的合法权益　④没有正确行使公民权利的表现,应承担相应的法律责任(　　)。

A.①②③　　　　B.①②④　　　　C.①③④　　　　D.②③④

4. 下列关于公民言论自由的说法中不正确的是(　　)。

A. 公民的言论有绝对的自由　　B. 公民不得利用言论自由来侮辱、诽谤他人

C. 公民不得利用言论自由教唆、煽动他人实施危害国家安全、破坏民族团结、破坏社会公德、扰乱社会秩序的行为D. 公民发表言论要遵守法律

5. 王某出于好玩的心理,在网络上发布了某地将于某时发生 9 级地震的消息,迅速被其他网民广为转发,引起当地居民的极大恐慌。王某也因此受到了法律追究。案例告诉我们(　　)。

①公民可以用任何方式行使自己的权利

②公民在行使权利时要尊重他人权利

③公民要在法律允许的范围内行使言论自由权

④公民在行使权利时,不得损害国家的、社会的、集体的利益

A.①②④　　　B.③④　　　C.②③④　　　D.①②③④

B. 问答题:

6. 材料:我国针对有人利用互联网虚拟空间传播网络谣言,捏造事实,诽谤他

人,危害社会稳定和谐及经济发展的情况,果断出击,对一批网络谣言的制造者、传播者依法追究或教育训诫。

对此,有网民认为,"网络是一个可以自由表达的场所,国家不能干预"。

请用"权利义务伴我行"的有关知识对网民观点加以评析。

【附:参考答案】A. 单项选择题　1. A　2. D　3. C　4. A　5. C

6. 问答题:这个观点错误。因为(1)我国公民依法享有言论自由,"网络是一个可以自由表达的场所"有一定的道理。(2)对于制造网络谣言的违法行为,国家应该干预。因为:①公民具有遵守宪法和法律的义务。公民在行使言论自由权利时,不得损害国家、社会、集体的利益和其他公民的合法自由和权利。②言论自由不是无限制的绝对自由。言论自由要受到法律的限制:第一,不得利用言论自由来侮辱、诽谤他人;第二,不得利用言论自由教唆、煽动他人实施危害国家安全、破坏民族团结、破坏社会稳定、扰乱社会秩序的行为。利用网络传播谣言,破坏社会稳定、和谐,是绝对不允许的。

【设计意图】通过五道单项选择题的练习,让学生再现本节课所学知识,再次明确正确行使公民权利的情感态度价值观和再现对本节课所学重点知识的理解能力。

七、板书设计

我们享有广泛的权利

(一)公民权利的广泛性

1. 我国公民的广泛权利

2. 我国宪法规定的基本权利

3. 宪法是公民基本权利的确认书和保证书

(二)正确行使权利

1. 要尊重他人的权利

2. 不得损害国家的、社会的、集体的利益

3. 要在法律允许的范围内行使权利

4. 要以合法的方式行使权利

适例三:

《思想品德》(人教版)八年级下册第二课第一框题
《公民的义务》第一课时教学设计

一、教材分析

让学生明确公民的义务,是本课要实施的教育主题,是本单元的又一个教学

重点内容,是八年级下册教材内容的统领之一。本节课主要帮助学生认识作为国家的主人要履行法定义务和道德义务的重要意义,认识公民的权利和义务具有一致性。

对应课标:了解宪法对公民基本义务的规定;懂得行使权利的同时必须履行义务。

二、学情分析

正处在青春期的初中学生,常常患得患失,纪律观念松散,法纪意识淡薄,法律知识储备不多,通过教学,可以帮助学生增强法纪意识,增强履行法定义务和道德义务的重要性认识,提高法纪观念。

三、目标定位

1. 情感态度价值观目标:

通过学习,懂得我国公民的权利和义务具有一致性,明确履行法定义务和道德义务的重要意义,为下一框题"忠实履行义务"打下基础。

2. 能力目标:

(1)通过教学,理解"公民的权利和义务具有一致性"、公民在行使权利的同时必须履行义务的意义。

(2)通过教学,提高对履行道德义务重要意义的认识。

3. 知识目标:

(1)通过教学,理解"公民的权利和义务具有一致性"的道理,明确公民在行使权利的同时必须履行公民义务。

(2)通过教学,知道宪法规定的公民基本义务的内容。

(3)通过教学,知道道德义务的含义以及法律义务与道德义务的关系。

(4)通过教学,知道我国公民的基本道德规范。

四、教学重点、难点:

1. 教学重点:通过教学,引导学生懂得公民在行使权利的同时必须履行公民义务的道理;明确履行法定义务和道德义务的重要意义。

2. 教学难点:通过教学,理解"公民的权利和义务具有一致性",让学生理解法律义务与道德义务的关系。

五、资源开发

(一)教师准备:

1. 把全班分成4个小组,分别搜集整理有关履行义务意义的案例;布置预习,完成教材及《导学案》"导学预习"及"随堂反馈"选择题。

2. 做简易PPT。

（二）学生准备：

1. 按照老师要求，搜集整理有关履行义务意义的案例；

2. 完成《导学案》"导学预习"与"随堂反馈"之"选择题"。

六、教学过程

依据教材和学情，拟设计 4 个活动来探讨（探究）实现教学目标。

（一）新课导入：

教师：行使公民权利，要履行公民义务吗？为什么？这些义务包括哪些？履行公民义务的好处是什么？不履行有哪些不利或者危害？

【设计意图】以问题形式呈现，可以加深学生对相关问题的思考，强化学生的问题意识。

（二）授课过程：

通过合作探讨，案例分析，突破重点和难点。

活动一：让学生汇报课前预习成果以及搜集的素材并作简要的分析说明。

步骤：小组交流课前搜集的有关履行义务的案例后，派代表汇报并分析案例，其他成员可以补充。

——小组 A 列举 P14 小明的案例：给劳累的爸爸捶背的好处是增强亲情意识，不这样做，可能会疏远亲情；小明若履行诺言，会在同学心中获得诚实守信的美誉，否则，会失信于人；小明值日时把玻璃擦得干干净净，能获得对工作认真负责的美誉，否则，就是对工作不负责任的表现；小明想摘公园的花而没有摘是能正确处理权利，不能损害社会的、集体的利益的表现，否则，是只顾自己享受权利而损害社会、集体权益的行为。

教师点拨：小明的这些做法表明，尽了一定的责任，可以得到一定的好处。这体现了公民的权利与义务具有怎样的特征？

学生补充：体现了"公民的权利与义务具有一致性"的特征。

——小组 B 列举 P15 小珊的案例：我国宪法规定，公民有依法纳税的义务。小珊依法纳税是应该的。

教师点拨：小珊依法纳税正确，是因为我国税收取之于民，用之于民。税收用于国家发展教育、国防和其他的公益事业。

教师（过渡）：请大家分别指出小明的这些做法中，哪些是属于法定义务？哪些是属于道德义务？

小明尽了一定的责任，可以得到一定的好处。这表明，公民的权利与义务具有一致性。

——小组 C 列举 P16 小龚的案例：小龚尽心照顾孤寡老人，是尊敬老人的中华传统美德的体现。

教师启示:小龚履行的是什么义务?

学生补充:道德义务。

教师启示:理由?

学生补充:温馨和谐。小龚是在自觉履行道德义务,它有利于形成温馨和谐的人际关系,促进社会的文明进步。

——小组 D 列举 P17 单先生的案例:单先生的是在传承拾获财物要还给失主的中华优秀传统美德,所以,受到人们的称赞。

教师点拨:从义务的角度分析,单先生履行了什么义务?

学生补充:法定义务和道德义务。

教师点拨:道德还可以分为一般道德和基本道德。请问我国的基本道德包括哪些内容?

学生:爱国守法、明礼诚信、团结友善、勤俭自强、敬业奉献是基本道德规范。

【设计意图】培养学生关注、分析身边或生活中、教材中与义务相关的案例,分析、归纳课本知识,养成独立搜集、分析、思考、辨别、解答问题的能力。

过渡:生活中有人"只想享受权利,不想履行义务;想多享受权利,少履行义务"对吗? 为什么?

活动二:《言论自由》的漫画告诉我们:面对电脑屏幕上出现的脏话、狠话、谣言等不文明的言论,不能也"给他来点厉害的"不文明言论,不能"只想享受权利,不想履行义务;想多享受权利,而不履行或少履行义务"。

教师引导各学习小组讨论,然后,小组派学生代表汇报探讨成果。

小组 A:不该有这样的言论自由。

教师启示:为什么?

小组 B:它既没有履行道德义务,也没有履行法定义务。

小组 C:这样的言论自由不但不受法律保护,相反,还会受到道德的谴责甚至会受到法律的追究。

教师点拨:这告诫我们,公民在行使权利时,必须同时履行公民义务。因为,在我国,公民的权利与义务具有一致性。

【设计意图】培养学生通过漫画捕捉有关信息和整合对相关问题的思考、分析能力。通过《言论自由》漫画,让学生形成运用已掌握的权利知识,结合本节课预习的且要把握的义务知识去分析、思考、解决相关问题的能力。

活动三:如右图,比较"权利"与"义务"的关系。

教师点拨:从图中可见,权利中有义务、义务里有权利,因此,权利与义务不可分割。表明我们每个人既是权利的主体,又是履行义务的主体。因此,行使权利的同时必须自觉履行应尽的义务。

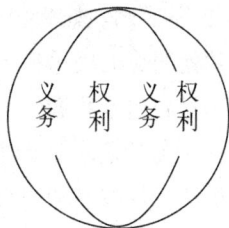

【设计意图】以图示的方式比较"权利"与"义务"的关系,直观易懂。学生通过图示即可理解这两个概念的内在关系。

(三)练习巩固:

活动四:A. 单项选择题

1. 随州市村民郭某,2013 年在工地劳动时挖出一个 30 厘米高的西周编钟,他拒绝了文物贩子的高价收购,将它上交给市博物馆,郭某通过这一行为(　　　)。

A. 逃脱了刑法的处罚　　　　B. 行使了财产的处分权

C. 维护了自主选择权　　　　D. 践行了法律要求的事

2. 93 岁的白芳礼老人,十几年来用蹬三轮车挣来的钱,资助 300 多名素不相识的贫困学生完成了学业,自己却过着清贫的生活。白芳礼老人的行为体现了公民(　　　)。

A. 自觉承担了对他人、对社会的道德责任

B. 积极行使了法律赋予的基本权利

C. 忠实履行了法律要求公民必须履行的基本义务

D. 权利意识和法制观念正在不断增强

3. 在思想品德课模拟小品表演时,"德先生"对"法博士"说:"没有你的帮助,治理国家时我有心无力。""法博士"对"德先生"说:"没有你的支持,有时我也鞭长莫及。"这段话表明(　　　)。

①法律即道德,道德即法律　②道德与法律相互配合、相互促进、相互补充　③法律体现并维护道德　④道德补充法律的不足,并促进法律的贯彻实施

A.①②③④　　　　B.①②④　　　　C.②③④　　　　D.①②④

4. "一个具有拾金不昧高尚品德的人,一般不会为贪图钱财而最终走上贪污、盗窃、抢劫等违法犯罪道路。"这句话表明(　　　)。

A. 提高道德水平,有助于公民与违法行为做斗争

B. 道德调整的范围比法律广

C. 提高道德水平,有助于公民守法护法

D. 违背道德的行为就是违法行为

5. 蒋某醉酒后开车被查,他不仅不接受处罚,还踢伤民警。2012 年 10 月 31

日,蒋某因犯妨害公务罪,判处有期徒刑八个月;犯危险驾驶罪,判处拘役四个月,并处罚金人民币三千元。决定执行有期徒刑八个月,并处罚金人民币三千元。上述材料启示我们( )。

①凡是法律所禁止的事情,我们坚决不做 ②必须树立正确的权利义务观,依法行使权利和履行义务 ③实施法律所禁止的行为,就是触犯法律,会受到法律的制裁 ④建设和谐社会,要求每个人要少享受权利,多履行义务( )。

A. ①②③④   B. ①②③   C. ②③④   D. ①③④

6. 当越来越多的网民在享受博客带来的乐趣时,也有一部分人利用博客发布不良信息,严重扰乱了社会秩序,污染了网络环境。这要求( )。

A. 国家保护公民的合法权益

B. 公民应自觉履行法律规定的义务

C. 公民必须远离网路,倡导健康文明的生活方式

D. 必须坚持公民在法律面前一律平等的原则

A. 单项选择题 1. D 2. A 3. C 4. C 5. B 6. B

【设计意图】通过本节课所学知识设计练习,检查学生对本节课知识教学的理解、把握情况。

七、板书设计

一、公民的义务

(一)我们的法定义务

1. 公民享有各项基本权利,还要履行相应的义务

2. 在我国,公民的权利和义务具有一致性

3. 宪法规定的公民的基本义务(6项)

4. 自觉履行义务

(二)我们的道德义务

1. 什么是道德义务

2. 法定义务与道德义务的区别

3. 履行道德义务责无旁贷

适例四:

《思想品德》(人教版)八年级下册第二课第二框题
《忠实履行义务》第一课时教学设计

一、教材分析

"忠实履行义务"框题是本单元"权利义务伴我行"中的又一个重点,它与本

单元其他各课一样,具有指导本册其他各课、教育学生懂得依法行使权利的同时必须履行义务的重要地位。

对应课标:懂得宪法对公民基本义务的规定和自觉履行义务。

二、学情分析

由于初中生对权利与义务相互依存、不可分离的关系和意义认识肤浅,甚至没有认识的缘故,所以,在本框题里引导、帮助他们认识忠实履行义务的意义非常必要。

三、目标定位

1. 情感态度价值观:通过学习,让学生明确履行义务的要求,增强对国家、对社会、对集体的意识,做负责任的公民。

2. 能力目标:通过教学,提高学生对履行公民义务重要意义的认识能力。

3. 知识目标:通过教学,让学生知道忠实履行义务的要求。

四、教学重点、难点

1. 教学重点:通过教学,让学生知道忠实履行义务的要求。

2. 教学难点:通过教学,让学生明确忠实履行应尽义务的要求和意义。

五、资源开发

(一)教师准备:

1. 课前布置学生收集身边忠实履行义务的典型案例。

2. 根据课标、教材和学情等资源,制作 PPT 简易课件。

(二)学生准备:

1. 按照课前老师的要求,收集身边忠实履行义务的典型案例,特别是本市或本镇最近发生的忠实履行义务的事例。

2. 预习《导学案》,完成相关填空题及选择题。

六、教学过程

(一)新课导入:

通过“公民义务”的学习,我们知道了要履行的义务包括法定义务和道德义务,那么,怎样履行义务,才是忠实的履行者?

【设计意图】通过教师小结及上课节内容引入,同时提出问题,给学生一个悬念,从而引起学生对本节课内容的关注。

(二)新课讲授:

基于课标、教材和学情,拟通过系列的连环活动来实现对重难点问题的突破。

【活动一】

展示分析——让学习小组派代表搜集忠实履行义务的图片或文字等。

请小组 A 举例:某校师生为某灾区捐钱、捐物献、爱心,体现了宪法提倡的什么要求?

分析、解读:体现了宪法提倡的"爱人民"的要求。

教师启示:我国宪法和法律提倡的还有……

学生:公民从事义务劳动、鼓励科学探索和技术创新等。

教师点拨:分析说理简明、到位。这样做的意义是忠实履行义务的重要体现,是我国法律提倡和鼓励的行为,有利于社会主义精神文明建设。

【设计意图】结合该事例展示、分析,引导学生展现法律鼓励做的,我们要积极去做的情感态度价值观。

过渡:通过上例分析,我们得知在法制社会里,法律鼓励的要积极去做,那么,如法律要求公民要依法纳税、依法服兵役、遵守交通规则、遵守公共秩序、保护野生动物、爱护公共财产、患传染病者必须接受隔离并及时治疗,学生要完成规定的学习任务等,这些法律要求做的,我们又该如何理解和对待?

【活动二】

请小组 B 派代表分析、解答:这是法律对公民应该履行的义务做出的明确规定,也是我国法律要求公民必须做出的行为。

教师点拨:法律要求做的,我们必须去做。否则,就是违法,就要承担法律责任。

【设计意图】通过列举宪法和法律规定的这些义务,让学生知道这些法定义务是法律要求我们做的,我们必须去做。

过度:中学生贾某用弹弓一连打碎了 3 盏路灯,被依法罚款;中学生姜某制作网络病毒致使 11 万台电脑无法正常工作而被处以刑罚,为什么?

【活动三】

请小组 C 派代表分析、解读:中学生贾某、姜某的行为,都是法律禁止的行为。

教师点拨:为什么法律要禁止这些行为实施?

学生:这些行为都是损害社会、他人权益的行为。

教师点拨:法律禁止的行为就是违法行为,所以,凡是法律禁止做的,我们坚决不做。只有做到正确行使权利,忠实履行义务,才是一个法制观念强、道德高尚的合格公民。

【设计意图】通过小组分析解读,让学生懂得凡是法律禁止的行为,都是违法行为,都要受到法律的追究。引导学生理解正确行使权利、忠实履行义务的意义,完善做一个法制观念强、道德高尚的合格公民的情感态度价值观。

(三)课后练习:

材料:某校学生张某骑自行车上学,路上因闯红灯被交警拦住,并受到了交警的批评。张某来到学校,又因没完成英语老师布置的作业,受到了英语老师的批评。然而张某却说:"做不做作业是我的自由,成绩的好坏是我个人的事。"下午,张某因违反校纪,班主任老师让其回家请家长,由于家长不在家,他便抱起足球到楼下草坪上踢了起来,被小区管理员狠狠地批评教育了一番。晚上回家,张某又因不尊重爷爷,加上父母知道了张某一天的情况,遭到了父母的严厉批评和教育。张某感叹道:"我真是倒霉透了,一点儿自由也没有!"

(1)张某认为自己"倒霉透了",他这种想法对吗? 假如你是张某的同学,请你帮他分析一下他之所以"倒霉"的原因。

(2)请你为张某摆脱"倒霉"境地,设计一个行之有效的方案。

【参考答案】(1)他这种想法是不对的。他"倒霉"是因为他没有忠实履行义务。遵守交通规则、完成规定的学习任务等是法律要求我们必须做的,我们必须做到,而张某没有做到。尊重长辈是法律鼓励我们做的,我们应积极去做,而张某却顶撞爷爷。破坏草坪、树木是法律禁止做的,但张某却实施了法律所禁止的行为。

(2)围绕怎样忠实履行义务展开设计方案即可。

【设计意图】通过依据本节课所学知识设计练习题,检查学生对本节教学内容的理解、把握状况。

七、板书设计

忠实履行义务

(一)法律鼓励做的,我们积极去做

1. 忠实履行义务的体现

2. 我国法律提倡和鼓励的行为

3. 有利于社会主义精神文明建设

(二)法律要求做的,我们必须去做

1. 法律的明确规定

2. 公民必须做出的行为

(三)法律禁止做的,我们坚决不做

1. 法律禁止某些行为的原因

2. 法律禁止的行为是违法行为

每节课教学后,都应该有一个对教学反思环节才会对改进教学更有利。但是,摆在面前的以上四个教学设计案例却偏偏缺失了它。是不是作者漏了这一环节呢？不是。这是为了本书的阐述需要而把它分开来了。所缺乏的这一个环节，就用以下一个专节来探讨。

四、关于教学设计中的"教学反思"的撰写

如何写教学反思？怎样写好教学反思？教学反思包含哪些内容？这些都是教师写教学反思时要涉及的问题。

（一）教学反思包括哪些内容？

这里就围绕以上所呈现的四个"教学设计"案例，按其顺序写就"教学反思"，并通过这些"教学反思"的案例，然后再作说明吧。

案例一的教学反思——

题目：对七年级《思想品德》下册第七课第二框《法不可违》的教学反思

通过《法不可违》内容的教学，主要是让学生懂得什么是违法行为，什么是犯罪行为，什么是一般违法行为，什么是严重违法行为，以及让学生懂得违法犯罪必然受到法律追究或制裁的道理，从而增强法制观念，防微杜渐，做遵守法纪的合格公民。

要达到以上的教学目的，就要通过一定的教学方式，让学生有所启发，使学生处于身临其境的课堂气氛中去学习去探究。以此为出发点，教师从以下三个形式尝试：

1. 以学生当法官的形式，引导学生分析相关案例，认识法不可违，谁违法谁就要受到法律的追究或制裁，如此去实现教学目的。

2. 通过案例分析，让学生懂得什么是民事违法行为、什么是行政违法行为、什么是严重违法行为以及什么是刑罚、我国刑法规定的刑罚种类等知识，通过随堂检测证明学生是否掌握。

3. 通过引导学生案例分析以及总结归纳，帮助学生从案例中吸取教训，升华对违法犯罪危害性的认识，懂得加强道德修养、增强法制观念，防微杜渐，有错即改，避免沾染不良习气，防患于未然的道理，达到做知法、守法、用法的现代合格公民的情感态度价值观目标。

通过课堂检测，可以肯定，在老师的引导下，学生积极参与课堂教学，初步可达到教学预设的教学目标。但是，学生参与教学的积极性尚有提升空间。在教学

过程中,虽然许多学生踊跃参与,但是,尚有个别学生欠缺参与的积极性。此外,教师的启发教学方式,还可以进一步大胆改革,让学生自己课前搜集相关案例,在课堂上展示分析,与师生一起分享、生成,教学效果会更进一步。

案例二的教学反思——

题目:对八年级《思想品德》下册第一课第二框《我们享有广泛的权利》的教学反思

"我们享有广泛的权利",是八年级《思想品德》下册教材第一课第二框的内容。教学这一框的主要目的,是让学生懂得,在我国,公民依法享有的权利和基本权利,从而帮助学生认识日常生活中正确行使权利的意义。课堂上,教师的教学特点主要有几点:

(一)让学生课前搜集教学或准备资源,课堂中引导、发挥学生的作用。

(二)恰当处理教学活动与教学资源的利用与开发。

1. 关于教学活动的设计,基于教材和学情,本节课设计了几个交流探讨活动,其中第三个交流探讨活动,较好地解决了本节课的重难点问题,有效地提升了正确行使权利的情感态度价值观。

2. 本节课探讨的案例,基本上都是取材于教材 P8 – P12 的,表明现行教材的经典性。对于经典的素材,我们是不能忽视的,这是关系到教学资源的开发与利用的问题。现行教材中经典的教学资源与师生搜集的教学资源如何正确处理的问题,本节课为此提供了参考。教学中,既要开发教学资源,更要用好教材中的经典教学资源。

3. 对于法律常识的教学,过去着重于学生懂得学法、守法、护法层面,而本节课更注重更强调学法与用法。这是教学观念的更新,是进步,应该发扬光大。

案例三的教学反思——

题目:对八年级《思想品德》下册第二课第二框《公民的义务》的教学反思

让学生了解并懂得"公民的义务",是本节课教学要达到的一个重要的教学目标,也是本单元的又一个教学重点内容。

如何帮助学生认识作为国家的主人要履行法定义务和道德义务的重要意义,认识公民的权利和义务具有一致性,应该发扬的优点和需要改进的不足如下:

1. 课堂上,学生讨论充分,学生代表交流,发挥学生在教学中的主体作用,老师及时启发、点拨,起到了较好的调节作用,真正体现了学生是课堂的主体、教师是主导的教学理念,学生的学习权利和义务得到充分发挥。

2. 课前布置学生预习任务,主要完成2项:一是《导学案》中的"导学预习"和"随堂反馈"之"选择题";二是搜集案例和运用相关知识分析所搜集的案例。从课堂表现来看,大多数学生还是能按照要求去做的,但是,部分学生还是懒于动手去做、动脑去思考,致使课堂中学生的学习节奏快慢不一。需要督促这部分懒惰学生做到自觉。

3. 对重难点的启示、点拨,教师做得及时且到位,较好地帮助学生理解我们每一个人都是享受权利的主体又是履行义务的主体的问题,较好地落实了情感态度价值观以及知识掌握的教学目标。

案例四的教学反思——

题目:对八年级《思想品德》下册第二课第三框《忠实履行义务》的教学反思

"忠实履行义务"是本单元"权利义务伴我行"中的又一个重点,它与本单元其他各课一样,具有指导本册以下其他各课、教育学生懂得依法行使权利的同时必须履行义务的重要作用。为达此目的,教学中,突出了两个引人注目的做法:

一是通过一个系列连环活动的三个环节,组织学生小组合作探究、案例分析,突破重点和难点,让学生理解忠实履行义务的要求和意义。

二是在课堂上,老师充分引导学生发挥其主体积极性,且效果明显。只有发挥学生为主体、教师为主导的作用,贯彻课改理念,就像那连环活动中的小组合作探讨一样,让学生发挥主体作用,教师从中点拨,让学生在思考中,逐步达到如何"忠实履行义务"的情感态度价值观目标。

(二)怎样写好教学反思

从以上四个"教学反思"案例中,我们可以领悟到,"教学反思"大概包括如下几个方面的内容:

首先,要表明写着教学反思的背景,让读者明了这是关于什么内容的教学反思。以上四个教学反思的案例,都在一开始点明这一点。

其次,要归纳、总结这个教学案例的优点和不足。肯定优点,指出改进的方面。以上四个教学反思的案例,都不同程度地呈现着这些要素。

再次,实事求是,言之有物,决不空谈。以上四个教学反思的案例,都是实事求是、言之有物、不空谈的范例。

又再次,还要将这些总结归纳的要素分门别类,使读者一目了然。

如果所写的"教学反思"具备了以上元素,那么,就可以说,它是规范的"教学反思"了。

最后，还要说明一点的是，一般情况下，"教学反思"应该放在该教学设计的最后位置，即板书设计之后，序号顺接即可。如果板书设计序号为"七"，那么，"教学反思"的序号就是"八"了。以此类推。

又最后，学会写作教学设计，是一种修炼。这种修炼，讲究的是扎实。只有扎扎实实，才能经得住拷问；只有扎扎实实，才有利于促进教师的专业成长。

要指出的是，无论哪个学科的教学反思的写作，除了要写明对知识的关注外，还要写明关注德育的渗透情况。教书育人，始终是教师义不容辞的责任。正如以上润物细无声的课堂德育形式，是教师教书育人义不容辞的责任体现，应该发扬光大并持之以恒。

五、自觉关注和承担教书育人的德育工作

学校的教育工作，不仅仅是指以上这些，还有班主任方面的德育工作，等等。合格的教师，不仅仅能上课会上课，同时还应该是能担当并且能胜任班主任工作的好手。这也是教书育人的职责使然。优秀教师应当是自觉关注和承担教书育人德育工作的践行者。

自觉，就是我愿意、我主动地承担责任，而不是被动承担责任。关注，就是即使自己没有班主任的工作任务时，也要去关切、去做自己力所能及的学生德育工作。这是学校安排教师要承担班主任工作时，须乐意承担并想方设法把班主任工作做好之外的事情。教师，就是要这样，站在讲台上，学生欢迎你的课，教学有成就感；担任班主任，能将班主任工作做得学生满意，家长满意，同事称赞。班里几十位学生能健康成长、成才，自己再苦再累，也其乐融融。

一是因为班主任工作是一项严肃认真的工作，做好它，有成就，虽苦犹荣。我担任班主任工作，可以说，非常认真负责。我在横沥中学任班主任8年，在这8年里，不仅班主任的日常工作出色，受到同事的赞扬，而且还将班主任经验加以提升——写出一定水准的经验或论文，得到东莞市教育局推荐，印发市德育研究会交流、推广；得到国家核心期刊的青睐。2012年，我虽然未任班主任，但是，眼见所任课的一个班，因为开学不久便因频繁换班主任而引起学生动荡（学生要求转班），对此，我看在眼里，急在心里，于是，主动请缨为该班全班做德育工作，在该班上班会课。学校德育处领导知道后，带领全校班主任来听课。事后，该年级还有3个班的班主任，请我去上班会课。在该班班会课后，我对该班跟踪了两个多月。

功夫不负有心人。该班发生了根本性好转，受到了广大师生的热切关注和赞许。我将此成果以"严而有格　爱生至上"为题撰写成论文，在全国中文核心期刊《中学政治教学参考》2013 年第 9 期上刊载推广。

二是因为能得到学生、家长、社会的认可。我有近四十年的教学生涯，无论是四十年站在讲台上的经历，还是十五年半的班主任历程，都是实实在在的成就非凡，有着聊以自慰的成就和乐趣。一是班主任工作几乎年年被肯定、受表扬；二是所教学科课程广受学生的欢迎和称赞，学生走向社会后，还将我上课的情形记忆犹新，给他们留下美好的印象和回忆；三是行走在社会上，能得到家长的赞许和认可。总之，无论在学校的哪个岗位上，我都觉得蛮有成就感。教学上，几乎行业中应该有的称号我都有了：校优、镇优、市优、省优、国优，到特级教师；科研方面，硕果累累，从市级到省（部）均有成果；在全国核心期刊发表论文，就近几年而言，就达十多篇。2012 年、2014 年分别出版专著，共 49 万 5 千字。如今，虽已退休，但回想起班主任的经历，仍然使我喜上眉梢，倍觉心甜有趣。

自觉而认真地关注和承担教书育人的德育工作，不仅仅是教师职责使然，而且更是一个教师磨砺成长、成熟不可多得的良好机遇，机不可失。

我们还应该注意到，如今，教育部把教育目标正式调整为"立德树人"。中高考政策调整为"一点四面"，重点考查四项内容①：一"社会主义核心价值观"是"必须立足于中华优秀传统文化"。二是"传统文化"。三是法治，这是底线。道德是高位，守法教育的同时还得做德育；所以，从 2016 年秋季起，小学、初中政治课程统一为"道德与法治"，目的明显不过。四是"创新"。

因此，对于国学教育，我们做教师的也要进行认真探究，并结合学科教学适当渗透在教育教学中。加强国学教育，是传承中华优秀传统文化的重要组成部分，应该成为我国教育发展的一个重要特色。个别引导、私密谈话、关爱心灵、陪伴成长，这是我将近四十年教书育人实践经验的总结。这"四种"行为，无论作为班主任还是作为任课教师，我都一如既往地坚持实践，从而赢得了师生和家长的认可。在我 2014 年 8 月出版的《初中生品德教论》拙作中亦可见这"四种"行为的践行踪迹。我想，这也许可以作为国学教育中所坚持的既明确又行之有效的一个基本做法，且必须切切实实地要把它落到实处，不能让它成为口号，成为应试教育的标签而空乏践行。

亲爱的朋友，希望您在教育教学领域所取得的好经验，也能与我分享！

加强修炼尚需啥，下章分解便知晓。

───────────────

① 摘自徐健顺《国学教育路径探析》(N)文，见《南方周末》2016 年 5 月 19 日 C20 大参考上。

第三章

立项科研

怎样进行立项科研？为什么要立项科研？取得立项科研项目后又该做些什么？分几个阶段去做？完成课题研究任务之后，又该做哪些收尾工作？结题报告怎么写？诸如此类问题，我们一个一个来阐述。

一、选题与申报

有志于立项课题研究者，常常遇到"如何选题""如何填写申报书"等问题与烦恼，在这里，就诸如此类的问题，与诸君一起探讨。

（一）如何选题

选题，是立项课题研究的必经之路，是确定自己要研究什么问题的必要程序。解决了选题的问题，也就确定了自己要研究的对象问题。

1. 课题从哪里来？

教育科研的课题从哪里来？当然是从教育教学中来的问题，且基本上是来自两方面：

一是从学校或学校以上相关教育部门提供的参考课题或供申报课题的《课题指南》中来；

二是从教师自己从事的教育教学工作中感到困惑或感兴趣的、影响全局大局的问题来。

2. 选题的一般原则。①科学性：要有理论基础和事实依据，必须符合科学原理。②预期结果要合理。③研究方法要正确严谨，要有可行性和创新性。

3. 选题的一般过程

（1）明确方向——自己要研究什么，或者在工作中发现了问题，需要通过课题辅助研究来加以解决的。在现有"课题指南"的选项里,哪个是合适自己教学工作实际的,应该做到心中有数。

(2)浓缩范围——日常的教学工作,千头万绪,纷繁复杂,有教学的,有育人的,还有其他方面的。其中,重点要解决的问题是什么?自己必须将纷繁复杂的头绪,归纳、总结、思考,加以理顺,才能选准课题。因为,每一次,通常只能解决其中的一件事情或者一个问题。不能眉子毛胡子一把抓。哪怕再多的问题,一次也只能解决其中的一件或一项,才能把事情做好。所以要在明确研究方向的同时,浓缩研究的范围。这是构思课题和形成课题的需要。

4. 选题的注意事项

(1)选题宜小,不宜大。基础教育工作者,一线的广大中小学教师,基于自身教学工作繁重的特点,选题时,一定要切记课题宜小不宜大。

(2)选题应结合学校的实际,来源于教育教学的现实问题。选题要有新意,课题的表述应简明、具体。

(3)选题要考虑研究者自己的优势,与自身工作相结合,与研究者的能力相适应。这一点是必须强调的。

为什么必须强调?因为,只有结合自身的教学实际,立足自身的教学实际进行教育科研,提炼自身的教学特色,这样立项的教育科研才更实际,也才更能够取得课题研究的实效性。

如何提炼自身的教学特色?从哪些方面去提炼自身特色?我认为,可以从以下几个方面去提炼。

①自身课堂教学方式方法的实践与认识(理性思考):如语文教学、数学教学、英语教学、体育教学、音乐教学、美术教学、信息技术教学等等。

②对后进生的教育教学方法,对班主任工作的思考。每一个教师都要争取做班主任工作,争取班主任工作可以对自己加强锻炼。尤其是在做后进生工作中,会有很多意想不到的收获的感受、感悟。这些,就是立项科研课题的好素材。

③对教研组建设的理性思考。每一位教师都是该教研组的一员,教研组的成员对自己教研组的事情,应该是了如指掌的。有了这些经历,知道教研组工作哪些可以肯定,哪些需要改进,这些需要改进的方面就是立项科研课题的好材料。

④对教师职业生涯的再规划再发展。随着科学技术日新月异的发展,教师专业知识不能一成不变。要变,需要对自己的教师生涯再规划。只有通过再规划,才能求得再发展。因此,这再规划再发展的事情就是一个很好的立项科研的课题素材。

总之,只要留意自己的经历过程,必定能捕捉到符合自身特色的好题材。

这就是为什么要强调提炼自身教学特色立项科研的原因。我相信,只要我们通过检讨自己的教学实践,把自身实践的点点滴滴提炼成实实在在的符合自己所为,又能为他人提供学习、有益于指导他人实践的、规律性的东西,从感性认识上升到理性认识的高度,就是自己的特色,也就能表现自己的特色。

立足自身的教学实际搞科研,提炼自身教学特色,是优秀教师向"未来教育家"迈进的真正动力。

做优秀教师,向"未来教育家"迈进,是我们教师的终身追求,但不是终极的目标。

努力吧,"我的未来不是梦",有志趣的教师们,勇敢地向前进吧!

(二)如何填写申报书

选题以后,紧接着要做的工作,就是申报课题环节的工作了。

1."课题申报表"如何填写?需要填写哪些内容?

"课题申报表"的填写问题,需要认真探讨。

总的来说,填报的"申报课题表",就是展示对所要申报课题的设计方案,即如何进行课题研究的具体设想。主要需要阐明:为什么要进行该课题研究,如何进行该课题的研究(包括研究的方法、步骤、时间、重难点、具体内容、参与研究的人员、经费等等),研究该课题的目的是什么,要达到什么成果,该成果的呈现方式是什么。这些基本的研究思路都要在"表"中一一呈现。缺少某一项,都可能影响立项的成功。

课题申报表的完善,既是课题申报的需要,也是课题主管部门的要求。它有利于课题批准机构对课题立项研究的检查、督促,又有利于课题研究者对课题研究进展的对照检查。所以,课题申报表一定要写得翔实。

2. 课题申报表内项目的组成:

(1)课题的表述与界定:课题的名称或题目必须明确表述所要研究的问题,要体现研究对象、研究问题、研究方法。如"强化预习指导　提高学生自学能力研究"。

(2)研究的背景、目的、意义:

①研究背景:即根据什么、受什么启发而研究,即国内或国外研究现状述评。若是文献研究,则重在述评。

②研究目的(目标):即为什么要研究、研究的价值是什么、解决什么问题。

③研究的意义:包括理论意义、实践意义。

④核心概念:就是对所要研究的主要对象所涉及的概念的定义。它可以包括词典定义、专家定义、操作定义等;

⑤研究综述:包括对本课题研究的历史与现状。基本思路包括调查分析,提出对策;理念先行,顶层设计;经验总结,提炼升华;问题梳理,选点突破;改革实验,循序渐进;借鉴运用,创新发展和组织、协调、管理、活动等。

(3)研究范围:对研究对象的总体范围的界定;对研究对象的模糊概念进行界定;对关键概念的界定。

(4)研究内容:这一部分很重要,必须清清楚楚地表明研究的具体内容,写明是几个具体内容。紧扣目标,纵向分解,横向分解,子课题标准统一,不超越主课题。如果提不出具体的研究内容,就无法研究,当然也就不可能获得立项了。

(5)重点:即对项目具有重大影响或后果,意义很大的问题。抓住它,课题研究的关键问题就迎刃而解了。

难点:指课题研究中不易解决的地方。它的突破和解决,会课题研究就顺利了。

(6)研究方法:

①注意事项:注意多种方法的使用;方法要写详细些;不能滥用方法;

②主要方法:文献研究法、调查研究法、实验研究法、行动研究法、个案研究法、叙事研究法、经验总结法。它们各自的含义是什么? 见本章"(四)研究方法介绍"。

(7)研究价值:

①理论创新价值——相对创新、发展、丰富、改进;

②实际应用价值——对教育教学的促进作用、推广应用价值。

(8)研究阶段的课题组主要成员的分工:

课题组主要成员的分工——主持人全面负责课题研究的实施;其他成员,按研究内容分工。分工不是分家,需要分工合作。只有团队的合力,才能形成有效的研究力量,完成课题赋予的研究任务。

3. 课题申报表交给谁? 需要什么程序?

课题申报表填写好之后,需要所在学校和相关部门签署意见、盖章;之后,就是上送到课题主管部门了。可以自己直接上送,也可以交给所在学校上送。这只是程序化的工作,不具技术含量,但需要走的程序。对此,各地都有自己的规定,恕不再赘述。

（三）重点填写好两个表格的内容

　　申报课题内容较多，但是，需要技术性支持的主要有两个表格，即"课题研究的设计论证""完成课题研究的可行性分析"等。分别以表一、表二呈现如下：

　　表一：课题研究的设计论证

1. 选题：本课题国内或国外研究现状述评，课题研究的背景及意义。2. 内容：本课题的核心概念、研究目标和基本内容，重点、难点，研究的基本思路、措施及方法。3. 预期价值：本课题研究的理论创新之处及实际应用价值。（限 3000 字内）

表二：完成课题研究的可行性分析

1. 已取得的相关研究成果、社会评价(结题、引用、发表、转载、获奖及被采纳情况)和主要参考文献。 2. 主要参加者的业务能力、学术背景、研究经验及课题组主要成员的分工。 3. 完成课题的保障条件(如所在单位的经费、设备、资料、时间安排等条件以及单位原有的研究基础)。

表一、表二以及所呈现的相关表格都是电子表格。申报者,只要按照表格项目指引填写即可。

(四)研究方法[①]介绍

1. 文献研究法——文献研究法主要指搜集、鉴别、整理文献,并通过对文献的研究形成对事实的科学认识的方法。文献法是一种古老而又富有生命力的科学

---

① 摘自 360 百科。

研究方法。

文献法的一般过程包括五个基本环节,分别是:提出课题或假设、研究设计、搜集文献、整理文献和进行文献综述。文献法的提出课题或假设是指依据现有的理论、事实和需要,对有关文献进行分析整理或重新归类研究的构思。研究设计首先要建立研究目标,研究目标是指使用可操作的定义方式,将课题或假设的内容设计成具体的、可以操作的、可以重复的文献研究活动,它能解决专门的问题,并具有一定的意义。

2. 调查研究法——调查研究法是通过考察了解客观情况直接获取有关材料,并对这些材料进行分析的研究方法。

调查研究是科学研究中一个常用的方法。在描述性、解释性和探索性的研究中都可以运用调查研究的方法。它一般通过抽样的基本步骤,多以个体为分析单位,通过问卷、访谈等方法了解调查对象的有关咨询,加以分析来开展研究。我们也可以利用他人收集的调查数据进行分析,即所谓的二手资料分析的方法。对于学生以及缺少经费的人们,这种方法特别合适。

3. 实验研究法——所谓实验研究方法,是由研究者根据研究问题的本质内容设计实验,控制某些环境因素的变化,使得实验环境比现实相对简单,通过对可重复的实验现象进行观察,从中发现规律的研究方法。实验方法首先广泛应用于物理、化学、生物等自然科学研究中。

从研究过程的大体步骤来看,实验方法与一般实证研究(即经验研究)相类似,通常可分为以下几个步骤:

①在对现实经济生活中各种现象作观察思考并对有关文献进行回顾分析的基础上,确定研究问题;

②根据理论,做出合乎逻辑的推测,提出假设命题;

③设计研究程序和方法;

④搜集有关数据资料;

⑤运用这些数据资料对前面提出的假设命题进行检验;

⑥解释数据分析的结果,提出研究结论对现实或理论的意义以及可以进一步研究或改进的余地。

4. 行动研究法——行动研究是指在自然、真实的教育环境中,教育实际工作者按照一定的操作程序,综合运用多种研究方法与技术,以解决教育实际问题为首要目标的一种研究模式。

①行动研究以提高行动质量、改进实际工作、解决实践问题为首要目标。

②行动研究强调教学行为与科学研究相结合,强调行动过程与研究相结合。

③行动研究的环境就是自然、真实、动态的工作情境，就是活生生的课堂。

④行动研究计划具有发展性，开展过程具有系统性和开放性。

⑤研究信息技术环境下的学与教，为行动研究增添了新质。

⑥行动研究法是将纯粹的教育科研实验与准教育科研实验结合起来，将教育科研的人文学科特点与自然科学的实验特点结合起来，用教育科学的理论、方法、技术去审视、指导教育教学实践，将教育教学经验上升到理论的高度，但依托的是自身的教育教学实践。

⑦行动研究法是一种适应小范围内教育改革的探索性的研究方法，其目的不在于建立理论、归纳规律，而是针对教育活动和教育实践中的问题，在行动研究中不断地探索、改进和解决教育实际问题。行动研究将改革行动与研究工作相结合，与教育实践的具体改革行动紧密相连。

5. 个案研究法——是指对某一个体、某一群体或某一组织在较长时间里连续进行调查，从而研究其行为发展变化的全过程，这种研究方法也称为案例研究法。

个案研究法（case study method）亦称个案历史法。追踪研究某一个体或团体的行为的一种方法。它包括对一个或几个个案材料的收集、记录，并写出个案报告。在现场收集数据的叫作"实地调查"。它通常采用观察、面谈、收集文件证据、描述统计、测验、问卷、图片、影片或录像资料等方法。

6. 叙事研究法——"叙事研究"是教师成长非常重要的途径，是中国教育研究中值得提倡的一种研究取向。其特点有三个：

（1）以"质的研究"为方法论。质的研究是以研究者本人作为研究工具，在自然情境下采用多种方法收集资料，对社会现象进行整体性探究，使用归纳法分析资源和形成理论，通过与研究对象互动对其行为和意义建构获得解释性理解的一种活动。叙事研究则是质的研究运用的一种表现形式。对于教师的叙事研究来说，"教育"是土壤，"质的研究"是方法论。质的研究将使教师不仅获得有意义的职业生活，而且会改变教师的存在方式。

（2）以教师的生活故事为研究对象。教师的叙事研究所叙之事就是教师的故事，是教师在日常生活、课堂教学、研究实践等活动中曾经发生或正在发生的事件。它是真实的、情境性的。这些生活故事胜过任何说教，具有强大的感染力。

（3）由解说者描述和分析。教师的叙事研究由解说者描述的，解说者其实就是研究者，它可以是教师本人，也可以是研究教师的人；研究者解说的是教师的故事，故事的主线和研究者的分析交叉出现，使所叙之事通过研究者的解读具有了特殊的意义。

7. 经验总结法——通过对实践活动中的具体情况，进行归纳与分析，使之系统化、理论化，并上升为经验的一种方法。总结推广先进经验是人类历史上长期运用的较为行之有效的方法之一。

所谓经验，是指在实践活动中取得的知识或技能。由于这种知识或技能往往凭借个人或团体的特定条件与机遇而获得，带有偶然性和特殊性的一面，因此，经验并非一定是科学的。它需要理论研究者和实践者做一番总结、验证、提炼加工工作。总结经验一般在实践中取得良好效果后进行。在总结经验时，一定要树立正确的指导思想，对典型要用马克思主义的立场和观点进行分析判断，分清正确与错误、现象与本质、必然与偶然。经验一定要观点鲜明、正确，既有先进性、科学性，又有代表性和普遍意义。

根据经验总结的具体实践过程，其一般方法步骤：①确定研究课题与对象；②掌握有关参考资料；③制订总结计划；④搜集具体实事；⑤进行分析与综合；⑥组织论证；⑦总结研究成果；⑧实行经验总结时应注意五点：a. 选择对象要有代表性，具有典型意义；b. 要以客观事实为依据，定性与定量相结合；c. 要全面观察，注意多方面的联系；d. 要正确区分现象与本质，得出规律性的结论；e. 要有创造革新精神。

研究过程中，以上各种方法，可以交叉使用，但是，不一定全部用上，视课题研究的需要而定。我们常常在成文的总结报告上，也只见到一些主要的做法，如文献研究法、调查研究法、个案研究法、实验研究法、行动研究法等。

通过上述讨论，我们明确了如何选题和如何填写申报材料的事情。

二、开题报告、中期报告、结题报告的撰写及适例

一般来说，科研立项获准以后，紧接着的工作就是举行开题报告；研究进行到一定时间（一般进行到研究的中期阶段），要进行研究过程的中期总结报告。

应当明确，任何立项科研课题的研究，都有其时长的规定性。这在申报立项书里已经定下。有的项目 1 - 3 年，有的项目 3 - 5 年，有的项目更长——十年，或者十年以上。人文社会科学与自然科学的时长有区别。自然科学的研究，需要更长的研究周期。无论时长时短，只要研究时长到了拟定的时间，即到了这个项目规定的研究时段时，都要总结汇报，都要写好总结报告向审批课题主管（监督）部门如实报告。完成这项总结任务的负责人，通常是课题主持人，或者课题组的其他负责人。无论谁负责总结，都要及时向课题主管部门报告这一时段的进展情况——是否按照课题申报书中所拟定的进度？做了哪些工作？效果如何？是否

达到预期目标?预测一下下一步研究进程中的任务情况,做好剩下的研究事项,等等,要一一如实报告。报告形式,按照课题主管部门的要求,将报告资料以书面形式呈送主管部门,或者上传至指定的课题管理平台,接受监管。

(一)开题报告的撰写及适例

1. 开题报告的内容

课题研究的开题报告一般都要先写明该项目的名称即课题名称、批准立项的机关或部门、立项时间,之后报告开题活动简况(开题时间、地点、评议专家、参与人员等)、开题报告要点(核心概念、目标、内容、重难点、方法、思路、分工、进度、预期成果等)、评议要点等内容。

2. 适例:

《优秀传统文化提升学生德育认知的思品教学研究》开题报告

开题活动简况(开题时间、地点、评议专家、参与人员等)

1. 开题时间:2015 年 1 月 16 日,星期五。

2. 地点:横沥中学/李锦宏名师工作室会议室。

3. 评议专家:黄海权(黄江中学副校长 中学政治高级教师)。

4. 参与人员:黄海权 邓修忠 李惠萍 王天立 蓝清萍 董慧仪 江献良 杨文兄 莫建龙 张杨艳 黄恒维 黄 强 陈洁纯 陈碧霞 杨銮发等。

开题报告要点(核心概念、目标、内容、重难点、方法、思路、分工、进度、预期成果等)

(一)核心概念及其解读

品德认知路径、中华优秀传统文化与初中生的品德认知教育、思想品德教学实效性。

①品德认知路径即初中生的品德认知路径。初中生品德认知路径多种多样,如在家,可以从父母、长辈以及其他成员的交谈或言传身教中去感受、形成。在社会,可以通过对社会现象、社会制度、社会现实的体察,通过自己对日常生活中自己的和他人的是是非非的体验、观察、思考去鉴别、判断、形成;通过他人对某种现象、某种言行、某种观念的评判去认识、形成。在学校,可以通过班会课和班主任的个别交谈,或通过学科教学去反思、获取、强化、形成。在自学中感悟"天行健君子以自强不息"(《周易》)、"三人行,必有我师焉。择其善者而从之,其不善者而恶之"(论语)、"滴自己的汗,吃自己的饭,自己的事自己干,靠人靠天靠祖上,不算是好汉"(陶行知)、"自古学问无遗力,少壮工夫老始成。纸上得来终觉浅,绝

知此事要躬行"(陆游)、"有则改之，无则加勉"(朱熹)之理，自觉提升人生境界。比较家庭、社会、学校、自学四者路径，就其正确性而言，课题组唯崇尚学校这一路径。因为在家庭中，成员之间的言行举止不一定正确，这些不一定正确的言行举止传达或影响到未成年人时，家庭成员又没有及时或者来不及说明或纠正，会导致误导。有时候，先入为主的误导，根深蒂固，难以矫正。通过社会路径形成的，是未成年初中生依据自我的判断能力获得的，也不一定正确。正在成长中的初中生，毕竟认识水平有限，尤其是对于一些复杂言行的判断，要进行准确判断是有难度的。后一个，则需要获取学校教育为前提。在学校，学生所获得的，都是在老师、班主任的正确引导下取得的，其品德认知成效正确度高。一般来说，在学校获得的品德认知，才是其人生持续发展的根本力量。因此，重视学校品德认知路径对初中生的成长至关重要，也是本课题研究的重点。

②中华优秀传统文化与初中生的品德认知教育，是指将具有深厚的历史渊源和广泛现实基础的中华优秀传统文化与初中生品德教育密切结合，将初中生品德认知特点与所学思想品德教材内容密切结合，将教材中的中华优秀传统文化教育内涵发掘出来，成为提升学生品德素养之素材，以引导和帮助学生树立正确的世界观、人生观、价值观。

③思想品德教学实效，是指通过教学所达到的效果，包括显性效果和隐性效果。显性效果，又称显性的教学实效，它明显地体现在学生对知识的把握和学业成绩的提升；隐性效果，表现为对学生个性品格的形成及其世界观、人生观、价值观形成的影响与启迪等方面。无论是显性效果还是隐性效果，都是素质教育的内核，也是受教育者人生发展所需。

(二)目标

加强初中生品德的正确认知和思想品德教学的实效性，加强中华优秀传统文化与社会主义核心价值教育，促进和提高初中学生的品德认知水平，是本课题研究的根本目标。

(三)内容

围绕本课题的核心问题，拟以下子课题研究：①当前初中生品德现状调查与分析。②优秀传统文化与思品课相关内容整合的研究。③强化优秀传统文化在思品课教学中发挥作用的研究。④优秀传统文化教育与提升思品课教学实效性的研究。

(四)重点

将加强中华优秀传统文化与社会主义核心价值观体系教育内容，融合于思想品德课教学中，优化思想品德课教学资源，提升思想品德课教学实效，是本课题研究的重点和难点。从本课题研究前期的调查数据看,在被调查的初中学生"热爱祖国""爱戴父母""遵纪守法""热爱学习""礼仪礼貌""诚实守信"等品德认知六个(均系中华优秀传统文化教育细化)项目中,认为来源于政治课、语文课、班主任、历史课以及其他学科或途径的统计中,居前三位的依次是政治课占66.1%、班主任占57.9%、语文课占21.6%。表明思想品德学科教学在帮助初中生品德认知中占据着重要地位,足见加强中华优秀传统文化与社会主义核心价值教育,优化思想品德教学,提升思想品德课教学实效性,是本课题研究的重点。

(五)难点

提高思想品德教学实效性。进一步转变观念,提高认识,改善教学方式,想方设法把优质教学资源、教学愿景、目标追求和价值取向,通过课堂教学的最佳投入,达到最大化功能,是提升教学质量、实现教学(品德)目标的根本出发点和落脚点。

(六)方法

(1)文献法:通过学习有关文献,如《论语》《礼记·大学》《教育学》《心理学》以及党和国家有关品德的教育文件,掌握理论指导,明确研究指导思想和研究方向。(2)调查分析法:对实验学校班级和生情进行调查了解,有针对性地进行教学实验。(3)个案分析法:通过典型案例的剖析,采取针对性措施,有效地解决课题研究中的相关问题。(4)情感效应法:以生为本,克服说教式,通过人文关怀,尊重、感化每一个学生。(5)行动实践法:以教师的模范行动影响学生,仔细观察学生,一旦发现学生进步尤其是后进生的进步,进行恰如其分的表扬、鼓励。

(七)思路

(1)研究时间:2012年至2015年,前后三年时间。分三个阶段进行:

第一阶段,准备阶段(即立项前期)。主要任务:调查学情、搜集资料、确定研究对象。学校及年级,拟设项目研究顶层设计,理顺中华优秀传统文化、核心价值观与思品课教材等三者关系,明确三者在本项目研究中的定位——教材是载体,是教学实践的抓手;中华优秀传统文化与核心价值观教育源点的落实,通过教材载体有机渗透;中华优秀传统文化与核心价值观融入教学内容,进一步充实和加强思品课德育素材内涵,从而发挥其最大化的教育功能。项目顶层设计是研究的核心部分。

时间:2012年9月至12月。

第二阶段,开题至研究中期阶段,是实施项目的过程,是项目顶层设计实施情况的重要阶段,重点阶段。时间相对要长。

时间:2013年1月至2015年1月。

第三阶段,中期阶段至总结提升阶段,既是进一步实施项目研究核心部分的关键阶段,也是查漏补缺和巩固发展阶段。

时间:2015年2月至2015年11月。

(2)范围:在东莞市乡镇十所学校七、八、九年级开展。

(3)子课题研究采用由课题组成员负责的方式,发挥工作室研究团队的力量和智慧,保证课题研究质量。

(八)分工

①李锦宏全面负责指导制订计划、组织实施、协调、结题,写作《优秀传统文化提升学生德育认知的思品教学研究》报告;

②王天立、董慧仪、蓝清萍、江献良、张杨艳、陈洁纯等负责收集、整理、归纳自己研究的子课题进展情况,于每学期结束最后两周前,以电子文档方式送主持人整理归档上报。

(九)预期成果

本课题研究的理论创新之处和实际应用价值。

(1)理论创新:把初中生正确的德育认知与中华优秀传统文化与社会主义核心价值教育内容和思想品德学科教学的实效性统筹考虑,坚持以生为本,面向全体,优化品德认知实效,将教学的显性效果和隐性效果相统一,形成"优秀传统文化提升学生德育认知的思品教学研究"的理论成果。

(2)实际应用价值:①针对初中生爱国情怀教育仍需加强而开展以"天下兴亡、匹夫有责"的家国情怀教育,可以引导他们深刻认识中国梦是每个人的梦,以祖国的繁荣为最大的光荣,以国家的衰落为最大的耻辱,增强国家认同,培养爱国情感,树立民族自信,形成为实现中华民族伟大复兴的中国梦而不懈努力的共同理想追求,培养青少年学生做有自信、懂自尊、能自强的中国人。②针对初中生爱心等偏差而开展的以"仁爱共济、立己达人"的社会关爱教育,可以引导他们正确处理个人与他人、个人与社会、个人与自然的关系,学会心存善念、理解他人、尊老爱幼、扶残济困、关心社会、尊重自然,培育集体主义精神和生态文明意识,形成乐于奉献、热心公益慈善的良好风尚,培养青少年学生做高素养、讲文明、有爱心的中国人。③针对初中生须加强诚信等教育而开展的以"正心笃志、崇德弘毅"的人格修养教育,可以引导他们明辨是非、遵纪守法、坚韧豁达、奋发向上,自觉弘扬中华民族的优秀道德思想,形成良好的道德品质和行为习惯,培养青少年学生做知荣辱、守诚信、敢创新的中国人。

（十）预期成果形式

序号	阶段成果名称	起止时间	成果形式	承担人
1	当前初中生品德现状调查与分析	2013 年 9 月至 2014 年 12 月	论文	李锦宏 黄 强
2	优秀传统文化与思品课相关内容整合的研究	2013 年 9 月至 2015 年 12 月	论文	陈洁纯 张杨艳 陈碧霞
3	强化优秀传统文化在思品课教学中发挥作用的研究	2013 年 9 月至 2015 年 12 月	论文	杨文兄 莫建龙 蓝清萍
4	优秀传统文化与提升思品教学实效性的研究	2013 年 9 月至 2015 年 12 月	论文	黄恒维 江献良 董慧仪
5	《优秀传统文化提升学生品德认知的思品教学研究》课例	2013 年 9 月至 2015 年 12 月	课例集	课题组
6	《优秀传统文化提升学生德育认知的思品教学研究》报告	2015 年 4 月至 2015 年 12 月	研究报告	李锦宏 王天立

评议要点

1. 抓住课堂教学这根主线做课题。近年来,李锦宏名师工作室积极开展思品教学研究,抓住课堂教学这一根本,以优秀传统文化提升学生德育认知的思品教学研究为切入点,做了大量的前期探索,取得了明显的实效。

优秀传统文化提升学生德育认知的思品教学研究,与初中思品课程的教学目标高度吻合。对品德认知的路径、中华优秀传统文化与初中生的品德认知教育等方面进行了深入诠释,并结合思品学科特点与课堂教学实际需要,提出了两者"整合"与发挥"思品实效性"的研究目标,并以项目的形式推进,目标鲜明。

2. 课题教学改革与文化渗透结合,充分发掘文化的德育功能。我们知道,教学与德育是一个整体,两者互为统一,互相促进,就教学抓教学或就德育抓德育,其效果往往事倍功半;只有教学和德育整体推进,才能达到最佳效果。本课题的研究能将教书与育人结合起来,是难能可贵的。并且是既立足思品课程的教学实际,又充分关注中华优秀传统文化的德育功能,达成课程教学与挖掘中华传统文化的有机融合。

3. 立足思品课堂教学实际,遵循教学研究规律。围绕课题的核心问题,确定的研究内容是很有研究价值的,其研究重点是针对性强,并有较充实的研究基础,将思品课堂教学的内容进行了必要的拓展与整合;所确定的研究思路明确清晰,遵循了基本的教学研究规律,研究的可行性较强。

为了使本课题的研究更具有科学性、针对性与实效性,提出两点建议:

一是对"研究内容、重点、难点、方法、思路"的表述的看法。研究的内容是否可作必要的整合?即将第③与第④整合,即按"了解现状——整合内容——研究其作用"这样的思路来确定子课题的研究内容;对重点内容的表述要简要化和明确化;对难点内容的表述也要科学化和明确化(现在的表述不够明确,内容的指向性过大,与本课题的研究内容不够贴切);研究方法过多,其实可归纳到"行动研究法"中;研究思路的表述不够科学,让人看不出有一个清晰的研究思路与研究路径。

二是处理好长期性与短周期的关系。优秀传统文化提升学生品德认知的思品教学研究,是一个慢过程,需要长时间的探索实践,不可能一蹴而就。因此,我们要有足够的耐心,摸着石头过河,边实践、边总结、边调整,在改革中遇到问题不怀疑、不争论、不懈怠,办法总比困难多,成绩和经验就是在不断的分析问题、解决问题过程中积累形成的。

深入课题研究,需要课题组成员全力以赴,认真探索。课题组成员必须统一思想、坚定信心、开拓进取、大胆实践,直至取得本课题的既定目标。

评议人员姓名及单位:黄海权/黄江中学副校长/中学政治高级教师

于 2015 年 1 月 16 日上午

(二)中期报告的撰写及适例

1. 中期报告的内容

顾名思义,中期报告,就是课题研究的时间已经到了中段时期,要对课题研究的进展情况作一个总结汇报。中期总结汇报,最好做成专题性的总结。尽管中期报告,还有带汇报的性质,但是,有了开题报告和申报材料在前做铺垫,所以,中期报告更希望看到对该课题的总结性汇报,避免流水总结。怎么做专题性的中期总结性的总结?下列以《构建学生自主学习的最优教学环境,全面推进素质教育》为例子作为适例来说明。

2. 适例：

构建学生自主学习的最优教学环境，全面推进素质教育

这是东莞市立项课题（编号：821，见插图）《实施"三新"，推进政治课素质教育的研究与实践》中期工作专题研究报告。

课题的研究实践到了中期阶段，课题组成员觉得我们正面临 21 世纪这样一个新世纪，我国社会主义现代化建设正在走向全面发展时期，面对

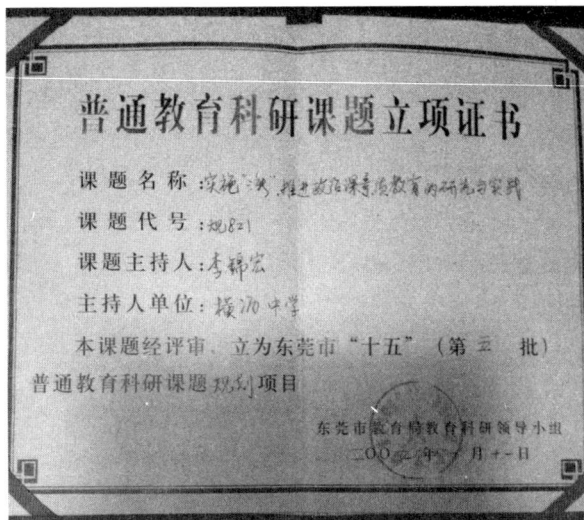

科学技术突飞猛进、知识经济深度发展、日趋激烈的国力竞争局面，面对人才竞争的新形势，思想政治课作为学校的必修课程，如何自始至终地发挥其功能与作用，为我国现代化建设培养造就高素质人才以适应形势发展的要求呢？

鉴于我校义务教育阶段初中毕业生知识、能力、觉悟水平等素质参差不齐的情况，课题组结合新课程和本课题《实施"三新"，推进政治课素质教育的研究与实践》（"三新"即新课程、新教法、新体验）的深入实施，总结多年来的教育教学实践经验，与时俱进，积极探索，勇于创新，大胆实验，构建学生自主学习最优教学环境、最优教学方法、最优教学过程，力求最佳教学效果，帮助他（她）们顺利地升上高一级学校去深造，将来成为社会主义现代化建设所需人才，取得了初步成效。

一、明确认识学生自主学习最优教学的重要性，凸显育人新理念，夯实探索和实践最优教学的思想基础。

教育教学是一项系统工程。无论是课堂还是课外，都是育人的一个整体，是承前启后，继往开来，进一步培养学生的能力，实施素质教育的一个重要组成部分。多年来，为做好这项工作，我们坚持认真钻研《课程标准》和教材，做到熟知"标准""要求"，熟悉、了解学生，知书识人，为确立以人为本的育人思想，精心设计和组织教学。探索和实践学生自主学习最优教学，其重要性主要有两个方面：

1. 它是新世纪社会主义现代化建设事业多出人才、出好人才的必然要求。

新世纪的竞争，归根到底，是人才的竞争。江泽民总书记指出："培养同现代

化要求相适应的数以亿计高素质的劳动者和数以千万计的专门人才,发挥我国巨大的人才资源优势,关系到二十一世纪社会主义事业的全局。"高素质人才对我国现代化建设的重要可见一斑。高素质人才需要通过素质教育去培养造就。是否优化课堂教学,关系到今后能否多出人才、出好人才的大事。因此,我们把是否重视培养学生的自主学习,提到是否扎扎实实地搞好教学和是否为社会主义现代化建设造就高素质人才的高度来重视。

2. 它能为中国特色社会主义现代化建设事业所需人才夯实基础。

实现社会主义现代化,需要大规模培养造就德才兼备的各级各类建设人才。课堂教学是实施素质教育、培养造就德才兼备的各级各类人才的一个重要阵地,是继续帮助学生夯实基础、养成并提高能力素养的过程。因此,重视培养学生自主学习,能为高素质人才夯实基础,必须扎扎实实地搞好。重视培养学生自主学习和提高学生能力素养,是我们多年来坚持最优教学的根本宗旨。

二、突出"三新"中的以生为本理念,积极构建探索、创新、实践,培养学生自主学习为最优教学的平台,务求为我国现代化建设多出人才、出好人才建功立业。

什么是最优教学? 最优教学就是在现实环境下,通过创设条件,优化教学系统各要素,发挥整体功能,实现整体最佳状态,切实减轻学生负担,推动素质教育的深化,达到以最小的投入获得最大的效果。它以邓小平关于"三个面向"为指导思想,以系统论、信息论、控制论和新近出现的突变论、耗散结构论、协同论以及素质教育理论等新的教育教学研究成果为理论指导,围绕达到"最优教学"目标而展开的最优教学活动。它要求从现实出发,创设最优教学环境、最优教学方法、最优教学过程,达到最优教学效果。探索思想政治最优教学,目的只有一个,那就是:与时俱进,提高教学质量,为上级学校输送更多的合格人才,适应当今人才激烈竞争的需求。

(一)努力创设最佳教学环境,凸显思想政治课德育功能,以期取得教书育人的最佳效果。

学校一切工作的中心是育人。因此,探索、实践培养学生自主学习最优教学,归根到底,是育人为先。树立育人思想,优化和突出思想政治课德育功能,将育人特色贯穿政治课教学过程的始终,是思想政治(品德)课德育功能的最根本任务。调动学生积极主动地参与教学,从而把教书育人思想贯穿于教育教学的全过程,是思想政治(品德)课必须过好的首要关口。社会实践证明,人类社会的任何活动都不能离开人们的参与。而取决人类活动的参与因素首先是其 EQ(Emotional Quotient)情商而不是 IQ(Intelligence Quotient)智商。教学过程,需要师生的 EQ 共同投入,才能获得最佳教学效果。由于诸多原因,教学政治课碰到了许多挑战。

尽管如此，思想政治（品德）课作为中学必修课，作为整体教学的有机组成部分，政治教师更要义不容辞地想方设法调动学生参与教学。

一是要想方设法调动学生的学习积极性、主动性，使他们精神集中、兴趣盎然地参与教学。目前，我校义务教育阶段的许多学生主动参与教学活动的积极性是比较差的，表现为形存神离，人在心不在，启发他思维他却开小差或者搞小动作，对老师提示的问题爱理不理，无心向学等现象。思想政治（品德）课每周只有二、三节课，要想在有限的教学时间里，实现教学目标，为师者如果不想方设法采取积极有效的措施，调动积极性，使之主动地投入教学，密切地配合教学活动，那么，要完成教学任务，实现教学目标，取得教学效果，简直不可想象。所以，教书先要育人，首先要做好思想工作，使学生自己能自控情绪，自觉地参与教学活动，这样才能取得良好的效果。回顾几年来我们尝试采用的吟诗歌、念顺口溜、讲故事、说幽默等情感效应方法来调动学生学习、积极参教学活动等做法，是行之有效的、成功的育人方法。

二是要认真钻研《课程标准》和教材，精心设计教学内容，切实使学生在老师的点拨下主动学习。思想政治（品德）课《课程标准》是开展思想政治（品德）课教学的根本依据，认真钻研《课程标准》和通读教材是精心组织教学活动的必备前提。为此，每当拿到教材，都要认真钻研和通读一遍，以便了解教材是否与《课程标准》相一致。在此基础上，去精心设计教学内容。对于哪些该讲而且必须多讲，哪些少讲或可以不讲，哪些要反复强化的，等等，做到心中有数、轻重有度，这样不会加重学生的负担，受到学生的欢迎。

（二）优化教学方法和教学过程，力求以最佳的教学方法，实现最佳的教学效果。

课堂时间是有限的。如何用好有限的课堂时间，去获取最佳的教学效果？主要做法是：

1. 按照《课程标准》要求，精心设计教学内容，是实施最优教学的必要前提。紧扣《课程标准》要求，精心设计教学内容，把"三维"教学目标落到实处。课堂教学中，严格按规定的教学时空，精心设计"三维"教学目标和课堂练习，一丝不苟地完成预定的教学任务，是教学的最佳方法和最优选择，是实施最优教学的重要环节和前提。

2. 强化能力训练，把以生为本的"三新"理念核心凸现出来。"三新"理念核心的核心就是以生为本。强化能力训练，就是要贯彻"三新"理念中的以学生为本的育人理念。因此，强化学生阅读、分析和解决问题、明确是非的能力的训练，提高和增强他们的觉悟，育"四有"人才。培养学生运用所学政治知识去分析问题、解决问题、明辨是非、提高觉悟、增强能力,是思想政治(品德)课素质教育所要达到的根本目的和要求。

思想政治(品德)课所要体现的以人为本即以学生为本的德育功能,在构想和优化思想政治(品德)课教学内容时,必须重视和突出思想政治(品德)课所肩负的这个特色功能;在处理书本知识与时事政治热点重点、知识与能力培养、知识与德育等几个关系时,紧紧抓住以学生为本的育人思想,从帮助学生学会辨别是非、养成能力、提高觉悟,为使他(她)们成为"四有"的高素质人才夯实基础的目标出发,精心设计,具体部署,有序训练,从中收获。

(1)以单元分层训练,培养能力素质。即把教学内容分为若干单元,在每一个单元教学里,按《课程标准》规定的"识记""理解""活动"等若干内容,都把它划分为"双基训练""强化训练"几个层次。在这几个层次里,又设定训练方法。如在"双基训练"里,又设计了"反馈点评",内容包括"存在问题记录""剖析原因""教师点评"等;"强化训练"又分为A(较高要求)、B(更高要求)两种情况;最后,"自我评价"内容包括"达标情况(学习任务完成情况及存在问题)"和"课后学习安排(计划)"等。在每一个单元里设定这些要求,是想通过这些方法的训练,能让学生借鉴这些方法,养成会学习、会思考的素质,从而实现最佳的教学效果。

(2)以针对性的量化训练,培养能力素质。即把每一个需要训练的教学内容及其大约需要多少时间完成,进行定量设计和训练。如需要十分钟,或十五分钟,或二十分钟,或三十分钟……根据实际情况而定。模拟近年来,我们省中考实行开闭卷考试的模式,设定30分钟内完成闭卷部分包括辨别题、单项选择题、不定项选择题共27题的要求,进行训练;又如对开卷部分之简答题、辨析题、分析说明题、论述题,分别设定为8分钟、12分钟、13分钟、17分钟内完成。实践证明,这种训练方法针对性强,突出能力训练,能体现素质教育的要求,科学、实用、可行。

(3)以精讲巧练,培养能力素质。精讲巧练,旨在课堂教学中通过启发、阅读、思考、讨论、实践去完成学习任务,减轻学生的课业负担,而课外,学生布置一些"活动课"的内容如搜集资料、调查访问等等。从《课程标准》出发,精心设计,做到宜精勿滥,指导学生训练具有代表性和指导性的问题。对怎么讲,怎么练,怎么讲评等方式,如采用先讲后练,还是采用先练后讲的方式,怎么点评,点评多少时间等等,均作精心的筹划。一般地,点评时间都不长,而且言简意赅,力求精彩。例如,对"生产力是人类改造自然的能力"的解读:即生产力表现为人与什么的关系? 回答"自然"——表明学生明白了。又如,对"生产关系是指在生产过程中所形成的人与人之间的关系"的点评,指出:生产关系中所描述的人与人之间的关系是指发生在生产过程中的还是生活过程中的呢? 答曰"生产过程中的",老师再加以肯定评价和必要的点拨:是生产过程而不是教学过程、家庭生活过程发生的关系。经过老师的得当点拨,学生对此就能较好地掌握了。这样,才能保证在有限的课堂教学时间里,获得较好的教学效果。课堂教学质量保证了,学生的课业负担才能真正减轻。

3. 授之以"渔",让学生自己会学习,是教书育人之根本。"授之以'渔'"就是要让学生掌握比书本知识更为重要的东西——学习方法。鉴于目前学生懒得动手动脑的现状,教学中,要求学生做到"三到"即:一要做到全神贯注,避免心不在焉现象;二要做到手脑并用;三要做到反复思考。我们常常告诉大家,要学好知识,仅仅有课内的思考是不够的,还需要学会把课堂教学问题带到课外去学习、思考、再学习、再思考。特别是对重点知识(重要观点或重点原理),课堂中,老师虽对此问题有所提示或讲解,但要更深刻地理解和掌握,应该在课外再予以反复思考,才能更进一步地去把它掌握好。此外,用名言激励学习和思考。我们经常在黑板右边写上一些既是心理学又是教育学的至理名言,告诉大家如何听课、如何做到课后学习即复习巩固。如写出"有意注意"到"有意后注意",并加以诠释:"有意注意",首先要求课堂上做到认真听、看、读有关内容;课后做到"有意后注意",即把课堂教学有关问题和课外所见所闻,加以思考、总结、提炼,写成体会,展示心得,天长日久,必成其果。

总之,教学中,以我们的最大热情,最大限度地激发大家投入教学,期望通过有益的教学活动,务使学生既掌握知识又能抓住学习的规律和方法,为将来更好地学习、生活和工作打下基础。

(三)以科学、实用、可行的思想为指导,精心设计教学,将"三新"理念融入教学中。

为此,精心设计教学,是实施"三新"、优化和提高思想品德(政治)课教学质量、实施素质教育的前提条件。精心设计,就是通过一定的形式,把要教学的内容付诸有计划、有步骤、有目的、求实效的教学过程中去进行练习、巩固、运用、提高的教学环节。具体做法是:

1. 综合所学知识,形成网络思路。整合所学知识,使之形成"一根主线",使教学思路更清晰。如初三《思想政治》可用"生产关系一定要适应生产力发展"这根主线和党在社会主义初级阶段的基本路线的贯彻落实,与所学思想政治(品德)课有关内容串联起来;又如,把初二与初三《思想政治》整合成一个整体,如依法治国、以德治国与加强社会主义精神文明建设的关系等,还能逐步培养学生的综合能力。

2. 时政结合,凸显德育功能。把所学知识与时政结合,特别是与相关重大时事相结合设计练习,既能训练判断能力又能凸显思想政治(品德)课的德育功能,一举两得。

(1)设计一些思维能力和德育功能都比较强的问题进行练习,以凸显"三新"理念。譬如:运用初三所学思想政治(品德)课知识辨析社会主义中国建立近六十年来,特别是改革开放三十年来,在中国共产党领导下,经过全国各族人民的共同努力,国民经济持续发展;科学、文化、教育、体育等各项社会事业全面进步;国防力量、综合国力大为增强;人民群众的物质文明生活水平和我国的国际地位日益提高。因此,当代中国青年的历史使命已经完成了。通过这一训练,可有几方面的效应:①能使学生形成针对性地分析问题、解决问题的思维方法;②能使学生得到运用所学知识去思考问题、分析问题能力的锻炼;③能使学生初步形成辩证思维方式;④能使学生受到必要的思想教育(德育)——实现社会主义现代化,还有很长的路需要我们走,必须认真地搞好学习,才能勇挑时代赋予的重任,实现中华民族的伟大复兴。又如,关于西部开发问题,我们从不同角度设置问题让学生训练:①实施西部大开发对我国现代化建设有何意义?②联系实际说明西部开发应走什么路和怎样走这条路?③您能为西部开发做点什么……这些能体现知识、能力、觉悟几方面的功效。

(2)设计一些基本问题,训练学生分析和解决问题的意识和耐力,把"三新"理念落到实处。可以是是非辨别题,例如"可持续发展要求人与环境和谐共处"……通过对此类问题的训练,要求不仅要知道这个观点是片面的,因为从近几年出现的问题看,可持续发展不仅仅是环境问题,还涉及人与资源等问题。对此,还要学生知道其片面的地方,并在所学课本中找出正确的表述,改正题中的错处。只有达到了"知其然"又"知其所以然",才算要达到了训练的目标。又如,通过设计选择题来训练的能力素养。例如:我国正处在社会主义初级阶段,是世界上最大的发展中国家。面对人口、资源、环境方面的国情,我们在现代化建设中必须
(　　)

A. 正确处理经济发展同人口、资源、环境的关系

B. 实施可持续发展战略

C. 坚持计划生育的基本国策

D. 坚持保护资源和环境的基本国策……

对这类小综合问题,练习时要求学生动脑筋,认真思考,审清题意,准确把握,选准对象,减少错误。这样做的目的,是要培养青少年学生耐心学习的精神和克服困难的毅力,强化文化素质的巩固和提高。我们知道,在将来的人生道路上,有很多需要人的毅力和意志去克服的困难和问题,从小养成克服困难的坚强意志和

能吃苦耐劳的毅力,有利于夯实人生基础,十分必要。

必须指出的是,每当新课完结后,要知道学生究竟学到了什么,学到了多少,会不会运用所学知识去观察问题、分析问题、解决问题,均可通过这些手段和方式,去检查、衡量、评价《思想政治》学以致用、素质教育目标——"培养学生的创新精神和实践能力"要求是否达到。持之以恒,必有收效。

还要强调的是,要使政治教学达到最优并取得实效,正如前面所说,除了教师的精心设计、组织、指导外,还必须调动学生积极参与。只有师生通力合作,教学中做到互动互应,才能将所学知识消化、吸收,变成学生掌握的一种技能,并能用它去联系实际,判断是非,分析问题,解决问题,便达到了全面提高素质、实现素质教育目标了。

这是"三新"课题研究的重要目标。

三、以"三新"教学理念为引领,坚持探索、实践,推动思想政治(品德)课最优教学发展,是落实"三新"教学理念的有效途径。

多年来,我们以"三新"教学目标为引领,坚持边探索,边实践,边总结,为继续探索、创新、实践,提供新的经验和思路,使思想政治(品德)课最优教学方法和效果不断升华。

1. 以"三新"教学目标为引领,走理论探讨与实践结合之路,推动思想政治(品德)课最优教学顺利进行。理论是实践的导向。自 1994 年以来,每学年度我们都认真做好教学总结,把教学实践中的经验,写成文字,与我校和我市同行们进行交流,互相切磋,共同探讨和提高,推动素质教育的发展。近年来,我们在市思想政治教学研讨会上交流的经验文章有几十篇,《论情感效应对强化思想政治(品德)课素质教育的作用》《启发、阅读、思考、讨论、实践》等多篇论文先后载于省《中学政治教学》杂志上,并分别获市、省论文评比一等奖和全国三等奖。

2. "三新"教学目标中的"情感态度价值观"在此得到升华。由于我们在教学中,从内容设计到学生因素都全面考虑,贯彻以生为本理念,充分地采用调动学生学习思想政治(品德)课的积极措施,取得了较好的教学效果。表现在:

(1)提高了学生学习思想政治(品德)课的兴趣。消除了一些同学对政治课懒学、厌学、弃学的消极情绪,使之兴趣盎然地、积极地、主动地参与学习,为思想政治(品德)课实施素质教育赢得了许多积极因素。

(2)实现了德育效应。不仅提高了学生的知识、能力、觉悟,而且学生思想政治素质也得到全面提高,多年来没有发生违法犯罪现象;

(3)体现了能力效应。能力效应方面请见中考成绩。几年来,我们所任班中考成绩超市、超同级同科,为上一级学校输送了一批又红又专的合格人才。

实实在在的教学效果,得到同行的好评和同事们的认可。

综上可见,探索和实践思想政治(品德)课最优教学的路子是正确的,方法是科学的、实用的、可行的,效果是显著的。它能促使学生逐步形成以全面的、过硬的素质迎接挑战。实践表明,落实"三新",实现最优教学,是实施素质教育的有效途径。

(三)结题报告的撰写及适例

1. 如何写作结题报告?

立项研究的课题研究结束,要做结题报告。结题报告是对课题研究的终结性总结,其基本内容有,包括该项目题目、立项研究背景,研究实施方法,研究目标情况(预期价值即创新表现、实际应用程度)、主要成果等内容。

2. 适例分享(共3个适例):

适例一:

《实施"三新",推进政治课素质教育的研究与实践》结题报告

一、研究背景

1. 新课程实施的机遇。借助新一轮课程改革的大好机遇,拟以实施新课标、新教法、新体验即"三新"课题研究,改变不良现状,提高学生思想道德觉悟,提高我校政治课教学质量,为上一级学校培养、输送更多的合格人才。

2. 农村中学学生学习政治课良好习惯的培养。我校是一所农村变城镇的初级中学,学生的知识、能力、觉悟参差不齐;教学合作精神较差;学习热情普遍不高;偏科思想严重,对政治课更是出厌学、弃学、甚至逃学等现象,对此有效纠正,需要开展本课题探究。

二、研究的理论依据、目标和意义

1. 研究的理论依据:

以马克思列宁主义、毛泽东思想、邓小平理论和"三个代表"重要思想、科学发展观为指导,贯彻《中共中央国务院关于进一步加强和改进未成年人思想道德建设若干意见》,贯彻党和国家的教育方针,全面推进素质教育,把学生培养成为有理想、有道德、有文化、有纪律的"四有"公民。

2. 研究目标:

让学生在新课标、新教法、新体验的课题研究与实践中体会到学习政治课的兴趣,提高政治课教学质量,进而提高我校的整体办学水平,推进素质教育。

3. 理论意义和现实意义:

（1）理论意义：①为新"课标"下，加强和改进政治课教学的针对性、实效性、主动性，提高政治课德育素质积累实践经验；②为更好地提高新时期农村中学学生的思想品德，更好地引导青少年健康成才，提供理性思考。

（2）现实意义：①有利于全面贯彻"三个代表"重要思想和党的十六大、十七大、全国人才工作会议精神；②有利于全面贯彻党和国家的教育方针；③有利于贯彻落实《中共中央国务院关于进一步加强和改进未成年人思想道德建设的若干意见》，培育"四有"公民；④有利于新形势下，进一步加强和提高农村中学政治课德育实效；⑤有利于整合资源优势，推动学校各项工作，可为我市兄弟学校借鉴，产生良好影响，具有深远意义。

三、研究对象

义务教育阶段的七、八、九三个年级使用人教版《思想品德》的初中生。

四、研究重点、难点

1. 重点：探索新"课标"、新教法、新体验即《思想品德》课教学的意义；

2. 难点：①探索正确的世界观、人生观、价值观和基本的善恶、是非观念、文明行为习惯养成和诚实守信教育的实效性；②探索帮助学生学习做负责的公民，过积极健康的生活方式的方法（难点）。

五、研究方法

1. 调查研究法：了解在我校这样一所农村中学，学生对思想品德（政治）课为什么会产生厌学、弃学、甚至逃学的现象，从而针对性地进行施教。

2. 个案分析法：通过对个别转化比较快、比较大的典型，让学生体验进步的快乐。

3. 行动比较法：教学中，对学生先后的学习行为进行比较，看他（她）变化的结果。

4. 情感法：即通过情感打动学生的心灵，使之在学习上付诸行动。我们把教学中的情感分为两个方面：一是教学内容即教材中所蕴含着的情感（如祖国利益高于一切、客观规律性与人的主观能动性等），称之为客体情感；二是师生本身的情感，称之为主体情感，它包括主动性情感和被动性情感。如教学活动中教师的情感，一般都起着主导性的作用，因而被称为主导性情感；学生的情感，一般地都是被动的，因而被称为被动性或被迫性情感。一般地说，客体情感决定了主体情感，主导性情感引发着被动性情感，教学内容决定着用何种方式来实现获取知识的途径和目的，而学生的课堂动态也直接影响着主导性情感的表现和传授知识的进展。正是教学过程中的这些微妙的情感表现和作用，影响和制约着教学实效性的增减。我们称之为"情感效应"。

5. 文献法：参阅网络上、报纸杂志上等有关文献资料，把握课题研究的新动态，为本课题研究指明方向。

6. 经验总结研究法：在实施过程中，组织研究人员结合研究内容进行交流、讨论、不定期地写作论文、案例等，提高教师的自我反思能力。

7. 案例分析法：对实验中的典型案例进行分析反思，总结成功的经验，反思问题的所在，以及时调整研究方向。

六、研究措施

1. "两针对三入手"：

(1)"两针对"一是针对思想品德(政治)课每周只有两节课教学时间的实际，二是针对我校是农村中学的实际；

(2)"三入手"：一是从我校学生实际入手，制订教学要求；二是从实际课时入手，设计教学方法，实施"师生、生生互动式"新教法；三是从提高教学质量入手，"精讲精练，向课堂要质量"。

2. 实施"两延伸""三结合""四效应"：

(1)"两延伸"：①从课堂(校内)向课外(校外)延伸。即让学生带着课堂教学问题，走向社会去调查、参观、访问，学习课本中学不到的东西。为防止有的学生不参与此项活动，我事先申明要通过抽查调查、参观、访问小组中的某些成员来简介说明所得图文资料的整理或制作过程，以此督促人人参与该活动。活动设计面向全体学生，措施落实，富有成效，起到了锻炼学生实践能力的实效。②从课本向生活延伸。多年来，我们鼓励学生，运用所学课本知识，积极参与各种有益的社会活动，以体验德育效果。比如参加校庆、国庆和"五五"普法教育等活动，力争佳绩，从中获取成功快感，提高自信心。从课堂到课外、课本到生活延伸的实践，凸现以学生为本、培养创新精神、加强实践环节等素质教育理念，增强思品课教学的针对性、实效性和主动性。从实践效果看，实施"两延伸"，不仅加强了实践环节，而且锻炼了学生的自信心。如同小吴所感触的"第二课堂锻炼了我"。

(2)"三结合"：即①课本理论与各种实际相结合。就是把课本理论知识与当前社会经济、政治、文化生活和学生思想实际紧密结合，这是政治课与时俱进，加强针对性、实践性、实现教书育人的重要体现。教学中，我常常依据教材要求，设置情境，让学生带着问题，深入社会、深入生活去调查了解，感触生活，感受教育，从中培养和提高学生观察、分析、解决问题的能力。例如，在学习初三思品第三课有关改革开放的知识时，我要求同学们以自己家庭或家乡的变化为例，通过调查或访谈，组织全班交流，实施"感受改革开放以来社会生活的发展变化，增进关心社会的兴趣和情感"的德育教育。②课堂与课外相结合。除了夯实课堂教学外，我们还鼓励学生积极参与校、镇、市法律知识竞赛、革命歌曲演唱比赛、篮球赛、田径运动会和美术兴趣小组等第二课堂活动,使学生身在课堂,面向社会,胸怀大局,开阔视野,陶冶高尚情操,锻炼与人合作的精神和能力,全面提高素质。③一般教育与个别引导相结合。即在一般教育的基础上,对"双差生"特别关注,定期或不定期地与他们谈论人生、交流思想、沟通感情,促其进步,使得我校差生转化率达到100%,多年来没有违法犯罪现象发生。实践表明,"三结合"是创活政治课德育的有效途径。

(3)"四效应"即①诗歌幽默效应——化解教学矛盾,提高教学积极性。幽默是金。幽默能化解矛盾,消除对立情绪,拉近人与人之间的关系。以往,对于课堂睡觉、讲话、搞小动作等违纪现象,我总是大动肝火,硬性批评,这样不仅没有使违纪现象收敛,相反他们更加跟你对着干。于是,我通过采用念诗歌或顺口溜的方法幽默地警醒这些现象,如对于课堂睡觉者,我以"请'低头思故乡'者'抬头望明月'等诗歌或顺口溜幽默地警醒他们,克服了由硬性批评带来的副作用,减少了课堂睡觉违纪现象。②故事效应——开启智慧思维。故事是人们喜闻乐道的。如针对某些懒得动手动脑的现象,我给他们讲"烧饼与懒妇"和"天道酬勤"的故事,激励他们动手动脑,培养他们勤奋学习的习惯。③平等对话效应——消除对立,予以人文关怀。对于顽皮学生,我不厌其烦,以朋友、兄弟兄妹的身份与其反复谈话、沟通。"不到长城非好汉",直至其好转。精诚所至,金石为开。小叶好转后对我说:"老师的耐心我佩服。"④忧患效应——激励自强不息的意志。现在的中学生成长于祖国渐渐繁荣富强的时期,没有经历过艰苦年代,不知创业维艰,因而学习上、纪律上常常患得患失。摸准脉搏后,我通过与他们一起回顾我国近代史,记取落后挨打的教训,找出与发达国家的差距,教育学生懂得为了缩小差距,实现我国跨越式发展,党和国家及时制定并实施科教兴国和人才强国战略;实现中华民族的伟大复兴,要靠我们青少年一代,因此,必须遵守纪律,好好学习,才能为民族振兴尽责。"四效应"使得常开小差的小伦深有感触地说:"这些方法,我感动、信服。"事实表明,"两延伸""三结合""四效应"措施,能促进"三新"课题的有效实施。

七、研究成果

1. 促使人文素质形成。我校学生多来自农村,小农意识特强,合作性较差。如何培养他们与人合作、融入集体和社会的人文素质呢?我通过强化人文精神教育,从两方面抓起:①言传身教,以身作则。如我常教导学生"聚人之长,容人之短",我说到做到。对于学生的不敬行为,我包容但不纵容,通过谈话关心其成长,友好地指出其不足,促其改正;②以教学合作培养合作精神,主要以"两延伸""三结合""四效应",设计调查、访谈、搜集资料等措施,来强化和促进"与人沟通、与人合作、与集体与社会融洽"的人文精神的形成。如"结合图文资料,通过调查、访谈活动,对改革开放以来的重大成就发表并交流各自的感想"培养合作精神的教学活动:①自由组合小组(每个小组不少于三人,但又不能超过五人);②规定时间,自主调查、访问,按时交卷;③把调查、访问的结果整理成图片或文字资料;④任务完成后,小组成员须签名,课堂展示、交流,以强化养成合作精神。性格内向的小黄同学深有体会地说:"政治课,锻炼了我的胆量,练就了我与人合作的精神。"

2. 培养锻炼了学生的协作精神和良好的心理素质。我校初中学生代表队近几年多次参加东莞市中学生法律知识竞赛。2008 年 10 月 10 日,初二(4)班卢妮、初二(5)班吴绮颖等组成的中学生法律兴趣小组,参与我市"五五"普法教育"与法同行·法律六进"活动,接受市电视台现场采访,中央台也在现场录制,显示出良好的心理素质和高尚的协作精神。为此,镇司法办黄主任称赞:"训练有素,心理和智慧过得硬。"

3. 思想道德水平和政治觉悟提高,文明班级层出不穷。①通过体验"感受改革开放以来社会生活的发展变化",增进了他们关心社会的兴趣和情感,领会了"改革开放是强国之路,是我们党、我们国家发展进步的活力源泉"的含义。认识的提高,成为促动他们为担当"铸就中华辉煌"而发奋学习的兴奋剂;知识的领悟,成为其运用正确的理论观点,在当前纷繁复杂的社会生活中方向明、立场正、是非清,健康成才的动力源。②文明班级层出不穷。多年来我校每学年有 60% 以上的班级被评为文明班级。③多年被评为"无毒学校"。事实表明,实施"三新",能进一步加强和改进青少年学生思想道德建设,有益其健康成才。

4. 改善和提高了课堂教学效果,受到各界好评。(1)为我校中考取得佳绩发挥了积极作用。实施"三新",使得懒学、厌学、弃学政治课者,能主动、积极地参与学习,为政治课实施素质教育赢得许多积极因素;学习效果不断提高,连续多年中考政治成绩平均分、及格率、优秀率等超市平均,为我校中考成绩连续多年名列前茅发挥了积极的作用。(见下表)

2006 至 2009 年思想品德(政治)科我校升初三、中考成绩平均分、及格率、优秀率统计表

项 目			2006 届	2007 届	2008 届	2009 届	注明
平均分	中考	市	72.4	74.2	70.9	76.04	1. 中考是省命题,市统一评卷。2. 表内均为百分制计算。3. 作为农村中学的我校,能取得超市平均的佳绩,实在是难能可贵。
		校	74.06	74.7	72.1	78.2	
及格率	中考	市	84.3%	88.66%	78.5%	88.5%	
		校	87.6%	88.9%	80.4%	89.7%/	
优秀率	中考	市	29.1%	28.7%	34.6%	47.3%	
		校	30.5%	31.7%	35.8%	48.1%	

(2)学生和家长赞好:①考入重点高中的小柱说,他能考上重点高中,首先要功归于思品科。②小李捧着重点高中入学通知书兴奋不已来报喜:她的政治科以96分的佳绩圆了她梦寐以求的高中梦。③小陈考入中专后来信说,她把母校里学习政治的方法用到了中专学习中,盛赞老师的方法佳。④考进师范的小谭母亲告诉我:"小谭说,以后要把政治老师的方法用到自己的教学中。"(3)学校领导和同事称赞思品科教法好,出成果。(4)权威部门赞好:市教研员称:"本研究实用、可行。"

5. 两篇相关论文得到相关部门认可。(1)《情感效应促进学生自主学习思想品德(政治)课的探究》论文结合课题实施,论述情感具有促使学生主体参与意识升华、开启"三新"潜能的功能作用。情感具有增进友谊、促进教学协调,促进"三新"(新课程、新教法、新体验)理念实施,进而实现素质教育的功能作用;情感具有激活思维、增强创造力,推进"三新"理念落实的功能作用;情感具有增强自信心,激励学习得以成功,促使良好心理素质和勇于进取精神形成,发挥"三新"功能最大化;情感具有巩固和提高德育功能的作用。以阶段性相关实验课题送东莞市中学思想政治(品德)课研究会年会,学术论文评审获二等奖。

(2)《构建学生自主学习的最优环境,全面推进素质教育》论文,结合课题《实施"三新",推进政治课素质教育的研究与实践》深入实施,总结多年来教育教学实践经验,明确认识学生自主学习最优教学对于落实"三新"教学目标的重要性,采取优化教学方法和教学过程措施,夯实探索和实践最优教学的思想基础。实践证明,以"三新"教学理念为引领,坚持探索、实践,推动思想政治(品德)课最优教学发展,是落实"三新"教学理念的有效途径。作为实验阶段性相关课题提供给东莞市中学思想政治(品德)课研究会年会,学术论文评审获一等奖并印发大会交流。

实践证明,实施"三新",能更好地促进思品课课堂教学综合改革,能进一步提

高教育教学质量。

适例二：

《优秀传统文化提升学生德育认知的思品教学研究》结题报告

《优秀传统文化提升学生德育认知的思品教学研究》，于 2014 年向东莞市教育局科研办申报为名师专项项目，编号：mskt140002（见如下《立项证书》）。

本项目于 2013 年 9 月已经开始实施研究，至今三年时间。三年来，项目组按部就班，通过调查分析当前初中生的德育认知水平，了解到当前初中生品德行为素养状况，于是，着手制订方案，开展研究。通过三年来的研究，不仅落实了研究步骤，而且达到了研究的预期目标。

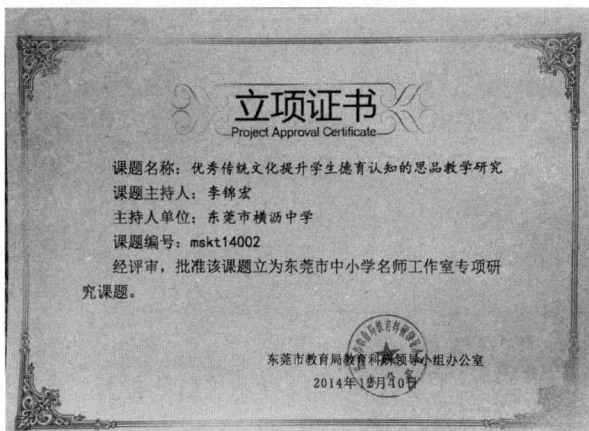

立项证书
Project Approval Certificate

课题名称：优秀传统文化提升学生德育认知的思品教学研究
课题主持人：李锦宏
主持人单位：东莞市横沥中学
课题编号：mskt14002
经评审，批准该课题立为东莞市中小学名师工作室专项研究课题。

东莞市教育局教育科研领导小组办公室
2014年1月30日

回顾三年来的研究历程，项目组认为，项目研究方向正确，效果纷呈。

一、从选择的项目现状背景来看，具有现实意义。

在国际竞争日趋激烈的当今社会，各国都想方设法加强提升国民素质，尤其是注重加强青少年的素质提升。建设中国特色社会主义，实现中国梦，亦不例外。

本项目从实际出发，选择正处于世界观、人生观、价值观形成关键时期的初中生作为对象，以其德育现状调查，结合社会主义核心价值观（简称"核心价值观"）和中华优秀传统文化教育展开，融思想品德课（简称"思品课"）之道德、心理健康、法律、国情等相关内容，通过思品课教学，给予学生以正确引导和有效帮助，引导初中生在道德品质、健康心理、法律意识和公民意识等方面健康发展，形成乐观向上的生活态度，争做"四有"公民，适应我国经济、政治、文化、社会、生态文明建设发展新形势的要求。

二、从项目研究的背景看，具有很强的针对性。

一是基于党和国家一如既往对教育的重视和厚望，探索把教育部《完善中华优秀传统文化教育指导纲要》精神和党的十八届三中全会关于"全面贯彻

调查主题	调查内容	人数	百分比
诚信调查	经常欺骗家长和老师的	6	3.6%
	考试作过弊的	6	6.4%
	抄袭过作业的	8	3.6%
	有过不守承诺现象的	3	2.3%

党的教育方针，坚持立德树人，加强社会主义核心价值体系教育"重要思想落到实处，开展对初中生德育认知项目的研究。

二是基于当前初中生德育认知水平和品德行为素养亟待提升的需要而开展本项目研究。综合项目组 2013 - 2014 学年度第一学期举行的关于"初中生诚信现象的抽样调查"，通过调查 2000 多学生发现，在初中阶段"仍抄袭作业的"占 45.7%、"仍考试作弊的"占 11.5%、"编造虚假信息骗家长要钱的"占 12.9%、"仍有不守承诺现象的"占 18.5%。有的比较严重，如八年级某班共有 44 个学生，调查结果如表。

调查数据印证了本项目研究的价值。

三、本项目研究方式方法得当、实在

（一）研究方法积极稳妥。主要采用：

1. 调查法。我们在拟项目申报之初，就着手对初中生德育认知状况进行调查，并通过分析调查数据，了解、把握当前初中生的思想状况和心理状态，为本项目研究提供必要依据。

2. 文献法。《社会主义核心价值体系内容是什么》《思品课程标准》《完善中华优秀传统文化教育指导纲要》等有关文献资料，准确把握项目研究动向。运用相关文献，有效指导开展本项目的研究活动。

3. 实践研究法。以教学实践为主阵地，在教学中探究，在探究中积累，在积累中提升，在提升中稳健迈进。

4. 个案分析指导法。通过个案分析，了解、掌握第一手材料，以方便针对性地帮助、指导学生提高德育认知水平，养成德育素养。

5. 情感效应法。即以情感撼动学生心灵，使之将德育正能量转化为学习上的实际行动和争取健康成长的内在动力。

（二）采用"三通过"方式，力促学生的德育认知提升。一是通过观察学生言行，帮助学生提高辨识是非的能力；

二是通过"聊天"方式，了解学生心理品质和道德品质状况，帮助学生纠正认识偏差，引导学生形成健康的道德品质、心理品质、法律意识和公民意识；

三是通过思品课教学，帮助学生树立学习自信，鼓励学生积极参与社会公共生活，学会适应社会公共生活，促进学生健康成长、成人、成才，为学生实现个人的中国梦奠基。

四、研究意义明显，主要有三个方面

一是思品课《完善中华优秀传统文化教育指导纲要》和"全面贯彻党的教育方针，坚持立德树人，加强社会主义核心价值体系教育"精神的需要。

二是能为初中生德育认知提供有效方案。解放思想、实事求是、求真务实,把思品学科教学与全面提升学生德育素质结合起来。其实,在义务教育初中学段,在教育教学实践中,我们手头上、案头上、课堂上,都并不缺乏引导学生健康成长的正能量因素。问题在于,如何解放思想、实事求是、求真务实,将这些正能量素材通过有效的途径传递? 诸如,我们是否清楚地把握了自己所面临的教育对象的年龄和心理等特点? 是否明确了正能量传递的正确方法? 是否胸有成竹地把握了那些有利于指引未成年初中学生是非判断能力形成的素材? 这些素材中,哪些有利于激发他们积极向上、奋发图强,指引他们在生活中和人生道路上阔步前行的内涵? 等等这些,都事关我们是否解放思想,是否实事求是,是否求真务实。三年来的研究,项目组逐步认识并积极地予以认真实施,使其发挥积极作用,初步摸索出一套"思品课加强中华优秀传统文化与核心价值观教育参数"(见本《报告》P7表格),为强化思品课教学加强对未成年初中生提升德育认知素材,提供了有效方案。

三是进一步探明初中生德育认知路径的需要。通过探究可知,校园德育文化熏陶、班主任德育指引、学科德育强化等殊途同归的德育正能量,能潜移默化夯实初中生德育的素养基础,提升德育认知水平。尤其是思品课与中华优秀传统文化和核心价值观有机地融为相关的教学内容,进一步强化了思品课内涵的健康心理、品德、法律、国情等正能量,进一步夯实初中生德育认知基础,促进初中学生长知识、升素质,进一步提升思品课的德育实效性。

五、研究目标明确,创新目标和预期效果呈现

(一)理论假设切当

以相关的教育教学理论为指导,通过优化教学资源要素,把相关中华优秀传统文化和核心价值观内涵与思品课教学内容结合起来,作为强化初中生德育认知水平,形成和提升学生德育认知和思品课教学实效的规律性(见"四、创新表现"中黑体字)的思想指导,通过三年研究实践已初步达成(见"理论创新"与"实际应用价值"部分)。

(二)预期价值纷呈

1. 理论创新假设逐步呈现

本项目的理论创新假设在于把初中生正确的德育认知与中华优秀传统文化、核心价值教育内容和思想品德学科教学实效性统筹思考,坚持以生为本,面向全体,优化德育认知实效,将教学的显性效果和隐性效果相统一,生成"优秀传统文化提升学生德育认知的思品教学研究"的相关理论成果。如下表:

	成果名称	时间	级别	形式	承担人
主要成果	1. 初中生德育认知的调查与分析 2. 借优秀传统文化之力　育初中生品德之魂——关于提升思品课教学特色德育实效的研究	2013年11月—2015年12月	全国中文核心期刊、省市级以上发表或获奖	论文	李锦宏 黄　强
	3. 思品课教学渗透优秀传统文化教育模式初探 4. 精巧设问，挖掘思品课"自我教育"正能量 5. 诗意地学习，惬意地成长——浅论绿色生态班级的构建及操作策略				陈洁纯 张杨艳 陈碧霞
	6. 严而有格　爱生至上 7. 传递正能量　提升思品教学实效性——思品课加强核心价值观与中华优秀传统文化教育的思考 8. 思品课教学中的传统文化教育				李锦宏 杨銮发
	9. 巧用名言警句提升思品课教学实效性 10. 浅谈初中思品课堂教学生活化				董慧仪 江献良
	11.《优秀传统文化提升学生德育认知的思品教学研究》报告	2015年11月		研究报告	李锦宏 王天立

2. 实际应用价值效果

(1)针对初中生爱国情怀教育需要加强的实际,通过结合思品课教学加强而开展以"天下兴亡、匹夫有责"的爱国情怀教育,引导他们认识中国梦是每个人的梦,以祖国的繁荣为最大的光荣,以国家的衰落为最大的耻辱,增强国家认同,培养爱国情感,树立民族自信,为实现中华民族伟大复兴的共同理想而不懈努力,懂得青少年学生应做有自信、懂自尊、能自强的中国人的道理。

(2)针对初中生存在爱心偏差需要逐步纠正的情况,通过结合思品课教学而开展以"仁爱共济、立己达人"的社会关爱教育,引导他们认识正确处理个人与他人、个人与社会、个人与自然的关系,学会心存善念、理解他人、尊老爱幼、扶残济困、关心社会、尊重自然,培育集体主义精神和生态文明意识,形成乐于奉献、热心公益慈善的良好风尚,懂得青少年学生应做高素养、讲文明、有爱心的中国人的道理。

(3)针对初中生须加强诚信等教育的实际,通过结合思品课教学而开展以"正心笃志、崇德弘毅"的人格修养教育,引导他们明辨是非、遵纪守法、坚韧豁达、奋发向上,自觉弘扬中华民族的优秀道德思想,形成良好的道德品质和行为习惯,懂得青少年学生应做知荣辱、守诚信、敢创新的中国人的道理。

（三）内容实在，重难点突出

1. 核心概念：德育认知路径、中华优秀传统文化与初中生的德育认知教育、思想品德教学实效性。

①先说说德育认知。德育认知是指一个人在成长过程中所需的是非道德判断的素养。一个成长中的人，其德育认知与其成长的时空紧密相连。一般来说，一个正常人的成长自小首先离不开家庭、父母的关爱、抚养、教育。进入学校之前的孩子，在家里，父母是其第一任教师，父母的一言一行，特别是父母的品德言行，对孩子造成的影响至关重要。到了上学阶段，离不开学校的教育，此外，还要接触社会……进入学校后，家庭、学校、社会等这几个环节也是相互关联、贯串着孩子的成长。

初中生的德育认知路径多种多样，如在家，可以通过父母、长辈以及其他成员的交谈或言传身教去感受、形成；在社会，可以通过对社会现象、社会制度的体察，通过自己对日常生活中自己的和他人的是是非非的体验、观察、思考去鉴别、判断、形成，通过他人对某种现象、某种言行、某种观念的评判去认识、形成；在学校，可以通过班会课和班主任的个别交谈，或通过学科教学去反思、获取、强化、形成；在自学中感悟"天行健，君子以自强不息"（《周易》）；"三人行，必有我师焉。择其善者而从之，其不善者而改之"（论语）；"滴自己的汗，吃自己的饭，自己的事自己干，靠人靠天靠祖上，不算是好汉"（陶行知）；"自古学问无遗力，少壮工夫老始成。纸上得来终觉浅，绝知此事要躬行"（陆游）；"有则改之，无则加勉"（朱熹）之理，自觉提升人生境界。比较家庭、社会、学校、自学四者路径，就其正确性而言，项目组唯崇尚学校。因为在家庭中，成员之间的言行举止不一定正确，这些不一定正确的言行举止传达或影响到未成年人时，家庭成员又没有及时或者来不及说明或纠正，会导致误导。有时候，先入为主的误导，根深蒂固，难以矫正。通过社会路径形成的，当未成年初中生依据自我的判断能力获得，也不一定正确。正在成长中的初中生，毕竟认识水平有限，尤其是对于一些复杂言行，要准确判断是有难度的。对于自学，则需要获取学校教育为前提。在学校，学生所获得的，都是在老师、班主任的正确引导下取得的，其德育认知成效正确度高，一般来说，在学校获得的德育认知，才是其人生持续发展的根本力量。因此，重视学校德育认知路径对初中生成长至关重要，也是本项目研究的重点。

②中华优秀传统文化与初中生的德育认知教育，是指将具有深厚历史渊源和广泛现实基础的中华优秀传统文化与初中生品德教育密切结合，将初中生德育认知特点与所学思想品德教材内容密切结合，将教材中中华优秀传统文化教育内涵发掘出来，成为提升学生品德素养之素材，以引导和帮助学生树立正确的世界观、

人生观、价值观。

③思想品德教学实效,是指通过教学所达到的效果,包括显性效果和隐性效果。显性效果,又称显性的教学实效,它明显地体现在学生对知识的把握和学业成绩的提升;隐性效果,表现为对学生个性品格的形成及其世界观、人生观、价值观的形成的影响与启迪等方面。无论是显性效果还是隐性效果,都是素质教育的内核,也是受教育者的人生发展所需。

2. 研究目标:加强初中生品德正确认知和思想品德教学的实效性,加强中华优秀传统文化与社会主义核心价值教育,促进和提高初中学生德育认知水平,是本项目研究的根本目标。

3. 基本内容:围绕本项目的核心问题,拟以下子项目研究:

①当前初中生品德现状调查与分析。

②优秀传统文化与思品课相关内容整合的研究。

③强化优秀传统文化在思品课教学中发挥作用的研究。

④优秀传统文化与提升思品课教学实效性的研究。

4. 研究重点难点突出

(1)重点 将加强中华优秀传统文化与社会主义核心价值观体系教育内容,融合于思品课教学中,优化思品课教学资源,提升思品课教学实效,是本项目研究的重点和难点。从项目研究前期的调查数据看,在被调查的初中学生"热爱祖国""爱戴父母""遵纪守法""热爱学习""礼仪礼貌""诚实守信"等德育认知六个(均系中华优秀传统文化教育细化)项目中,认为来源于政治课、语文课、班主任、历史课以及其他学科或途径的统计中,居前三位的依次是政治课占66.1%、班主任占57.9%、语文课占21.6%。表明思想品德学科教学在帮助初中生德育认知中占据着重要地位,足见加强中华优秀传统文化与社会主义核心价值教育,优化思想品德教学,提升思品课教学实效性,是本项目研究的重点。

(2)难点 提高思想品德教学实效性。进一步转变观念,提高认识,改善教学方式,想方设法把优质教学资源、教学愿景、目标追求和价值取向,通过课堂教学的最佳投入,达到最大化功能,是提升教学质量、实现教学(品德)目标的根本出发点和落脚点。

5. 相关文献资料

《国家中长期教育改革和发展规划纲要(2010 - 2020 年)》《广东省中长期教育改革和发展规划纲要(2010 - 2020 年)》《基础教育参考》《东莞教育》《东莞教学研究》《心理学》《教育学》《中共中央关于全面深化改革若干重大问题的决定》、教育部《完善中华优秀传统文化教育指导纲要》等。

6. 分工明确,责任落实

项目主持人李锦宏负责指导、制订计划,组织实施,黄强协助写作《初中生德育认知路径与思想品德教学研究》报告;王天立、董慧仪、蓝清萍、江献良、张杨艳、陈洁纯、陈碧霞、杨文兄、莫建龙、黄恒维等负责收集、整理、归纳自己研究的子项目进展情况,于每学期结束最后两周前,以电子文档方式送主持人整理归档上报,如下表:

	研究阶段(起止时间)	阶段成果名称	成果形式	承担人
主要成果	2013 年 9 月至 2015 年 10 月	1. 初中生德育认知的调查与分析 2. 借优秀传统文化之力　育初中生品德之魂——关于提升思品课教学特色德育实效的研究	论文	李锦宏　黄　强
	2013 年 9 月至 2015 年 10 月	3. 思品课教学渗透优秀传统文化教育模式初探 4. 精巧设问,挖掘思品课"自我教育"正能量 5. 诗意地学习,惬意地成长		陈洁纯　张杨艳　陈碧霞
	2013 年 9 月至 2015 年 10 月	6. 传递正能量　提升思品教学实效性——思品课加强核心价值观与中华优秀传统文化教育的思考 7. 严而有格　爱生至上 8. 思品课教学中的传统文化教育		李锦宏　杨銮发 江献良　董慧仪
	2013 年 9 月至 2015 年 10 月	9. 巧用名言警句　提升思品课教学实效性 10. 浅谈初中思品课堂教学生活化	研究报告	李锦宏　王天立

还要说明的是,项目主持人有丰富的教育科研经验。他系东莞市首届学科带头人、市中学政治学会常务理事兼埔田片负责人、中学政治高级教师、省特级教师、市中小学名师工作室主持人,先后获得市教育科研成果奖和广东省教育科研黄华奖、广东省中小学教育创新成果奖共十三项大奖;近几年来,获全国、省、市级教育科研论文奖一、二、三等共40篇,发表论著20多篇(部);2012年获东莞市普教系统教育科研先进教师称号。他任教于教学第一线,不仅具有丰富的教学经验,还有很强的科研能力和组织能力,有多年行政工作和科组长的领导经验,也有多年组织指导科研并取得科研成果的经验。他善于指导教育科研实践,责任心强。

其他参加本项目研究的各学校主要成员有王天立、董慧仪、蓝清萍、黄强、陈洁纯、张杨艳、陈碧霞、江献良、杨銮发等老师,有的是中学政治一级教师,有的是中学高级教师,他们都有多年的教学经验,且有一定的科研兴趣和科研潜质或者经验,均获取过市以上优秀教学论文奖或发表过论文。他们每周任课 8—12 节,有足够的课堂教学实验时间和机会来与学生接触。

实践证明,项目组的负责人和各成员,都是指导学生社会实践的行家里手,他们经验丰富,调研、分析能力较强,是项目研究的胜任者。

(四)创新表现

1. 构建将中华优秀传统文化、核心价值观教育与思品课内容结合的相关德育框架,使之成为系列化的德育素材,为德育实践增力。中华优秀传统文化相关内容众多,如名言警句、诗词歌赋、人文故事和景观等。在本项目研究中,我们将之与核心价值观和思品课内容结合起来并相对集中归类,使之成为德育素材。本项目按部就班,把它归纳为六类,即热爱祖国、爱戴父母、遵纪守法、热爱学习、礼仪礼貌、诚实守信等,使之成为提升德育认识的有效教育素材。如中华优秀传统文化、核心价值观教育与思品课相关内容拟结合的素材表:

思品课加强中华优秀传统文化与核心价值观教育参数

内容项目	核心价值观	优秀传统文化	相关思品课内容
热爱祖国	爱国	国家兴亡,匹夫有责(顾炎武);先天下之忧而忧,后天下之乐而乐(范仲淹);苟利国生死以,岂因祸福避趋之(林则徐);位卑未敢忘忧国(陆游);……	八年级下第二课;九年级 第二课、第五课、第十课
爱戴父母	法治	无规矩不成方圆(冯玉祥);夫孝,天之经也,地之义也(《孝经》);不孝的人是世界上最可恶的人(鲁迅);……	八年级上第一、二课;九年级 第一课
遵纪守法		勿以善小而不为,勿以恶小而为之(刘备);无功不赏,无罪不罚(荀子);……	七年级下第七课 八年级下第二至五、八课;九年级 第六课
热爱学习	敬业	学而不思则罔,思而不学则殆(孔子);为中华之崛起而读书(周恩来);学然后知不足,教然后知困。知不足,然后能自反也;知困,然后能自强也(孔子);业精于勤,荒于嬉,行成于思,毁于随(韩愈);……	七年级上第二课、八年级下 第六课 九年级 第一课、第十课 第二框

续表

内容项目	核心价值观	优秀传统文化	相关思品课内容
礼仪礼貌	友善	礼者,人道之极也(孔子);德不优者,不能怀远(王充);天行健,君子以自强不息;地势坤,君子以厚德载物(《周易》)……	七年级上第三课、下第一课; 八年级上第五、七课;下第九、十课; 九年级　第五课、第八课
诚实守信	诚信	世界上最聪明的人是最老实的人,因为老实人才经得起事实和历史的考验(周恩来);…	八年级上第十课 九年级　第八课

研究实践中,项目组坚持以生为本,引导学生正确认识身边是非和社会现实,着力针对学生当前现状,立足学生终身发展,把课堂教学作为传递诚实守信、明辨是非、尊德尚礼、坚韧豁达、奋发向上的道德品质和行为习惯正能量的主阵地,教育学生做知荣辱、守诚信、敢创新、有作为、能担当及脚踏实地、仰望星空,具有远大志向的中国人。通过传统与现代结合,通过人文关怀,启发、引导、帮助学生健康成长。等等这些,旨为思品课德育实践增色添彩,为德育增力。

2. 项目研究顶层设计明确,它建立在中华优秀传统文化、核心价值观与思品课教材等三者关系的明确定位上。研究中,我们对中华优秀传统文化、核心价值观与思品课教材三者的关系明确定位,那就是:教材是载体,是教学实践的抓手;中华优秀传统文化与核心价值观教育源点的落实,通过教材载体有机渗透;中华优秀传统文化与核心价值观融入教学内容,进一步充实和加强思品课德育素材内涵,从而发挥其最大化的教育功能。这是本项目的顶层设计思想内涵。

当然,德育认知是一个复杂的综合性的工程,正如如上所说,它与家庭和社会密切相关,与受教育人是否内化密切相关。因此,需要家庭和社会及个人的密切合作(此应另设项目研究)。限于项目研究的局限,这里只能就本项目而言了。

3. 强化校内德育文化网络体系。在项目实施过程中,围绕热爱祖国、爱戴父母、遵纪守法、热爱学习、礼仪礼貌、诚实守信等,各实验学校的校内德育文化,如班主任德育、学科德育,以及教育学生自我提升等自上而下的德育文化网络体系,进一步得到巩固和加强,成为校园德育文化的一道亮丽的风景线。

(1)校园文化德育。在学校,从校园到课室,我们随处可见社会主义核心价值观、礼仪礼貌等宣传内容。如图:

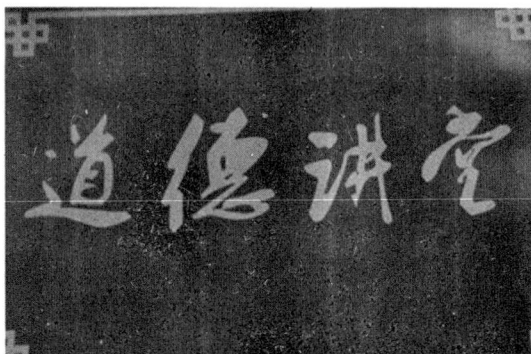

这些充满德育内涵的校园宣传文化,时时能让学生置身于校园内德育文化气氛中,从而耳濡目染熏陶在校园德育文化气氛中。

(2)班主任德育。班主任是学校德育的中坚力量。班主任通过班会课,通过家访,通过与个别学生一对一的谈话交流等方式,了解学生在热爱祖国、爱戴父母、遵纪守法、热爱学习、礼仪礼貌、诚实守信等方面的德育状况,一经发现需要矫正的地方给予及时的引导教育。

(3)学科德育。依据课程标准和教材,除了强调学科知识的学习、能力的培养之外,还在情感态度价值观方面下功夫,充分发挥学科德育功能。突出德育功能,如在对待民族文化与外来文化方面,引导学生思考应该采取什么样的正确态度。通过如此引导,让学生认识,无论是民族文化还是外来文化,或者古今中外,都要取其精华,去其糟粕。因此,每个人都要善于辨别腐朽文化与落后文化,并加以自觉抵制。这样才能建设好先进文化,建设好社会主义精神文明,使之成为物质文明的健康推力。

可以肯定,通过校园文化熏陶、班主任德育指引、学科德育强化(这三个德育层次虽然有别,但是其德育功能殊途同归),在不知不觉、潜移默化中,夯实了学生德育认知提升的基础,有效地促使学生德育认知水平的自我提升。也正是这些潜移默化的德育熏陶、指引、强化,不断地催生了学生爱师、爱课堂、爱学习品德情感的形成(见《成果集》P89 第四篇《学生悟道》)。

4. 促进德育认知路径自信。学生德育认知路径多种多样。例如:学校教育教学中习得、父母或家庭成员的传递、在社会生活中与人交往所得、自己在日常耳闻目睹中悟得等等。比较而言,在校获取的德育认知,是在老师正确引导下取得的,相对来说科学、系统、明净,因而我们称之为"德育认知自信";而通过家庭、社会、学生个人等途径所获得的,尚需通过学校习得的德育认知自信去判断、净化,生成其科学、正确的德育认知,促进德育自觉与自强。

(五)主要成果

1. 得出在校习得的德育认知具有自信、自强,是引领、支撑人生持续正确发展动力的观点。如上所述,在学校获得的德育认知,主要是在班主任和其他老师的正确引导下获得的,其科学程度高。一般来说,它较其他途径获得的德育认知都要正确。因此,会在人生发展道路上起根本性作用,成为引领人生持续正确发展的动力源泉。

2. 促进学生爱师、爱课堂、爱学习的德育素养提升。通过校园文化熏陶、班主任德育指引、学科德育强化等,这些德育正能量都殊途同归和潜移默化地夯实着学生德育素养形成的基础,并提升着学生的德育认知水平。也正是这些潜移默化的德育熏陶、指引、强化,不断地催生学生爱师、爱课堂、爱学习品德情感的形成与提升。

学生德育认知素养提升的重要表现,在于对课堂教学的关注、理解,体会老师对其的良苦用心,感恩老师对其的关爱。这从项目组发动的"我向往的课堂"征文中可见一二。如在"我向往的课堂"征文中,横沥中学初二11 班的彭彦炜说:政治老师那番话"诗意"般且富含哲理的话语,"撼动着我、启发着我去思考,去读书,去努力……";石排中学初三14 班的邱依雯在"难忘的那堂德育实践课"中写道:政治课如同阳光,细细密密地穿过我的心,洒下零星而却刻骨铭心的记忆。石龙二中初一4 班的王敏芝体会政治课是"心理辅导课";万江二中初三11 班的叶颖轩同学赞道:"政治课令我感动"(均见《成果集》P89);横沥中学初一7 班的周淑敏说:"要用好自己的青春活力,让自己那充满着梦想、激情、幸福的青春绽放出异样的光彩,好好学习,涵养品德!"横沥中学初三9 班的叶伟伦赞美政治老师"是我生活中的阳光,指明了我前进的道路""温暖了我冰冷的内心世界""您像父亲般地疼爱我"。南城阳光实验中学初一15 班的尹笑容、陈嘉祥赞道:政治老师"严慈相济,宽以待生,春风化雨,渗透德育",给学生留下一道充满活力的不可淡化的风景线。等等这些,都是学生发自内心的德育情感和德育认知提升的显现,是实验学校学生对项目研究成果的如实反映。

项目	平均分			合格率（%）			优秀率（%）		
	市	校	对比+-	市	校	对比+-	市	校	对比+-
2013年	74.1	74.8	0.7	80.2%	80.7%	0.5%	25.1%	26.2%	1.1%
2014年	74.0	74.4	0.4	81.0%	81.9%	0.9%	28.0%	28.2%	0.2%
2015年	72.5	73.4	0.9	82.0%	82.7%	0.7%	24.0%	24.1%	0.1%

3. 促进学业成绩提升。常言道:"一叶知秋。"对于学生来说,德育认知水平提高与否,见其学习成绩略知分晓。项目组研究三年也跟踪三年,从跟踪三年来(除了南城阳光实验中学2016年才有毕业生之外)参与项目研究的九间中学中考成绩看(如表),可见其学业成绩持续稳步提升,表明学生德育认知提高并转化为具体学习行为所取得的结果。

4. 生成中华优秀传统文化教育和核心价值观教育与初中生德育认知和思品教学实践相结合的相关理论成果。

(1)促成26万字的《初中生品德教论》专著出版。它不仅是对本项目研究成果的有力肯定,而且能为德育认知传递正能量增色添彩。如专题一中的《爱国情怀表达》《做遵纪守法人》《学会承担责任》,又如专题二中的《知晓诚信美德》《须懂礼仪礼貌》《慎交友讲原则》《正义正气荣誉》《明确学习目的》,又如专题三中的《常思父母恩情》《学会尊重他人》《理解严而有格》《明晰资源紧缺》《明确环保意义》《常怀忧患意识》《共建生态文明》,再如专题四中的《端正自尊误读》《树立好学思想》《学会人生规划》《努力总有进步》《矫正自卑心理》等等,读起来朗朗上口,回味起来还具有明辨是非、遵纪守法、坚韧豁达、奋发向上的能量,这对于自觉弘扬中华民族优秀道德思想,形成良好的道德品质和行为习惯,培养青少年学生做知荣辱、守诚信、敢创新的中国人,在其德行养成方面很有裨益。

(2)一批相关研究论文在核心期刊发表及市、省级教育部门获奖。如《严而有格 爱生至上》于2014年9月发表于《中学政治教学参考》全国中文核心期刊上,《初中生德育认知的调查与分析》获广东省德育论文二等奖,还有如《初中生德育认知的调查与分析》《传递正能量 提升思品教学实效性——思品课加强核心价

值观与中华优秀传统文化教育的思考》《浅谈初中思品课堂教学生活化》《生成，促成精彩思品课堂》《教皈依学，生成高效课堂——浅谈提高思品课课堂实效的若干方法》《诗意地学习，惬意地成长——浅论绿色生态班级的构建及操作策略》等分别获得广东省、东莞市学科论文一、二、三等奖（见附件：复印件）。这些研究论文从不同角度阐析着本项目研究针对学生品德形成与提高的操作性与实效性。

三年来，项目研究能顺利进行，能如期完成，一方面，与项目主持人和项目组成员共同的努力分不开；一方面，与东莞市教育局科研办、与项目组成员所在学校领导的大力支持分不开。在这里，项目主持人谨向以上单位及其领导道声："谢谢！"

最后，还应当指出的是，本项目研究到此虽然要告一段落，但是，就项目所涉及的德育问题而言，远远不能因为项目的结束而结束。相反，它要随着社会和人（学生）的发展，需要不断地深入研究，因为德育问题，始终是教育的永恒话题。因此，关于德育或品德的项目研究，不能一蹴而就，仍需大家今后继续努力去跟踪、去探究。

后记：基于项目研究显而易见的看得见摸得着的成果所在，由市教育局科研办组织项目鉴定全体成员一致通过本项目成果鉴定。其鉴定意见全文抄录如下：

李锦宏主持的《优秀传统文化提升学生德育认知的思品教学研究》（编号：mskt140002）项目，通过联合南城阳光实验中学、万江二中、石龙二中、三中、常平振兴中学等十校，经过三年研究，其研究目标明确，过程、方法、效果等呈现如下：

（一）目标明确，针对性强。该项目在立项前，对初中生在热爱祖国、爱戴父母、遵纪守法、热爱学习、礼仪礼貌、诚实守信等方面的现状做了比较细致深入的调研，研究过程所呈现的课例，可见其较强的现实针对性，显示出研究目标的明确性。它将课堂的德育认知与课后的德育践行有效结合，凸显德育生活化的思品课"德行养成"的特点。

（二）设计合理，方法适当。从该项目研究的调查报告、实施方案、研究过程所运用的方法、课例、阶段小结，均可看到，主题突出——紧紧抓住"优秀传统文化提升学生德育认知"的核心主题，设计精心细致，过程认真落实，凸显实践研究行为与方法。

（三）实证充分，成果显著。该项目研究扎实，不花哨，不虚假。项目成果集所呈现的18个课例、10篇论文和学生悟道作文116篇，以及2013－2015三个学年度的中考成绩，是有力实证。结题会议上的现场课例展示，可见中华优秀传统文化提升学生德育认知的项目研究效果明显。如学生彭彦炜所说：渗透中华优秀传统文化教育的政治课"是一种思想的净化、精神的升华"。

总之，该项目研究源自学生与教学，又服务于学生与教学，目标明确、方法务实、操作可行，具有推广价值。

当然，本项目所涉及的德育问题，是教育的一个永恒话题。因此，不能因为项目研究时间的结束而结束，相反，随着社会和人的发展，还要不断地深入研究，使之成为育人的恒动力。

附：东莞市教育局科研办公室颁发的结题证书

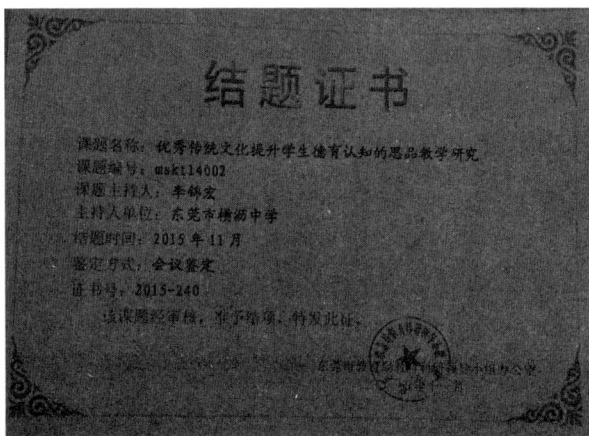

适例三：

《创新实施初中〈思想品德〉"三维目标"教学研究》结题报告

《创新实施初中〈思想品德〉"三维目标"教学研究》是东莞市"十一五"期间普教科研课题第四批规划项目（编号：规567）课题，自2008年下学期至今，经过三年多的不懈努力，完成了课题拟研究的问题和基本达到的预期目标。于2011

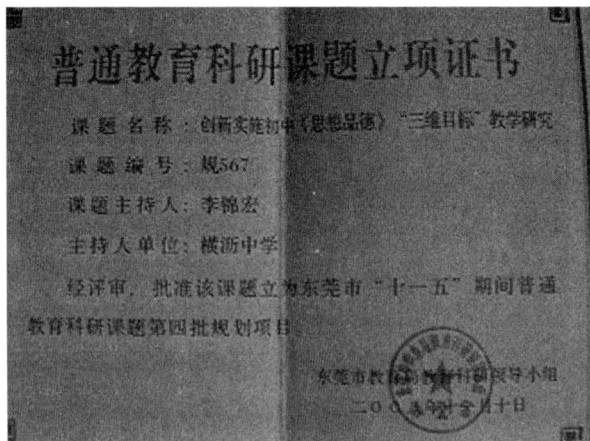

年4月东莞市教育局科研办组织专家组通过本课题的鉴定，准予结题。

一、研究背景，有的放矢

1. 新课程实施的机遇。借助新一轮课程改革的大好机遇，拟以《创新实施初中〈思想品德〉"三维目标"教学研究》，改善课堂教学现状，提高我校思想品德（简称"思品")课教学质量,为高一级学校培养、输送更多的合格人才。

2. 我校农村初中学生学习思想品德课良好习惯培养的需要。我校是一所农村变城镇的初级中学,学生的知识、能力、觉悟参差不齐;教学合作精神较差;学习热情普遍不高;偏科思想严重,尤其是对思品课,更是厌学、弃学,甚至逃学,这些现象有待有效纠正。本课题研究,正是基于这一现状而展开的。

二、研究的理论依据、目标和意义实在

1. 研究的理论依据:

坚持以马列主义、毛泽东思想、邓小平理论和"三个代表"重要思想、科学发展观为指导,贯彻《中共中央国务院关于进一步加强和改进未成年人思想道德建设若干意见》,贯彻《全日制义务教育初中思想品德课程标准》,贯彻党和国家的教育方针,全面推进素质教育,把学生培养成为有理想、有道德、有文化、有纪律的"四有"公民。

2. 研究目标:

我们把本课题研究背景做两个基本定性:

一是针对充满智慧和挑战的新课程实施中遇到诸如需要改变过去课堂教学重知识传授,轻情感、态度、价值观生成的做法,有效解决与新课程强调情感态度价值观、能力、知识等"三维目标"统一性的问题;

二是针对当前义务教育初中阶段学生学习能力、理解能力参差不齐且水平有限,常见一些学生提出在我们看来非常简单而对于他们来说却是由于其知识储量十分有限而难以理解的问题。例如,如何理解人民与公民的概念问题等。为帮助我校义务教育阶段的中学生更有效地掌握新课标下的教学目标,实现情感态度价值观、能力、知识等"三维目标"的统一而采取的策略。从几年来的研究过程和结果来看,基本上已经达到预期研究目标:在情感态度与价值观、知识与技能、能力与方法的教学实践中,创新课堂教学平台,引导学生参与教学,让学生体会学习思品课轻松、愉快的感受,激发学生学习思品课的兴趣,调动了学生学习思品课的积极性,改善了过去学生厌学、弃学、逃学等现象,使学生学习思品课的兴趣大大提高,实效性增强,推进了我校素质教育的发展。

3. 理论意义和现实意义:

(1)理论意义:①为新"课标"下加强和改进政治课教学的针对性、实效性、主动性,提高政治课德育素质积累了一定的实践经验;②为更好地认识新时期农村中学学生思想品德提高,更好地引导青少年健康成长、成才,提供了理性思考。

(2)现实意义:①有助于全面贯彻"三个代表"重要思想和党的十六大、十七大、十八大和《国家中长期教育改革和发展规划纲要(2010-2020)》精神;②有助于全面贯彻党和国家的教育方针;③有助于贯彻落实《中共中央国务院关于进一步加强和改进未成年人思想道德建设的若干意见》,培育"四有"公民;④有助于新形势下,进一步加强和提高农村初中政治课德育实效;⑤有助于整合教学资源优势,推动学校教学工作,为我校其他学科提升教学效率提供有益的借鉴。

三、解决问题的主要方法和措施得当

本课题研究的主要对象是解决我校(农村)义务教育阶段的初中学生学习《思想品德课》的实效性问题,所采取的主要措施:

一是在我校义务教育阶段七、八、九年级《思想品德》学科全面展开;

二是根据《思想品德》学科特点,探索知识与技能、能力与方法、情感态度与价值观相统一,促进学生全面发展;探索正确的世界观、人生观、价值观和基本的善恶、是非观念,文明行为习惯养成和诚实守信教育的教学实效性;②探索帮助学生学习做负责的公民,过积极健康生活的方式方法(难点)。

所采取的研究方法得当可行——

1. 调查研究法:以谈话方式调查了解我校这样一所农村中学,学生对思想品德课为什么会产生厌学、弃学、甚至逃学的现象,从而针对性地进行施教,落实"三维目标"。

2. 个案分析法:通过分析转化比较快、进步较大的学生个案,让学生体验思品课对其启发、帮助并进步的快乐,以呈现"三维目标"之情感、态度、价值观的实效性。对实验中的典型案例进行分析,总结体验成功经验,反思问题所在,及时调整研究方略,实现预期研究目标。如对叶伟伦的分析可见,初一伊始的他,总是在课堂上坐不安静,或东张西望,或搞小动作,自己不听课,还影响周围同学上课,甚至旷课逃学。通过找他谈话,了解到他"思品课没有什么值得学的"的认识后,一方面,我建议他试着认真地听一节思品课,"看看是否'没有什么值得学的'再作评价";另一方面,根据学生意见改进教师的教学方法,随着我的鼓动和教学方法的改进,他开始认真上思品课了。

3. 行动比较法:即通过比较创新实施课堂教学方式前后的情况,根据学生的学习行为和学习结果来坚定研究方向。例如,我们以叶伟伦的成功例子作比较,从他课堂积极性不断提高,成绩稳步上升——从第一学期期中质检46分,到中考95分的佳绩,表明研究效果,提振研究信心。

4. 情感效应法:即通过情感撼动学生的心灵,使之在学习上付诸行动。我们把教学中的情感分为两个方面:一是教学内容即教材中所蕴含着的情感,如关注改革开放以来我国社会的发展变化,养成亲社会的行为等,称之为客体情感;二是师生本身的情感,称之为主体情感,它包括主动性情感和被动性情感。如教学活动中教师的情感,一般都起着主导性的作用,因而被称为主导性情感;学生的情感,一般地都是被动的,因而被称为被动性或被迫性情感。一般地说,客体情感决定了主体情感、主导性情感引发着被动性情感,教学内容决定着用何种方式来实现获取知识的途径和目的,而学生的课堂动态也直接影响着主导情感的表现和传授知识的进展。正是教学过程中的这些微妙的情感表现和作用,影响和制约着教学实效性的增减。似此,我们称之为"情感效应"。

5. 文献法:参阅教育教学网络、教育教学报纸杂志等有关文献资料,把握课题研究的新动态,为课题研究指明方向。

6. 经验总结研究法:在实施过程中,组织研究人员结合研究内容进行交流、讨论、不定期地写作论文、案例等,提高教师的自我反思能力,落实课题研究任务。

四、研究过程——创新表现实在可见

1. 创新落实"三维目标"教学思路,内化改善课堂教学状况、推进素质教育效率。一是针对我校学生知识、能力、觉悟参差不齐,教学合作精神较差,学习热情不高,偏科思想严重,对政治课厌学等现象,我们抓住课题研究契机,改变过去思品课教学重知识传授,轻情感、态度、价值观生成的状况,增强案例教学、故事引入,激发学生学习思品课的兴趣,内化学习思品课实效,提升思品课情感态度价值观、能力、知识等"三维目标"功能,增强思品教学的实效性;二是针对思想品德课程内容形散神不散的特点,创新整合教材资源,让学生系统把握思想品德课知识,从中吸收对知识优化组合的技能,推进素质教育。

2. 创新教学平台,让学生充分参与教学探究,提高学生学习思想品课的兴趣和积极性。通过创新教学平台,让生生互动、师生互动,体现学生主体、教师主导作用,教师启发、学生领悟探究真谛,并对探究中出现的问题及时点拨,使师生探究热情为一体,让学生感受到教师对自己的关注和爱护,有效地解决当下学生学习思品课积极性普遍不高和阅读、分析、表达能力参差不齐的问题,促进新课程预设的知识、能力、情感态度价值观等目标落实,内化为学生提升学习兴趣、阅读、分析、表达的能力。

3. 采用"两针对、三入手"双管齐下的综合性教学的方式,让学生喜欢、学得轻松,获得教学效果。"两针对":即针对思品课每周只有两节课教学的实际和针对我校学生实际情况进行研究,着力解决课堂教学实效性问题。同时,能在课堂中解决的问题,不留至课外,让学生学得轻松有效从而喜欢政治课。如

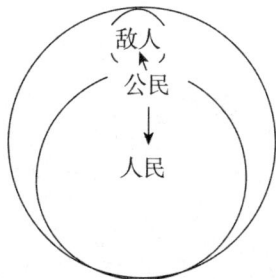

敌人
公民
↓
人民

针对一些概念和一些容易混或学生学习起来感到比较困惑的问题，我们采用案例教学和故事引入的新方式，杜绝生硬说教，调动学生学习的积极性；而且采用列图表的方式，帮助学生运用化难为易、化繁为简的教学方法，消除学生的畏难情绪，给力学生。例如，区别八年级下册第一课"人民"与"公民"概念这一难点时，采用右图方式，一目了然；如教授七年级下册第七课《法不可违》时，则以案例、图表等并用的综合方式；再如讲授"一般违法行为"与"严重违法行为"概念时，列如下表格，启发学生探究：

对比项目	一般违法（违反民事、行政法律法规）行为	犯罪（触犯刑法）行为
危害程度（区别）	违法情节轻微，对社会危害较小	违法情节严重，对社会危害很大
处罚方法（区别）	承担民事责任或行政处罚	刑事处罚
共同点（联系）	都具有社会危害性，都损害了国家和人民的利益，都是违反了国家的法律法规的违法行为，都要承担相应的法律责任。	

采用案例、图表等综合性的教学方式，有利于学生懂得那些易混概念，能使学生轻松理解和掌握知识（《〈人民当家做主的国家〉教学设计》）。

又如，教学九年级《思想品德》第七课《关注经济发展》第一框《造福人民的经济制度》时，由于本框题涉及概念较多，有"公有制经济""国有经济""集体经济""个体经济、私营经济"等，对此，学案用列表的方式来对它们各自的范围、地位、作用等加以区分，引领学生探究生成。如表：

名称	范围	地位	作用
公有制经济	国有经济、集体经济	基础（主体）	／
国有经济	全体人民共有	主导地位	拥有……，积聚着……控制着……，担负着……，增强……，关键……
集体经济	一部分劳动者	公有制经济的重要组成部分	体现着……，吸收……，缓解……，增加……
个体经济	／	市场经济的重要组成部分	方便人民生活、扩大就业、增加国家税收、补充公有制经济之不足

通过列表比较的方法立体、直观地区别易混概念,帮助学生生成,实现"三维目标"。

"三入手":一是从我校学生实际入手,制定落实"三维目标"的教学要求,做到能在课堂完成的学习任务绝不留至课外,让学生觉得思品课学得轻松有效。围绕知识与技巧、能力与方法和情感态度价值观要求,设计和实施"师生、生生互动式"的教学方法,让学生感到老师是"我们搞好学习的伙伴"。二是从实际课时入手,用好每周两课时,我们从备课入手,构建有效课堂;课堂上做到精讲精练,向课堂要质量,让学生感到课堂有效,学习起来轻松有效。三是从改进教学案入手,让学生感到学习思品课轻松有效。我们从开始用"教学案"代替"学案",即教案与学案做在一块、师生一起使用。这样一来,内容多了,学生见到心烦,学习积极性不高。我们通过谈话了解发现问题后,着手改进,把"学案"从教案中剥离出来,所以有了"教学案"到"学案"的转变过程。学生觉得学习轻松了,积极性随之高了,教学效果自然而然地得到有效的提升。

4. 发挥"二三四"教学模式作用,内化、提升思品课育人功能实效。

"二三四"平台即"两延伸""三结合""四效应"模式:

(1)"两延伸",即①从课堂(校内)向课外(校外)延伸。即让学生带着课堂教学问题,走向社会去调查、参观、访问,学习课本中学不到的东西。为防止有的学生不参与此项活动,我事先申明要通过抽查、调查、参观、访问小组中的某些成员来简介说明所得图文

资料的整理或制作过程,以此督促人人参与该活动。活动设计面向全体学生,措施落实,富有成效,起到了锻炼学生实践能力的实效(如上图)。②从课本向生活延伸。多年来,我们鼓励学生,运用所学课本知识,积极参与各种有益的社会活动,以体验育德效果。比如参加校庆、国庆和普法教育等活动,力争佳绩,并从中让同学们获取成功快感,提振学习自信心,培养爱学习习惯。从课堂到课外、课本到生活延伸的实践,凸现以学生为本、培养创新精神、加强实践环节等素质教育理

念，增强思品课教学的针对性、实效性和主动性。"两延伸"路径的创设，促进了"三维目标"的内化与落实。从实践效果看，实施"两延伸"，不仅加强了实践环节，而且锻炼了学生的自信心。如同小吴所感触到的"第二课堂锻炼了我"。

（2）"三结合"，即①课本理论与各种实际相结合。就是把课本理论知识与当前社会经济、政治、文化生活和学生思想实际紧密结合，这是政治课与时俱进，加强针对性、实践性，实现教书育人的重要体现。教学中，我常常依据教材要求，设置情境，让学生带着问题，深入社会、深入生活去调查了解，感触生活，感受教育，从中培养和提高学生观察、分析、解决问题的能力。例如，在学习初三思品第三课有关改革开放知识时，我要求同学们以自己家庭或家乡的变化为例，通过调查或访谈，组织全班交流，实施"感受改革开放以来社会生活的发展变化，增进关心社会的兴趣和情感"的德育教育。②课堂与课外相结合。除了扎实课堂教学外，我们还鼓励学生积极参与校、镇、片、市法律知识竞赛、校园十大歌手演唱比赛、篮球赛、田径运动会、环保兴趣小组、法律兴趣小组和美术兴趣小组等第二课堂活动，使学生身在课堂，面向社会，胸怀大局，开阔视野，陶冶高尚情操，锻炼与人合作的精神和能力，全面提高素质。③一般教育与个别引导相结合。即在一般教育的基础上，对"双差生"特别关注，定期或不定期地与他们谈论人生、交流思想、沟通感情，促使学生积极向上，健康成长。事实表明，"三结合"平台的构建，促进了"三维目标"的内化与落实。

（3）"四效应"，即①诗歌幽默效应，以此化解教学矛盾，提高教学积极性。幽默是金。幽默能化解矛盾，消除对立情绪，拉近人与人之间的关系。以往，对于课堂睡觉、讲话、搞小动作等违纪现象，我总是大动肝火，硬性批评，这样不仅没有使违纪现象收敛，相反他们更加跟你对着干。于是，我通过采用念诗歌或顺口溜的方法幽默地警醒这些现象，如对于课堂睡觉者，我以"请'低头思故乡'者'抬头望明月'"等诗歌或顺口溜幽默地警醒他们，克服了由硬性批评带来的副作用，减少了课堂睡觉等违纪现象。②故事效应，以此开启智慧思维。故事是人们喜闻乐道的。如针对某些懒得动手动脑的现象，我给他们讲"烧饼与懒妇"和"天道酬勤"的故事，激励他们动手动脑，培养他们勤奋学习的习惯。③平等对话效应，以此消除对立，予以人文关怀。对于顽皮学生，我不厌其烦，以朋友、兄弟的身份与其反复谈话、沟通。"不到长城非好汉"，直至其好转。精诚所至，金石为开。小叶好转后对我说："老师的耐心我佩服。"④忧患效应，以此激励自强不息的意志。现在的中学生成长于祖国渐渐繁荣富强的时期，没有经历过艰苦年代，不知创业维艰，因而学习上、纪律上常常患得患失。摸准脉搏后，我们通过与他们一起回顾我国近代史，记取落后挨打的教训，找出与发达国家的差距，教育学生懂得为了缩小差距,实现我国跨越式发展,党和国家及时制定并实施科教兴国和人才强国战略;实现中华民族的伟大复兴,要靠我们青少年一代。因此,必须遵守纪律,好好学习,才能为民族振兴尽责。"四效应"使得常开小差的小伦深有感触地说:"这些方法,我感动、信服。"

事实表明,"两延伸""三结合""四效应",初步内化为促进"三维目标"落实、提高德育功能的有效动力。

分析研究过程,能更明晰地见到实施课堂研究中,学生在思品课教学中存在的问题是否得到有效的解决,从而拨开迷雾见证创新解决这些问题的实效性。

五、课题成果显著纷呈于 6 个方面

1. 改变了原来与人合作精神的欠缺,人文素质提高初现成效。我校学生绝大多数来自农村,小农意识特强,与人交往和合作能力弱。通过创新课堂教学平台,引导学生积极参与教学活动,逐步养成与人合作、融入集体和社会的人文精神。我们的主要做法是,从四方面抓起:一是言传身教,以身作则,传递正能量。我们常教导学生"聚人之长,容人之短",我说到做到。对于学生的不敬行为,我们包容但不纵容,通过谈话关心其成长,友好地指出其不足,促其改正、内化;二是创设教学合作平台,培养合作精神,如实施"两延伸""三结合""四效应"措施,设计调查、访谈、搜集资料等做法,强化和促进"与人沟通、与人合作、与集体与社会融洽"的人文精神的形成;三是"结合图文资料,通过调查、访谈活动,对改革开放以来的重大成就发表并交流各自的感想"。培养合作精神的教学活动的做法:①自由组合小组(每个小组不少于三人,但又不能超过五人);②规定时间,自主调查、访问,按时交卷;③把调查、访问的结果整理成图片或文字资料;④任务完成后,小组成员须签名、课堂展示、交流,以强化养成合作精神。四是鼓励学生参与到现场法律知识竞赛活动中,锻炼与人合作的意识和胆识。近些年来,我校经常举办法律知识竞赛活动,借此机会,鼓励学生积极参与其中,锻炼、磨砺与人合作的精神,体验竞争与合作的意义,促成学生良好合作。事实表明,这些做法,有效地提升了学生的合作精神和竞技胆

识(见上图"《道路交通安全法》知识竞赛")。性格内向的小黄同学深有感触:"政治课,锻炼了我的胆量,练就了我与人合作的勇气。"

2. 培养和锻炼了学生的协作精神和良好心理素质。如初二(4)班卢妮、初二(5)班吴绮颖等组成的中学生法律兴趣小组(见下图),参与我市普法教育"与法同行·法律六进"等单位活动,与我一起师生同台接受市电视台现场采访,中央台也在现场录制。她们接受采访时不慌不忙,应对自由,表达有序,显示出良好的心理素质和高尚的协作精神。为此,镇司法办黄主任称赞:"训练有素,心理和智慧过得硬。"

3. 推进学校社会主义核心价值体系建设,提高了师生的思想道德水平和政治觉悟,实现师生互动共生、教学相长效应。①通过体验"感受改革开放以来社会生活的发展变化",增进了他们关心社会的兴趣和情感,领会了"改革开放是强国之路,是我们党、我们国家发展进步的活力源泉"的含义。认识的提高,成为促动他们为"铸就中华辉煌"而发奋学习的催奋剂;知识的领悟,成为其运用正确的理论观点,在当前纷繁复杂的社会生活中方向明、立场正、是非清,健康成才的动力源。②文明班级层出不穷。多年来我校每学年有60%以上的班级被评为文明班级。③多年被评为"无毒学校"。事实表明,"二三四"平台的构建和实施,为加强和改进学校德育提供了新思路,有益其健康成才;同时,使得东莞市学科带头人、广东省特级教师和全国特级政治教师在该教研组诞生,实现了师生互动共生下教学相长的效应。

4. 教学效果稳步提升。(1)中考成绩稳步上升,为高一级学校输送合格人才,发挥了积极作用。创新落实"三维目标"教学思路,使得懒学、厌学、弃学政治课者,能主动、积极地参与学习,为政治课实施素质教育赢得许多积极因素;学习效果不断提高,连续多年中考思品成绩平均分、及格率、优秀率等均列我校前茅,为我校向高一级学校输送合格人才,发挥了积极的作用。

(2)提升了学生的综合素质。创新"三维目标"教学实践,锻炼了我校学生的综合素质。例如我校初二10班朱淑梅同学用自己所学知识和练就的胆识,获得市、省"2010年青少年气候大使铜奖";我校初三(12)班的朱艳玲同学,在全省一千多人"2010广东省'百佳阅读之星'"活动中光荣胜出,被省委宣传部、省教育厅及省新闻出版局评为2010广东省"百佳阅读之星"。

(3)为培育优等生转化后进生铺路。创新"三维目标"教学实践,为我校培育优等生转化后进生铺设了可借鉴之路。2010年毕业的叶伟伦,在思想品德课老师的感召下,成绩一路攀升:第一学期期中统考46分,期末64分,第二学期末94分,他撰文赞"您是我心中的阳光"。

(4)学生盛赞好教师方法佳。学生是教学的直接受益者,对此,他们的感受是最具说服力的。①考入重点高中的小柱说,他能考上重点高中,首先要功归于思品科。②小黄捧着重点高中入学通知书兴奋不已来报喜:她的政治科以95分的佳绩圆了她梦寐以求的高中梦。③考入中专的小陈说,她把母校里学习政治的方法用到了中专学习中,盛赞老师的方法佳。

5. 相关论文得到权威认可,多篇论文发表于全国核心教育杂志上,在全国推广。

(1)《创新实施初中〈思想品德〉"三维目标"教学研究几个问题的探讨》论文，发表于《教育艺术》2009年第10期上。该论文就课题探究过程中的有关问题，如"关于课题背景的定性""关于实施本课题意义阐述""关于研究着力点的定位""关于课题研究的重点难点基本思路和方法的思考""关于课题成果的预设与生成"等问题展开探讨，指出，基于目前思想品德课教学实际，我们把该课题研究背景做两个基本定性：一是针对充满智慧和挑战的新课程实施中遇到的这样那样的困惑，比如，《思想品德》新课标的实施，改变了过去课堂教学重知识传授，轻情感、态度、价值观生成的做法，与新课程强调情感态度价值观、能力、知识等"三维目标"的统一性发生矛盾；二是针对当前义务教育初中阶段学生学习能力、理解能力参差不齐且水平有限，常见一些学生提出在我们看来非常简单而对于他们来说却是由于其知识储量十分有限而难以理解的问题，为帮助义务教育阶段的中学生更有效地掌握新课标下的教学目标，实现情感态度价值观、能力、知识等"三维目标"的统一，实现教学效果，提高教学质量，促进素质教育。这两个基本定性，是本课题对新课程价值取向的定性和对新时期学生学习情况的基本估价，它有利于明确本课题研究的目标与方向。为课题研究顺利而深入，促进思想品德课素质教育发展起到导向作用。

(2)《贯彻思品课改新阶段〈指导意见〉策略初探》论文发表于全国教育核心期刊《思想政治(品德)课教学》2011年第1期上。该论文结合课题研究，提出把"意见"落实到思品教学实践中，内化为思品课程改革新阶段的推力策略。从领悟"意见"精神，明确教学导向；钻研课标教材，把握教学要素；重视课程开发，强化资源利用；对照教学评价，直问教学实效；创新教学思路，落实"三维目标"；发挥"两主"作用，提高教学实效等几方面下功夫，认真实践，不断总结，求真务实，讲求实效，切实发挥"意见"的导向作用，推进课题研究的实效性。

(3)《思品课强化民族团结教育策略刍议》论文，发表于全国教育核心期刊《中学政治教学参考》2010年第7期上。该论文将相关"课标"、教材与相关时政结合起来，使民族团结教育内容和精神贯彻落实到相关教学之中，强化实现教育目标。

(4)《强化"五个"好习惯夯实七年级新生学好〈思想品德〉的基础》论文获东莞市2010年度学科论文评比二等奖并发表在《新课程》2010年第8期上。它从小学升入初中的新生，进入新的学习天地，面对新的学习环境、新的学习特点，能否适应、学得怎样、会感到迷茫和畏难等方面入手，帮助七年级学生开好头、起好步，为接下来的学习打下基础，具有积极意义。

(5)《思品优质课实效性的要件》论文发表于全国教育核心期刊《思想政治(品德)课教学》2011年第10期上并获东莞市教学论文一等奖。该论文从构建思品优质课要件入手,阐明优质课必须符合教学目标明确、落实,教法体现新课程理念,在探究中生成,在生成中提升等三个要件。强调明确教学目标,体现课程理念,是优质课内化、落实三维目标的必要前提,探究生成是内化、升华三维目标的必要过程。它们是辩证的统一体。

其他相关论文发表于核心期刊或省级刊物上,如表:

成果名称	作者	形式	字数	完成年月	出版单位或发表刊物名称、刊号
《创新实施初中(思想品德)"三维目标"教学研究》几个问题的探讨	李锦宏	论文	5910	2009年10月	首都师范大学《教育艺术》2009年第10期 CN 11-2632/G4, ISSN 1002-2821
《情感效应优化思品课素质教育作用分析》	李锦宏	论文	4000	2010年8月	中国教育学会中小学德育研究分会 二等奖
思品课强化民族团结教育策略刍议	李锦宏	论文	4400	2010年7月	陕西师范大学《中学政治教学参考》2010年第7期CN 61-1030/G4ISSN1002-2147
《强化"五个"好习惯 夯实七年级新生学好〈思想品德〉的基础》	周仁冠	论文	4100	2010年8月	山西出版集团《新课程》2010年第2期 CN14-1324/G4, ISSN1673-2162
《分析思品试卷 把握教学方向》	李锦宏	论文	5300	2010年10月	北京师范大学《思想政治课教学》2010年第10期CN11-1589/G4, ISSN1002-588X
《贯彻思品课改新阶段〈指导意见〉策略初探》	李锦宏	论文	5840	2011年1月	北京师范大学《思想政治课教学》2011年第11期CN11-1589/G4, ISSN1002-588X
《思品优质课实效性的要件》	李锦宏	论文	5840	2011年10月	北京师范大学《思想政治课教学》2011年第11期CN11-1589/G4, ISSN1002-588X
《思想品德课教学实效性的再认识》	李锦宏	论文	5060	2012年11月	北京师范大学《思想政治课教学》2011年第11期CN11-1589/G4, ISSN1002-588X

(6)《思想品德课教学实效性的再认识》发表于全国教育核心期刊《思想政治(品德)课教学》2012年第11期上。该论文围绕创新"三维目标"内化为教学实效性的问题,着重阐述了教学实效性包括的显性效果和隐性效果等两种概念,强调无论是显性效果还是隐性效果,都是素质教育的内核所在,也是受教育者人生发展所需要的;强调关注显性教学效果,又不忽视隐性教学效果,将有助于显性教学效果和隐性教学效果两者的和谐统一与实现,推进素质教育的意义。

6. 成果得到推广。(1)在本校推广。课题研究至2009年取得初步成果之时,经过学校考察,觉得课题研究阶段性成果——"教学案"——实用、好用,于是,专门请课题主持人在全校教师培训班上做《教学案的设计与实施》的专题讲座,推介课题研究阶段性成果。

(2)全市推广。由市教育局科研办、市教研室政治学科牵头组织近二十所中小学校教师参加本课题研究成果报告会和本课题推介工作会议。与会鉴定专家和与会教师高度评价课题成果。课题工作报告前,先展示了佐证课题研究的一个课例,得到与会鉴定专家和与会教师的高度评价。如:(一)该课题的预设目标已达到。该课题《创新实施初中〈思想品德〉"三维目标"教学研究》通过创新"三维目标"的设计,创新学生参与平台,通过"三结合"的方式来达到这两个目标,在过程中我们看到了课题组所作出的努力,三维目标通过学生的人文精神及教师的教学改革,从"教学案"到"学案",都有所体现。(二)该课题的研究成果朴实实在,其表现既有精神的载体(学生人文素养的提升),也有物质的体现(以论文与课例的形式呈现)。(三)该课题研究的内容实在,过程真实,研究方法得当,研究成果可信。(四)该课题抓住"三维目标"——思想品德教育的核心,力图从教育理念的更新,教育手段的创新等方面入手,不仅关注学生的认知水平和学习能力,也关注学生的生活体验和品德养成,有学习和推介的价值。(见附件2"鉴定书")

创新教学思路,内化、落实"三维目标",促进思品课课堂教学综合改革,进一步提高教育教学质量,进一步贯彻落实《国家中长期教育改革和发展规划纲要(2010－2020)》精神和十八大精神,为学生减负,助学生圆梦,办人们满意的教育,推进素质教育,为实现"中国梦"添砖加瓦。

明确了如何写作教育科研的各种报告以后,是否觉得自己也能做力所能及的教育科研项目了呢?

三、对今后教科研立项研究的预期

立项科研,不仅对优秀教师专业成长有着重要意义;而且对普通教师向优秀教师发展,同样有着不可忽视的意义。

立项科研,绝不仅仅是为了教师的专业成长,更是在于为教育教学质量的进一步提升。因此,一线教师立项科研要坚持立足于教育教学实际,要面向学校,面向课堂,面向学生。只有立足教育教学实际,立足课堂教学实际,立足学生实际的科研,才有根基,才有生命力。

那么,今后或者说未来,哪些方面可以大做文章、大显身手呢? 对此,笔者从宏观的角度做一些抛砖引玉的预期。

（一）有关核心素养的研究;

（二）有关学科（课程）资源与校园文化、班级文化整合的研究;

（三）有关教师素养提升的研究;

（四）有关新形势下学校德育的研究;

（五）有关国学教育如何设置的科学性研究;

（六）有关"互联网＋"在课程教学中进一步应用的研究;

……

我认为,以上这几方面都是今后一定时期不会过时的研究导向。宏观导向如此,微观上,一线教师则要从教育教学的具体实际出发,结合自己的教育教学实践去选取适合自己研究的发展方向。

无论哪一种,只要是立足教育教学实际的立项科研,都是很有意义的,都可以促进和提升教育教学质量。此外,只要是立项科研,都必须例行上述有关程序。通过立项后,依照规范要求,都要进行开题报告、中期报告、结题报告,并且要按照获批机关或部门的要求进行规范操作,如期完成。倘若特殊情况不能如期完成者,必须及时向相关立项课题的批准机关或部门申请延期。申请延期报告内容,应包括延期理由、延期至什么时候结题等评估要素。要有始有终,绝不能虎头蛇尾,半途而废,这也是立项课题的程序要求,是取得教科研实效性的根本保证。

加强修炼尚需啥,下章分解便知晓。

第四章

命制试题

命（编）制合格的试题，既是一线教师必须承担的一项技术活，也是作为合格教师应该担当的一种职责。

因为，一个合格的教师，站在讲台上时，担负着要把课教好的责任。完课后（这里指到了一个单元教学任务完成），或者进行了一个教学时段后，还要通过检测手段来衡量这一单元或这一教学时段的目标是否达到，这就需要通过测试来检验结果了。我们常常通过试题考查的测试手段来检测。试题检查，就要涉及命制试题的问题。因此，还要担负着命制试题的责任。

能否命制好一份合格的试题（卷），不仅是一线合格教师责无旁贷的事情，同时，也是对一线教师能力与水平的一种考量。

说它是一线教师责无旁贷必须承担的责任，就是因为作为合格的教师，尤其成熟型的一线教师，常常会通过一定的方式来检验自己的课堂教学水准。如何检验？或者说通过什么方式来测评？这在过去和当下，最常见的就是通过课堂测试的方式来检验。课堂测试的工具，最常用的就是习题或测试题。这习题或试题从何处而来？最常见的获取方式有两种：一种是拿来主义，美其名曰"借他山之石"；另一种是自己动手制作习（试）题，叫作自编自考。

说它是对一线教师的一种能力与水平的考量，主要是因为，在人们的传统观念上，教师的根本职责就是备好课上好课，至于命题考试，那是主管部门要操心的事情，是专家的事情。认为任课教师即使自己要测验自己的课堂教学情况，也是随便、随意的。因此，随意性的多，严格意义上的少，这是多少年来的习惯使然。如今，要求教师要应具有自主编制一定水准的练习题或者一定水准的考试题的能力，实话说，对于许多教师，尤其是年轻教师，有一定的难度，为此，还必须认真修炼，才能过好这一关。

其实，人类社会发展进步到今天，作为一线教师，尤其是作为合格的一线教师，自主编制一定水准的练习题或者一定水准的考试题的能力，还是当下教师不可或缺的基本素质之一。

但是,就目前情况而言,相当部分教师尤其是年轻教师还是比较欠缺这种能力和素养的。表现在编制出来的练习题或者试题,或缺这,或缺那,很随意,不够科学;或者材料单一,或者材料冗长,或者材料重叠,或者问题含混,或者命题立意不明确,导向模糊;或者设问层次不准确,等等,不尽人意。

如何提高编制习(试)题的能力和素养呢? 以下拟列举近几年广东省依据新课标命制的一些中考《思想品德》经典试题,或者模拟中考《思想品德》试题,或者部分教师自主制作的一些习题,就其题型及答案来加以说明。

为了更好地说明,这里分别以单项选择题、简答题、辨析题、分析说明题、综合探究题等五类题型顺序,将其命制方法、要求及其注意事项进行一一分析解读。

一、单项选择题的制作与分析

单项选择题,作为一种比较成熟的试题类型,出现在思想品德(政治)课教学中,并作为思想品德(政治)课考核的一种常见的试题类型,在我的记忆里,自它出现至今,还没有中断过。

我相信,只要当前这种选拔人才的机制不变,这类题型不但不会自然消失,而且还会随着课改的深入,命制愈来愈倾向于题干设置的思想性、启迪性和新颖性方面发展。

单项选择题,若仔细来分的话,还可以把它细分为一般单项选择题和组合而成的单项选择题,简称为组合单项选择题。无论一般单项选择题,还是组合而成的单项选择题,也无论它要含载所学的哪个知识点以及多少个知识点,其编制题目方法,都必须在相关的背景材料里,如文字、图表、漫画等情景下,出现该题含载的知识点即备选答案,且要求其所含载的知识点即备选答案要具有一定的思想性、指导性、启迪性。举例子先说一般单项选择题。

(一)一般单项选择题的制作与分析

一般单项选择题,就是相对于组合单项选择题而言的单项选择题,它是在一定情景下,示出 ABCD 四个备选答案来供考生思考、判断、选择的。

例如:

某中学七年级(1)班的学生开展了主题为"悦纳自我"的体验式活动,通过"发现优点"和"发挥优势"等环节来激励内心的积极自我评价。这个活动(   )。

    A. 能够帮助学生消除自卑的心理   B. 能够彻底解决学生的心理问题

    C. 有利于学生正确认识和评价自己   D. 是通过他人的评价来认识

自己

分析:该题背景材料以课堂学习的课本内容为背景,就地取材,信手拈来,既符合实际又让学生感到亲切,看得见摸得着,不会无中生有,矫揉造作,有利于传递正能量。

同时,在制作题目时,要给学生解题留足思考、分析和解决问题的空间,让学生通过自己的思考、比较、分析,可以判断,可以选择。如同上题目,通过自己的思考、比较、分析,可以判断 A 选项,不能够帮助学生消除自卑心理;B 选项"心理问题"不仅含混,而且也不能够"彻底解决"学生的心理问题;D 选项,显然不是通过他人评价来认识自己的;C 选项,有利于学生正确认识和评价自己,这种说法符合题意。正确答案 C。

又如,运用名言警句做背景命题的一道单项选择题,其背景材料和备选答案是:

您对"生气是拿别人做错的事来惩罚自己"这句话的正确理解是(   )。

A. 不良情绪都是因别人的过错引起的

B. 要善于调控不良情绪,要用合理的方式释放不良情绪

C. 不要关心他人过失,要学会保护自己

D. 一个人的喜怒哀乐总是受到周围人的影响

分析:该题所列名言警句,具有思想性、启迪性。所涵盖的知识是"要善于调控和释放不良情绪",很正面,传递正能量。正确答案是 B。

在实际教学中,如果自己暂时还不具备独立制作习题的能力,或者虽然自己有能力制作但是因时间等缘故来不及自己动手编制时,那么,我认为,也可以通过借他山之石来攻玉。但是,一定要选取与教学内容相关的内容。比如,结合授课内容,可以借助近年来的相关经典试题来做课堂练习题。

例如,结合九年级《思想品德》第三课国情教学内容,需要以单项选择题来加以强化巩固对所学问题的认识,则可以借助 2015 年·广东省(简称为"省题")单项选择题第 24 题。该题背景材料和备选答案为:

2015 年 5 月,我国自主研发的旋转导向系统和随钻测井系统联袂完成钻井作业,这代表着当今世界钻井、测井技术的最高水平。我国成为全球第二个同时拥有这两项技术的国家。这说明(   )。

A. 我国科技创新能力整体水平处于世界前沿

B. 我国科技在一些重要领域已走在世界前列

C. 提高我国的科技水平最终要依靠教育创新

D. 教育已经成为我国生产力中最活跃的因素

分析:该题结合所学国情知识,学生可以判断 A 选项所述"我国科技创新能力整体水平处于世界前沿"不符合我国国情,实际上,我国科技创新能力整体水平还落后于世界发达国家;C、D 选项,均不符合题意,所以,正确答案为 B。

教学中,借助经典题目时,教师必须自己先熟悉该借助题目的来源,弄清楚该题目的命题立意、解题思路,用于何处,如此做到有备无患,才能在教学中顺风顺水,驾轻就熟。这是题外话。

回归到习(试)题编制的主题上来举例分析。

实际教学中,由于教学时间紧,教学任务繁重,自己编制题目的机会有,但是,会比较少,更多的时候会借他山之石,这也很正常。事实上,确实很多经典题目可以供我们教学选用。

例如,2015 年广东省题单项选择题第 10 题:

"异性效应"表现为有异性共同参加的活动,较之只有同性参加的活动,参加者一般会感到更愉快,干得也更起劲、更出色。这主要启示,男女交往有利于双方( )。

A. 解决心理矛盾 B. 抵制不良诱惑

C. 消除个性差别 D. 促进身心健康

分析:该题以校园生活和学习为背景,要求考生判断校园生活和学习中,有损他人人格的行为,所涵盖的知识是拒绝与成绩差的同学交往。此背景设置虽然简单,但它仿佛置学生于其中,亲切,能引起学生的兴趣。答案以反向思维的形式出现,考学生的逆向思维。教学中,可以结合八年级《思想品德》有关男女生交往的知识教育学生。正确答案 D。

又如,2015 年省题单项选择题第 11 题:我国古代哲学家管仲说:

"善气迎人,亲如弟兄;恶气迎人,害于兵戈。"这侧重启发我们在生活中要( )。

A. 宽容他人 B. 理解他人 C. 乐于助人 D. 礼貌待人

分析:该题以名言警句做背景,题干简明扼要,含义深刻,体现着强化社会主义核心价值观教育和中华优秀传统文化教育意义的命题立意。所涵盖的知识是"礼貌待人"。正确答案是 D。

以上是一般单项选择题,是相对于组合单项选择题而言的单项选择题。那么,组合单项选择题是怎样的情况呢?

（二）组合单项选择题的制作与分析

所谓组合单项选择题,就是在一定情景下由一个或多个正确答案组成的单项选择题。例如:

2015年3月15日,《侵害消费者权益行为处罚办法》实施,它进一步明确了预付式消费、七日无理由退货、消费者个人信息保护、欺诈消费者行为以及经营者故意拖延或者无理拒绝履行相关义务和相应的行政处罚。这有利于更好地维护消费者的(　　)。

①安全保障权　②个人隐私权　③依法求偿权　④财产所有权

A.②③④　　　　B.①②③　　　　C.①②④　　　　D.①③④

分析:该题以《侵害消费者权益行为处罚办法》实施为背景,对经营者故意拖延或者无理拒绝履行相关义务行为等做出相应行政处罚的规定,由此可以判定,它给消费者带来的维权作用是"安全保障权""依法求偿权""财产所有权"等,所以,正确答案是D组成的选项。

又如2015年广东省省题组合单项选择题第22题,其背景材料和备选答案为:

2015年我国政府工作报告提出,大幅放宽民间投资市场准入,引导社会资本投入重点项目,有序实施国有企业混合所有制改革,鼓励和规范投资项目引入非国有资本参股。这有利于(　　)。

①各种所有制经济平等竞争、相互促进　②各种所有制经济发挥各自优势,共同发展　③把非公有制经济培育成为国民经济的主体　④突出公有制经济在国民经济中的主体地位

A.①②　　　　B.③④　　　　C.①③　　　　D.②④

分析:该题以今后我国政府大幅放宽民间投资市场准入,引导社会资本投入重点项目,实施国企混合所有制改革,鼓励和规范投资项目引入非国有资本参股为背景,表明我国深化改革的力度及其意义。所以,正确答案是A组成的选项。

组合单项选择题,其答案不仅仅是由序号组成一种的形式,还有一种,是两个正确答案直接与题干联系在一起。

例如:

2015年广东佛山市命制的中考组合单项选择题第5题,该题背景材料和备选答案为:

审判流程公开是近年来人民法院构建阳光司法机制的举措之一。法院建立

审判流程信息公开网,通过短信、微信、电子邮件等多种渠道向当事人推送案件流程信息,让当事人及时了解案件进展情况。这一举措保障了公民的( )。

A. 知情权与监督权 B. 参与权与表决权 C. 隐私权与安全权 D. 知情权与人格尊严权

分析:细读该题材料所列举的"近年来人民法院构建阳光司法机制举措"的信息,"法院审判流程信息公开""向当事人推送案件流程信息,让当事人及时了解案件进展情况"等做法,结合备选答案选项,可以判断其包含尊重当事人的"知情权"和"人格尊严权"的内涵,由此就不难选出由"知情权"与"人格尊严权"组成的该项答案 D。

制作组合单项选择题时,还要注意它的一些要求。

制作组合单项选择题,首先要弄清楚组合单项选择题,较一般单项选择题具有哪些不同的特点。从表现来看,有以下几个方面:

1. 组合单项选择题的备选项含有多个与该题干或问题相关的正确选项;

2. 因为它是以单项选择的方式呈现的,所以其选项答案要通过组合后才能达成题目所要求的单项选择题的答案定位;

3. 命制组合单项选择题,较命制一般单项选择题难度也稍微大一些,要求稍微高一些。究其原因,主要是因为:

一是要控制好文字量。命制组合单项选择题,文字总量要控制得当,既要表达清楚,又不能冗长。一般单项选择题控制在 100 字左右,组合单项选择题控制在 150 字左右为宜;

二是组合要科学,不能随意。

例如:

沙子是松散的,当它与水、水泥和钢筋混合在一起时,比花岗岩还要坚硬。下列符合该命题的是( )。

①个人利益与集体利益相互依存 ②在集体生活中,要求同存异,善于团结他人 ③要具有"我为人人,人人为我"的社会责任感 ④在注重张扬个性的今天,集体力量就显得微不足道了( )。

A.①②③   B.②③④   C.①②④   D.①③④

分析:在说明这一选择题之前,先要说明一点,那就是,不仅命制组合单项选择题,较一般单项选择题难度大一些,而且组合单项选择题较一般单项选择题答题的难度也要大一点。因此,如果答案太复杂,就会继续加大答题的难度,增加答题的时间。

对本题而言,答案均由 3 项组成,答题过程中,只要排除一项即可找到正确答案。虽然较一般单项选择题要多花时间，但是难度不算大。如果把该题答案变一下，如：

沙子是松散的，当它与水、水泥和钢筋混合在一起时，比花岗岩还要坚硬。下列符合该命题的是（　　）。

①个人利益与集体利益相互依存　②在集体生活中，要求同存异，善于团结他人　③要具有"我为人人，人人为我"的社会责任感　④在注重张扬个性的今天，集体力量就显得微不足道了

　　A.①②③④　　　　B.②③④　　　　C.①②④　　　　D.①②③

如此，该题难度就增大了。难在哪里？难在要排除与不排除其中一个选项的问题之中。这样的题目，可以有，但不宜多，多了，在当前义务教育初中阶段学生中难以吃消，所以，绝不能超过两题。否则，许多学生是难以招架的。

综述所述，要明确命制组合单项选择题的三个原则：

1. 题干、答案设置要科学。命制组合单项选择题时，不仅要注意题干的设置，而且还要注意备选答案的正确有序排列。如果无序排列，则会造成无正确答案的现象。如：

有一位初中生到心理咨询室倾诉道："我的父母真烦，他们老拿我的学习说事。虽然我的学习成绩不好，但我已经尽力了，真的不想回家。我该怎么办呢？"你认为该初中生应该（　　）。

①理解父母的期望　②理解父母的关爱　③表面顺从，暗地里与父母对着干　④主动与父母沟通交流　⑤据理力辩，与父母争个高低

　　A.①②③④　　　　B.①②④⑤　　　　C.①②③⑤　　　　D.②③④⑤

这一题，从题干到组合前的制作都没有问题，组合后就出现问题了。什么问题？组成 ABCD 答案中，找不到正确答案。因为，只有①②④是该初中生的正确做法，③⑤的做法则不可取。恰恰组成 ABCD 答案中，均含有③或⑤的观点。

2. 比例要适当。命制组合单项选择题数量比例有讲究。比如，在一份 28 题的单项选择题中，一般组合而成的单项选择题占 4 - 5 席比较合理。因为，一般来说，组合单项选择题较一般单项选择题，就答案甄别而言，难度要大。一般单项选择题，根据题意，只要找出一个正确答案即可；组合单项选择题要找出两个以上的正确答案，时间要多花一点，为找正确答案花费的精力也相对要多一点。多了可能增加了试题的总体难度，对此，命题者必须明确把握。

对比说明，命题时必须做到材料与答案的统一，知识运用必须严谨、科学，决不能粗心大意。

二、非选择题的制作与分析

非选择题包括简答题、辨析题、分析说明题、综合探究题等四类题型,是近几年来广东省中考思想品德学科试题的常见题型。

其命制方法与选择题有几分相同之处。一是选材方式基本相同;二是制作过程亦有相似之处。主要表现在三个方面:

一是无论哪类问答题,其题型的制作,都必须在相关的背景材料下出现问题。其背景材料亦都可以是文字、图表、漫画,不拘一格。但是,有一个原则,那就是必须贴近学生、贴近生活、贴近时代,即"三贴近"的素材,才能成为命题的背景材料。

二是该背景材料必须是本学年国内国际发生的与学生的学习生活、与国家、与国际密切相关的时政大事。

三是愈来愈注重题干设置的思想性、启迪性和新颖性。

下面就简答题、辨析题、分析说明题、综合探究题等分别举例、分析,说明命制练习题或考试题的一些案例及其注意事项。

(一)简答题题例与分析

顾名思义,简答题,即简要回答问题之义。因此,作答者要简明扼要地回答问题,固然不在话下;命题者提供给答题者的素材和题目,同样也要简明扼要。一般简答题字符应该控制在 150 内为宜。

1. 背景材料:我国首部关于加强民族团结的地方性法规《新疆维吾尔自治区民族团结教育条例》规定,任何单位和个人不得散布不利于民族团结的言论,不得收集、提供、制作、发布或者传播不利于民族团结的信息,不得实施破坏民族团结、煽动民族分裂的行为。

问题:作为中学生,在实际生活中应该如何理解和做到上述规定的要求?

分析:这道简答题材料和问题字符共计 139 个。该背景材料取材于《新疆维吾尔自治区民族团结教育条例》(下称《条例》)中的有关公民哪些不可为的言行规定,合乎实际,合乎现实。在该背景材料下设问——"作为中学生,在实际生活中应该如何理解和做到上述规定的要求?"问题最终落脚到贴近学生生活方面,拉近了知识与学生的距离。

设计此题的立意也有三个:一是教育考生在社会生活中,什么是法律(该《条例》属于地方性法规,地方性法规也是广义上的法律)规定可以做的,什么是法律规定不可以做的,增强法制观念;二是结合题目,要求考生正确运用有关民族团结知识去分析,维护民族团结不仅是我们每个公民的责任和义务,也是爱国表现;三是教育考生应该懂得在实际生活中,如何去落实维护民族团结的行动。

该答案有两个要点:(1)民族团结是我国处理民族关系的重要原则之一,维护民族团结是我们每个青少年的责任和义务,也是爱国主义的具体表现。(2)在实际生活中,积极宣传我国的民族政策和加强民族团结的意义。在日常生活和学习中,要尊重各民族的宗教信仰,尊重各民族的风俗习惯,尊重各民族的语言文字,发现影响民族团结的言行要说服和抵制,并及时向有关部门反映。

解读:(1)该题显而易见地将"爱国"的社会主义核心价值观内涵融入其中。(2)两个答案要点,有效地解决了中学生在实际生活中应这样理解和做到维护民族团结的要求,(3)所涵盖的知识主要是关于民族团结方面的一些政策和对人们的要求。简单明了。

2. 背景材料:中学生小明是"追星"族,他追的星不少,如哈佛女孩刘亦婷,大孝子朱时茂、李晨,体育明星姚明、刘翔等。小明特别崇拜他(她)们积极向上、努力拼搏的人生态度。小明"追星"不仅成绩没有下降,而且每次考试成绩都名列前茅。

问题:结合材料,请谈谈"追星"对中学生有什么影响。

分析:这道简答题材料和问题字符共计127个。该背景材料取材于"盲目追星"的情景,贴近当前中学生盲目追星的实际情况,使学生感同身受,大有一吐为快之感。问题是,如何正确对待"追星"?所以,该问题为:"结合材料,请谈谈'追星'对中学生有什么影响。"

设计此题的立意有四个:一是让学生辨别如何看待社会流行的现象——"追星"?把它当作娱乐消遣,还是把它当作正能量?适度地以明星为榜样,以点缀自己的生活,增添自己的生活乐趣是值得提倡的。如材料所言"小明'追星'不仅成绩没有下降,而且每次考试成绩都名列前茅",是适度的,可取的。如果因为追星而耽误事业、学业、生活、家庭,那是不可取的,是要反对的。"追星"跟其他行为一样,过了度,就是祸害。二是如何认识明星本身的优缺点?"人无完人,金无足赤"。教育人们要善于分析,正确抉择。三是通过以上分析后,要求考生综合运用所学知识,对所列问题进行综合表述。

答案要点有三个:(1)中学生应该正确对待社会流行,学会在复杂的社会文化现象中做出正确的选择,要学会独立思考,理性行动。(2)中学生如果理智"追星"、道德"追星",那么"追星"就会产生积极影响。中学生应向材料中的小明学习,以优秀明星为学习榜样,学习他(她)们的优秀品质。这样做:有利于陶冶高雅的生活情趣,形成积极乐观的生活态度,养成良好的道德品质;有利于激发个人的学习潜能,确立正确的人生奋斗目标,从而促进中学生健康成长。(3)中学生如果盲目"追星"、从众"追星",那么"追星"就会产生消极影响。它会使我们陷入庸俗的生活情趣中,养成不良的行为习惯,养成不良的道德品质,从而影响中学生的学习和生活,危害中学生的身心健康发展。

解读:(1)该题涵盖着如何正确对待社会流行、如何学习优秀明星的优秀品质、如何确立正确的人生奋斗目标等知识,等待考生去挖掘;(2)考查考生阅读材料、分析问题的能力。(3)考查考生在纷繁复杂的社会生活中,如何正确甄别社会流行,以此增强自身的甄别能力和分析能力,促进健康成长。(4)从答案看,着重要求考生指出盲目"追星"的危害性,从而给未成年学生成长、成才以正确指引。

3. 背景材料:某中学班上来了一位女同学,其父母亲是从外省农村来打工的。她刚转来班上时,说话带浓重的家乡口音,学习用具简陋,沉默寡言。在校吃饭时,总是买盒米饭后,低头走到食堂外,吃自己从家里带来的腌咸菜。下课时,同学们微笑着向她打招呼,她总以为别人在嘲笑她而置之不理,也有个别同学对她冷眼相看。

问题:谈谈你对上述材料中各种同学行为的看法。

分析:这道简答题的背景材料和题目共158字符。它取材于贴近未成年中学生学习生活实际的素材,具有亲切感。其问题设计"谈谈你对上述材料中各种同学行为的看法",考生答题时,也有话可说。

设计此题的立意有三个:一是结合题目,理解材料中"各种同学"的"行为"各是什么;二是要求考生正确选择所学知识去分析"各种同学"的"行为";三是考查考生正确运用所学知识分析问题的能力。

该答案有三点:(1)作为新同学,进入新的学习环境,要树立自尊,增强自信,走向自强,积极主动与同学交往,友善待人,主动融入新集体。(2)尊重他人、平等地对待他人是做人的基本道德。对新同学打招呼的同学是尊重她、理解她、宽容她、包容她、平等待她的表现。(3)个别同学对新同学冷眼相看是不尊重他人、不能平等待人的表现,要学会换位思考、与人为善,要主动与新同学友好交往,为她提供力所能及的帮助。

解读:(1)该题有效地把背景材料简明扼要地分解为"新来女生"、对新同学打招呼的同学、个别同学对新同学冷眼相看等"各种同学"的"行为"与"言论"情形。(2)巧妙地将所学知识——自尊、自信、自强,积极主动与同学交往,友善待人,主动融入集体,尊重人,理解、宽容、包容他人,平等待他人,学会换位思考,与人为善等融会其中。(3)通过对该题的解答,意在教育学生,学生生活中该如何看待人情世故,如何对待弱势群体。用社会主义核心价值观中的观点来概括,就是对人要"友善",社会才能"和谐"。(4)总之,命题者尽其所能地把阅读、理解、运用、表达等意图捆绑其中,可谓是挖空心思,费尽脑汁,煞费苦心也。

(二)辨析题题例与分析

几年前,当广东高考改革废除了辨析题时,广东省中考也一度有过废除辨析题的打算,但是,最终还是在争议中保留了下来。至目前,一直还沿在用。下面列举几例辨析题来加以品析——

1. 背景材料:上自习课时,班主任刘老师发现小浩同学的座位下有一堆纸团,要求小浩捡起来。小浩不捡,老师就批评了小浩,小浩觉得很委屈,气冲冲地顶撞了老师。老师生气地捡起了纸团后,发现不是小浩丢的。

问题:请你辨析小浩同学的上述言行。

分析:该题背景材料简明扼要。问题设置水到渠成:"请你辨析小浩同学的上述言行。"

该题答案也简明扼要。小浩同学的上述言行是不正确的。有三个理由:(1)要增强规则意识和集体观念。维护课室卫生是中学生日常行为规范的基本要求,发现垃圾要主动捡起来,自觉维护课室卫生是我们每个学生应尽的义务。(2)要尊重和理解老师,学会和老师沟通,主动接受老师的教育。小浩应积极地捡起纸屑后,再等下课后主动与老师沟通,主动向老师认错。(3)要养成平和友善、遇事冷静的心态,要学会换位思考,提高区分是非善恶的能力。

解读:(1)该题通过自习课堂中发生的一件事,启示人们,在学习生活中遇到这样的事情时,该如何处理才是正确的?"小浩"应该如何对待"班主任"的要求?(2)答案除了判断外,三个要点涵盖了"规则意识""责任意识""集体观念""主动捡起垃圾""尊重和理解老师,主动和老师沟通,服从老师安排,主动向老师认错""平和友善""换位思考""自我控制""良好行为习惯""提高是非善恶观"等知识,简明扼要。

2. 背景材料:当今社会,有些人成了"借钱皇帝",借了不想还。老李为了追回老马久借不还的钱,将老马关了起来。

问题:请你从权利和义务相互关系的角度,对老李的言行进行辨析。

分析:该背景材料文字简洁,而且贴近现实生活,思想性强。同时,对问题设置做了严格的界定,要求"从权利和义务相互关系的角度,对老李的言行进行辨析"。

该答案包括判断分为四点,一个判断:(1)老李的言行是错误的。

接着三个理由:(2)公民的权利和义务是密不可分的。每个人既是权利的主体(享有者),又是义务的主体(承担者)。每个公民在行使权利时应做到:尊重他人权利;不得损害国家的、社会的、集体的利益和其他公民的合法权利和自由;在法律允许的范围内以合法方式行使权利。每个公民在履行义务时应做到:法律鼓励做的积极去做,法律要求做的必须去做,法律禁止做的坚决不做。

(3)题目中老李有权利要求老马归还欠款,以维护自身的合法权益。但老李没有在法律允许的范围内以合法方式行使权利,而是将老马关了起来,这样做既侵犯了老马的人身自由权,又没有自觉履行尊重他人权利的义务。所以老李的言行是错误的。

(4)在生活中,我们不仅要增强权利意识,还要增强义务意识。做到正确行使权利,自觉履行义务。

解读:(1)运用这个材料,命制这个题目,目的就是要启迪人们懂得,在法治社会里,一切国家机关和公民个人,都要依法行事。该题通过社会生活中借钱不还的事例,引出依法行事的故事。说明当今法治社会凡事都要符合法律要求,否则就是违法。题目的老李便是例证。这也体现着社会主义核心价值观"法治"的要求。(2)除了判断外,其他三个答案要点,均贯穿着权利和义务的相互关系,启示人们,要懂得依法维护合法权益才是正确的途径,从而做到自觉守法,认真履行法律的要求。

3. 背景材料:初中生小彬迷上了篮球,脑子里全是篮球,学习成绩下滑了很多。为此,妈妈开始限制小彬打篮球、看球赛和篮球杂志。小彬没有改善,反而变本加厉,更加痴迷。妈妈一气之下没收了他的篮球,并不再允许他买篮球杂志和看篮球比赛。小彬很生气,与妈妈发生了激烈的争执,认为妈妈不支持自己的兴趣爱好,决定再也不理妈妈了。

问题:请运用所学知识对小彬的言行进行辨析。

分析:材料选取于初中生与母亲之间发生的一个事件,要求考生运用所学知识对小彬的言行进行辨析,贴近生活实际。

答案要点除了一个判断:小彬的言行是错误的。加上三个理由:(1)小彬的言行说明他不懂得父母的苦心,是一种逆反心理的表现。(2)我们与父母的冲突,往往基于父母对我们的高期待、严要求。与父母发生冲突如果消极对待甚至采用极端的办法处理,都是错误的,会造成极大的伤害,惩罚自己,伤害父母。(3)为了不伤害自己和自己最亲近的人,就要努力克服消极的逆反心理,在情绪冲动时,要努力克制自己,学会与父母交往,架起沟通的桥梁。

解读:该题选取处理母子关系问题的材料,从而引出同学们对所学知识的回顾与运用,目的是为了启示人们,当与父母发生矛盾、冲突时,要以正确的方法去处理。此外,还要思考,作为未成年学生的自己,要处理好兴趣爱好与正业的关系。实际上,任何时候,正业都不能因为兴趣爱好而受到影响。

以上三题,可以说都非常经典,但是,也有一些不尽人意的命题案例。例如,某校在 2015 年一道模拟试题中命制的"辨析题",其背景材料和设置的问题是:

背景材料:2015 年 3 月 5 日,是毛泽东发出"向雷锋同志学习"53 周年。某校初九年级(1)班举行纪念雷锋逝世五十周年主题班会。在会上,甲同学说:"雷锋叔叔在部队,每月领的生活津贴本来就不多,省吃俭用,每当听到战友家里有困难,他就偷偷以战友的名义往战友家寄钱,自己穿的衣服补了又补,真傻。"乙同学说:"雷锋 23 岁就逝世了,人生还有什么意义。"

问题:请你结合材料,运用所学知识,对上两位同学的观点加以辨析。

分析:要肯定的是,材料选取具有丰富的思想内涵,但是,问题设置则有待商榷。因为,作为使用广东省中考试题的学校,模拟试题,必须与之接轨。否则,会失去或者降低"模拟"的功效。某校的这一题,与近几年来的广东省中考题辨析题比较,其问题设置显得太直截了当了,不利于对考生思维能力的启迪与开发。例题第 1 题"请你辨析小浩同学的上述言行",第 2 题"请你从权利和义务相互关系的角度,对老李的言行进行辨析",第 3 题"请运用所学知识对小彬的言行进行辨析"等均可见其思维能力。若将该题修改为"请用所学知识,辨析上述观点",那么,思维性则完全不同了。

所给出的答案要点为:观点错误。①雷锋生活俭朴,艰苦创业,表明他具有中华民族传统美德。②雷锋把节省下来的钱,支援灾区人民和有困难的战友家属,体现他热心公益、关心社会,具有强烈的社会责任感和正义感。他为人民服务不言代价与回报的奉献精神,不是傻的表现,而是社会责任感的集中表现。若我们社会具有雷锋这种精神的人越多,社会就会更和谐、更幸福美满。③人生的意义不在于生命的长短,而在于对社会做出的贡献。一个人的价值体现在为他人带来欢乐、减轻他人痛苦,为家乡、为社会做出贡献。贡献越多,价值就越大。雷锋虽死,但他的精神、他为社会所做的贡献,让后人受益无穷,他永远活在人们心中。④我们要向雷锋同志学习,增强社会责任感,热心公益,服务社会,努力学好本领,积极投身于社会主义现代化建设,为中华民族的伟大复兴贡献力量。

解读:(1)当背景材料确定之后,问题设置至关重要。一是不宜冗长。二是不宜缺乏思维性。该题修改后,不仅文字简明,而且问题设置的思维性强多了,与省题命题思路接上了轨。(2)该答案亦有完善和凝练的空间。如①中的"艰苦创业",如果换回"艰苦奋斗"更恰当;②中的"不是傻的表现",删除掉"的表现"三个字,也不影响其意义的表达,反而更加精练;③中的"受益无穷"不如"敬仰"妥帖、精准;④中的"我们要向雷锋同志学习"不如用"我们要学习雷锋精神"更实际和精准,等等。

(三)分析说明题题例与分析

分析说明题,是非选择题的重要组成部分。占分比重,仅次于综合探究题。分析说明题的命题,既关乎试卷质量,也关乎考生答题质量。因此,必须重视分析说明题的命制工作。下面列举三个例子说明。

1. 2014 年广东省中考思想品德分析说明题,其背景——

材料一:人力资源开发主要目标

主要指标	2009 年	2015 年	2020 年
主要劳动年龄人口平均受教育年限(年) 其中:受过高等教育的比例(%)	9.5 9.9	10.5 15.0	11.2 20.0
新增劳动力平均受教育年限(年) 其中:受过高中阶段及以上教育的比例(%)	12.4 67.0	13.3 87.0	13.5 90.0

材料二:科技规划主要指标

主要指标	2010 年	2015 年 发展目标	当前值
每万人发明专利拥有量(件)	1.7	3.3	4.02*
科技进步贡献率(%)	50.9	55	52.2
国家综合创新能力世界排名(位次)	21	18	19

注:在当前值部分,标有 * 为 2013 年数据,其余为 2012 年数据。

问题:要求结合材料和运用所学知识,回答以下三个问题:

(1)材料一、材料二体现我国实施什么战略?

(2)分析国家制定"人力资源开发主要目标"和"科技规划主要指标"的重大意义。

(3)谈谈青少年如何成为国家需要的人才。

分析:这一题的素材选取于我国制定"人力资源开发主要目标"和"科技规划

主要指标",此背景下设置的三个问题,涵盖我国实施科教兴国、人才强国战略、创新驱动发展战略;激发青少年学生要努力成为建设中国特色社会主义所需人才而发奋学习,增强责任感、使命感。

答案要点分别是:

(1)材料一、材料二体现我国实施科教兴国、人才强国战略。

(2)①国家制定人力资源开发主要目标和科技规划主要指标,为落实科教兴国和人才强国战略指明了方向,注入了动力。②有利于发展教育事业,从根本上提高整个中华民族的整体素质。有利于加快把经济建设转移到依靠科技进步和提高劳动者素质的轨道上来。③有利于促进科技的发展,增强我国的综合国力和国际竞争力。有利于加快科技创新和教育创新,建设创新型国家。

(3)①珍惜受教育的权利,自觉履行受教育的义务,提高自身的教育科学文化素质。②树立科学的精神和终身学习的观念,具备终身学习的能力,促进个人的可持续发展。③培养创新意识,提高创新能力,做创新型人才。④勤动手、动脑,多参加科技小发明、小创造等社会实践活动。⑤增强社会责任和使命感,将个人前途与国家民族的命运联系在一起。

解读:(1)两个材料均以表格式呈现,新颖直观。素材和题目字符适量,控制得较合理。(2)通过我国制定"人力资源开发主要目标"和"科技规划主要指标",教育青少年学生增强社会责任感、使命感,将个人前途与国家民族的命运联系起来,勤奋学习,勇于实践,把自己培养成为我国社会主义事业的接班人,体现着新课程思想性、实践性、人文性、综合性理念。

2. 现将某省中考一道分析说明题加以改造编制,设背景材料两个:

材料一:据调查,全国青少年犯罪占70%以上,其中15—16岁罪案占70%,且趋团伙化。某少管所700名在押犯中,团伙犯罪者占88.23%;某市破获一个绑架、抢劫、伤害青少年团伙"山合社";恩施破获红土乡民族中学由双差生、辍学、流失生77人组成的"太阳帮";广东某市统计报告,当前该市未成年人违法犯罪中,无预谋的、因一时冲动而违法犯罪的占82.7%,交友不当、被人利用、意气用事、旷课、打架斗殴等不良行为,都是步入歧途的诱因。

材料二:据中央综治办和中国青少年研究中心在全国范围对未成年人犯罪中2000余名抽样调查,结果如下:

未成年人犯罪与不良行为的关系

不良行为的平均开始年龄	不足 12 岁的	12 岁以上不足13 岁的	13 岁以上不足14 岁的	超过 14 岁的
不良行为数量	1 种	3 种	5 种	1 种
所占总数比例	10%	30%	50%	10%

问题:共设三个问题,分别是:

(1)材料分别说明了什么问题?

(2)请结合上述材料,分析上述问题产生的原因。

(3)要解决上述问题,你有哪些好的建议?

分析:从材料一看,某市公安机关统计当前未成年人违法犯罪,与步入歧途、不当交友、被人利用、旷课、打架斗殴等不良行为密切相关,教育青少年学生须牢记"勿以恶小而为之"古训;从材料二看,未成年人违法犯罪,趋年轻化、团伙化特点。所设置的三个问题,指向明确。

答案要点分别是:

(1)材料一说明青少年犯罪比率高,且趋团伙化、年轻化;还说明未成年人违法犯罪,与其情绪冲动和不良行为有关。材料二说明闲散未成年人走上违法犯罪的道路,是从不良行为开始的,而12-14岁时期是不良行为的高发阶段。

(2)原因:①正处于青春期,控制不良情绪的能力较差,容易冲动。②难以拒绝不良诱惑。③自身具有不良行为习惯。④没有及时矫正不良行为。⑤明辨是非和正确选择能力较差。

(3)建议:①懂得自己在青少年阶段的基本责任,自觉完成义务教育阶段的学习任务。②知道法律规定禁止的行为,法律禁止的坚决不做,铸造判断是非善恶的良知的标尺。③积极遵守公民基本道德规范,自觉纠正不良行为,自觉抵制不良诱惑,防微杜渐,提高明辨是非和正确选择的能力。④慎交友,交好友,热情帮助有不良行为的同学。⑤学会调控情绪,做情绪的主人,养成良好的心理品质。⑥要增强自我保护意识,要警惕情绪冲动和不良行为诱发违法犯罪。

解读:材料列举的虽然是某些地方未成年人违法犯罪的现象,但是,我们可以从中窥见,高度警觉,以教育工作者一叶知秋的敏锐视觉,联想身边的情况,及时给未成年学生提个醒,在教育教学中,认真关注身边现象,适时地教育未成年学生该怎么做,不该怎么做,树立明确的是非观、法制观,明辨是非,慎交朋友,防微杜渐,为健康人生奠基。

3.[2011年·广东省卷]分析说明题,其背景材料:

材料一:有全国政协委员认为:"幸福广东"的幸福更多的来自精神层面,更多的是靠文化来支撑。现在很多时候,很多人没有幸福感,这是因为这些人没有精神追求,思想扭曲了,享受不到文化上的满足。因此,建设文化强省成为"幸福广东"的必然要求。

材料二:为加快建设文化强省步伐,提升人们的幸福感,从2011年起,广东省文化产业发展专项资金每年增加4 000万元,到2015年专项资金规模将增至4亿元。广东省省长还承诺,2011年要加强城乡文化设施建设,支持新建市县文化馆、图书馆、博物馆20个,乡镇综合文化站50个,城乡社区文化室1 800个,建设乡镇农民体育健身工程100个。

问题:

(1)材料一、二分别说明了什么?

(2)结合材料,谈谈建设"幸福广东"为什么要加快文化强省建设?

(3)广东文化底蕴深厚,请你结合材料从文化建设的角度,为建设"幸福广东"提几条合理建议。

分析:该题材料一以全国政协委员关于文化强省与成为"幸福广东"的话题为背景;材料二以广东省每年增加文化产业发展专项资金投入,加强城乡文化设施建设,提升人们幸福感的具体举措为背景,共设置三个问题。

答案要点与题目设计对号入座,分别是:

(1)材料一说明文化是建设"幸福广东"的重要内容,文化是幸福的支撑。材料二说明广东省重视文化建设,着力提升人们的幸福感。

(2)①目前,我省文化发展还不能满足人民群众日益增长的文化和精神需要,很多人享受不到文化上的满足。加快文化强省建设,有利于不断满足人民群众日益增长的文化和精神需要,从而提升人们的幸福感。②加快文化强省建设,大力发展社会主义先进文化,建设社会主义精神文明,是建设"幸福广东"的必然要求和重要组成部分。有利于陶冶人的情操,提高人们的科学文化素质、思想道德素质和心理素质,实现人的全面发展。③加快文化强省建设,能为经济社会发展提供思想保证、精神动力、智力支持等,有利于推动经济和社会协调发展,增强综合国力。而经济的发展能为建设"幸福广东"提供坚实的物质基础。④加快文化强省建设,有利于构建和谐社会,为"幸福广东"营造良好的文化环境和社会环境。

(3)①建设"幸福广东",必须牢牢把握社会主义先进文化的前进方向。大力发展面向现代化、面向世界、面向未来的民族的科学的大众的社会主义文化,加强社会主义核心价值体系建设。②建设"幸福广东",要继承和利用广东优秀传统文化资源,古为今用;同时博采众长,吸收、借鉴其他优秀文化成果。③建设"幸福广东",要立足广东改革开放实践,创新文化内容和形式,创作人民群众喜爱的文化精品;积极开展创建文明城市和文明村镇等形式的丰富多彩的精神文明创建活动。④建设"幸福广东",要进一步促进广东文化产业发展,加强城乡文化设施建设投入,大力发展文化事业。⑤青少年要善于辨别各种落后文化和腐朽文化并自觉加以抵制。积极参与社会、社区、学校村镇的精神文明创建活动。从身边小事做起,为"幸福广东"增光添彩。

解读:(1)"幸福感"是人们对生活的感受。对于什么是"幸福",不同的人有着不同的感悟。"幸福感"是出现在于中国改革开放30多年后、社会转型时期人们关注的热门话题之一。试题把这一热门话题——"幸福感",通过采集相关素材,贴近人们文化生活的一些体验,围绕所学知识"不断满足人民群众日益增长的文化和精神需要""先进文化的方向""社会主义核心价值体系建设""创新文化内容和形式""城乡丰富多彩的精神文明创建活动""善于辨别各种落后文化和腐朽文化并自觉加以抵制"等,从而满足命题和答案制作的需要。

(2)试题不仅要求考生从"文化现状""文化对个人的作用""文化对经济的作用""文化对社会和谐的作用"等角度作答,还要求从"文化建设的方向""正确对待中外文化""文化改革创新""大力发展文化产业和文化事业""青少年的做法"等角度提出有效建议,引导考生参与社会文化生活体验。

(四)综合探究题题例与分析

综合探究题,在中考政治试题中,举足轻重。

一是比分大。它在非选择题中的比分最大,共14分,占非选择题31.8%;

二是综合性强。就所涉及知识而言,不仅涵盖面广,而且跨度大,有的跨课,有的跨年级;就所考查的能力而言,不仅要考查考生对所学知识的驾驭能力,还要考查考生的综合实践能力;

三是它的题型设置与其他非选择题相比也别具有特色。在一个大背景下,一个背景材料一个题目,且三个材料三个题目之间,逻辑紧密,环环相扣。大背景下的三个材料、三个要求即三个问题的设计层次,明显层层递进,呈现知识、能力、情感态度价值观的课程理念。如2011年·广东省省题综合探究题,其背景——

《中华人民共和国国民经济和社会发展第十二个五年规划纲要》明确提出了加快转变经济发展方式的重大战略决策。同学们对如何加快转变经济发展方式了解不多,于是展开了一场探究学习活动。请你参与如下探究活动:

【认知明理】

材料一:2011年3月,广东省委书记说:"广东在经济转型过程中遇到的最突出的问题是自主创新能力不强。"广东省发改委人士也提到,广东科技进步对经济增长的贡献率近十年增长趋于缓慢。

(1)材料说明了广东加快转变经济发展方式应该做什么?这体现我国的什么战略?

【理解分析】

材料二:2011年1月13日,首届"南粤功勋奖"和"南粤创新奖"评选揭晓:比亚迪股份有限公司董事长王传福被授予首届"南粤功勋奖",奖励3 000万元;"喜羊羊与灰太狼"系列动漫作品创作与推广团队等被授予首届"南粤创新奖",奖励500万元。

(2)广东设立"南粤功勋奖"和"南粤创新奖"与加快转变经济发展方式有什么关系?

【实践探究】

材料三:广州市第四中学的学生小招,从小热爱科学和发明创造,在短短8年里,有十五项发明作品,其中七项获国家专利;60多个奖项,其中国际级金奖1个、国家级奖项16个、省级18个。他连续十年被评为"三好"学生,被推荐为广州市首届"小道德模范"候选人。

(3)结合材料,请探究在我省加快转变经济发展方式的过程中,中学生应该做些什么?

分析:(1)近几年来,综合探究题的命制,给非选择题带来了新的活力,让人们耳目一新。它一改传统的命题思路,与分析说明题的命制方式有着明显的区别。一是在综合探究的大背景下,以"【……】"把所要探究的问题层次化,依照"认知""明理""实践"的层次有序展开对问题的一一探究;二是以一个材料带一个问题的形式出现,且每一个材料前分别有"认知明理""理解分析""实践探究"等具体要求,明显与其他非选择题的制作风格不同。如此题所设立的三个问题,紧紧围绕"创新""人才""参与实践"等关键点引导考生展开探究。

(2)第(1)问,要求结合材料一情景,使涵盖的知识包括"重视和提高自主创新能力""科技对经济的贡献率"和我国的"科教兴国战略和人才强国战略"等跃然纸上;

第(2)问,要求在材料二情景中,尽现"加快转变经济发展方式所需要的自主的科技创新、尊重知识、尊重人才、尊重劳动、尊重创造"等知识;

第(3)问,要求材料三背景,将"中学生应该自觉履行受教育的义务;在学好书本知识的同时,要积极参与培养创新精神和创新能力;自尊自信、艰苦奋斗、增强社会责任感,关爱社会、回报社会”等知识表达其中。

三个问题的答案要点分别是:

(1)重视和提高自主创新能力;提高科技对经济的贡献率;体现我国科教兴国战略和人才强国战略。

(2)①广东设立“南粤功勋奖”和“南粤创新奖”有利于加快转变经济发展方式。广东重奖对社会经济和科技创新有突出贡献的企业和个人,目的就是鼓励自主创新,激发和提高企业与个人的科技创新热情、创新动力、创新水平。在全社会掀起科技创新的热潮,从而促进广东实现经济发展方式的转变。②广东设立“南粤功勋奖”和“南粤创新奖”是加快经济发展方式转变的客观要求。因为加快经济发展方式转变客观上要求广东必须实施科教兴国战略和人才强国战略,重视科技创新,重视人才在社会经济发展中的作用,在全社会中形成尊重知识、尊重人才、尊重劳动、尊重创造的社会氛围,而设立“南粤功勋奖”和“南粤创新奖”就是广东重视科技、创新和人才的具体体现。

(3)①材料中小招从小热爱科学和发明创造并取得丰硕成果的事迹,告诉中学生应该:积极探究适合自己的学习方式,积极参与小发明、小制作、小创造活动,提高实践能力,培养自己的创新精神和创新能力;善于观察,敢于质疑,把创新精神和科学求实的态度结合起来。②材料中小招连续十年被评为“三好”学生的事迹,告诉中学生应该:维护受教育的权利,自觉履行受教育的义务;养成终身学习的习惯,培养终身学习的能力;努力学习科学文化知识,为创新打下牢固的知识基础。③材料中小招被推荐为广州首届“小道德模范”候选人的事迹,告诉中学生,应该努力提高思想道德素质,乐于助人,无私奉献;提高心理的承受力,培养积极乐观、自尊自信、艰苦奋斗的生活态度;增强社会责任感,关爱社会,回报社会,养成亲社会行为。

解读:解答综合探究题的知识虽然比较综合,运用解答的知识有一定的跨度(跨课甚至跨年级),表述有一定的维度,能力要求有一定的高度。但是,从上题看,材料与问题相结合,一对一,没有太大的难度,恰到好处,没有脱离作为当今义务教育阶段初中毕业生的总体水平与能力的实际,不会加重考生负担。贯穿着“将正确的价值引导蕴含在鲜活的生活主题之中,注重课内课外相结合,鼓励学生在实践中进行积极探究和体验,通过道德践行促进思想品德的健康发展”的课程理念。

2.2015年某校命制的一道综合探究题值得推崇,如下:

背景材料:改革开放以来,我国经济社会发展成就举世瞩目,国际地位日益提高,但是,也出现了一些不和谐的声音。对此,某校九年级时事兴趣小组拟进行针对性探究,诚邀你参与——

【齐关注】

材料一:中国寻求经济发展新常态的路子越走越宽广。2015 年 3 月 28 日,我国发布了《推动共建丝绸之路经济带和 21 世纪海上丝绸之路的愿景与行动》——"一带一路"大战略吸引着众多国内外目光;由中国牵头的亚洲基础设施投资银行(简称亚投行,AIIB),至 4 月 15 日,澳大利亚等 57 国成为创始国;上海自贸试验区成立一年半之际,4 月 20 日,广东、天津、福建三个新设自贸试验区于 4 月 21 日挂牌。

(1)材料体现了《思想品德》中哪些观点?(至少两个)并结合材料说说其中一个观点的理由。(共 5 分)

【明法理】

材料二:2015 年 4 月 15 日,广东省国家安全局公布,近年来已发现数百起境外间谍情报机关对中国实施的大规模网络技术窃密案件,多达数千台计算机被控制,涉及党政机关、驻外机构等涉密单位,大量文件资料被盗。

(2)请结合材料,运用所学知识说明其危害性和如何加强防范。(4 分)

【见行动】

材料三:学习成绩中下的小武如同右漫画《走哪条?》主人公一样,面临着苦恼,长期对其忙于生计的父母隐瞒自己的学习状况。目前,面临升高中志愿填报时,却在职业技术学校还是普通高中之间犹豫未决。

(3)请简要分析小武隐瞒父母的做法,并为其选择志愿出出好主意。

分析:由于第(1)题是连环两个问题,且解题思路是开放性的,如"材料体现了《思想品德》中哪些观点?(至少两个)并结合材料说说其中一个观点的理由"。这道题涵盖着四个观点,即:"坚持改革开放""坚持对外开放""坚持以经济建设为中心""实施创新驱动发展战略"等。这四个观点,都有可能被考生答出来,因此,对每一个观点都必须要在参考答案中拟制出来,为开放性答案做充分准备。

可以依次这样拟制答案要点——

如果考生答出第一环的问题所涵盖的观点是"坚持改革开放",那么,"结合材料说说其中一个观点的理由"的答案要点就应该是:

①坚持改革开放。改革开放是强国之路,是我们党和国家发展进步的活力源

泉,是决定当代中国命运的关键抉择,是发展中国特色社会主义、实现中华民族伟大复兴的必由之路。事实说明,改革开放促进了我国生产力和经济发展,增强了综合国力和国际竞争力,改善和提高了我国人民的生活水平。"一带一路"、设自贸区、亚投行,是我国寻求经济发展新常态,是深化改革开放、发展我国社会生产力的一个重要途径。

如果考生答出第一环的问题所涵盖的观点是"坚持对外开放",那么,"结合材料说说其中一个观点的理由"的答案要点就应该是:

②坚持对外开放。中国的发展离不开世界,实行对外开放是我国的一项基本国策,符合当今时代特征和世界经济技术发展规律,是加快我国现代化建设的必然选择。当今世界是开放的世界,闭关自守只能导致落后。中国要发展,要进步,要富强,就要对外开放,吸收借鉴世界上一切先进文明成果。"一带一路"、设立自贸区、亚投行,是我国寻求经济发展新常态,坚持对外开放,发展我国社会生产力的一个重要途径。

如果考生答出第一环的问题所涵盖的观点是"坚持以经济建设为中心",那么,"结合材料说说其中一个观点的理由"的答案要点就应该是:

③坚持以经济建设为中心。以经济建设为中心是兴国之要,是我们党、国家兴旺发达和长治久安的根本要求。只有坚持以经济建设为中心,才能从根本上巩固和发展社会主义制度、不断满足人民日益增长的物质文化需要、推动社会的全面进步、全面建成小康社会,实现中华民族伟大复兴。"一带一路"、设立自贸区、亚投行,是我国寻求经济发展新常态,坚持对外开放,发展我国社会生产力的一个重要途径。

如果考生答出第一环的问题所涵盖的观点是"实施创新驱动发展战略",那么,"结合材料说说其中一个观点的理由"的答案要点就应该是:

④实施创新驱动发展战略。这是以经济建设为中心的创新驱动发展战略,它符合当今我国经济发展特征和经济技术发展要求,是加快我国现代化建设,是推进我国社会全面进步、全面建成小康社会的必然选择。"一带一路"、设自立贸区、亚投行,是我国寻求经济发展新常态,创新对外开放路径,发展我国社会生产力的一个重要途径。

第(2)问,答案要点:①国家安全包括国家的主权、领土完整不受侵犯,国家秘密不被窃取、泄露和出卖,社会秩序不被破坏等。国家安全事关整个国家和民族的生死存亡。②树立国家安全意识,自觉关心、维护国家安全、保守国家秘密,是我国宪法规定公民必须履行的基本义务,也是公民热爱祖国的具体表现。因此,自觉维护国家安全、保守国家秘密,是每个公民应尽的义务,是加强防范的根本。

当发现危害国家安全、泄露国家秘密行为时，应及时向国家安全机关或公安机关报告；需要时，协助国家安全机关或公安机关破案。

第(3)问，答案要点：首先，小武要实事求是地向含辛茹苦养育自己的父母汇报自己的学习状况，争取得到父母的谅解和帮助，隐瞒是不诚实的表现；

其次，小武选择志愿，要从自身实际出发，根据自己成绩状况，选择技校会更适合。在我国，无论何种选择，都是祖国和社会的需要，只有把个人的前途与祖国的命运联系起来，才能创造美好的人生。

解读：首先肯定这道题的开放性。正如这道题第(1)问中的答案的开放性一样，这样引导学生思考问题，全面、牢固把握知识，随时准备检验，无疑是正确的。其次，突出思想品德课知识、能力、情感态度价值观"三位一体"课程理念，突出学以致用的命制原则，强调实践性。

三、非选择题评分说明的制作

每一道非选择题的设置与制作，不仅要考虑背景材料的取舍和题目设置的对应性，以及答案要合情合理地表达等因素；同时，还要考虑每一道非选择题的答案制作后的"评分细则与要求"，或者叫"评分说明"。因此，无论哪一种非选择题的题目和答案制作出来后，命题者都必须考虑评分说明的制作，不能少了这个环节的工作。

所谓"评分细则与要求"或者"评分说明"，就是对试卷答案赋分分配方案的明示，规定哪个地方可以赋多少分，哪个地方不能赋分的问题。

例1. 细读漫画《被迫搜身》《被人跟踪》，简要回答下列两个问题：

(1)漫画说明什么？(2分)

(2)联系所学知识，谈谈你对漫画的理解。(6分)

题干和问题的设置，是为答案准备的。该题答案要点：

被迫搜身　　　　　　　被人跟踪

第(1)问：当遇到他人被迫搜身或者被人勒索、被人跟踪危情时，要应保持冷静；遇到异常情况要警惕，不急躁，不惹怒歹徒，设法脱险，用智慧保护自

己。(2分)

第(2)问:可以归纳为三个启示:

①在复杂的社会生活中,未成年人首先要提高警惕性和自我保护意识。保持高度警惕是避免侵害的前提。(2分)

②若遇险,要用智慧去保护,采取机智灵活的方法与其斗争,保护自己;遭遇意外险情与伤害时,要冷静,学会用最有效的方法求助,把损失降到最小。(2分)

③增强自我保护意识。不要独自外出。要用法律保护自己。当权益受到侵害时,学会拿起法律武器保护自身合法权益。(2分)

评分细则与要求:

第(1)问,只要表达符合"遇险要冷静、要警惕,要用智慧保护"等用语,可赋2分。其他符合题意的表述,可酌情赋分。

第(2)问,须从三个角度去回答。一是从"社会生活复杂"性出发,阐明"提高警惕性"和"自我保护意识"的重要性;二是阐述"遇险时"的有效做法;三是阐述"增强自我保护意识"的诸做法。本小题6分,每答对一个角度赋2分。如能围绕"警惕性""自我保护方法"等符合题意的表述,均可酌情赋分。

例2. 背景材料一:作为嫦娥三号先导星的嫦娥二号发射成功。"嫦娥之父"欧阳自远接受记者采访时谈到我国探月工程的计划分三步走:一个是无人探月阶段,第二是载人登月阶段,第三是把月球作为基地,进行研究开发的阶段。预计2020年至2025年,中国将择机载人登月,并与有关国家共建月球基地。

背景材料二:我国目前仍面临着按人口比例,科学家和工程师、高级技工等均远不如日本、美国、俄罗斯和韩国的严峻形势。

阅读材料并回答下列问题:

(1)上述描述的哪项事业的发展?(1分)它得益于我国的何举措的实施?(2分)

(2)结合上述材料二说说我国主要面临哪方面的严峻形势?(2分)解决这一矛盾的办法是什么?(4分)

(3)青少年应该怎样为进一步实施此举做出应有的贡献?(4分)

答案要点:

(1)航天科技事业发展。(1分)实施科教兴国战略和人才强国战略。(2分)

(2)材料二说明我国面临着总体上科技水平同世界先进水平相比仍有较大差距的严峻形势;(2分)

办法:要迅速提高我国的生产力水平,缩小与发达国家的差距,必须加快科技创新、发展。(2分)科学技术是第一生产力,是决定我国经济社会持续发展的重

要因素。必须加大实施科教兴国、人才强国战略。(2分)

(3)①要把握青少年学习的最佳时机,珍爱在校学习机会,发奋学习文化科学知识和培养品德;②积极参与科技小制作等实践活动;培养学科学、爱科学精神;③自觉养成肯动脑思考科学问题,肯动手参与科技实践活动,做到学而不厌,努力提高自己的素质,为进一步实施科教兴国、人才强国战略做出贡献。(4分)

评分细则与要求:

(1)第一问,只要答出"航天科技"即可给1分;第二问,只要答出"科教兴国、人才强国"即可赋2分。

(2)第二问,围绕材料二能说明我国科技与发达国家的差距,即可给2分;第二问,只要能提出有效解决"科技差距"的办法,即可赋4分。

(3)第三问,只要能围绕"科技发展、科技创新"言之有理地谈出其中两点即可给4分。此题答案多元,不要求与参考答案完全一致,符合题意,均可酌情赋分。

此外,还有综合评价分要求,如对书写工整,卷面整洁,条理清楚,无错别字等均可赋1分。

四、思想性与知识性的统一

制作思想品德试题时,是否考虑其思想性与知识性统一,或者说是否考虑其融为一体,是制作思想品德试题必须考虑的命题立意。无论制作选择题还是非选择题,都必是须考虑的重要因素。这是制作思想品德试题与制作其他学科试题区别的地方。例如,2015年广东省省题组合单项选择题第21题,其背景材料和备选答案为:

2015年"感动中国"人物张纪清,27年来坚持以"炎黄"的署名,捐款建敬老院和希望小学。他的行为

①想在服务社会中获得利益的体现　②会带动更多的人参与社会公益活动

③体现了一个现代公民应具备的素质　④使人生价值在奉献社会中得到提升

A.①②③　　　　B.①②④　　　　C.①③④　　　　D.②③④

该题以2015年"感动中国"人物张纪清,27年来坚持以"炎黄"的署名,捐款建敬老院和希望小学为情景素材,倡导"友善"的社会主义核心价值观,涵盖着社会责任与人生价值等知识,在当今某些唯金钱论人的眼里,是何等鲜明的对比。

他的这种行为不是短期的,不是一年半载,不是作秀,不是为名利,而是27年坚持下来的正能量,何等的伟大! 该题突出了思想性与知识性融为一体的命题立意。正确答案是 D。

又如2015年广东省梅州市第11题组合单项选择题,其背景材料和备选答案为:

李克强总理在今年政府工作报告中首次提出制定"互联网 +"行动计划,推动移动互联网、云计算、大数据、物联网等与现代制造业结合,促进电子商务、工业互联网和互联网金融健康发展,引导互联网企业拓展国际市场。"互联网 +"行动计划体现了

①科学技术是第一生产力　②全面深化网络、金融、教育体制改革　③国家实施创新驱动发展战略　④科技是民族振兴和社会进步的基石

A.①③　　　　B.②④　　　　C.①②　　　　D.③④

该题"李克强总理在2015年政府工作报告中提出制定'互联网 +'行动计划,推动移动互联网、云计算、大数据、物联网等与现代制造业结合,促进电子商务、工业互联网和互联网金融健康发展,引导互联网企业拓展国际市场"为背景,内含知识包括科学技术是第一生产力、国家实施创新驱动发展战略等,传递着人们的生产生活须适应时代发展的命题立意。正确答案是 D。

五、编制习(试)题之"六大忌"

于命题实践中发现,在命题或者编制习(试)题过程中,由于有的教师缺乏对课程标准或者考纲的研读,命题时总是患得患失,或者粗心大意,或者不切实际随意拔高,或者从个人认识水平出发,不严肃不认真,致使命制出来的题目,缺乏应有的科学精神和科学态度,表现在:不是缺失思想性、严肃性,就是答案错位;不是对背景材料的选取不够精练,就是备选答案或者表达不全或不正确,或者糊混不清,或者文字冗长,如此等等。

如此诸多失误或漏洞,归纳起来,有"六种情况",亦即命题过程中的"六大忌":

(一)忌糊混不清

例如:2015年广东省初中毕业生学业考试思想品德卷单项选择题——

第25题,该题干和编选答案是这样的:

2014年年末我国人口数及其构成情况从上表的信息可以看出

指标	年末人口数(万人)	比重(%)
全国总人口	136782	100.0
0－15岁(含不满16周岁)	23957	17.5
160－59岁(含不满60周岁)	91583	67.0
60周岁以上	21242	15.5

A. 我国劳动力人口数量将不断增加　　B. 我国新增人口多,人口的素质高

C. 人口老龄化的问题将越来越严峻　　D. 人口基数大对我国经济发展有利

分析:

命题者的立意是要表达我国已经进入老龄化社会的问题。

可是,从该题题面看,也许一眼就能看出,题面给出的条件不足,作为单项选择题,是难以选出正确答案的。因为,它缺乏足够的条件。如果加上人类进入老龄化社会的比对数据,情况会怎样? 就是这种比对条件的缺乏,导致考生丈二和尚摸不着头脑,不知该题究竟要考生答什么。的确,该题应该有人类进入老龄化社会的比对数据才是符合单项选择题的命题立意的,但是,偏偏缺乏了这个本该出现而没有出现的条件。您说,该题是科学表达吗? 能正确反映该题所要达到的意境吗? 它能让考生正常发挥吗?

(二)忌选项错位

编制习(试)题时,缺漏条件者有之;选项表达不科学者,或者列错选项的也有之。例如:

某校命制单项选择题中有一道组合单项选择题,其背景材料和备选答案:

2011年10月13日下午,广东佛山黄岐广佛五金城,两岁女孩小悦悦被两辆车碾压,肇事车辆逃逸,18位路人无一相救……"小悦悦事件"引起全社会对"助人为乐"的新反思,下列观点错误的有

①只是付出,没有收获,有时还会有风险,不救人可以理解

②改革开放以后,人的价值观念发生了质的变化,社会中"助人为乐"的人少了

③这一事件会唤醒更多的人参加到"助人为乐"的行列中来

④这一事件告诉我们应该大力开展全民核心价值观的教育

A. ①②   B. ②④   C. ①③   D. ③④

可以肯定的是,该题以"小悦悦事件"引起全社会对"助人为乐"的思考为背景,涵盖知识包括"承担责任的回报与代价"以及"社会主义核心价值观"等,该题立意无可厚非,该老师给出的正确答案是:D。

该题明显存在三处错误:一是题干中"18位路人无一相救"表述不准确,应该更正为"前后18个经过此地的人却对被碾的小悦悦不加施救,表现出对生命的无视、冷漠";二是拟选答案确定 D. ③④是不正确的,显然错误。因为,该题要求选出"观点错误的"选项,因此,该题的正确答案应该是 A. ①②;三是 D项答案中的③的表述是正确的,"④这一事件告诉我们应该大力开展全民核心价值观的教育"表述只是含混不清而已,其正确的表述应该是"要在全体公民中大力加强社会主义核心价值观教育"。

(三)忌随意拔高

课程标准和考试标准没有要求,编制者任意拔高。

例如:《2015年广东省初中毕业生学业考试思想品德》卷中的单项选择题第23题——

今年全国"两会"召开之前,李克强总理在中南海主持召开座谈会,听取各民主党派中央、全国工商联负责人和无党派人士代表对《政府工作报告(征求意见稿)》的意见和建议。这体现了我国坚持(   )。

A. 人民代表大会制度   B. 民族区域自治制度

C. 基层群众自治制度   D. 多党合作和政治协商制度

命题者要求考生回答的答案是"D. 多党合作和政治协商制度"。这是高中政治常识的知识。新课标实施以来,这个知识点在初中《思想品德》教材中没有出现过。这种不仅在课程标准中找不到,而且依据课程标准制定的《2015年广东省中考考纲》中也不见其踪迹。可是,命题者却把它硬生生地编出来了。

又如2015年广东省题,分析说明题——

31. 材料一:"一带一路"是"丝绸之路经济带"和"21世纪海上丝绸之路"的简称。它涵盖44亿人口,不限国别范围,不搞封闭机制,有意愿的国家和经济体均可参与进来。它通过政策沟通、道路联通、贸易畅通、货币流通、民心相通这"五通",让沿"带"沿"路"的国家和地区共享中国发展的成果。

材料二:改革开放30多年来,由于受地理区位、资源禀赋、发展基础等因素的影响,我国的对外开放总体呈现东快西慢、沿海强内陆弱的格局。"一带一路"战略将在提升向东开放水平的同时加快向西开放步伐,助推内陆沿边地区由对外开放的边缘迈向前沿。

材料三:"一带一路"传承和弘扬丝绸之路友好合作精神,广泛开展文化交流、学术往来、人才互通、媒体合作、志愿者服务等,为深化双边和多边合作夯实了民意基础。

结合材料,运用所学知识,回答下列问题:

(1)材料一体现了我国怎样的发展理念?(2分)

(2)结合本题材料,说明我国为什么要积极推动"一带一路"战略?(5分)

(3)结合材料三,谈谈青少年应如何传承和弘扬丝绸之路友好合作精神?(4分)

该题随意拔高的地方在哪里?就在第(1)个问题:"材料一体现了我国怎样的发展理念?"再看该题答案:(1)开放包容、平等合作、互利双赢、共同发展。这里指的"发展理念",在2011年的义务教育阶段思想品德课程标准里见不着,在当年的广东省中考考纲里也找不到,是高中经济常识的知识。

所以在编制习题(试题)过程中,出现这样那样的错误,究其原因是什么?我认为,不外乎这几种情况:一是编制题目者的粗心大意,二是作者的水平所限,三是缺乏编制试题的责任感,四是科学态度和钻研精神不足。

习(试)题编制正确与否,并不是小问题。它不仅关系到教师教学态度是否严谨的问题,也不仅仅关系到教师作为传道、授业、解惑者的形象问题,而且更加关系到考生是否能正确地运用所学知识去认识、分析、判断、表达,能否考出自己的应有学业水平,同时也关系到国家能否准确地选拔人才的大事情。因此,作为今天传道、授业、解惑的人民教师,不仅要严肃看待在课堂上对科学文化知识的传授;同时,也绝不能轻视在编制习(试)题中,对科学知识正确强化的问题。

(四)忌信息陈旧

当今社会,瞬息万变。如果信息闭塞,他就是"桃花源中人,不知有汉"了,倘若果真如此,那么,就真的停留在古时代里,不能适应新形势新发展了。所运用的信息要新颖,切忌陈旧。新颖,才有吸引力;陈旧,缺乏生命力。例如:

我国自行研制的"天宫一号"目标飞行器和"神舟八号"飞船分别在酒泉卫星发射中心成功发射,准确入轨。这说明了( )。

A. 我国是科技大国,已经与发达国家没有差距

B. 我国在太空领域的竞争已经立于不败之地

C. 我国的自主创新能力不断增强

D. 我国的探月技术已经无与伦比

该题以我国最新科技成果设置情景,所涵盖的知识是"我国自主创新能力"的增强,其正确答案是 C。

这一题干背景,如果放置在这两个科技成果刚发射成功阶段,是无可厚非的。问题是,运用该背景编制这道题时,已经在太空成功实现了预期对接,而不是"成功发射,准确入轨"层面上的意义了。因此,深究之,则会发现,它忽视了我国这项工程的实质进展——太空成功对接。题干信息滞后,没有新颖性(关心关注时事的学生,会对这一背景失去新鲜感),由此,必然会弱化学习兴趣。若把该题干修改为"我国自行研制的'天宫一号'目标飞行器和'神舟八号'飞船在太空实现成功对接……"这样则鲜明地与备选答案联系起来,且能使学生更快地在读题后掌握相关信息,更能调动学生的求知欲和学习兴趣。

(五)忌情景单一

笔者主张命题的背景材料要有一定的深意,不能过于简单,不能过于单一,是因为单一且缺乏深意的背景材料,不利于对考生思维能力的培养,也可能不能满足解决问题需要。在赏析经典试题的同时,也用一道单一且缺乏深意的背景材料的非选择题来分析一下吧。

其背景材料是这样的:

全面加强学校德育体系建设,构建学校、家庭、社会紧密协作的教育网络,动员社会各方面共同做好青少年思想道德教育工作。据此,学校开展以"培育文明风尚,营造和谐校园文化"为主题的实践活动。请你为本次活动出谋献策:

(1)你认为开展本次活动可采取哪些有效形式?

(2)请你结合所学知识,谈谈培育文明风尚,营造和谐校园文化的意义。

(3)围绕本次活动主题,你能够做些什么?

答案要点分别是:

(1)主题班会、宣传墙报、辩论、演讲比赛等。

(2)有利于青少年的健康成长,培养青少年具有健康的人格,养成自尊自信、自立自强、明辨是非、诚实守信,平等待人、与人为善、相互尊重、敢于负责、热心公益、艰苦奋斗、乐于奉献的良好道德风尚。对于提高学生的思想道德素质和科学文化素质,加强社会主义精神文明建设,培养"四有"公民,构建和谐校园具有重要的意义。

(3)只要围绕主题,切实可行即可。如:(1)参加学校各种活动,展示自己的才华。(2)认真学习科学文化知识,提高自己的思想道德水平,培养自己成为一名具有良好道德风尚的高素质人才。

该题只有一则背景材料,显得过于单一。

近几年来,就"分析说明题"而言,通常情况下,都有着两个或三个材料作为背景(材料可用文字构成,可以图表结合构成),并在这两三个背景材料下设立三个相关问题。由此可以判断该题编制质量不高。

原因有三个:一是单一的材料情景,不能满足三个问题的需要。若把材料"加强学校德育体系建设,构建学校、家庭、社会紧密协作的教育网络,动员社会各方面共同做好青少年思想道德教育工作"中的"学校、家庭、社会"作以细化的、呈递进关系的"材料二"身份出现,情况就是另外一个局面。二是由于背景材料的不完善,因此,制约了问题设置的有效性。就其第(2)问的设置而言,对满足材料"加强学校德育体系建设,构建学校、家庭、社会紧密协作的教育网络,动员社会各方面共同做好青少年思想道德教育工作"需求,则显得力不从心。三是答案(3)里的序号"(1)、(2)"与"答案(3)"没有区别。所以,命制思想品德试题或练习题,都要清晰地选取背景材料,确立所要的旨意是什么,所设置问题该涵盖什么知识,所构建的答案是否科学,等等。

(六)忌文字冗长

题干选材既要新颖,又须新颖简明,不能冗长。字数数量要严格控制。

习题也好,试题也罢,都要注意选材的新颖性和时效性,同时,还要注意其表述的科学性。一般情况下,一般单项选择题题干文字控制在 100 字左右为宜;组合单项选择题题干文字控制在 150 字左右为宜;简答题题干文字控制在 100 字左右为宜;辨析题题干文字控制在 150 字左右为宜;分析说明题题干文字控制在 300字左右为宜;综合探究题题干文字控制在 350 字左右为宜。题干文字过于冗长,会影响习(试)题的质量。

例如,有这样一道单项选择题:

按照中央《建议》的要求,广东省委建议在编制《广东省国民经济和社会发展第十二个五年规划纲要》以广东实际出发,注意突出以科学发展为主题、以加快转变经济发展方式为主线,突出着力保障和改善民生,突出深化改革开放,突出区域协调发展,突出全方位提升软实力,突出加强和创新社会管理,促进创新发展、协调发展、绿色发展、和谐发展,努力使广东在"十二五"时期走出加快转变经济发展

方式、实现科学发展的新路子。这些都体现着

    A. 发展是硬道理

    B. 集中力量进行社会主义现代化,大力发展生产力

    C. 科学发展观的要求

    D. 自主创新的要求

    该题过于冗长。这样冗长的文字,如果不做处理的话,不仅显得太随意,而且会增加答题的时间和难度,难以达到预期的检测效果。若把它简约如下:

    《广东省国民经济和社会发展第十二个五年规划纲要》突出以科学发展为主题、以加快转变经济发展方式为主线,突出区域协调发展,突出全方位提升软实力,突出加强和创新社会管理,促进和实现科学发展。这体现着

    A. 发展是硬道理

    B. 集中力量进行社会主义现代化,大力发展生产力

    C. 科学发展观的要求

    D. 自主创新的要求

    正好缩短至150个字符,这样表述既简约又清晰明了。

    又如,下面一道分析说明题,原题是:

    背景材料一:2011年1月19日在北京揭晓的,由557名中国科学院院士和中国工程院院士,投票评选瀚霖杯2010年世界十大科技进展新闻之一的《发布首份全球海洋生物普查报告》历时10年的、历史上首次全球"海洋生物普查"项目10月4日在伦敦发布最终报告。根据普查得出的统计数据,海洋生物物种总计可能有约100万种,其中25万种是人类已知的海洋物种,其他75万种海洋物种人类知之甚少,这些人类不甚了解的物种大多生活在北冰洋、南极和东太平洋未被深入考察的海域。来自80多个国家和地区的2700多名科学家共发现了6000多种新物种,它们以甲壳类动物和软体动物居多,其中有1200种已认知或已命名,新发现待命名的物种约5000种。

    背景材料二:我国的"嫦娥二号"正在绕月飞行,未来我国登陆月球的"嫦娥三号"模型亮相于珠海航展。昨日,中国空间技术研究院产业部部长闫忠文接受本报记者独家专访时表示,按计划,"嫦娥三号"2013年会实现登月,"嫦娥三号"最大的特点是携带一辆月球车,实现月球表面探测。

    阅读材料并完成下列问题:

    (1)上述材料共同说明了什么?对你有什么启示?

    (2)结合背景材料一和所学知识,谈谈"来自80多个国家和地区的2700多名科学家""历时10年""共发现6000多种新物种"具有哪些意义?请你举例说明自

己或身边一两个合作成功的实例并加以说明。

这道题的题干共有 405 个字符,太过冗长了,可以简约为:

背景材料一:据查,海洋生物物种总计约 100 万种,其中 25 万种人类已知,其他 75 万种海洋物种人类知之甚少。来自 80 多个国家和地区的 2700 多名科学家共发现 6000 多种新物种,其中有 1200 种已认知或已命名,新发现待命名的物种约 5000 种。

背景材料二:中国空间技术研究院产业部部长闫忠文接受本报记者独家专访时表示,我国登月的"嫦娥三号",最大的特点是携带一辆月球车,实现月球表面探测。

经过压缩,这道题的题干字符只剩下 173 个,字符减少了 57.3%。这 173 个字符,并没有影响或改变原题目要表达的意思。两个题目的字符没变,仍然保持 111 个字符:

(1)上述材料共同说明了什么? 对你有什么启示?

(2)结合背景材料一和所学知识,谈谈"来自 80 多个国家和地区的 2700 多名科学家""历时 10 年""共发现 6000 多种新物种"具有哪些意义? 请你举例说明自己或身边一两个合作成功的实例并加以说明。

要强调的是,题干简约之后,虽然只剩下 173 个字符,但是,并没有改变满足两个问题对材料的需要。

问题(1),要求回答是:上述材料共同说明,科学技术的发展及其应用对人类生产、生活的积极影响。掌握先进科学技术的劳动者是第一生产力;要掌握先进科学技术,就要认真学习文化科学知识;还要把所学知识应用于实践,多动手实践……

问题(2),要求回答的是:科技探究需要科学知识和方法,也需要团队合作和艰苦创业精神。"来自 80 多个国家和地区的 2700 多名科学家""历时 10 年""共发现 6000 多种新物种"是最好的证明。

……

列举并分析选择题和非选择题,就是要我们明确,无论命制选择题和非选择题,都要从学生实际出发,从所学知识入手,选取的素材符合"三个贴近"(简称"三贴近"),即贴近学生、贴近生活、贴近社会现实。纵观以上各题可见,选择题和非选择题所选取的材料均贴近学生、贴近生活、贴近社会现实,以此引导学生身在课堂,眼界开阔。此不再一一赘述。

还要说明的是,选择题和非选择题的取材,必须符合"三贴近"原则。就题干材料选取而言,无论是一般单项选择题,还是组合单项选择题,也无论是选择题还是非选择题,它们都有一个共同的特点,那就是,题干材料的选取,必须贴近学生、贴近生活、贴近社会现实,同时,答案必须落实到学生所学知识上来,且还要注重给学生(考生)以启智、感悟的引领,凸显出思想品德课思想感悟方面的德育功能。

还有,无论选择题和非选择题,都必须科学地呈现,来不得半点虚伪和马虎。在搜集、筛选、编制背景材料时,既要考虑素材的来源,都要考虑它是不是发生在现实社会生活中、学生学习生活中的素材,或者古今中外具有正能量的经典的名言警句。不是发生在学生学习中的,就是当年发生在国家或国际上的与学生所学知识紧密关联的大事;不是文字表达,就是相关的漫画或图表。即紧扣"三贴近"原则不放松。

通过总结,告诫命题者,必须立足课堂,放眼世界,与时俱进。在搞好课堂教学的前提下,同时做好搜集相关资料的准备工作,并将相关资料及时地、有机地渗透到教学之中。在平时的课堂教学中,让学生知道相关知识与相关时政的紧密结合,知道思想品德学科考试并非无中生有,亦非胡编滥造,所有选取的素材,都源于现实生活之中。因此,告诫学生们要身在课堂,放眼世界,关心国家和国际大事,做一个胸怀祖国、放眼全球的"四有"公民。

通过总结,告诉同学们,无论解答思想品德试题中的选择题还是非选择题,若要取得高分,均要记住四个原则,即:一要过好知识关;二要把握解题技巧并灵活应用;三要仔细审题,认真领悟题意,过好审题关;四要认真写好答案,做到写字工整、条理清晰等。只有真正过好了这"四关",才能真正经得起《思想品德》学科的检测。

六、试卷命制双向细目表及其制订

通常情况下,检查教学是否取得实效的手段都是采取考试的方式。要考试,就要涉及命题。怎样的命题才比较客观? 实践告诉我们,比较客观的命题,是严格按照考试命题双向细目表[①](下称"双(多)向细目表"或者"双向细目表")命制出来的试题。因为:严格按照《命题双向细目表》命制出来的试题,知识分布比较均衡,既顾了知识的全面性,又突出了重难点。

[①] 选自梁文利《试卷命题双向细目表》2011. 8.

（一）命题双（多）向细目表的含义及其内容

评价一份试题，是易是难，不能人云亦云，也不尽见仁见智那么简单化。正确的评价应该是对照《命题双向（多）细目表》来进行科学检验。

所谓双（多）向细目表，简言之，就是考查或测验的计划书、蓝图和命题的依据，其主要内容包括教材内容和学习结果两个维度：一维反映教学的内容，一维反映学生的学习水平，分别表明各项测评目标。建立双（多）向细目表，可以帮助命题者厘清能力层次和学习内容的关系，可以确保考查或测验手段能客观地反映考查内容，从而起到真正衡量预期的学习结果的目的。

由此可见，命题双向细目表是一种考查目标（能力）和考查内容之间的关联表。制作考试命题双向细目表，是命题考试工作的一个重要环节。双（多）向细目表能使命题工作从盲目性变为具有计划性、科学性；使命题者明确考查或测验的目标，把握试题的比例与分量，提高命题效率和质量；对于提高审查试题的效度也有重要的指导意义。

一般情况下，双（多）向细目表主要有纵向和横向两轴。纵向为要考查的内容，即知识点；横向列出的各项是要考查的能力，或说是在认知行为上要达到的水平。目前在"学习水平"这一维，普遍采用美国教育家布鲁姆（B. Bloom）等人关于认知领域教育目标的分类，即把学习结果或认知水平分为"知识、理解、应用、分析、综合、评价"六个等级，即从最简单的、基本的到复杂的、高级的认知能力的顺序层层递进。前面每一个目标都是后面目标的基础。即没有识记，就不能有理解；没有识记与理解，就难以应用。

1. 知识（识记）：是对知识的回忆。其中包括对具体事物、普遍原理、方法、过程、模式、结构等方面的回忆。

2. 领会（理解）：是最低层次的理解。它与完全理解并不是同义词，与完全掌握信息也不是一回事。领会，是指对交流内容中所含的文字信息的理解。

3. 运用：是在特定的情况下，对抽象概念的使用。这些抽象概念可能是一般的观念、程序的规则、概括化的方法，也可能是专门性的原理、观念和理论。

4. 分析：是将交流的内容分解成几个要素或组成部分，以便分清一个事物中各要素或各部分的层次关系。

5. 综合：是将所分解的各个要素或组成部分组合成一个整体。是对各个要素或各个组成部分进行加工的过程和进行排列组合以构成一个比较清楚的模式或结构的过程。

6. 评价：是为了特定的目的对素材和方法的价值所作出的判断。也就是说，对素材和方法符合标准的程度所做出的定量或定性的判断。

按照布鲁姆认知领域教育目标的这六个层次来设计双(多)向细目表，对于任何需要考试学科的命题都有着指导意义，有很高的实用价值。

(二)双(多)向细目表的突出特点及其内容

双向细目表，既可以保证考题对要考查的内容有较宽的覆盖面，也可以使试题命制有较好的内容效度。因此，命题双向细目表不可随意更改，只能随考纲的修订而修订。

双向细目表，是制定试题的质量考量标准。衡量考试的质量通常有四个重要的指标[①]：

即考试的效度、信度、试题的难度和区分度。

1. 效度。考试的效度是指通过一次考试能确实地测量到它所欲测量的东西的程度，可用考试的内容效度和效标关联效度来表示。标准化考试要求效标关联效度在 0.45 以上，考试才算有效。内容效度没有确切的数据指标，它是考查或测验编制者、使用者运用分析判断得出的结论。一般认为，内容效度应达到 80% 左右。

2. 信度。考试的信度是指考试结果的可靠性程度，可用等值系数、稳定系数和内在一致性系数(分半系数)来表示。标准化考试的信度系数要求在 0.90 以上，最低不小于 0.80。美国有些标准化考试的信度系数要求在 0.96 以上。

3. 难度。试题的难度即试题的难易程度，可用通过率来表示。各个试题的难度以适中为宜。试题太难或太易都不会有好的区分度，其信度也会降低。国外许多研究者以及我国的试验结果证明，只有难度中等的试题才是较好的。除去个别的例外。

4. 区分度。试题的区分度是指试题对不同被试者鉴别其能力的程度，可用题目得分与总分间的积差相关系数作为区分度指标(对选择题)，可用高低分组各占 27% 的被试者的通过率之差来表示(不限题型)。

一份试卷编好之后，并非万事大吉。还要在整合试卷时综合考虑试卷的总体难度、题量大小等问题。因为不同的题目搭配在一起，由于相互作用，会使原来各自的难度和答题时间发生微妙的变化，这时需要重新考量总体布局，综合各种因素，进行综合平衡。同时，还要看试题表述是否简洁、规范，符合学科的特点，符合学生的认

① 　选自梁文利《试卷命题双向细目表》2011.8.

知风格；图形是否优美，能不能给学生带来视觉上的舒适感；试题语言亲切，能给学生带来信心与动力，而不是带来紧张气氛，这样就可以减少非实质性因素而带来的不必要误差。同时应由命题人员单独、正式地对试题作答一遍，以发现问题，加以改正。即使是按照双（多）向细目表命制的试题，也必须如此进行综合考量。

然而，制定命题双（多）向细目表是一项比较复杂的工作，应该以科学、客观的态度，严格遵循有关工作程序开展，以免疏忽大意而致错。

［链接］双向细目表编制步骤①：

列出《课程标准》要求的教学目标——列出教学内容要点——列出能力层次——列出试卷结构——填写双向表。

1. 列出教学目标清单。在检测内容范围内，列出教学目标清单。

教学重点与分数的权重；突出本次检测教学目标的核心目标；列出检测的终结性教学目标；目标应包含：教学目标特征与试题类型。

2. 列出教学内容要点。教学目标描述了希望学生能展现出来的表现种类；教学内容则指明了每一种表现所属的内容领域，内容要点中包含多少细节数是主观而定的。

3. 列出能力层次结构。如：数学主要有四层能力结构，即事实性数学知识和基本技能、概念理解、运用规则、解决问题。如：物理基础知识和基本技能、理解能力、分析综合能力、应用能力、科学探究能力、对学科细想方法的认识。

4. 列出试卷的结构。题型、题量、难度。

5. 程序原则。考试目标；确定首项任务；科学安排内容，规划制订考试蓝图——细目表，细目表可以是双维或是多维的。命题细目表是学科专家和有经验的教师在对课程标准和教材透彻分析的基础上，依据考试目标规定的内容，经过集体讨论制订，以确保分类合理、比例恰当。

确定难度。容易题（0.90－0.75），较易题（0.70 左右），较难题（0.55 左右），难题（0.45－0.20）。整卷的试题难度设置比例 7∶2∶1，极容易题和较易题占70%，较难题占20%，难题占10%。

6. 拟写双向细目表。设计细目表的最后一步，就是准备一个含有教学内容、能力要求、试卷结构、难度系数四个维度的命题细目表，体现出测试的整体规划。

---

① 选自梁文利《试卷命题双向细目表》2011.8

学校 20＿＿－20＿＿学年度第＿＿学期＿＿考试

＿＿＿＿＿＿＿学科　试卷命制双向细目表　　　命题主笔人：＿＿＿＿＿＿＿

年级	单元	课序（章次）	考分分布	客观题				主观题								课标要求		
				题		题		题		题		题		题		认记	理解	运用
				题量	分值	题量	分值	题量	分值	题量	分值	题量	分值	题量	分值	30%	40%	30%

　　说明：1. 本表是命题的基本依据，命题者应根据课标所规定的知识内容和目标层次要求在命题前认真填写；

　　2. 主客观题设置依据学科特点而定。客观题包括填空题、选择题等；主观题如政治课的简答题、辨析题、分析说明题、综合探究题等，理科的演算题、问答题等。请命题者结合课程的性质和特点选用题型；

　　3."考分分布"栏是指各章所占全卷的总分分值，应视各章在整个学科领域中的重要性而定。

七、假如给您一个命题任务

假如上级主管部门交给您一个命题任务,而且这次命题不是为检测学生,而是招聘省一级学校老师的试题。您敢"领命"吗?

2008年,我刚好碰上了,且还在很短的时间里,交出了令人赞赏的答卷。其赞词原文照录:"高手、快手、能手,要为教育多做贡献!"

该命题格式如下——

2008年初中《思想品德》教师招考试卷

题 号	一	二	三	四	总 分
得 分					

说明:1. 全卷考试时间90分钟,满分100分。

2. 全卷共4页。

一、选择题(共30分,每小题3分。请将正确答案的序号填写在本题后的括号内。)

1. ……

二、判断题(共20分,每小题2分。在本题后的括号内打"√"表明本题叙述正确;反之打"×"。)

11. ……( )

三、简答题(共20分,每题10分。请按题意简单作答。)

21. ……

22. ……

四、论述题(共30分。每题15分。)

23. ……

24. ……

命制这样一份试题,要把握好几个原则。

首先,要理顺项目与要求。如考试对象、试卷分值、题型分布等,然后,按部就班但又不能完全按部就班。因为考试的对象不是中学生,而是面向要取得该岗位的老师,是成年人。所以,要把握好题目的深度,既不能过难,又不能过浅,要真正体现选拔人才的特点,难易度要恰到好处。

其次,要明确试题使用的对象是初中思想品德教师。受招聘在岗的教师,将来要驾驭初中思想品德教材的初中教师,而不是高中教师。试题所涉及的知识要来自初中思想品德课里的内容。厘清了这些问题,才能命制好这份招聘试题。于是,有了这样一份如下试卷:

2008 年初中《思想品德》教师招考试卷

题　号	一	二	三	四	总　分
得　分					

说明:1. 全卷考试时间 90 分钟,满分 100 分。

　　　2. 全卷共 4 页。

一、选择题(共 30 分,每小题 3 分。请将正确答案的序号填写在本题后的括号内。)

1. 七年级学生林刚随打工的父母来到城里,转学到了一个新环境。看到周围的同学多才多艺,穿着漂亮,他觉得自己一无是处,抬不起头来。你认为他的表现( )。

①自卑心理　②自知之明　③没有长处和优势,所以不自信　④没能科学地发现自己的长处,所以不自信

A. ①③　　　　　B. ③④　　　　　C. ①②　　　　　D. ①④

2. 面对黄、赌、毒、邪教等不良诱惑,你认为,青少年学生应该( )。

①心中要有良知的标尺,树立正确的是非善恶观　②尽量避免与之接触
③要自尊自爱和知耻　④树立社会主义核心价值观,勤奋学习,勇担历史责任

A. ①②③　　　B. ①③④　　　C. ①②③④　　　D. ②③④

3. 党的十七大报告首次强调"初次分配和再分配都要处理好效率和公平的关系,再分配更加注重公平"。这说明( )。

A. 现阶段,我国社会很不公平　B. 党坚持共同富裕这一社会主义根本原则

C. 按劳分配的制度已经过时了　D. 我国将实现逐步的平均分配制度

4. 近几年来,一些人热衷于过愚人节、圣诞节等"洋节日",中秋、清明、端午节等传统节日渐被淡化。对此,我们应该(　　)。

　　A. 大力弘扬中国优秀传统文化　　　B. 坚决抵制外来文化

　　C. 通过立法禁止中国人过外国节日　D. 继承和发扬中国一切传统文化

5. 假如你所担任的初二1班的学生胡某,见村里一些大中专毕业生没有工作分配,都到经济发达的长三角、珠三角等地打工去了,便认为读书无用,于是辍学在家,并准备外出打工。你认为胡某的这一做法或认识不正确的是(　　)。

　　A. 接受义务教育是胡某的权利,放弃是他的自由

　　B. 胡某违反了我国宪法和义务教育法的有关规定

　　C. 胡某没有履行接受规定年限义务教育的义务

　　D. 胡某不懂得只有接受教育,掌握知识,才能获得良好的就业机会的道理

6. 党的十七大报告指出:我国从农村到城市、从经济领域到其他各个领域,全面改革的进程势不可当地展开了;从沿海到沿江沿边,从东部到中西部,对外开放的大门毅然决然地打开了。这说明新时期最鲜明的特点是(　　)。

　　A. 建设社会主义新农村　　　B. 构建和谐社会

　　C. 节能减排　　　　　　　　D. 改革开放

7. 义务教育阶段的学生之间常常会闹矛盾。请你判断以下观点或行为错误的是(　　)。

　　A. 当与他人产生矛盾时,如能站在对方的立场上考虑问题,就容易化解矛盾

　　B. 在谋求自己生存与发展的同时,也要善于帮助别人生存与发展

　　C. 只要不涉及原则性问题和大到辱没人格的错误,都是可以谅解的

　　D. 小王与别人闹矛盾时,经常考虑别人对他怎样,从不考虑自己的过失

8. 新型的师生关系应该是(　　)。

①人格平等　②互相尊重　③互相学习,教学相长　④学生是"遵从者"⑤亦师亦友

　　A.①②③④　　B.②③④⑤　　C.①②③⑤　　D.①②④⑤

9. 鉴于我国国情,虽然经过30年的改革开放,取得了经济和社会发展的巨大成就,但是,我国目前尚有不少人没有解决温饱问题,据统计有6000万人处于低水平的温饱状态,城镇尚有1800万人纯收入在最低生活保障线之下。这说明(　　)。

　　A. 我国建设全面小康社会的目标无法实现

　　B. 目前,我国的小康是低水平、不全面、发展很不平衡的小康

C. 坚持共同富裕的原则只是空话一句

D. 解决贫困是我国最中心的工作

10. 党的十七大报告将GDP"翻两番"的目标由"总量"改为"人均"。这体现了（ ）。

①将发展成果惠及人民群众的战略部署 ②国家已经不再重视经济总量的发展了 ③科学发展观"以人为本"的理念 ④共同富裕的社会主义根本原则

    A. ①②③   B. ②③④   C. ①③④   D. ①②④

二、判断题（共20分，每小题2分。在本题后的括号内打"√"表明本题叙述正确；反之，打"×"。）

11. 男女生的正常交往可以消除两性间的神秘感，有利于培养健康的性心理。（ ）

12. 袒露自己的真实思想，献出自己的信任，有益于克服闭锁心理。（ ）

13. 面对具有不同民族文化的人，我们应该更多地注重本民族文化。（ ）

14. 换位思考的实质是关注交往对象，但不能过多地探究其内心世界。（ ）

15. "纸上得来终觉浅，绝知此事要躬行。"启示我们要不耻下问，谦虚谨慎。（ ）

16. 调节"触目惊心""触景生情"不良情绪的方法是焦点转移法。（ ）

17. 公民行使权力，必须以不损害自己权益为前提。（ ）

18. 我国发展先进文化的重要内容和中心环节是加强思想道德建设。（ ）

19. 明确学习意义，培养学习兴趣，是缓解学习压力的有效办法。（ ）

20. 中华人民共和国宪法规定我国的根本制度是人民代表大会制度。（ ）

三、简答题（共20分，每题10分。请按题意简单作答。）

21. 处于青春期的初中生，常常有着闭锁心理，表现特别突出的是不与父母交往、沟通，并怨恨父母对其管得过严。对此，请你以班主任的身份，用八年级《思想品德》相关知识给予劝导。（10分）

22. 材料：国家轮椅击剑队员金晶是一名奥运火炬手。北京时间4月7号下午6点30分，她在巴黎站传递奥运圣火时，违法分子企图从她手中抢夺火炬破坏传递活动。关键时刻，她不顾一切地紧紧抱住火炬……大家感动地称她为"用身体保护奥运火炬的姑娘"……某校九年级6班同学表示，我们要百倍珍惜这种爱国激情，把对祖国深深的热爱，转化为遵纪守法、搞好学习、培养好思想品德、办好北京奥运会的自觉行动。

结合上述材料，运用九年级《思想品德》相关知识谈谈中学生应该如何表达爱国情感。

四、论述题(共30分。每题15分。)

23. 材料：据2008年7月13日《齐鲁晚报》报道，"范跑跑"尚未谢幕，"杨不管"又已登场。事发安徽省长丰县，两名学生上课时打架导致其中一人死亡，授课教师杨某某选择站在三尺讲台上充当"看客"，并不加以制止，而是继续上课直至下课。杨老师因此被冠以"杨不管"称呼……

请结合材料和九年级《思想品德》"责任"的知识，说说怎样才能成为一个合格的人民教师？（15分）

24. 材料一：北京时间2008年5月12日14时28分，四川汶川发生里氏8.0级特大地震。一方有难，八方支援。在党和政府领带下，全国军民，万众一心，众志成城，抗震救灾，捐款、捐物、献血，有关部门派出心理专家对震区灾民进行心理干预(抚慰)，对地震灾区学生实施属地安置、转移安置(如被转移到广州、郑州、昆明等全国各地就学等)、帐篷学校等形式尽快复课。

材料二：温家宝总理在帐篷复课的北川中学黑板上写下"多难兴邦"四个字，鼓励同学们要坚强，要好好学习，为灾后重建家园努力。

阅读上述材料，运用所学知识回答下列问题：(共15分)

(1)请用七年级《思想品德》下册相关知识概括材料一所蕴含的道理。(4分)

(2)请你用七年级《思想品德》下册相关知识概括温家宝总理写下的"多难兴邦"四个字所含的道理。(6分)

(3)如果要你为地四川地震灾区中的小学生提供必要的心理帮助的话,你会怎样对他们说?（请围绕七年级《思想品德》下册相关知识来谈)(5分)

附:

2008 年初中《思想品德》教师招考试卷
参考答案与评分说明

一、选择题(共30分,每小题3分。)

题号	1	2	3	4	5	6	7	8	9	10
答案	D	C	B	A	A	D	D	C	B	C

二、判断题(共20分,每小题2分。)

题号	11	12	13	14	15	16	17	18	19	20
答案	√	√	×	×	×	√	×	√	√	×

三、简答题(共20分,每题10分。)

21.(10分)参考答案:(1)怨恨父母是不道德的。因为父母是我们最亲的人,也是我们的第一任教师。(1分)父母不仅赋予我们生命,而且含辛茹苦哺育我们,教我们做人,我们应当铭记在心。(1分)

(2)要以实际行动孝敬父母、报答父母。(1分)①孝敬父母是子女对父母的尊敬、侍奉、赡养。最重要的是敬重和爱戴父母,这是子女对父母应尽的道德和法律义务。(2分)②孝敬父母要体现在日常生活小事上:心里爱父母、行动上帮父母;(1分)同时孝敬父母的长辈。(1分)③孝敬父母是在当代道德和法律基础上对父母辛劳、养育之恩的报答,而不是对父母不道德或违法行为的宽容、包庇。(2分)

(3)要克服逆反心理,学会与父母沟通。(1分)要掌握与父母交往的方法与艺术。(1分)努力构建和谐家庭。(1分)

评分说明:能结合所提供的试题正确分析,具备以上三点要求且文字表述规范、简洁、流畅的,可给10分;虽然具备以上三点要求但文字表述不连贯、不规范的,本题最高只能给8分。

22.(10分)参考答案:(1)在我国举办奥运是中国人民的百年期盼,办好奥运是全国人民的愿望。(1分)金晶用她残缺的身躯保护火炬,展现了中国人民以爱国主义为核心的伟大民族精神。(1分)我们要在自己的岗位上,以实际行动,为办好奥运添光彩。(1分)

(2)我们中学生要把个人利益与祖国的前途、民族的命运结合起来,(1分)把自己的学习、生活实际和时代发展、社会发展要求结合起来,(1分)树立实现中华民族伟大复兴的理想(1分)立足于搞好学习,用这些实际行动来报效祖国、弘扬和培育民族精神。(1分)

(3)我们要百倍珍惜爱国激情,把对祖国的深厚感情,转化为遵纪守法、搞好学习、培养好思想品德、办好北京奥运的自觉行动,(2分)用我们的实际行动,为民族精神增添新的富有生命力的内涵。(1分)

评分说明:能结合所提供的试题正确分析,具备以上三点要求且文字表述规范、简洁、流畅的,可给10分;虽然具备以上三点要求但文字表述不连贯、不规范的,本题最高只能给8分。

四、论述题(共30分。每题15分。)

23. 答:(1)首先要认识到在社会生活中,每个人都在不同的岗位上承担着不同的责任。(1分)责任是一个人应当做的事情,(1分)也可以说是不应该做的某些事情。(1分)责任产生于社会关系中的相互承诺。(1分)比如来自对他人的承诺、分配的任务、上级的任命、职业的要求、法律的规定、传统习惯、道德原则等。(1分)作为站在课室里讲台上的教师,不仅要完成教学任务,还要对当堂课的安全负责。这是职业的要求、法律的规定,也是道德原则,义不容辞。(2分)杨老师对学生打架事件没有及时制止,显然是没有尽到在岗教师应尽的责任,应该受到道德的谴责并要承担相应的法律责任。(1分)

(2)我们在承担责任的时候,会感到责任的分量,不那么轻松。(1分)承担责任,要付出一定的代价。比如要付出时间、精力和金钱,还可能因做得不好而受到责备,甚至受到处罚。(2分)但是,如果像"杨不管"那样,就是对自己不负责任,对他人不负责任,因而造成了对他人、对集体同时也是对自己的利益的重大危害。(1分)

(3)一旦选择了教师的角色,就要义无反顾地承担起作为教师的责任,努力做一个合格的人民教师。(2分)

评分说明:本题重点考查的是运用九年级《思想品德》关于"责任"的知识对杨老师的责任感予以评价,重点在第一个观点中。只要能结合材料,紧扣"责任"做正确分析,且文字表述规范、简洁、流畅,可给15分;如果文字表述不连贯、不规范,但能紧扣主题作必要分析的,本题最高可给12分;只答第一点,且文字表达规范、流畅、言之成理者,本题最高只能给8分。若离开"责任"知识去评价事件的,本题最多只能给4分。

24.(1)答:①心理干预,是帮助灾区人民走出地震灾害的心理阴影;(2分)②对地震灾区学生采取属地安置、转移安置(如被转移到广州等全国各地就学等)、帐篷学校等形式尽快复课,是因为少年阶段的基本责任是知识学习和品德培养。(2分)

评分说明:本小题目,必须依据所提供的题目进行作答,第①点,只要答出"心理干预"或"帮助灾区人民走出地震灾害的心理阴影"即可给2分;第②点,只要答出"搞好学习",即可酌情给分。

(2)答:①以乐观态度面对地震灾害造成的挫折。地震可以震垮我们的房屋,但震不垮我们的坚强意志。(2分)②党和政府领导全国军民众志成城,抗震救灾,呈现出中华民族的巨大凝聚力和强大的应对能力。坚信党和政府领导,定能取得抗震救灾、重建家园的全面胜利。(2分)③教育我们要正确认识生活中的困难和逆境,提高心理承受能力,保持积极进取的精神状态,实现中华民族的伟大复兴。(2分)

评分说明:本题小题答案分三点:第①点,只要答出"乐观面对地震灾害"或"挫折可以磨砺人的意志"即可给2分;第②点,只要答出"党和政府有能力领导我们取得抗震救灾的最后胜利"等,即可给2分;第③点,只要答出"我们要从地震挫折中奋起……",即可给2分。其他表述,如文字表达规范、流畅、言之成理,即可酌情给分。

(3)答:我会对他们说:能在特大地震中逃过一劫是十分幸运的;大难不死,必有后福,要往前看,乐观向上。(1分)人生难免有挫折。挫折面前要选择坚强。(1分)只有意志坚强、有坚定信念的人,才能勇敢地面对挫折,向困难发出挑战,不达目的不罢休;(1分)才能善于把前进道路上的绊脚石变为垫脚石,从而获得成功,实现生命的价值,享受真正的人生。(2分)

评分说明:本题答案只要围绕"学会坚强,战胜挫折"的中心词作答,且文字表达规范、流畅、言之成理,即可酌情给分。

假如给您一个命题任务,您会如何去完成?

加强修炼尚需啥,下章分解便知晓。

第五章

评析试卷

评析试卷,必须具备综合分析能力。综合分析能力,就是指评析试卷者须具有对整份试卷的纵横与纵深思考、分析的能力以及成文的驾驭能力。

评析试卷必须具备四个基本要素:一是要了解试卷;二是要了解课程标准和教材;三是要了解考生;四是要具备一定的综合分析能力。了解课程标准和教材要素在第二章已经讨论过了,这里重点讨论了解试题和了解考生的问题,分别列举一些《思想品德》中考试题和试卷(简称"政治"题、"政治"卷)适例来分析说明。

一、了解试卷

不入虎穴,焉得虎子? 只有深入试题,才能了解试卷,才能做好试卷的评析工作。了解试题,应该了解些什么?

(一)了解试卷的指导思想

了解试卷,首先要了解试题的命题立意,即命题的指导思想。命题者考虑的考试依据什么? 考什么? 怎么考? 知识覆盖面要达到什么要求? 考核考生的哪些能力? 达到什么目标? 等等,命题者都会在各题中统筹规划、有机渗透,并布局在整份试卷中。这是命题者必须宏观考虑的因素,也是科学命题的要求。命题者的这些考虑和布局,也为试卷评析者提供了思考要素的依据。至于这些依据,在做试卷分析时,是写在试卷分析的前言里,或者忽略某些因素,还是不交代这些因素,均须视需要而定,没有千篇一律的规定,也不可能千篇一律地规定。《析1994年中考政治卷》的试卷分析里,没有写出其命题"依据",但是,实际上该分析中已经包含着"依据"在里头了;而在《贯彻课程理念 传递正能量——2013年广东省及其部分地级市初中毕业生学业考试思想品德试题述评及教学启示》适例中却写得明明白白。综合适例而言,对此详写、略写或者不写,均无定规,而要视情况来定。

(二)了解试题的特点

了解试卷,除了要了解试题的命题立意外,还要知道怎样了解试卷和了解试卷中的什么。了解试卷,就是要了解整份试卷所包括的结构、题型、各类题型的占分比例、重点难点、与往年试卷对比的突出特点等等。如《析 1994 年中考政治卷》的试卷分析,就是把该试卷与上一年的试题作比较,写成了《析 1994 年中考政治卷》一文并发表于《中学政治教学》1995 年第 2 期第 23 页上。该文章开门见山,直截了当,一一道出试卷的特点。

1. 立意新,从题型到小题的构建,都比往年不同,耳目一新。20 世纪 90 年代初的政治试题,十分重视基础知识的考核。试题中第一板块就是填空题,且填空题的比分还不少——占了 20 分左右,时事与课本知识各半。但是到 1994 年中考政治试卷则有新的思路,填空题只有 10 分,且全是时事,把原来课本知识所占的 10 分放到了单选题和简答题中去。此举拓宽了对考生所学知识的广度、深度和活度的考查,有利于应试教育向素质教育转变,是用实际行动来贯彻落实《中国教育改革纲要》的具体体现。(下图为 1993 年、1994 年广东省中考政治试卷第 1、2 页影印件)

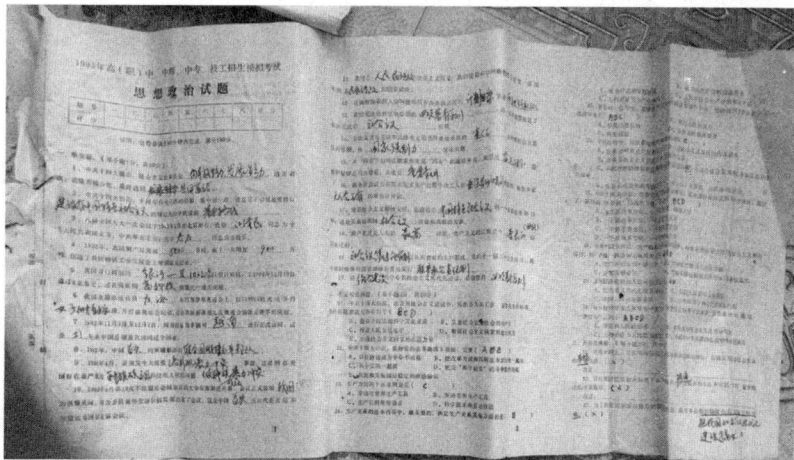

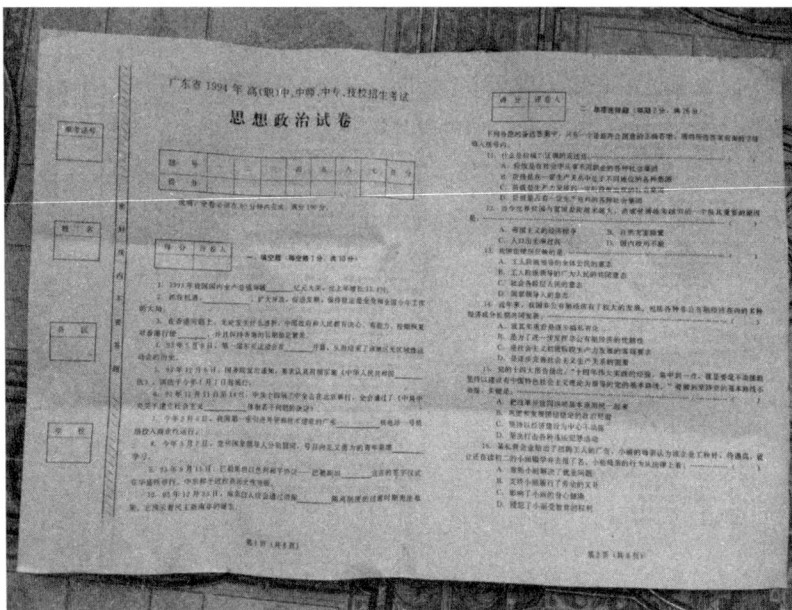

2. 深度与难度题的比例合理,有利于选拔人才。且不说题型与应考内容比分的合理性,仅就基本知识到拔尖题比分而论,基本上体现了 7:2:1 的比例,而且拔尖题不完全集中于某大题,而是在各类题中均有所体现。这样的构思与设计,能更有利于为上级学校选拔优秀人才。

3. 突出思想政治教育,特别是爱国主义教育。如第 40 题分析说明题,要求考生根据史实来说明社会主义道路是中国人民的历史选择。这道题既有利于考核考生的综合分析能力,又有益于对学生进行答题中的思想政治教育。

4. 与所学基础理论密切结合,体现了思想政治课教学的基本原则。如第 39 题简答题,通过两名同学的对话,要求考生运用所学知识回答共同富裕和先富后富的关系,这道题命制得很巧妙,颇具思辨性,能引导考生深入思考;又如论述题的第 1 问和第 2 问,都要求考生必须经过深思熟虑后运用所学基本知识原理去加以说明。类似这样的题型不仅体现在问答题中,在选择题中亦不乏其例。如第 29 题多项选择题,通过举例沈太福与李效时违法犯罪分别受到法律制裁的活生生的事实,把法制建设与反腐倡廉密切结合,既有利于对考生的法制教育,又有利于培养考生分析和解决问题的能力,一举两得。

事隔十年后,2004 年中考思想政治试题(卷),是实施新的课程标准后第一年中考,它的特点又是怎样的?

我把 2004 年中考思想政治试题的特点进行概括并分点。概括起来,该试题

的特点是:贯穿改革精神,稳中求变、求新、求实。具体表现在九个方面:

1. 渗透着改革精神。在题量和总分不变的情况下,2004 年践行题的分量加大了。2003 年只有第 31 题一题,共 14 分;2004 年则分别有第 30、31 题两题(增加了一题),共 26 分。践行题分量的加大,意味着政治课改革的力度将加大。

2. 新增考点考查比重大。2004 年"考标"共有 81 个考点,其中新增考点 19 个,占 23.5%。命制试题(卷)共涉及考点 39 个,占总考点的 47.6%。其中,考核试题中涉及新增考点 6 个,占新增考点 31.6%,新增考点在开闭卷比分中共占 41 分。

3. 知识覆盖面较广,比分合理。就考点而言,覆盖率达 47.6%。其中初二 10 个考点,遍及初二上下册十课内容,占 62.5%;初三 28 个考点,遍及初三每一课;时事内容涉及政治(宪法)、思想、科技、体育等,范围遍及国际国内(包括广东省)等。较宽的知识覆盖面,有利于全面考查考生对基础知识的把握。

4. 考查难度适中。①据统计,整卷平均难度约为 0.71,比 2003 年(0.66)降低 0.05,且没有集中在闭卷或开卷或某类大题,而是在开闭卷中均或多或少地渗透。因此,对试卷难度总体评价认为:难度适中且合理。②从内容上看,试题难度没有出现在学科知识的内在结构上,而体现在教育价值、反映素质教育的要求上。它反映出今后教学要努力使学科教育和学科本身要求与社会化要求三者必须相统一。

5. 考查重点突出。全卷共考查考点 39 个,其中,识记 21 个(含时事考点 1 个共 5 小题),理解 14 个,运用 4 个,在开、闭卷中均有所体现。闭卷重点考查的有我国现阶段的主要矛盾;违法行为的界定;我国人口现状的特点;现阶段我国的基本经济制度;当今世界的主题;资本主义社会的基本矛盾;就校园安全、校园文化建设和校园周边环境问题的建议和民族创新问题等近 30 个;在开卷中,重点考查"三个代表"重要思想、可持续发展战略、社会主义本质、走共同富裕道路、全面建设小康社会、发展社会主义先进文化、科技竞争与人才以及未成年人保护与毒品问题等。

6. 能力考查力度加大。主要表现在三个方面:①增大了"理解""运用"要求的比重。2003 年"识记"占 39%,"理解""运用"共占 61%;2004 年"识记"占 32%,"理解""运用"共占 68%,相比增大 7%。②加大了客观题能力考核的力度。比如,第 19 题,2004 年 2 月 25 日,中、朝、韩、美、日、俄关于朝核问题的六方会谈在北京举行。这次会谈取得了新的进展,为和平解决朝核问题开辟了道路。这一事件说明:A. 当今世界将不再有战争;B. 和平问题已经解决;C. 追求和平、安宁的生活是世界各国人民的共同愿望;D. 霸权主义已经不再是威胁世界和平与发展的主要根源(答案应选 C)。考标要求"识记",但是加以材料出现则提升了能力考核的要求。又如,第 11 题,刘某与周某是邻居,为了改造房屋,刘某用周某的名字伪造一份双方签名的"工程协议书",从而骗得城建部门批准其拆建房屋。刘某的行为①违宪行为;②刑事违法行为;③民事违法行为;④行政违法行为(答案应选 C.①③)。考标要求"识记",但是通过材料组合出现之后,则提升了能力考查。③践行题力度加大。2003 年践行题仅出现在第 31 题共 14 分,2004 年扩大到第30、31 题共 26 分,较好地体现了"着重考查学生运用所学知识分析和说明问题的能力"的命题指导思想,符合"随着素质教育的推进,考查的重点还应该加大向理解和运用能力方面偏移"和高中阶段学校招生考试政治学科"考查学生掌握基础知识及对所学内容的理解""运用所学知识分析和说明问题的能力"的要求。随着践行题力度的加大,今后教学必须在夯实基础的同时,全面提高学生的思想、觉悟、实践能力等综合素质。

7. 重视综合素质的考核。综观全卷各小题均不同程度地贯穿着考核思想、觉悟、能力等综合素质和思想政治课的性质与特点。例如,第 14 题,初二学生李某在回家的路上,看见张某等三个青年人用匕首逼着同班同学江某交钱,李某发现他们人多势众,并没有上前帮忙,而是迅速到附近的商店用电话向"110"报警。警察很快抓获了张某等人。你认为李某的行为是:A. 正当防卫的行为;B. 胆小怕事的行为;C. 勇敢机智的行为;D. 软弱无能的行为(正确答案为 C)。又如,第 31题,关于未成年人保护与毒品问题,以"倡议书"的形式出现;第 30 题,以设计"科技、竞争、人才"宣传板报(含效果图)形式出现,反映出考查学生知识、思想、觉悟、动手实践的能力和对所学美术等综合素质。

8. 与时俱进,紧扣时事热点、重点。除了第 6 至 10 小题外,闭卷部分如第 19题、第 22 题、第 27 题,开卷部分如第 28、30、31 题等,都是时政结合得很好的例证。

9. 开卷部分答案多元化,考生有话说,有利于创新思维和发散性思维的培养。如第 28 题,以"五个统筹"的内涵为背景材料,答案没有限制在某一课。让考生犹处"天高任鸟飞,海阔凭鱼跃"的境界里,不论从宏观还是从微观角度,只要能从初三《思想政治》第二、三、四课中写出反映"五个统筹"所蕴含的观点便可得分,使学生驾轻就熟,有话可说。如"三个代表"重要思想、可持续发展战略、社会主义本质、全面建设小康社会、共同富裕等等。抽查本题得分为 4 分,得分率为 66.7%,是开卷四题中得分率最高的一题。

综上可见,2004 年的中考政治试卷设计科学、合理,是一份能较好体现思想政治课特点和新课程标准评价观的试卷,它不仅有利于选拔人才,而且对今后教学起着一定的导向作用。

1994 年与 2004 年试题特点的不同表达,是缘于各自试题特点的不同而言的。这也是我在这里提醒注意的问题——在写作试题(卷)分析时,没有模式可仿,一定要根据当年试题(卷)的具体情况而定。所以,写作试题(卷)的过程,也是深入学习、钻研试题(卷)的过程,不得马虎。同时,要将这些特点,提纲挈领,分门别类,从点到面,清清晰晰地展现给读者。这也是评析试题(卷)的文章能在省、市乃至全国核心期刊发表的重要缘故。

这是写作试题(卷)评析所要坚持的修炼之功。

二、了解考生

考生答卷,不仅反映着考生对知识的掌握与运用的能力,还能从考卷中观察到考生对所赋予的情感态度价值观的反映。所以,可以通过分析考生的答卷来了解考生。当发现考生在考试过程中存在的问题后,要敢于为在今后的教学中克服这些类似的问题呼吁,并付诸教学过程中。因此,通过分析考生答卷,既可以了解考生,还能为教学指明方向。

如通过分析 1994 年中考政治卷,提出今后教学必须"抓纲扣本,练好基本功"的建议。指出:由于政治科有别于数理化,学生学起来总觉得理论一大套,干巴乏味,所以学生有厌学情绪,学生对教科书中的概念、观点、原理不求理解,一味依赖于临考前打突击,死记硬背。从 1994 年中考政治答卷看,一些考生答非所问,或张冠李戴、生搬硬套,问题正在于此。要从根本上解决这个问题,就必须把应试教育转变为素质教育,彻底转变旧观念,在教学实践中,做到抓纲扣本,练好基本功。具体说来应从以下两个方面着手:

1. 加强基础知识教育,扎扎实实打好基础。如何做到加强又如何做到扎实呢? 首先,要依据大纲要求,按照教材内容,需要向学生讲明白的就必须毫不含糊地讲清楚,使学生领会掌握,无论概念或观点、原理都必须一丝不苟地过关。其次,要调动学生的积极性和主动性,变"要我学"为"我要学"。当然,这是教学方法问题、传授知识的技艺问题了。再次,每学完一课或一个单元要检查学生的学习效果,为达到此目的,必须采用考查手段来检查。通过考查,发现问题及时补救。如此反复数次,对所学的知识就能扎实掌握了。分析 1994 年考生中较多出现的概念模糊、张冠李戴的现象,就是基础不够扎实的缘故。如填空题第 3 题,应填"主权"却误填"政权";第 10 题应填"种族"却误填"民族"或"种族主义";对"劳动"与"生产劳动"的概念也不加以区别而误用。还有,权利与义务谁是基本,谁是保证,也搞不清楚;"人民代表大会"与"人民代表大会制度"也不能区别,这是考生平时对概念等基础知识掌握不过关的反映。

另外,因缺乏基本功,不少考生存在审题不清、答非所问或乱答一通,敷衍了事的毛病。如对第41题的论述,第1问应答"人民代表具有广泛性,代表着各阶层各行业的人民",有的考生竟答成人民的含义或人才问题等。第2问应抓住人民代表大会制度是符合我国国情的基本政治制度来论述的,相当部分考生却答成我国处于社会主义初级阶段的基本国情或发扬人民民主的重要性;或论述开始说的是有关政治制度的内容,而后说的却是人民民主与专政的关系或对政治的作用,诸如此类,令人啼笑皆非。此外,答案顺序颠倒、书写潦草、错别字多等问题不胜枚举。可见,相当部分考生的基础是很差的,值得引起今后教学的重视。

2. 加强理论联系实际的教学,把知识教活,使学生学活、用活。去年中考政治试题较之往年,理论和实际相结合的内容较多,很有启发性,正如上述所言,它不仅体现在分析论述题中,而且简答题、选择题中亦有或多或少的体现。这启示我们在教学中,必须把知识教活。为此,必须理论联系实际,特别是要把理论知识与当前人们普遍关心关注的热点问题联系起来,使所学理论有据,这既能克服生硬的说教,又能充分补充教学内容,使教学内容生动化、具体化,还有益于增强学生分析问题和解决问题的能力。

又如,通过分析2004年中考政治试卷时,发现考生答卷中存在六方面的问题。

1. 张冠李戴,概念混淆。如第8题,2008年的北京奥运会会徽应选B项,许多考生却误选A项申奥标志;又如第11题,民事违法行为与行政违法行为的概念界定不清;再如第16题,混淆了社会主义本质与社会主义根本任务的内涵等等,表明基础知识不够牢固。

2. "抓大漏小",粗而不细。如第15题,选择不属于第三次科技革命成果的事件是B. 电话、汽车和飞机的发明,相当部分考生只知道第三次科技革命成果的标志"大事"而不问其他相关"小事"而致错;又如第2题"权利与义务的关系"和第4题"我国社会主义初级阶段的主要矛盾"判断也出现失误。

3. 欠缺理解,痛失得分。如第27题,2004年1月,内地与港、澳关于建立更加紧密的经贸关系的措施正式实施,它体现了A. 我国改革开放深入发展的要求;B. 社会主义政治体制改革的需要;C. 港、澳繁荣发展的需要;D. 我国社会主义市场经济的进一步发展的需要,正确答案为ACD。但由于有的考生没有正确理解和区别"经济"与"政治"两个不同领域的概念,结果把B也选上。又如第23题,由于没有很好地理解"言论自由权""批评建议权""民主政治权"之间的联系,相当部分考生不能全面理解,导致漏选 A 或 D 而失分。

4. 答案不全,表述片面。如第 30 题答案(1)板报主题,要求涵盖"科技、竞争、人才",相当部分考生写出的是:"科教兴国""人才强国"或"立志成才"等;又如第 29 题辨析题,不是缺少判断,就是漏掉怎样对待外来文化的原则或方针,有的还漏掉"指导思想"等等。

5. 审题不清,答非所问。如第 28 题,要求回答"五个统筹"反映了初三《思想政治》的哪些观点?有些考生却写进了不相干的观点,如发展先进文化的原因、法律与道德的关系、一国两制等。又如第 30 题(2)专题题目,要求围绕主题写 4 个专题,有的考生却写成"诚信专题""未成年人思想道德建设""基本路线""可持续发展"等等;再如第 30 题(3)要求考生写名言警句或座右铭的,有的考生却这样写道:"书中自有黄金屋""前人种树,后人乘凉""无可奈何花落去,似曾相识燕归来"……答非所问,词不达意,毫不相干,甚至存在观点上的错误。

6. 敷衍应考,错别字多。如第 30 题所拟主题,把"报效祖国"写成"抱孝祖国",把"人才质量"写成"人才资量"。有的考生敷衍应考,乱答乱写。如第 29 题,抄艰苦奋斗、崇尚使命、航天精神、民族精神、民族创新等内容的不少;还有书写马虎、字迹不清、难以辨认的现象,给评卷工作带来困难,反映出部分考生不重视扎实基础的后果。

考生答卷中存在的这些问题,其实,在历年中考答卷中,都有这样那样的同类问题出现。

究其原因,归纳起来,主要有两个:

——怕苦怕累,不愿意动脑思考。表现在:平时不肯动脑思考问题,依赖思想严重。对平时布置的相关练习,为完成任务而抄袭答案,或依赖老师讲解答案,成为吃现成饭的"接收大员"。如果不给答案或者老师不给予详细讲解,许多同学则完不成任务,交不出答卷。这些都是怕苦怕累的典型表现。据了解,这种状况在现阶段的义务教育阶段中,还不是个别的现象。这种现象在农村学校尤为突出。

——不愿意动手,其根源还是怕苦怕累。由于不少考生懒得动脑思考,继而也懒得动手写字了。即使老师在课堂上反复强调,要求学生动手做一做,仍有相当部分的学生不理不睬,我行我素。

改变他人难,改变自己易。了解考生现状后,我们做教师的就要从改善自己的教育教学方法入手,达到改善这种局面的目的。这也是强调评析试卷修炼的一个重要的出发点。

三、从试卷评析中得到启示

通过对试题（卷）评析，不仅要了解试题的命题立意、试卷结构、试题（卷）的特点，了解学生答题状况，还要从中悟到对今后教学的启示、启发。对此，我几乎每年做试卷评析时，都会或多或少地提及对教学的启示。

下面，列举2009年中考试卷来解读吧。

那是2010年4月中下旬，正值中考备考复习如火如荼进行之际，受杂志社主编之约，写了一篇题为《评析去年思品卷　指点今朝备考迷》的试卷分析文章，发表于2010年第5期《中学政治教学参考》上。拟通过对2009年广东省初中毕业生学业考试思想品德卷（简称"思品卷"）回眸，为2010年思品中考备考思路作些参考和指引，以求使工作在第一线的教师更加明晰备考思路，使复习工作更扎实、更富于实效。

文章从回眸试题亮点，启示备考思路出发，称赞2009年中考思品卷坚持素质教育导向理念，是课程改革以来的又一份好题，其亮点概括起来，突出表现在四个方面：

1. 重视新课程"三维目标"考核，充分体现素质教育理念。"新课标"十分强调情感态度价值观、能力、知识等"三维目标"和素质教育元素。综观2009年卷，无论是主观题还是客观题，其内涵素质教育的素材、题目、"考点"（依据"考试内容与要求"制定的提纲称之为"考点"），均程度不同地可见其踪。客观题均以简约的情感背景设置，引领考生身临其境，感受、感悟、领会其中道理，促进考生情感、态度、价值观升华。如单项选择题第6题："'刚上中学，我就喜欢和同桌的男生一起玩、一起学习、一起聊天，但又怕老师同学误会我们谈恋爱。这种感觉真难受！'女生小丽面对青春期的烦恼……"在引领考生对问题的探究中，给考生正确的指引，即正确的做法是"多与老师、同学沟通，多参加集体活动"；又如单项选择题第21题："2009年2月22日，首都师范大学学生发起抗议法国佳士得拍卖圆明园兽首联合签名活动，几百名学生在条幅上郑重签名，表示对追讨中国流失海外的文物的支持。"通过这一情景设置，要求学生回答：首都师大学生应该采取什么样的态度与做法？其知识应用涉及考点38、86、89共三个方面，该题既考核情感态度价值观因素，又考核综合运用知识和判断的能力。类似这样考核"三维目标"的还有主观题第28、29、30、31题等，均或隐或现地"发挥中考命题导向素质教育"的功能，使得素质教育元素在试卷中延伸。素质教育，也是今后教学中必须坚持的方向。

2. 坚持"三贴近"课程理念，引领学生健康发展。"三贴近"简言之，就是贴近生活、贴近学生、贴近实际。如第28题，引领学生任何时候都要自尊、自信、自强，决不能自卑；对同学、对他人要尊重、要宽容、要沟通，要友好交往；当他人有困难时，要提供力所能及的帮助，这些都是成长中的中学生必懂之理。又如第30题分析说明题，通过"材料一：广东省市某公安机关的统计报告显示，当前该市未成年人违法犯罪中，没有预谋的、只是一时冲动而违法犯罪的占82.7%。未成年人步入歧途与不当交友、容易被人利用而意气用事有关，也与旷课、打架斗殴等不良行为有关。材料二：2008年初，中央综治办和中国青少年研究中心在全国范围进行了闲散未成年人犯罪的情况调查，通过对其中2 000余名闲散未成年犯罪抽样调查结果"，表明闲散未成年人犯罪与不良行为有密切关系，教育学生有不良行为要及时改正，健康成长。还有单项选择题第7、8、9、10、12、13、18、19题和多项选择题第22、23、24、25、26题等，都是"三贴近"的缩影。教学中，坚持"三贴近"，让青少年学生健康成长，是祖国繁荣昌盛赋予教育教学的根本任务，义不容辞。

3. 凸显"一标多本"课程理念，鼓励学生勇于创新。充分体现"一标多本和新课程评价基本要求"，如简答题第28题，通过背景材料让考生谈"对上述材料中各种同学行为的看法"。评分说明规定试卷答案可以从"自尊、自强""自信、不自卑""融入集体""尊重、理解、宽容""平等待人""与人为善""主动沟通交流""主动为新同学提供力所及的帮助"等角度，围绕题意和要求，敢说话、会说话、说真话，均可酌情得分。开放性、实践性、自主探究性和活动性，不搞一刀切的答案，有利于培养学生的创新思维。又如辨析题第29题，以一段文字一幅漫画组成背景：有老师在讲到规则与正义的内容时，展示了漫画《也谈规矩》。漫画大意为：路人成年男女看见公园草坪上一男生在追赶自己的爱犬而践踏草坪，于是，两个人嘴里几乎同时发出"喂，你这人怎么不守规矩"的批评，女路人又把自己吃过的香蕉皮丢在身后，男路人张口在地上吐痰。据此情景，要求同学们谈谈对漫画的看法……漫画内涵丰富，考生可以从不同角度，运用所学相关知识，发挥创造力，围绕题意和要求说真话、说正确的话，便可酌情得分。再如从评分标准的规范来看，试卷参考答案和评分标准"鼓励培养学生创新能力和积极参与实践的意识"，在广东中考思品（政治）历史上还是第一次这样明明白白地规定，从而升华了命题理念和强化了素质教育的要求。鼓励考生答卷创新，有利于逐步培养未来的社会劳动者的创新精神，累积创新意识。

4. 试题文字量减少，"减负"理念明显。2009年题阅读量比2008年减少了近千字符。据统计，出现在2008年思品中考题中的字符共有5 850个，2009年只有

4 800多个。在有限的单位时间内,减少近千字的阅读时间,增加了答题时效。既有利于考生利用有限时间作答而提高答卷质量,也充分体现减轻学生课业负担的素质教育理念。通过对比试题阅读量问题,就是强调我们在平时的教学中要着力培养学生的阅读能力,要求学生重视阅读。在当今,阅读理念被淡化的时期,更强调加强阅读,培养学生的阅读能力。缺乏阅读能力,就会缺乏理解能力,阅读与理解是唇齿关系。

四、综合分析能力与撰写适例

综合分析能力,就是指写作试卷者具有对整份试卷的纵横思考、分析和形成文字的驾驭能力。

虽然说"课程标准"制定之后以及依据"课程标准"编制的教材,在一定时期内具有相对的稳定性,命题考试又离不开课程"标准"和"依据课程标准"制定的教材,有些人会把它理解成"年年岁岁花相似",或者是"换汤不换药"的命题考试而已。其实,这纯粹是一种误判。因为,平日的教学,强化知识的授受,是教学的一个功能。教学还有另外一个功能,甚至是不可忽视的功能——育人。即要关注和引导学生人生态度、价值取向的正确发展。这就是新课程强调的"情感态度价值观"功能。对此,课堂要落实,命题考试同样要落实。所以,命题考试不是简单的知识重现。还有,平时强调对知识的学习、掌握,就是了会运用知识去思考问题,解决问题。即使"年年岁岁花相似",但是,也会"岁岁年年也不同"。因此,可以说,每一年的试题,无论是文科试题还是理科试题,都必须尽善尽美地体现"情感态度价值观""知识""能力"等"三维目标"。那么,这些在试题中如何体现、体现程度、有哪些特点? 又该怎样把这些特点综合起来展示在人们的面前呢?

多年来,我写作思想品德(政治)卷评析文章,多发表于省以上的教育教学期刊上。这些拙文之所以能得到编辑青睐、认可,是因为我在评析试题(卷)时,会从试题(卷)的深度、广度、高度去挖掘,将隐含于试题(卷)中的"三维目标"挖掘出来展现在人们的眼前,而且给人耳目一新的感觉。下面就以2013年、2014年、2015年分别发表于全国中文核心期刊的试卷评析文章为例子,来解读评析试卷的综合分析写作能力。三篇文章的试题例子均为当年广东省及其部分地级市初中毕业生学业考试思想品德试题,希望能给读者带来一些启发。

适例一:

贯彻课程理念　传递正能量——2013 年广东省及其部分地级市初中毕业生学业考试思想品德试题述评及教学启示

首次依照《义务教育思想品德课程标准(2011 年版)》(简称"课标")命制的 2013 年广东省(简称"省题")及其部分地级市初中毕业生学业考试思想品德试题(下称"试题"),堪称是一份贯彻课改精神、落实课程标准、彰显课程理念、赋予正能量导向的佳作。它充分显示出以社会主义核心价值体系为导向,旨在促进学生正确思想观念和良好道德品质的形成与发展,以促进学生成为有理想、有道德、有文化、有纪律的社会主义合格公民的价值取向,凸显思想性、实践性、人文性、综合性,加强引导和帮助考生达到过积极健康生活、做合格公民、独立思考、积极实践的目的,为今后教学指明了方向。

(一)"五突出""五传递",彰显正能量

"思想品德课程是一门以初中学生生活为基础、以引导和促进初中学生思想品德发展为根本目的的综合性课程。"2013 年广东省题及其各地市考题几乎都以"五突出""五传递"诠释了课标对这一"课程性质"的规定。

1. 突出贴近学生学习、生活实际的特点,传递引领学生过积极健康生活正能量。如省题单项选择题第 8 题:十六岁的小强整天闷闷不乐、乱发脾气,不与人交往,经常逃学、泡网吧、玩暴力游戏、小偷小摸,后因盗窃被拘役。以上材料揭示的道理是(正确答案):B. 未成年人要增强自我防范和法律意识。这虽然是部分初中学生的问题,但是,思想品德课有责任通过这些少数的反面实例,贯彻正面引导初中学生重视道德修养,遵纪守法,防微杜渐的课程目标;又如省题第 5 题:漫画作者许铃通过一组漫画展示留守儿童的生活情景:在父母不在家,缺少父母关爱的情况下,孩子们没有怨天尤人,没有自暴自弃,用自己幼小的手包揽着家务和农活,自己照顾自己。这些情景告诉我们中学生应该(正确答案):D. 学会自立,懂得管理和安排自己的生活,指引初中学生自立自强意识和能力的形成。再如佛山第 1 题:2013 年 1 月 10 日,教育部等五部门联合下发的《关于加强义务教育阶段农村留守儿童关爱和教育工作的意见》明确规定,要优先满足留守儿童寄宿、用餐、就近入学、乘坐校车等需求。以上规定①体现了对未成年人的特殊保护;②有利于保护未成年人的文化权利;③体现了对未成年人的司法保护;④有利于保护未成年人的受教育权(正确答案 B. ①②④),传递着我国政府各部门对未成年学生依法进行特殊保护的正能量。

2. 突出思想性特点,传递社会主义核心价值正能量。如省题第 12 题:某中学有一个"无门图书馆":无门、无监控、无摄像头,书中亦无防盗磁条,借书自由。开馆七年来,近5 000名学生借读,图书缺损率不到10%。设立"无门图书馆"的目的是(正确答案)D. 培养学生诚信的意识和行为,引导学生弘扬社会主义诚实守信价值观。又如佛山第3题:中共中央总书记习近平在纪念宪法三十周年的讲话中强调,宪法具有至上的法制地位和强大的法制力量。宪法的至上地位要求我国公民(正确答案)A. 把宪法作为最高的行为准则,强调宪法是公民的最高行为准则,公民的日常行为必须符合宪法要求。省题选择题第15题:右边漫画(图片略)。其大意为:税务工作人员在向拿着一沓厚厚钱的女歌手追纳所得税,女歌手以《我不知道》歌声回应),说明的道理是(正确答案)A. 公民不能只享受权利而不承担义务,叙述着在法治社会里,公民权利和义务是对等的,公民不得只享受权利而不承担义务,否则,要受到法律的追究。再如省题第27题:2013年3月,广东省主要领导在新疆考察对口援疆工作时强调,要进一步推动援疆工作融入南疆工业、城镇化进程,巩固深化以工业化、城镇化为主导的"民生援疆、产业援疆、智力援疆"的援疆新格局。广东省的做法(正确答案)B. 有利于促进我国各民族的共同繁荣,涉及国情知识考核及对国情的了解、对社会的关注等。再如省题第23题:扬州大学附属中学学生徐砺寒在上学路上,不小心撞坏了一辆宝马车的后视镜。在车主不在的情况下,徐砺寒苦等了20分钟,后因急着赶去上课,便留下"联系纸条"。这说明徐砺寒①懂得不负责任会使社会和他人遭受损失;②懂得用创新的办法和途径解决责任冲突;③是一个逃避责任的、不能主动承担责任的人;④懂得承担责任必然付出沉重的代价(正确答案)C. ①②④。又再如广州市试题(下简称"穗")第7题:有人认为,公民在行使权利时,只要动机是好的,其他并不重要。这一观点忽视了我们在行使权利时(正确答案)A. 程序要合法。还如穗第14题(多项选择):2012年9月10日,日本政府不顾中方一再强烈反对和严正抗议,对中国固有领土钓鱼岛实施所谓"国有化"。我国一些地方爆发了大规模的反日示威游行,甚至发生了"打砸抢烧"等行为。在钓鱼岛主权争端中,作为公民(正确答案)C. 可以参加反日示威游行,自觉履行宪法义务,D. 应该理智表达爱国热情,坚守文明守法底线,引导学生要用实际行动弘扬社会主义核心价值观的正能量。

3. 突出尊重学生学习与发展规律特点,传递人文性正能量。如省题第3题:2013年3月1日,广州武警郑益龙勇救不慎掉进珠江的游客,自己却献出了年轻的生命。他勇敢救人的事迹深深地震撼着人们的心灵。之所以能震撼人们的心灵,是因为郑益龙:①在他人需要救助时,能尽自己所能,伸出援助之手;②在面对各种危机时,能够珍爱和善待他人的生命;③能用自己的实际行动去演绎生命的美丽和价值;④对自己的生命健康负责,不轻易放弃生的希望,组合后的正确答案为C. ①②③,以高尚的民族精神陶冶学生心灵,提升学生的社会责任感。又如省题第 13 题:有一位妇女把蛋壳剥了扔在大街上,环卫女工看到后,边扫边劝阻。而这位妇女却说:"我想丢就丢,你就是扫大街的!"这位妇女的言行(正确答案)C. 没有尊重他人的劳动和人格,从反面启示初中学生要学会尊重他人的劳动和人格;再如省题第 4 题:《尚书》说:"必有容,德乃大;必有忍,事乃济。"这话给中学生的启示是(正确答案)D. 要培养宽容精神,以优秀的人类文化,提升学生的人文素养。又再如穗第 2 题:"4 月 20 日四川雅安市庐山县发生 7.0 级强烈地震。习近平总书记、李克强总理分别做出重要指示,要求把_____作为首要任务。(正确答案)A. 抢救生命。通过党和国家对人民生命的无比关爱,启示青少年学生珍爱自己的同时要关爱他人的生命。还如梅州题第 8 题:我国教育发展规划纲要提出"到 2020 年,基本实现教育现代化,基本形成学习型社会,进入人力资源强国行列"。为此,我们每一名中学生都应该(正确答案)B. 履行受教育的义务,努力完成规定的学习任务,以我国近期教育发展规划纲要为背景,启示中学生立足长远发展,认真搞好当前学习,为将来发展打好学习基础。

4. 突出从认识、体验与实践中促进正确思想观念和良好道德品质的形成与发展的特点,传递中华传统美德正能量。如佛山题第 2 题:2013 年 3 月 1 日起,《深圳经济特区文明行为促进条例》开始施行。该条例规定,对随地吐痰、乱扔废弃物等十种不文明行为依法进行处罚,受处罚者也可由参加社会服务抵扣部分罚款。该条例还提出探索建立文明记录档案。上述规定有利于①树立公民意识;②学做合格公民;③保护个人隐私;④杜绝不文明行为(正确答案)A. ①②。指引青少年学生在日常生活中要有公民意识、要做合格公民,自觉养成良好行为习惯。又如省题第 10 题:带着生病的父亲上大学的王东雪说:"20 多年来父母陪在我的身边,把全部的爱和一切都给了我,如今我应该义无反顾地让父母留在我身边。"对这句话理解正确的是 C. 子女要懂得感恩和孝敬父母,引导学生把爱转化为孝敬父母的具体行为上。又再如穗第 23 题诚信是社会文明进步的一个标志。广州某中学在 4 月份全市开展"诚信教育月"活动中,结合思想品德课教学,拟出了一个"寻找微信任,传递正能量"的主题探究方案。请回答该方案中的有关问题:

【探求信任度】近日,某报在广州街头做了一次测试:以遗失钱包、借用手机、帮忙提重物、扶老人等四种不同方式,测试市民对陌生人的信任度,结果显示信任与不信任的比例是 3∶7。另据中国社科院最近发布的《中国社会心态研究报告 2012－2013》指出,我国社会总体信任程度仅为 59.7%,"已经跌破信任底线"。

(1)上述材料反映了当今社会中存在的什么现象? 有什么危害?

【传递正能量】广州人杜司机开出租车 27 年,将慈善、信任视为稀有之物,并十分享受由顾客带来的被信任感。他曾在瓢泼大雨中坚守与乘客的电话预约;他曾被骗,还碰到过"坐霸王"车不给钱的乘客,但都没有影响他对乘客的善意。他说:"一个与自己素不相识的人,一般也不会害我骗我,如果他需要帮助,只要是合法要求,我都能帮则帮。"

(2)在社会急剧变化和价值多元的今天,迫切需要用正确的价值观引领社会思潮,凝聚社会共识。杜司机坚守的正是一个公民践行_____的具体体现。

【积小善我行动】在现实生活中,我们可能会遇到这样的困惑:做了善事,得不到认同和信任,甚至被误会,极端的还可能被"兴师问罪",好心得不到好报。

(3)面对上述现实生活中的困惑,我们应该做出的正确选择是什么? 请说明理由。

我认为,该题设计的意义在于:通过方案一,警醒学生勿失培养诚信美德;通过方案二的典型人物,强化社会主义核心价值观理念;通过方案三,号召人们尤其是正在成长中的青少年学生,积极行动起来,做诚实守信的好公民,为大力弘扬中华民族的美德而努力。

参考答案:(1)材料一反映了当今社会诚信缺失现象。诚信缺失带来的危害:从个人层面看,不讲信用,失信于人,人与人之间就会产生信任危机。个人就难以立足于社会,既伤害别人,也伤害自己。从社会层面看,诚信缺失,政府、企业、社区(村镇)、邻里之间缺乏信任度,就会严重影响生产生活,危害社会和谐稳定,损害民族和国家形象。长此以往,社会凝聚力下降,民族复兴之路就难以前行,建设文明进步的和谐社会就是一句空话。

(2)社会主义核心价值观。

(3)我们应该把坚守诚实守信作为做人做事的底线。诚信的核心是善,尽管在做善事过程中会遇到各种复杂情况,但只要出于公心,我心向善,就问心无愧了。至于得不到他人的认同和信任,甚至被误会都不是最重要的。我们要积极践行诚实守信的原则。"勿以善小而不为",小善是在一点一滴的小事中累积起来的,只要人人都行动起来,心怀好意,多做善事,人与人之间的误会也会逐步减少,诚实互信的美德就会重回中华大地。

又如省题综合探究题第32题,两个材料:

材料一:生活在海外的很多华人,除了参加他们现在居住国的国家节日和民族节日活动外,他们每逢祖国的传统节日,仍然会按照国内的习俗过节,保留下列一些传统习俗:

传统节日	春节	清明节	端午节	中秋节
传统习俗	吃年夜饭、贴春联	扫墓、踏青	吃粽子、赛龙舟	吃月饼、赏月

　　材料二:2012年12月19日,广东省有关部门举办的"我们的家园——广东十大最美古村落"评选活动结果揭晓,广州市黄埔村、佛山市松塘村、河源市林寨村、梅州市桥溪村、惠州市范和村、江门市自力村、肇庆市黎槎村、清远市南岗黎寨、潮州市龙湖古寨、揭阳市泥沟村共十个古村落被授予"广东十大最美古村落"的称号。请结合上述材料,探究回答第(3)题。

　　我国传统文化中的优秀古诗或名言,至今仍深深地影响着海内外中华儿女的道德观念和行为方式,成为传承和弘扬民族文化的重要载体。请你依据下列古诗或名言的内涵,写出自己的做法。

古诗或名言	做法
锄禾日当午,汗滴禾下土。谁知盘中餐,粒粒皆辛苦。	①
老吾老以及人之老,幼吾幼以及人之幼。	②
千里修书只为墙,让他三尺又何妨。万里长城今犹在,不见当年秦始皇。	③

　　通过引导学生参与探讨文化生活,帮助他们在认识、体验中形成正确的道德观、人生观、世界观、价值观。该题第(3)题参考答案:①艰苦奋斗,勤俭节约,不浪费食物。②尊老爱幼、关爱社会、关爱弱势群体,积极参加公益活动。③理解和尊重他人、宽容他人、与人为善,与他人和谐相处。

　　5. 突出初中阶段学习内容、知识与能力的综合考核,传递课改精神正能量。课程改革的目的是把学生培养成为德智体美劳全面发展、具有创新精神和创新能力的人。为此,试题传承着往年试题的优点,通过有机整合道德、心理健康、法律和国情等多方面的学习内容,与初中学生的家庭生活、学校生活、国家生活、社会生活联系,将情感态度价值观的培养、知识的学习和能力的提高与思想方法、思维方式的掌握融为一体。如省题第30题辨析题,其背景材料是:长期以来,国内一些中小型食品经营者为了减少损失,故意推迟食品生产日期标注。如将"2013年6月19日"生产的食品标注为"2013年7月19日";曾标榜"产品质量第一""以人为本,顾客至上"的我国某知名乳制品企业,其食品生产日期造假达九年之久。据有关部门反映,每年消费掉的过期食品不计其数。对此,有人认为:"食品生产日期标注推迟无所谓,对此我们中学生也无能为力。"这种观点是否正确,请说出你的理由。回答这个问题,既需要整合诚信、食品安全、消费者维权等道德、法律多方面知识,又考核着考生情感态度价值观在该问题上的表现,综合性很强。该题参考答案:(1)这个观点是错误的。(2)食品生产日期标注是否正确与食品质量有密切的关系。商家推迟食品生产日期的标注是一种违法、不负责任和不诚信的行为。因为商家推迟食品生产日期的标注会造成食品质量和安全问题,违反了《消费者权益保护法》,侵犯了消费者的安全保障权、知悉真情权和公平交易权。(3)面对食品生产日期标注推迟的问题,中学生也是可以有所作为的。中学生应该①积极宣传相关法律法规,增强消费者的权利和义务意识,自发维护自己的合法权利。②发现有日期造假等食品安全违法行为要及时向有关部门举报,坚决与食品违法犯罪行为做斗争。又如省题分析说明题第31题,通过两个材料,材料一:目前,在我国655个城市中,有近400个城市缺水,约200个城市严重缺水,特别是随着工业化、城镇化用水消耗的大量增加,我国水资源形势更加严峻。材料二:观察漫画与图片(漫画略。第一幅漫画大意为:用水者面对"请节约用水"警示牌视而不见,竟然把身边两个水龙头打开让水哗啦啦流失;第二幅图片:面对眼前一大池布满污秽、泡沫的水,不能饮用而发呆)"熟视无睹"和"有水难喝"。要求结合上述材料,回答3个问题:(1)上述材料分别说明了什么问题?(2)请分析产生这些问题的主要原因。(3)请你为解决上述问题,提出一些好建议。要分别回答好这三个问题,除了要具备综合阅读能力外,还须具备较强的综合分析能力和综合性表达能力,课改精神显而易见。该参考答案:(1)材料一说明我国绝大部分城市严重缺水、水资源形势严峻。材料二说明水资源浪费和受污染严重。(2)原因:①随着我国工业化和城镇化的发展,用水量越来越多;②公民和企业缺乏环保意识,政府及其有关部门监管不力,生活和工业废水排放没有规范,没有形成良好的环保习惯和社会氛围。(3)建议:①国家要坚持保护资源和环境的基本国策,实施可持续发展战略;完善环境保护的法律法规,加大环境保护执法力度,打击破坏环境的违法行为;②全体公民和相关企业要提高环保意识、增强法制观念;依法履行保护节约资源和保护环境的基本业务,落实环保行动。③中学生要增强环保意识,把环保行动落实到日常生活中,如节约用水、积极参与垃圾分类、向身边人宣传环保知识等等。

当然,试题还有值得商榷的地方,如省题第30题的设问:"有人认为:'食品生产日期标注推迟无所谓,对此我们中学生也无能为力'表达欠清晰;倘若如此设问:'有人认为,食品生产日期标注推迟无所谓,只要吃不死人就行。''也有中学生认为:食品生产日期标注推迟,我们中学生也无能为力'则清晰得多。"命题者没有充分考虑到初中学生理解能力普遍较低的实际,导致该题平均得分率最低,只有53.39%;分析说明题、综合探究题设问切合初中学生实际,得分率也不错,分别为

76.4%、68.1%。

(二)借鉴试题优点,落实教学目标,彰显课程理念

通过试题评析,明晰试题中内含着的诸如坚持以初中学生生活为基础、结合实际、积极引领,培养学生独立思考、勇于创新、积极实践等许多需要发扬光大的优点,明确今后在教学中继续落实课程理念、提升教学实效的必要性。为此,主要应做到"三坚持,三促进":

1. 坚持直面初中学生成长问题与正确价值观念引领的教学理念,促进初中学生健康成长。教学中,要紧扣处在青春期的初中学生身心发展的特点,像省试题第2题"有位成功人士说,百分之九十的失败者其实不是被打败而是自己放弃了成功的希望,能够获得成功的永远是那些全力以赴与挫折抗争的人。说明的道理是(正确答案)D. 成功属于坚强意志的人"那样,教育学生无论遇到挫折和失败,都要做到胜不骄,败不馁,勇做坚强意志的人;像省试题第4题"网络信息的开放性对于自控能力不强、极富好奇心的青少年具有极大的诱惑力,网络中的暴力、色情等不良信息严重损害了青少年的身心健康。为此,对青少年建议……"紧紧抓住当下人们不可能远离网络,更不能拒绝网络的学习、生活特点,引导初中学生学会分辨是非善恶,培养高雅的生活情趣,学会拒绝不良诱惑;像省试题第5题"漫画作者许铃通过一组漫画展示留守儿童的生活情景:在父母不在家,缺少父母关爱的情况下,孩子们没有怨天尤人,没有自暴自弃,用自己幼小的手包揽了家务和农活,自己照顾自己。这些情景告诉我们中学生应该(正确答案)D. 学会自立,懂得管理和安排自己的生活"那样,以正确价值观引领,促进初中学生健康成长。像湛江题第35题"'对人以诚信,人不欺我;对事以诚信,事无不成。'这句话告诉我们(正确答案)C. 为人诚信才能获得他人的信任,取得事业的成功"那样,加强对青少年学生的诚信教育,引导其确立正确的人生观、价值观。我相信,只要在教学中坚持正确的价值引领,则初中学生过积极健康的文化生活进而促进其健康成长、成才、成人的教学目标必定能实现。

2. 坚持深入生活、扩展视野的教学理念,促进初中学生观察、思考和处理社会生活现象的能力增强。像省试题第9题"《2013年中国社会心态研究报告》显示,农民工在受到不公平对待时,约63%的人表示气愤,约60%的人会选择'不干了或忍声吞气'。对此,你给农民工的正确建议是C. 可通过诉讼途径维护权益"那样,引领学生当自己的合法权益受到侵害时要依法维权,当他人、集体、国家利益受到不法侵害时,也要勇敢地依法维护;像省第11题"2013年1月,某软件公司诱导网民安装其软件,通过不兼容等方式阻止网民安装其他同类软件产品,其行为构成了不正当的竞争,最终受到法律的制裁",让学生懂得正确处理生活中的合作

与竞争关系的重要性;像省试题第20题"班仁乡是贵州省罗甸县一个典型的贫困乡,乡里的学生每天都必须自己在学校周围露天生火做饭,因此学生在上学时要背炉灶、锅碗、柴火、大米等物品。对此,我们中学生应该(正确答案)D. 伸出援助之手给予他们力所能及的帮助"那样,引导学生思考该内涵:一是通过对比材料,想想作为处在发达地区的自己,应该如何珍惜当下优越的学习、生活条件;二是教育学生要居安思危,学习、生活中都不能铺张浪费;三是可以引导学生弘扬友爱精神,对山区、边远地区的贫困者施予爱的帮助,如此这般结合学生实际,引领他们健康成长。

3. 坚持培养阅读、理解、表达能力的教学理念,促进学生综合素质全面提高。分析2013年省题非选择题答卷中得分率较低的是简答题,可知此举的重要性。该题以漫画为背景材料,要求考生根据漫画回答两个问题:(1)漫画反映了政府维护公民的哪些权利? (2)中学生在行使这些权利时要注意些什么? 从漫画中的电视屏幕中跳跃出来的信息可以获取(1)需要的"知情权、监督权",从"交流起来方便多了"中可以判断"参与权、建议权"等信息;第(2)题,可以引导学生懂得依法行使权利,不得损害国家的、社会的、集体的和其他公民的权益;在行使监督权时,要有序参与,实事求是,如实反映情况等。该题参考答案:(1)漫画反映了政府维护公民的知情权、参与权、建议权和监督权等权利。(2)①依照宪法和法律行使权利,不得损害国家的、集体的、社会的利益;尊重他人的权利;采取合法的方式行使权利。②要有序参与,出于公心、实事求是、理智行事,不可妨碍公务。

据统计,该题共8分,平均得分只有4.41分,得分率为55.1%。究其原因,是因为考生对该题背景材料漫画解读出现偏差。经验启示我们,教学中必须依据课标,加强对教材的二次开发,引导学生通过情景发掘所学知识,结合情景理顺材料与知识的逻辑关系,并能正确地表达出来。

评析试题,明确教学方向,把握教学抓手,进一步将新课标理念尽善尽美地贯彻落实到教学之中,更好地引领青少年学生朝着"四有"方向,健康成长、成才,将思想品德课正能量功能发挥到最大化,力助思想品德课教学实效性进一步提升。

适例二:

融·活·显 课程理念显其中——2014年广东省及其部分地市中考思想品德试题赏析

研读2014年广东省及其部分自主命题地市中考思想品德试题后,总觉得令人赏心悦目难以忘怀。因为它们具有"融"(融入新课程理念和所学知识与社会主义核心价值观及中华优秀传统文化的内涵等)、"活"(指它的灵活性,包括能活灵活现地表现所学知识和体现出贴近学生、贴近生活、贴近实际以及答案灵活地考量着考生的理解判断能力等)、"显"(显示出课程理念和课改精神实施之效)的特质,无论选择题还是非选择题,都能从中感受到这些影子或神韵,堪称佳作金题。下面与大家一起通过品读原试题,来赏析该试题从设计创意、立意导向、特有品质、解题要旨等方面带给大家的那番难忘的感受吧。

(一)选择题,融、活、显价值在其中体现

1.(2014·广东省卷·12)题12图是某学校开展的教学实验结果,这不仅提醒教师要正确运用表扬与批评的手段,也在警示学生(   )。

A. 不要太在意老师的表扬和批评

B. 要正确对待老师的表扬和批评

C. 老师的表扬都能提高学生成绩

D. 老师的批评会使学生成绩下降

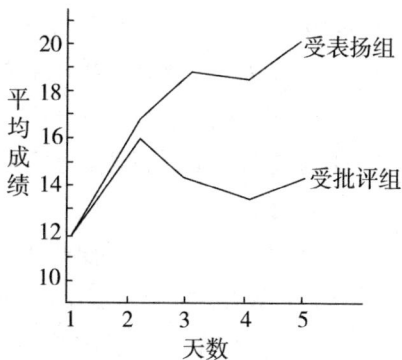

题12图

【赏析】

设计创意精巧。一是以图表作为命题背景,设计创意新颖,简约明了;二是很自然地融入八年级《思想品德》上册第四课正确对待老师的表扬和批评的知识。

立意导向深刻。一方面,引导考生冷静思考、判断老师的表扬与批评都不是提高或降低学生成绩的主要因素,而是自身对问题的正确认识和理解这一价值取向;另一方面,启迪教学不能忽视学生对图表的阅读、理解、判断能力的培养。

2.(2014·梅州卷·11)针对汉字书写危机,2013 年暑假,央视科教频道推出了《中国汉字听写大会》节目,河南卫视的《汉字英雄》也隆重开播。这些文化节目的举办(   )。

①有利于传承源远流长、博大精深的中华文化;

②可激发学生提高书写能力,养成良好的书写习惯;

③有利于增强民族文化认同感,增强爱国情感;

④有利于引发人们对汉字"失写"的关注。

A. ①②③   B. ①②④   C. ①③④   D. ①②③④

【赏析】

设计创意明确。此题以"汉字书写""文化节目的举办"设计创意入手,巧妙地融入八年级《思想品德》上册第五课正确对待中华优秀文化情感的知识和 2014 年 3 月 26 日教育部印发的《完善中华优秀传统文化教育指导纲要》精神,深入浅出地激发考生在电脑等现代科技发达的条件下,也不要忘记对汉字书写的情感,贴近学生生活实际和社会实际。

立意导向直接,引导着新时代的初中生增强民族文化认同感,培养爱国情感的价值取向。有利于培养学生关注中华优秀传统文化,培养学生独立思考和积极实践的世界观、人生观、价值观。

3.(2014·广东省卷·3)题3的漫画《小花狗照哈哈镜》(漫画略)告诉我们( )。

 A. 自信与自卑是两种不同的心理品质

 B. 一个人应是内在美和外在美的统一

 C. 要客观地认识自我,积极接纳自我

 D. 要通过不断改正缺点来完善自我

【赏析】

设计创意新颖。通过漫画《小花狗照哈哈镜》的情景设置来考查所学知识,耐人寻味。它告诉人们要从多维度、多角度认识事物,客观、全面,不能片面。看待自己和他人也一样,每个人都有自己的优点和长处,也有自己的短处和不足,所以,既要看到自己的优点,又要看到自己的不足;既要看到自己的长处,又要看到自己的短处;人无完人,金无足赤,凸显七年级《思想品德》上册第五课所学知识。设计创意用心良苦,深入浅出,寓意深刻。

立意导向深邃,主要表现在四个方面。一是让学生牢牢把握所学知识;二是要求学生学会运用其他相关学科所学知识分析问题,比如哈哈镜原理,涉及物理知识;三是培养学生具有一定的品读和理解漫画的能力;四是引导学生思考或体验一定的生活知识,如与此题相关的凹凸透镜原理。

4.(2014·广东省卷·11)"记得当时年纪小,你爱谈天我爱笑,并肩坐在桃树下,风在林梢鸟儿在叫。"青春的校园总是洋溢着浓浓的同学情谊,这诗情画意的文句告诉我们( )。

 A. 异性同学之间不会有真正的友谊 B. 异性同学之间不可能有正常交往

 C. 要珍爱青春年华和纯真美好情感 D. 男女交往要把握相同原则与尺度

【赏析】

设计创意明晰。以怀念青春与校园的诗情画意的文句作为背景导向,融入七年级《思想品德》上册第四课珍爱青春年华和纯真美好情感的知识,是本题命题的一个设计创意亮点。

立意导向正确。在考查知识的同时,帮助学生提升人生观、价值观,凸显出初中学生处于身心迅速发展的重要阶段,需要采取积极态度给予正确引导和有效帮助。

5.（2014·佛山卷·9）近来，国家审计署加强了对中小学校舍安全工程的专项审计工作，发布了"18省中小学校舍安全工程审计结果"公告，指出在学校校舍安全工程实施过程中还存在着工程规划不完整、建设程序不严格等问题。加强对校舍工程建设项目的监督（　　）。

A. 体现了政府依法行政、对人民负责的原则

B. 维护了未成年人的人格尊严和受教育权

C. 保证了未成年人在社会生活中的人身安全

D. 体现了国家机关对未成年人的学校保护

【赏析】

设计创意精致。题干巧妙地融入"和谐""平等"的社会主义核心价值观、以人为本的科学发展观核心思想；备选答案，落脚于八年级《思想品德》下册第四课人格尊严、第六课受教育权等所学知识上。设计巧，创意明。

立意导向明确。它立意考查考生"活"用知识和分析、判断能力等。虽然从题面看似乎是对未成年人实施某种保护，但是通过仔细比较和认真推敲后，则明了题干做法维护了未成年人的人格尊严和受教育权，这是对考生活用知识和分析、判断能力考核的佳作。

6. （2014·广东省卷·16）2014年5月8日，李克强总理在海外民生工程座谈会上说："我们要加强海外领事保护力量，使同胞们不管走到哪里，领事保护服务就跟到哪里。大家平安是我们最大心愿。"这说明（　　）。

A. 法律保护公民的人身自由和生命健康权利

B. 国家高度重视维护海外中国公民的人身权利

C. 海外公民的人身自由权受到法律的特殊保护

D. 人身权是公民享有其他一切权利的必要条件

【赏析】

设计创意深入。人身权利是公民最基本、最重要的权利。保护公民的人身权利是法律赋予国家的神圣职责。该题引用李克强总理在海外民生工程座谈会上语重心长的谈话做背景，将八年级《思想品德》下册第三课所学的公民人身权利知识融入其中。

立意导向明朗。它传递着我国人民无论走到天涯海角，祖国都始终惦记着、关怀着他们，需要时会提供必要保护的高度重视民生的正能量，指导着教学要注重发掘这方面素材并加以强化。

7. （2014·汕尾卷·4）张大爷在菜市场购买三斤猪肉，之后发现只有2.8市斤，要求赔偿却被卖主告之："商品一经售出，概不退赔。"此时张大爷应该（

）。

①请求消费者协会调解　　　　②向工商部门申诉

③向人民法院提起诉讼　　　　④忍气吞声，自认倒霉

　　A．①②③　　　　B．①②④　　　　C．①③④　　　　D．②③④

【赏析】

设计创意简约。该题干紧紧贴近生活实际和社会现象，融入八年级《思想品德》下册第八课消费者权益所学知识，命题设计创意简约而不简单。

立意导向明晰。启示考生遇到此情景时，正确的做法是：请求消费者协会调解、向工商部门申诉、向人民法院提起诉讼等，勇敢地依法维权。这是作为现代公民的一个重要标志，引导考生要积极地做合格的学法、知法、用法的现代公民。

8．（2014·广州卷·18）截至2013年底，中国的货物出口已跃居世界第一，但盈利能力较强的服务贸易仍落后于世界平均水平，文化产品和高技术产品更远远落后于发达国家；对外投资增长迅速，实际利用外资和对外直接投资优于世界平均水平。这表明，我国在对外开放中（　　　）；

①坚持了"引进来"和"走出去"相结合；②要优化外贸结构，全面提高对外开放水平；③要坚守发展中国家的定位，严控对外直接投资；④实现了政治、经济、文化等领域的高水平开放。

　　A．①③　　　　B．③④　　　　C．①②　　　　D．②④

【赏析】

设计创意鲜活。它以2013年底我国货物出口居世界第一但盈利水平不及世界平均水平的事实，告诉我们要优化外贸结构，全面提高我国对外开放水平的道理，有机地融入九年级《思想品德》第四课所学对外开放知识和拓展学生视野的课程理念，设计巧，创意明。

立意导向明了。它启迪考生要全面地、客观地看待我国对外开放问题，要坚持"引进来"和"走出去"，要着力提高对外开放的科技含金量，使对外开放的基本国策为实现中国梦发挥更大作用。

（二）非选择题，"融、活、显"内涵在其中绽放

1．（2014·广东省卷·30）新学期，某中学开展"文明班"评比活动，活动采取"一票否决"的做法，凡是班中有一位同学违反"文明班"评比相关规定，则取消该班"文明班"评比资格，对此同学们议论纷纷。

学生小陈认为，这一做法很好，有利于培养我们的团队精神和集体意识。

学生小李认为，这一做法限制了个人作用，也不利于班级的团结与进步。

你认为哪位同学的观点正确，请进行评析。

【赏析】

设计创意精简。围绕"文明班"评比问题,通过小陈和小李的想法,道出了个人利益与集体利益的关系等知识的内涵,题干言简意赅。

立意导向明确。以"文明班"评比展开讨论,融入九年级《思想品德》第二课所学集体利益、个人利益的关系及团队精神,与活用所学知识和综合表达能力于一体,具有很强的综合性。

特有品质蕴含恰当。通过对"个人"与"集体"核心问题的辨析,让考生进一步懂得集体利益与个人利益相互依存的关系。关爱集体,增强团队意识和集体荣誉感,不做有损集体利益的事情,让集体更有凝聚力,强调团队精神和集体意识的培养。这是本题传递给考生的正能量,也是本题考查的落脚点,其教育意义远超过考题本身。

解法指要明了。只有把团队精神和集体意识与"班"联系起来,才不致误解命题立意的初衷。考查考生活用和综合运用知识的能力。

2. (2014·广州卷·24)实施重大人才工程,是发达国家人力资源开发的重要经验,也是我国建设人才强国的重要举措。阅读材料,回答问题。

材料一:在中华民族努力实现复兴梦想的背景下,我国目前最高层次的海外人才引进计划(简称"千人计划")实施5年来,共引进了4 180名海外高层次创新创业人才,取得了一批国际公认的领先成果,推动了"中国创造",在国际上发出了"中国声音",带动了海外人才归国热潮,加速了国内高层次人才聚集,受到了国内外的广泛关注。

材料二:工业经济时代和知识经济时代的人才需求比较

时期　　　　内容	工业经济时代	知识经济时代
人才需求特点	知识专业化	知识综合化
	标准化	个性化
	团队精神	团队精神
	服从性思维	批判性思维
	强调权威	强调创新
	……	……
应对之策	阶段学习	终身学习

(1)结合材料一,简要说明国家实施"千人计划"的意义。

(2)结合材料二,谈谈青少年如何迎接未来社会对人才需求的挑战。

【赏析】

设计创意精美。以实施人才工程和工业经济时代与知识经济时代对人才需求的特点为背景的图文结合设计,展开对"国家实施'千人计划'的意义""青少年如何迎接未来社会对人才需求的挑战"的分析,融入九年级《思想品德》第四课所学科教兴国、人才强国等知识,体现思想性、综合性的课程性质。

立意导向确切。引导考生瞄准未来社会的人才需求,树立终身学习观念,学好科学文化知识,注重提升综合化能力、提高创新意识和能力。

特有品质了然。它将情感态度价值观的培养、知识的运用和阅读、理解、分析、表达能力有机地整合起来综合考核,突显知识经济时代对人才需求的价值取向,引导考生树立实现中华民族复兴梦想,要使国家富强、民族兴旺,必须敬业、创新,具有创新意识与团队精神和终身学习的思想。

解法指要明确。材料二似乎复杂,但只要读懂表前"比较"的含义,便可拨开迷雾见青天,其未来社会对人才需求内涵便能一目了然。

3. (2014·广东省卷·32)背景材料。2014 年 2 月 24 日,习近平总书记强调,要切实把社会主义核心价值观贯穿于社会生活的方方面面,使核心价值观的影响像空气一样无所不在、无时不有。同学们对如何践行社会主义核心价值观感到茫然,于是进行了有益的探究活动,请你积极参与。

[明道理]

材料一:社会主义核心价值观的基本内容是:富强、民主、文明、和谐,自由、平等、公正、法治、爱国、敬业、诚信、友善。二十四字核心价值观分为国家、社会和公民个人三个层面。

(1)下列名句体现了社会主义核心价值观的哪一基本内容? 请简要答出做法。

(2)

名句	基本内容	具体做法(一个即可)
"天下兴亡、匹夫有责"	爱国	③
"以信守身、以诚处世"	①	考试不作弊
"善学者能、多能者成"	②	认真完成学业
"己所不欲、勿施于人"	友善	④

[照镜子]

材料二:认真观察题 32 图漫画[责任难逃](略去漫画。漫画大意是:公交车撞倒行人后,司机下车发现后不是第一时间去救人,而是跟着乘客"快逃",致使被撞倒的那位妇女仍然在……)

(2)漫画中司机和乘客的行为对他人和社会有什么危害?

[正行为]

材料三:一年一度的毕业季来临了,毕业生们面对旧教材、旧辅导书、旧工具书、旧校服等,住宿生还有一些旧被褥、盆子等物品,怎么处理才好呢?某校发起"绿色离校、绿色感恩"活动,号召毕业学子,在离校时,以自己独特的方式支持环保和爱心事业。

(3)即将离校的你,谈谈如何做到"绿色离校、绿色感恩",奉献社会、帮助他人?(至少从两个不同角度回答)

【赏析】

设计创意独特,背景设计新颖。本题由一个背景材料和其他三个材料组成。材料一以[明道理]探索社会主义核心价值观基本内容所导向的 4 个基本内容或做法;材料二以[照镜子]从践行社会主义核心价值观的角度,探究漫画中司机和乘客的行为对他人和社会应有的责任;材料三以[正行为]启迪考生做到"绿色离校、绿色感恩",奉献社会、帮助他人,展现新时代初中生应有的品质。综合性强,显现出开放性和多元性的课程理念。

立意导向明确。三个材料都能见到诚信、敬业、爱国、平等、友善等社会主义核心价值观基本内容的融入,为正处于身心迅速发展重要阶段的初中生树立正确的世界观、人生观、价值观,提供正确有效的引导和帮助,充分体现"用优秀的人类文化和民族精神陶冶学生心灵,提升学生的人文素养和社会责任感"的人文性课程性质。所要用到的知识,绝不拘泥于某年级某一课而是综合性的,此立意导向再明确不过。

特有品质显现。引导考生诚信、敬业,关心国家大事,认真学习和提高自身素质,尊重、帮助弱势群体,礼貌待人、见到他人主动打招呼,对人对事负责,不做无良司机和不文明乘客的事。学会感恩,自觉履行保护环境的义务,爱护校园环境,不乱扔垃圾,不破坏校园环境,不破坏公共财产,奉献爱心、培养亲社会行为,用实际行动践行"文明、和谐、法治、爱国、诚信、友善"等社会主义核心价值观。

解法指要明了。总体上,所涉及的知识不拘泥于某年级某一课,而是对综合知识和综合分析、表达能力的考核。题干素材看似多而复杂,但只要分别厘清材料内涵和正确运用相关知识去思考、分析、表达,便不难达到考核目标的要求。这再度表明命题者的良苦用心及其智慧所在。

(三)借鉴试题优点,落实然后教学

赏析试题,借鉴试题优点,至少有三点,要落实于今后的教学之中。

1. 必须坚持科学发展观和核心价值体系领教学。社会主义核心价值体系是当前我国经济、政治、文化、社会、舆论建设的主旋律,是人们思想行为和实现中国梦的根本导向。中国梦的实现需要人们的不懈努力,承前启后、继往开来的青少年学生也不例外。基于此,今年中考试题,无论是选择题还是非选择题,都或多或少或明或隐地融入科学发展观和核心价值内涵。这启示我们在今后的思想品德课教学中要坚持科学发展观和社会主义核心价值体系内涵教育,引导和促进初中学生正确的思想观念和良好道德品质的形成与发展,为其成为有理想、有道德、有文化、有纪律的社会主义合格公民奠基。

2. 必须坚持"三贴近"教学原则,即贴近学生实际、贴近生活实际、贴近社会实际的教学原则。今年中考试题的选择题和非选择题在融合所学知识的基础上,或采用近年来发生在学生身边的典型人物和事件,或采用发生在国家生活中的重大时事政治事件,或采用社会生活中与人们的生活息息相关的事件作为背景素材来考查。启示我们在今后教学中,必须坚持"三贴近"教学原则,让学生身在课堂,放眼世界,切实将"新课标"赋予思想品德课教学的基本理念落到实处。

3. 必须坚持强化和提高学生的阅读、理解、分析、表达能力。一是因为当今的中考试题无论是选择题还是非选择题,都具有较强的开放性、实践性、自主探究性、活动性和综合性的特点,因此,教学中要鼓励学生围绕题意和要求敢说话、会说话、说真话,培养学生的创新能力和积极参与实践的意识;二是就主观题而言,由于考题的开放性致使答案具有多元化的特点,所以,在书面表述顺序及其逻辑顺序上,要灵活变通,不要拘泥课本的单一性,只要符合题目要求、言之有理,均可跃然纸上。教学中,对于凡有创意,并能结合个人与社会实际,虽然与教材表述不同但能表现新的正确观点的,都要大力提倡和鼓励,凸显"融、活、显"思想,这是"一标多本"的课程理念与新课程评价基本要求所倡导和鼓励的。

适例三：

2015 年广东省及其部分地市中考思想品德金题品赏

品读 2015 年广东省及其部分自主命题地市中考思想品德试题后,觉得那些令人赏心悦目、流连其中又难以忘怀的命题,其设计创意、立意导向、特有品质、解题要旨,值得与诸君分享,因为它们具体而又巧妙地融入新课程理念和所学知识与社会主义核心价值观及中华优秀传统文化内涵,活灵活现地表现所学知识,体现着贴近学生、贴近生活、贴近社会实际,灵活地考量考生的理解与判断能力,彰显着课程理念和课改精神。无论是选择题还是非选择题,都能从中找出其影子或悟出其神韵来。

(一)选择题价值在其中飘香

1.(2015·广东省卷·1)诗人席慕蓉的《青春》写道:"青春是握在手里的细沙,不知不觉已然漏去;青春是天上的一颗流星,虽然美丽却瞬间逝去;青春是幸福留下的阵阵香气,想要珍惜它已离去。"这些诗句告诉青少年( )。

A. 青春是美好的,要尽情享乐不要留下遗憾

B. 青春是矛盾的,要促进生理和心理的协调

C. 青春是喜悦的,不要因烦恼感到悲观失望

D. 青春是短暂的,要珍惜青春创造美好人生

【赏析】

设计创意明晰。它以怀念青春的诗歌作为背景导向,引领考生从诗情画意中思考,同时融入七年级《思想品德》上册第四课珍爱青春年华和珍惜青春、创造美好人生情感等所学知识,是本题命题的一个设计创意亮点。

立意导向正确。在考查所学知识的同时,又帮助学生提升人生观、价值观,启迪考生"青春是短暂的",处于身心迅速发展重要阶段的初中生"要珍惜青春创造美好人生",润物无声地给予考生积极正确的人生引导。

2.(2015·广州卷·14)以下一系列大事记表明( )。

2013 年 10 月 2 日	中国国家主席习近平提出筹建亚洲基础设施投资银行(简称"亚投行")的倡议,得到很多国家的响应
2014 年 7 月 15 日	中国、巴西、印度、俄罗斯和南非等金砖五国决定成立金砖国家开发银行,合作解决基础设施等领域的资金短缺
2015 年 3 - 4 月	英国、澳大利亚、法国、德国、意大利等主要西方发达国家政府正式申请加入中国主导的亚投行
2014 年以来	中国有关"丝绸之路经济带"和"21 世纪海上丝绸之路"的倡议,得到沿线 50 多个国家的积极响应参与。亚投行、丝路基金等机制陆续推出,"一带一路"进入务实合作阶段

①中国的国际影响力日益提高;②世界多极化、经济全球化深入发展;③中国推动全球合作向多层次全方位拓展;④中国在发达国家主导的国际竞争中占绝对优势。

A. ②③④ B. ①②③ C. ①②④ D. ①③④

设计创意简约。该题以表格式表现,将 2013 年至 2015 年我国发起牵头的"亚投行""一带一路"等重大热点事件,有机融入九年级《思想品德》第三课所学

"中国在国际社会中发挥着重要作用"知识中,拓展学生视野,贯穿着让学生身在课堂、放眼世界的课程理念。命题设计创意简约而不简单。

立意导向明了。它启迪考生要全面地、客观地看待我国改革开放事实:我国不仅经济建设世界瞩目,而且我国的国际影响力越来越大,如"亚投行"已得到50多个国家的积极响应参与,展现出我国坚持"引进来""走出去"的对外开放基本国策,在为实现中华民族伟大复兴过程中发挥着重要的积极作用。

3.(2015·广东省卷·6)对题6的漫画《指马为鹿》(图片略)的寓意理解正确的是(   )。

A. 青少年要明辨是非善恶,学会做出正确选择

B. 人都有盲目从众的心理,要尊重他人的看法

C. 正确对待社会影响,不接受别人的任何意见

D. 学会相互尊重,乐于包容与自己不同的观点

【赏析】

设计创意新颖。通过漫画《指马为鹿》的情景设置考查所学知识,耐人寻味。它告诉人们尽管认识事物要从多维度,尽量多角度、客观、全面,但是却不能是非不分、人云亦云、随波逐流,要有自己的正确立场。巧妙地将七年级《思想品德》上册第五课所学"明辨是非善恶"知识和九年级《思想品德》第一课责任知识融为一体。设计创意用心良苦,深入浅出,寓意深刻。

立意导向深邃。主要表现在四个方面:一是要让学生牢牢把握所学知识;二是要学生学会运用其他相关学科所学知识分析问题,比如通过漫画中的三种看法,考量考生的是非判断力;三是要培养学生具有一定的品读和理解漫画的能力;四是要引导学生思考或体验一定的生活知识,如与此题相关的马和鹿的区别。本题意味深长。

4.(2015·梅州卷·11)李克强总理在今年政府工作报告中首次提出制定"互联网 +"行动计划,推动移动互联网、云计算、大数据、物联网等与现代制造业结合,促进电子商务、工业互联网和互联网金融健康发展,引导互联网企业拓展国际市场。"互联网 +"行动计划体现了(   )。

①科学技术是第一生产力;②全面深化网络、金融、教育体制改革;③国家实施创新驱动发展战略;④科技是民族振兴和社会进步的基石。

A. ①③　　　　B. ②④　　　　C. ①②　　　　D. ③④

【赏析】

设计创意明确。此题以"李克强总理在今年政府工作报告中首次提出制定'互联网 +'行动计划,推动现代制造业,促进电子商务、工业互联网和互联网金融

健康发展,引导互联网企业拓展国际市场"为设计创意,巧妙地融入九年级《思想品德》第四课"科学技术是第一生产力"知识、展示"国家实施创新驱动发展战略"的信心和行动,激发初中生充分利用现代科技手段实现中国梦的情感,紧紧贴近生活、贴近社会发展实际。

立意导向直接。引导新时代初中生要增强科技转化意识,要树立社会责任感,要培养爱国情感的价值取向;同时,有利于激励青少年学生勇担中华民族伟大复兴梦重任,促进青少年学生正确的世界观、人生观、价值观的形成。

5.(2015·广东省卷·2)对题 2 的漫画(图片略。图片大意描述:在满满、重重的书包"压力""学习焦虑"面前,两名学生发出"受不了,逃啊"的声音)中人物的行为,正确评价的是(　　)。

　　A. 这是合理调控情绪的有效方式　　B. 这有利于他们的身心健康发展
　　C. 他们没有正确地对待学习压力　　D. 这能够帮助他们消除学习焦虑

【赏析】

设计创意精巧。一是以图表作为命题背景的设计创意新颖,简约明了;二是很自然地融入七年级《思想品德》上册第一课和九年级第十课"正确地对待学习压力"的知识。

立意导向深刻。一方面,引导考生冷静思考、判断在学习压力面前应该怎么做的问题,从而形成正确的价值取向;另一方面,启迪教学中要重视学生对图表的阅读、理解、判断能力的培养。

6.(2015·佛山卷·6)根据 2015 年 3 月 15 日实施的《受害消费者权益行为处罚办法》,经营者采用网络、电话、电视、邮购等方式销售商品,应承担无理由退货义务,故意拖延或者拒绝消费者无理由退货要求的要受处罚。这(　　)。

　　A. 表明法律支持消费者的一切要求　　B. 维护了消费者的依法求偿权
　　C. 有利于引导商家进行诚信经营　　D. 说明法律是惩治犯罪的有力武器

【赏析】

设计创意精当。题干凸现"法治"的社会主义核心价值观、以人为本的科学发展观核心思想;备选答案,既落脚于八年级《思想品德》上册第十课"诚信做人到永远"知识上,又是社会主义核心价值观对商家"诚信"经营的要求。设计巧妙,创意鲜明。

立意导向明确。它立意考查考生"活"用知识和分析、判断能力等要求。尽管从题面上看似乎考查对消费者的依法求偿,但是,只要仔细比较和认真推敲,则不难读懂题干要求的实质是对商品经营者必须诚信经营的思想和行为的引导。这不仅是一道考核考生活用知识去分析、判断社会现象的好题,而且也是对考生进行"诚信"美德教育的一个佳作。它精巧地融合了社会主义核心价值观和中华优秀传统文化的内涵。

7. (2015·广东省卷·14)2015 年 3 月 21 日,在"世界零歧视日"主题活动中,主持人白岩松将写有"绝不歧视"的纸分别粘在眼上、嘴上和胸前。他说,我们要把歧视的眼光和嘴遮上,把不歧视的字眼贴在心上。材料说明(　　)。

A. 现实生活中各种歧视现象依然存在

B. 每个人的人格都会得到平等的尊重

C. 平等待人就要做到真诚和发自内心

D. 要为被歧视者提供更多的物质帮助

【赏析】

设计创意深入。传递着"不歧视"即平等待人、尊重人权的法律意识。它融入了八年级《思想品德》上册第八课"平等对待你我他""人生来平等"等所学知识,也融入了社会主义核心价值观社会层面的"平等"要求,传递着尊重人权的道德与法律要求。题干设计形象,别出心裁,创意深刻,意义深远。

立意导向鲜明。它强调人们在传递社会主义核心价值观倡导的"平等"正能量时,不仅嘴巴上要讲,要宣传,更重要的是要把平等待人"做到真诚和发自内心",成为实实在在的行动。

8. (2015·佛山卷·15)佛山文化产业参加"中国——东盟博览会文化展"的品牌虽然比较多,但集体形象并不突出,目前还没有一个代表佛山整体实力的文化品牌。因此,发展文化产业,打造佛山文化品牌(　　)。

①政府要加大对文化创意产业的资金和政策扶持,依法规范市场秩序;

②政府要促进文化产业与科技等产业融合发展,提升文化产业发展品质;

③企业要坚持传承与创新相结合,吸收各国文化来改造传统文化产品;

④企业要建立体现独特优势的、可持续发展的经营模式,提高自身竞争力。

A. ①②③　　　　B. ②③④　　　　C. ①③④　　　　D. ①②④

【赏析】

设计创意鲜活。该题干紧贴地方实际,将九年级《思想品德》第四课"科学技术""创新"、第五课民族文化、八年级《思想品德》上册第八课"竞争"等所学知识融入其中。设计巧究,创意鲜活。

立意导向明晰。强调民族文化品牌走向世界的重要意义。阐析民族文化要走向世界,参与全球竞争,必须创新发展。即既要传承中华优秀传统文化,又要吸收各国优秀文化来"改造传统文化产品",提升文化产业发展的品质,从而提高自身竞争力。

(二)非选择题内涵在其中绽放

1.(2015·佛山卷·18)背景:"新常态"是当下最流行的经济关键词。某班学生围绕"新常态"开展了探究活动,请你一起参与,共同探究以下问题。

[认识新常态]

材料一:今年我国经济发展情况

年 份		2011 年	2012 年	2013 年	2014 年	注
国内生产总值(GDP)		471 564 亿元	519 470 亿元	568 845 亿元	636 463 亿元	2014 年突破 10 万亿美元,仅次于美国
经济增长速度%		9.5	7.7	7.7	7.4	2015 年预期 7%左右
单位 GDP 能耗下降%		2.01	3.60	3.70	4.80	2015 年预期 3.1%以上
三大产业占比%	1. 农业	10.1	10.1	10	9.2	发达国家的第三产业占地区 GDP 总量的比例达 70%以上
	2. 工业	46.8	45.3	43.9	42.6	
	3. 服务业	43.1	44.6	46.1	48.2	

(1)材料一反映了经济新常态有什么特征?

[引领新常态]

材料二:对于新常态下的经济发展,中央经济工作会议明确指出,"要以创新驱动引领新常态",并着重强调与创新驱动有关的要求:"更加注重科技进步和全面创新、更加注重加强教育和提升人力资本素质。"

(2)新常态下,更加注重"科技进步和全面创新、加强教育和提升人力资本素质"有什么意义?

[适应新常态]

材料三:进入新常态,我国的制造业发展面临新挑战。2015 年 5 月,国务院出台《中国制造 2025》,提出了 2025 年制造业主要指标:

类 别	指 标	2015 年	2020 年	2025 年
创新能力	研发经费内部支出占主营业务收入比重(%)	0.95	1.26	1.68
	主营业务收入有效发明专利数(件/每亿元)	0.44	0.70	1.10
质量效益	质量竞争力指数	83.5	84.5	85.5
绿色发展	工业增加值能耗下降幅度	——	比 2015 年下降 18%	比 2015 年下降 34%

(3)结合上述材料回答,要达成"中国制造 2025"指标我们有什么应对措施?

【赏析】

设计创意精致。数字枯燥,表格却直观。本题围绕"新常态"关键词,设计了两个表格作为材料一和材料三背景。其中,材料一通过近几年来我国经济发展情况表格数据的立体观察,让考生回答我国经济新常态下所具有的特征;材料二紧扣材料一"新常态下的经济发展"主题,强调"要以创新驱动引领新常态",以此引导考生回答"科技进步和全面创新、加强教育和提升人力资本素质"的意义;材料三以"创新能力""质量效益""绿色发展"等指标呈现《中国制造2025》目标。题干设计创意独特,言简意赅,却内涵丰富。

立意导向明确。三个材料环环紧扣,具有很强的逻辑关系。其基本思路是:从"(1)材料一反映了经济新常态有什么特征?"——即"是什么";到"(2)新常态下,更加注重'科技进步和全面创新、加强教育和提升人力资本素质'有什么意义?"——即"为什么";再到"(3)结合上述材料回答,要达成'中国制造2025'指标我们有什么应对措施?"——即"怎么办",题目简明,立意明确,不仅考查考生活用所学知识与综合表达的能力,而且将考生情感态度价值观融入其中,融为一体。

特有品质适当。拟通过对材料一经济新常态特征的回答,明晰"既要金山银山,更要绿水青山"的发展理念;拟通过对材料二创新驱动引领新常态意义的强调,懂得材料三中"创新""效益""发展"所要采取的应对措施。这种反三归一的命题艺术,尽现思想品德思想性、人文性、实践性、综合性的课程性质。

解法指要明了。设计思路看起来非常简约,但要回答好这些问题,必须运用所学经济建设与科学发展等知识去解答;此外,还要赋予情感态度价值观的适度融入,简约不简单。

2. (2015·广州卷·25)文化是民族的血脉,是人民的精神家园。阅读材料,回答问题。

全国政协委员冯骥才在2015年全国"两会"期间说,最近10年,我国失去90万个村落,其中很多是古村落,令人忧心。位于广州北部的某村是一个有800年历史的古村落,是一部岭南文化的活化石。该村的代表性建筑曾获得联合国教科文组织亚太地区文化保护大奖。但是,由于当地干部群众对古村落的价值认识不够,加上资金短缺,古村落在不同程度上受到自然灾害的侵袭、人为破坏和旅游无序开发的冲击,近五成的房屋倒塌,且布满了青藤和杂草。许多有识之士呼吁,要保护好古村落,让子孙后代望得见山、看得见水、记得住乡愁。

(1)从弘扬中华文化的角度,回答为什么要保护好古村落。

(2)你认为当地政府在保护古村落问题上应怎样有所作为。

【赏析】

设计创意精美。它以文化名人冯骥才在2015年全国"两会"期间对我国古村落文化因各种因素致逐步消失的忧虑,到广州有800年历史的古村落的损坏为背景,拟设两个问题让考生探讨。历史古村落是历史文化的活化石;弘扬中华文化,就要保护好古村落;古村落所在的当地政府,必须高度重视,充分认识,落实行动,切实把经济建设与古村落保护两者协调起来。统一到经济发展中去,既要发展经济,同时又对古村落等历史文化进行有效保护。这也是经济发展新常态的一个本质要求。

立意导向确切。它融入九年级《思想品德》第五课民族文化、薪火相传等所学知识,活现思想性、综合性的课程性质,是今后命题立意的方向。

特有品质了然。该题将情感态度价值观的培养、知识的运用和阅读、理解、分析、表达能力有机地整合起来综合考核,呼吁人们发展经济不能以牺牲历史文化古迹为价值取向,而"要保护好古村落,让子孙后代望得见山、看得见水、记得住乡愁"。引导考生在应考中思索实现中华民族复兴梦该走的正确道路。

解法指要明确。材料简明,层次明朗,主题明显不复杂,只要读懂"弘扬中华文化""保护好古村落"以及当地政府在保护古村落行动中的作为,便可拨开迷雾见青天,答案即可跃然纸上。

3.(2015·广东省卷·32)背景材料:社会主义核心价值观的养成绝非一日之功,要坚持由易到难、由近及远,努力把核心价值观的要求变成日常的行为准则,进而形成自觉奉行的信念理念。为此,同学们进行了深入的探究:

【认知】

材料一:下面是三幅"社会主义核心价值观"的宣传图片。请你认真观察并回答第(1)问。

题32(a)图　题32(b)图　题32(c)图

(1)试分别从国家、社会和公民层面,指出题32(a)(b)(c)图体现了社会主义核心价值观的哪一内容?

(a)_____;(b)_____;(c)_____。

【明理】

材料二:党的十八大以来,惩治腐败一直保持高压态势,先后有多位副部级以上高官被查处。十八届四中全会指出,坚持依法治国首先要坚持依宪治国,坚持依法执政首先要坚持依宪执政。拓宽公民有序参与立法途径,健全法规草案公开征求意见和公众意见采纳情况反馈机制。

(2)结合材料,从社会主义核心价值观的角度分析我国坚持依法治国有何意义。

【践行】

材料三:《游客不文明行为记录管理暂行办法》施行后,2015年5月7日,首批全国游客不文明行为记录公布,大闹亚航、强行打开飞机应急舱门、攀爬红军雕塑照相三起不文明事件的四个当事人"上榜"。

(3)如果你外出旅游,你打算如何做一个文明守法的旅行者?

【赏析】

设计创意独特。由一个背景材料和其他三个具体材料组成。其中,材料一[认知]要求,通过三幅"社会主义核心价值观"的宣传图片,要求考生认真观察并分别从国家、社会和公民等三个层面,回答题32(a)(b)(c)图体现了社会主义核心价值观的某一方面内容,不仅表现出创意独特、新颖,而且启迪着考生去思考、去判断、去表述;材料二[明理]要求结合材料,从社会主义核心价值观的角度分析我国坚持依法治国有何意义,紧紧与党的十八大四中全会关于依法治国精神相结合,贴近社会、贴近生活;材料三在[赏析]中,鞭策考生要做一个文明守法者。三个材料三个对应问题紧密结合,体现着很强的综合性。

立意导向明确。三个材料中,除了材料一必须回答"文明""法治""友善"外,材料二材料三仍需分别呈现法治和爱国等社会主义核心价值观基本内涵,为帮助正处于身心迅速发展重要阶段的初中生确立正确的世界观、人生观、价值观,提供正确引导;同时也充分体现"用优秀的人类文化和民族精神陶冶学生心灵,提升学生的人文素养和社会责任感"的人文性课程性质。所要用到的知识,绝不拘泥于某年级某一课而显得灵活且综合,立意明确,导向清晰。

特有品质显见。引导考生要做文明、友善之人;走出家门,要做一个文明守法的旅行者;要认真学习,要关心国家大事,提高自身素质;要学会观察、思考社会现象;要自觉遵纪守法,提高思想道德品质,用实际行动践行社会主义核心价值观和中华美德。

解法指要明了。解答问题所涉及的知识没有局限于某年级某一课,而是全面考量考生对知识的理解、整合、表达等能力。材料一图片看似复杂,但只要厘清图片内涵,便可正确表达,不难达到考核目标。这既表现出命题者的智慧及其良苦用心,又贯穿着新课程开放但又必须落到知识点上的课改情怀。

品赏试题优点,落实教学实践,是写作本文之初衷。在今后思想品德课教学中,我们要坚持加强科学发展观和社会主义核心价值体系内涵教育,通过"三贴近"教学原则,让学生身在课堂,放眼世界,落实"新课标"赋予思想品德课的基本理念,促进初中学生正确思想观念和良好道德品质的形成与发展,为之成为有理想、有道德、有文化、有纪律的社会主义合格公民奠基。

以上三篇试卷评析文章的风格不尽相同。其中,2013年的评析文章,不同2014和2015年的写作特点。2013年写作思路比较开阔灵活,有"天马行空"(自由自在地围绕试题内容评析)的感觉,后面两篇却有着格式化的痕迹。个中原委是什么? 为什么? 其中有个小小秘密。这个小小秘密就是,前一篇评析文是作者依据自己对试题的理解写作和评析,没有任何外界思绪的干预。后面两篇文章是应杂志社的编辑之约,并按照其给出的"设计创意""立意导向""特有品质""解法指要"写作思路要求写作而成的。这样规范写作的优点有三个:能将编辑的意图尽量表现出来,便于编辑;能帮助作者厘清写作思路;能尽量挖掘命题者体现在试题中的意图,不易遗落。缺点是:思维有点被固化。再者,从2014年、2015年两年试题看,虽然都涉及社会主义核心价值观问题,但是,所考的角度不同,命题背景不一样,所涉及的内容也不一样。这说明了什么? 说明了命题者,除了将所学知识融合在试题中,考查学生对知识的掌握与运用能力外,还给考生以情感态度价值观的检验。

通过阅读《评析试卷》,您又从中悟出了什么道理呢?

加强修炼尚需啥,下章分解便知晓。

第六章

撰写论文

教学论文,是对教育教学感悟进行理性思考并最终成文的结果。它通常被视为教师学术水平的客观反映。因此,教师除了学会教书育人,还要适度地写作教学论文。写作教学论文,不仅是教书育人工作的延续,而且能进一步提升教书育人的品质。

教学论文成文后,其作品水平究竟能达到什么级别? 什么档次? 能在哪一级报纸杂志发表、得奖? 校级? 乡镇级? 县(区)级? 地市级? 省级? 国家级? 国际级? 总得拿出来称一称,方知其斤两。

目前,对教师教育教学论文的评价渠道,从国家到地方,不仅渠道多多,而且非常畅通——各级每年设立评奖机制;相关报纸杂志,也随时为有志于发表教育教学论文的教师敞开大门。一般来说,教学论文获得哪一级别教育部门的评价奖励,或者在哪一级别报纸、杂志发表,就是得到了该级别对该教学论文的肯定性评价。如果教学论文发表于全国中文核心期刊,那是就得到了最高级别的评价。有一位知名特级教师在一次向某市来听其讲座的几百位教师说:“教师一生能在核心期刊发表一篇论文就已经很难得了。”一个知名的全国中文核心期刊的编辑负责人告诉我:“能在核心期刊刊登的论文比例是3% –4%左右。”无论在哪一级别获奖或者发表教育教学论文,作为教书育人的人民教师,都要一如既往地重视。

要使自己的教育教学论文获得高级别的奖励,或者要在高级别的杂志上发表,必须加强修炼。如何加强修炼? 可以从四个方面去努力:

一是要拓宽眼界,广开思路,向他人学习。尤其是对于他人获得了高级别奖励或者发表于核心期刊的教育教学论文,要结合自身教育教学实际认真学习、研究。但在现实中,有的人看到他人的文章不屑一顾,认为他这么做,自己也是这么做的,没有什么好学习的。这种想法很普遍,是认识很肤浅的表现。为什么他这么做的经验论文,能在核心期刊发表,或者能获得这么高的奖励,自己却不能甚至还没有成文? 这是十分值得修炼的问题。

二是要抛弃浮躁,静下心来思考问题,做好学问。他人这么做的经验能成文,能发表,能获奖,是因为他人能抛弃浮躁,能静下心来,能冷静地思考问题,耐心专心做学问。所以,同样他这样做了,你也这样做了,但是结果却天壤之别。天道酬勤呀。这又是十分值得修炼的问题。

三是要加强写作修炼。写作是一种学习,而且是一种最好的学习。会写,能写,不是天生的,而是在后天的不断习作中练成的。只有在工作、生活中不断地观察、思考,学习、积累、写作,并在写完稿之后,不断地阅读修改,修改阅读,再修改,再阅读,如此反复,直至自己满意了,就不难写出好文章。

四是要有政治敏锐性和智慧的洞察力。教书育人的人民教师,在社会生活中,必须具备政治敏锐性和智慧的洞察力。如果有了政治敏锐性和智慧的洞察力,加上前三个要素的修炼,那么,要创作出教育教学的佳作来,也就不难了。

一、撰写教育教学论文的政治敏锐性和智慧洞察力

政治敏锐性指的是对国家公开的经济、政治、文化生活的重大事件能及时了解并持有正确态度。2010 年,根据网上公开《国家中长期教育改革和发展规划纲要》(2010 – 2020 年),对中国未来 10 年的教育发展方向所涉及的 11 大领域的 36 个问题公开"征求意见",我一边学习"征求意见"稿,一边联系所在农村镇学校义务教育现状,提出应确立"农村乡(镇)组织义务教育问责制"的建议并寄往《广东教育》杂志社,得到编辑首肯,并拟于 2010 年第三期卷首语发表(后因广东省泛珠三角经济圈重要内容要在该刊刊发而搁置)。现将该文全文列下:

《纲要》应确立"农村乡(镇)组织义务教育问责制"

当我赞赏《国家中长期教育改革和发展规划纲要》(2010 – 2020 年)(下称《纲要》)对中国未来 10 年的教育发展方向所涉及的 11 大领域的 36 个问题公开征求意见觉得非常全面之时,忽又觉得对于搞好农村义务教育的组织保障方面,尚缺乏规范,似乎又有美中不足之感。

如果把"建立农村乡(镇)组织义务教育问责制"纳入制定《纲要》不可或缺的要素,那么,会使《纲要》贯穿中国教育"三个"面向的宗旨、赶上时代的要求、体现我国教育发展方向的意义更加尽善尽美。所以,我觉得《纲要》应确立"农村乡(镇)组织义务教育问责制"。

(一)确立"农村乡(镇)组织义务教育问责制"具有积极意义

回想起我在国家扶贫县教书时,"有好事者"把教师家访遭遇某些家长冷遇的情况反映到了县委县政府领导官员的耳朵里,为此,县委县政府在县三级干部会议上宣布:如果今后在座的出现冷落教师家访者,撤职!铿锵有力的表态,隐含着不言而喻的对教育的重视,对教师的尊敬,对教育发展的支持!虽然贫困县对于教育在物质方面的投入远不如发达地区,但这旗帜鲜明的态度足令当地尊师重教蔚然成风,教育教学质量蒸蒸日上。

耳闻目睹当今农村义务教育差强人意的情形,觉得保障农村义务教育质量,必须有地方组织做坚强后盾,才能当前中小学普遍的避免教师与学生的"三耗"("耗时间、耗精力、耗健康")现象,才能杜绝"校长老师被殴打,斯文扫地"的怪事重演,实现和谐教育。

确立"农村乡(镇)组织义务教育问责制",主要出于三个考虑:一是因为我国根深蒂固农业国的烙印不可能在短时间内抹掉,而农村义务教育事关民族兴旺、人民福祉和国家未来,涉及千家万户,关乎群众切身利益;二是鉴于当前农村义务教育的复杂性,不仅需要政策倾斜,更要加强对其检查监督;三是农村义务教育质量的提高,需要有效的保障。

(二)期盼农村乡(镇)组织义务教育问责制成为《纲要》不可或缺的要素

制定《纲要》的根本目的在于提高教育质量以适应全面建设小康社会的要求。确立问责制,有利于国家中长期教育改革与发展,能使具有中国特色、中国风格、中国气派的现代化农村义务教育质量得到有力的保障。

所谓农村乡镇组织义务教育问责制,是指乡(镇)政府主要负责人有责任检查督促其所属村(社区)组织负责人负起抓好义务教育责任的制度。它包括三个层面:

1. 乡(镇)政府应联合当地中小学校,并根据学校、村(社区)实际情况,制定切实、可行、有效的责任措施。

2. 问责内容应包括两个基本方面:一是按照法律或政策要求,不折不扣地落实教育经费,确保教育教学正常运作;二是定期与当地中小学校、家长沟通交流,及时掌握所辖地区孩子在学校、在家、在社会(村、社区)的表现,发现问题,及时与学校、家长沟通,促其健康成长、成人、成才,推进素质教育。

3. 乡(镇)、村(社区)要选择有威望、有经验又管得住的专职干部负责检查督促落实,将其列入考量政绩的一个重要指标,并对未达问责内容要求者一票否决,使"不抓教育就是对人民的不负责任"成为实实在在的行动而非口号。

建立"农村乡(镇)组织义务教育问责制"的实质,在于改变把农村义务教育视为仅是学校的事情的"执政"理念。

实行农村乡(镇)组织义务教育"一票否决"问责制,有利于敦促基层领导者扎扎实实了解教育,关心教育,有利于促使基层组织干部深入学习了解党和国家的教育政策,调查了解所辖地区教育的实际情况,避免盲目、片面的指责,多些对农村义务教育的理解和支持,使农村义务教育发展能够适应社会主义新农村的要求。因此,我们期待着"农村乡镇组织义务教育问责制"的确立与实行。

这是教师政治敏锐性和智慧洞察力的一个实例。

二、撰写教育教学论文的规范及适例

撰写教育教学论文,除了要具有政治敏锐性和智慧洞察力以外,还必须懂得撰写规范的教育教学论文的哪些问题?

(一)规范的教育教学论文的构件①

规范的教育教学论文构件包括论文作者的署名、作者的单位、论文的摘要、论文的关键词、论文的正文、论文的参考资料等。其中,论文的摘要、论文的关键词、论文的正文是论文的根本组成部分。

关于署名、署单位

教育教学论文都该署真名和作者所在的工作单位。这关系到责任、成果归属并便于追踪问题。

关于摘要

1. 含义

教育教学论文摘要又称"文摘",是论文的重要组成部分。它是正文内容的梗

---

① 构件中的署名、署单位、摘要、关键词、正文、参考文献等均参考网络360百科。

概或者说"眼睛"，不但要简明扼要，而且要确切地记述正文的重要内容。它不容赘言，采用直接表述的方法，不必使用文学修饰，用最少的文字，提供最大的信息量。要控制在200字左右为宜，最多不要超过400字。

2. 摘要的特点

（1）具有独立性和自明性；

（2）具有与正文同等量的主要信息，能够使读者无须阅读全文，便可获得正文的意涵所在。

若是国际交流的论文，还须用外文（常见用英文）做摘要。

3. 摘要所置位置

通常情况下，摘要置于题目之后，文章之首。在论文发表后，论文摘要常被文献检索系统所收集。

4. 摘要内容构成要素

摘要常常由目的、方法、结果和结论四部分组成。

目的部分，要说明的是提出问题的缘由，表明研究的范围及其重要性；

方法部分，要说明研究课题的基本设计，运用的材料和方法，如何分组对照，研究范围，数据如何取得以及经过何种统计学方法处理，其精确程度如何；

结果部分，要列出研究的主要结果和数据，有什么新发现，说明其价值及局限，叙述要具体、准确，并需给出结果的可信值和统计学显著性检验的确切值；

结论部分，要说明、论证取得的正确观点及其理论价值或应用价值，是否值得推荐或推广等。

其实，摘要就是论文的骨架。

关于关键词

1. 含义

关键词是主题词中的一类，因此，有人称之为主题词（这里暂且撇开其准确与否之争）。关键词是论文的另一双眼睛，是从文章中提取出来、用以表示全文主题内容信息的单词术语，具有鲜明且直观地表述论文论述或表达论文主题，使读者在未读论文文摘和正文之前，就能一目了然地知道论文论述的主题意涵，以此调动读者阅读正文的兴趣。

2. 关键词的作用

是一种新型检索词汇，多用于计算机网络检索（检索工具）。

3. 关键词的规范

关键词不能用过于宽泛的词语。选择关键词要从论文的各级标题入手，从论文本身的内容着手,将选出的关键词按照所涉及领域的范围从大到小顺序列出。

4. 关键词的数量

无论是论文还是报告,每篇选取关键词3至8个为宜。

关于正文

正文是论文的主体。它包括论文的引言、材料和方法、实验结果、议论等。

1. 引言:是论文引人入胜之言,很重要,要写好。一段好引言,如同色香味俱全的健康食品,诱人胃口,令人钟爱。好引言能使读者明白所述事件的发展历程和在这一研究方向中的位置,要写明论文立论依据、背景、意义或问题的发展,文字要简明扼要。

2. 材料和方法:要实事求是地写出实验对象、器材、设计、方法、指标、分组、统计方法、判断标准等;或者按照论文投稿要求即可。

3. 实验结果:要归纳,还要做精细分析,去粗取精,去伪存真,做出合乎逻辑的、实事求是的叙述,不作假。

4. 议论:是论文中不可缺少的,也是要下功夫提炼的部分。要运用唯物辩证法观点统观全局,抓住论文的主流、本质,把感性认识提升到理性认识上来,要对实验结果做出分析、推理,但是,不能重叙实验结果。同时,如果有国内外相关文献,那么,还要对国内外相关文献中的结果与观点做出对比讨论,表明自己实验的观点与其的异同,倘若观点对立也不能回避。注意把握分寸,实事求是,既不卑不亢,不夸张,又不做"科幻""畅想"之论。

关于参考文献

1. 含义

顾名思义,参考文献就是作者在撰写文章或著作等过程中参考过的文献。它主要用于在学术研究过程中,对某一著作或论文的整体的参考或借鉴。

2. 注脚方式

征引过的文献在注释中已注明的,则不再出现于文后参考文献中。根据相关要求,可以把参考文献和注释,列于文末并与参考文献分列或置于当页脚地。

3. 参考文献类型及文献类型

根据 GB3469 –83《文献类型与文献载体代码》规定,以单字母方式标识:专著M;报纸 N;期刊 J;专利文献 P;汇编 G;古籍 O;技术标准 S;学位论文 D;科技报告R;参考工具 K;检索工具 W;档案 B;录音带 A;图表 Q;唱片 L;产品样本 X;录像带V;会议实录 C;中译文 T。

以上各项要素,均可以从下面"四个适例展示"中找到答案对应的作者署名、单位、论文的摘要、论文的关键词、论文的正文、论文的参考资料等。

(二)四个适例展示与思考

《〈纲要〉应确立"农村乡(镇)组织义务教育问责制"》这个例子省去了规范性论文的好多项目。

规范的教学论文的项目应该包括标题、作者单位、署名、联系方式(详细地址、邮编、电话、电子邮箱)、作者简介、文章内容摘要、关键词、正文及引文标注、参考资料等项目,且对每个项目的字体及其大小都有规定。

下面再举《学校量化管理应赋予正能量导向之我见》《对照课标要求 完善教材建设——给人教版〈思想品德〉教材编写、修订提点建议》《预测思品中考动向 感受传递正能量必要》等相对上述项目齐全的且又是相关于政治敏锐性和智慧洞察力的四个例文。但是,均略去了作者单位、署名、联系方式和作者简介(因为作品的作者均为本书作者,包括本书所有没有署名的作品亦为本书作者——注)或参考资料,只有标题、摘要、关键词、正文和标注等项目。按照正常文章惯例先后把题目、摘要、关键词、正文、标注、参考资料等项列下。

适例一:

题目　　　　　　**学校量化管理应赋予正能量导向之我见**

摘要:当今的教育,传承传统教育百年树人的优点又不拘泥于传统教育本身,是一个与时俱进推陈出新的具有传统优点又饱含并呈现现代创新思想的全新概念的教育形态。它祈求量化管理在学校发挥良好作用,又主张将传统教育优点发扬光大的同时,将现代先进的教育思想和理念兼收并蓄,有机融合,成为教书育人的活力源泉。

量化管理虽为一种时尚,但要使之成为一种方向引领,一种精神动力,还须不断地完善。量化管理愈科学合理、愈公正公平,愈能激发和维护有责任心的教师为教书育人事业奋斗终生而孜孜以求的积极性,亦愈能驱使他们一如既往、脚踏实地、无怨无悔地为教育事业鞠躬尽瘁。

关键词:量化管理;学校;导向;正能量

正文:话说某一农村初中(下称"某校")评选近年市教学先进个人的"量化""评选标准"(下称"评选标准")规定:"教学成绩占60分"中,低于市线30%,进步较小的得 0 - 20 分；低于市线 20%，进步较大的得 21 - 49 分；达到或超过市线的得 50 - 60 分。"公开课、示范课、课题专著 20 分"中，市级得 20 分、校级得 10 分；"近年内做班主任得 10 分"。"辅导获奖 10 分"中，获市以上奖得 10 分、镇 5 分，合计 100 分。很明显，这是缺乏素质教育内涵的畸形的量化管理评价标准。

说它畸形，主要是因为该评选标准至少存在着"五个不公"：一是忽略了该校分班级时生源搭配不均而造成教学成绩差异这一事实；二是"公开课、示范课、课题专著"能否按同一概念相提并论；三是"做班主任"加分，做教研组长、备课组长却不加分之异议；四是少数学科有辅导学生获奖机会而不是所有学科都有均等机会的"辅导获奖"加分项，应做"同等条件下优先考虑"辅助条件的而做必备条件之争；五是只有显性教学效果呈现而缺乏对学生思想道德、心理品质、人生价值、发展道路等影响的隐性教学实效的体现。试问：如此诸多欠缺的"评选标准"，能发挥调动积极性、汇聚正能量、实现教学质量飞跃的作用吗？

所以强调学校的量化管理应赋予更多的正能量导向，是因为在一定意义上，评选先进的标准就是指导今后工作的风向标。导向准确与否，直接关系到工作方向，影响着广大教师的积极性。一旦教学积极性受到消极影响，对教育教学造权的不良后果可想而知。

毋庸置疑，教学质量是学校生存发展的生命线。该"评选标准"强调分数这一教学质量指标是情理之中，抓住了问题的核心，道出了素质教育的本质之一。但是，素质教育不仅仅包含显而易见的分数这一显性结果，而且包含着当下教师的专业发展对教学的影响，包含着也许若干年后才能显效的——对学生的思想道德、心理品质、人生价值、发展道路走向影响的隐性效果。

如何改变或者弥补学校量化管理中普遍存在的只关注显性结果而忽视隐性实效的状况呢？笔者认为，无论政府部门对学校的管理，还是学校本身的内部管理，若实施"量化"，必须充分体现该"量化"的科学发展观元素——以人为本，赋予该"量化"以充分的正能量导向，使量化管理真正成为提高教育教学质量的强力助推器。

（一）正确认识量化管理的优缺点，是发挥量化管理作用的重要前提。

量化管理，自八十年代后期从企业引进学校至今，虽已历经二十多载岁月洗礼，但因教育事业有别于企业的特质，所以，要发挥量化管理在学校的正能量作用，还须辩证分析，既要看到其积极性，又要看到其消极性，一分为二。

就其积极意义而言，在学校管理中运作量化管理模式，在一定的目标下，各部门能够有章可循，较好地围绕学校的发展目标，努力去进行教育教学教研科研，其结果也有据可查（暂撇开隐性效果而言）：一是体现在学校发展规模上，每年扩招学生多少;二是体现在教学成绩上,平均分、及格率、优秀率均呈上升趋势;三是体现为上级学校输送了多少合格学生;四是体现在教育科研上,每年能发表多少篇论文、出版多少部专著等。就此而言,量化管理能使工作目标明确,有度可量,有抓手,可操作。由此可以肯定量化管理对于学校的发展功不可没。

但是,其消极性也显而易见。企业管理可以实现"凡是能够衡量到的,就能够做得到"。于是,许多企业老总从这一理念出发,把企业的所有目标细化为小目标,具体分解到其各基本单位或部门去负责完成,简单省事。学校管理却有别于企业管理。企业加工的对象是物(产)品,只要产销渠道畅通,企业加工出来的产品就能产出多少销售多少。甚至在产销旺季时节,见有利可图,企业往往可以充分发挥机器的优势,利用工人"三班倒"劳作,做到人停机不停地生产,突击购进原材料,工人突击加班加点,夜以继日,即可多出产品。

百年树人的学校则无法做到。不是校长无能,亦非老师不力。无论什么能人做校长,也无论什么能人做教师,都无法办到。因为老师不是机器,"加工"(培养)的对象也不是市场上购进的原材料,而是活泼可爱的正在茁壮成长的青少年学生,他们是具有独一无二的、有思想、有情感、具有独立人格及创造智慧和能力的人。他们经过一天若干时间的学习、工作,累了,饿了,需要吃饭、休息,需要恢复体能和精神,然后才能维持自己身体的可持续发展,继续下一次或下一天的学习、工作。自然规律周而复始,不可抗拒,不可逆转。再说,人才的培养有其规律性,需要一个过程,要通过相当时间的发酵、锻造,此是"百年树人"之理。

正确认识量化管理的优缺点,有利于更进一步完善学校量化管理体制和发挥量化管理育人的积极作用,为在新的历史条件下全面建成小康社会、加快推进社会主义现代化、夺取中国特色社会主义新胜利的宏伟蓝图而努力。

(二)学校的量化管理必须更多地凸显正能量导向功能,提升育人品位。

适者生存的自然游戏法则决定着任何事物都须在重视自身变化中求得自我发展。学校的量化管理制度,要发挥其正能量的导向作用,亦须在实践中不断完善,才能更好地发挥其四种功能。

1. 发挥量化管理影响力,彰显其导向功能作用。导向功能作用,指的是对事物生存发展方向的作用。正能量影响着事物正常的生存发展。徙木为信发挥的正能量作用,致使商鞅变法成功起航;最近,党中央、国务院采取扩大内需等措施,以正能量导向我国率先走出国际金融危机低谷——我国 GDP 增速继续立于世界鳌头。急兄仇张飞麾下致杀身之祸;现今致某校缺乏团队教学质量意识——同一年级备课组欠合作,老师只管自己班、自己科成绩,无序地给学生压作业,致使不少学生不愿做作业,学习兴趣被弱化甚至使部分学生厌学,整体教学成绩落后之因,正是畸形量化管理所致。事实表明,量化管理是否具有正能量,将影响或改变着事物的生存与发展。倘若某校"评选标准"加上"思想品德标准",不仅可以衡量教师的道德标准,而且可以引导教师加强道德修养,做学生的表率,增强教书育人的责任感和使命感内涵;倘若将"课题论著"列入"专业能力标准",以此引领教师走专业化发展之路,提高教师专业水平和教学能力,提升教学特色,引领教师朝着未来教育家方向发展,那么,该"量化"则可呈现素质教育灵魂,其正能量作用亦则彰显其中。

2. 通过两渠道,发挥教育功能作用。两个渠道:一是民主渠道,即以发扬民主的方式去制定量化管理制度。制度草拟出后广泛征求意见和建议,集思广益,使该制度更完善。民主的过程,实际上就是传播的过程、自我教育的过程和形成正能量的过程。二是宣传渠道,即在制度实施前,加大对制度的宣传,使它进一步被人们所认识、所理解、所接受,被内化为内在的行动动力。事实上,大凡普惠大众的制度都需要一个让人们去认识、理解、接受和落实的过程,在此过程中,汇聚正能量,积聚推动力。如十八大提出的"五位一体""全面建成小康社会"、人均 GDP 等奋斗目标,是实现"中国梦"的重要组成部分,要使它内化为全国各族人民的行动,国人必须对其有所认识、有所理解,才能把它落到实处。为此,党中央非常重视对此的宣传教育,从中央到地方,层层组织宣讲,力求家喻户晓,人尽皆知,将奋斗目标化为人们的自觉行动。学校量化管理制度亦然。据悉,某校新任校长通过总结经验,针对性地提出了多项改革措施,包括量化管理在内。明确提出"一年稳定、二年有小变、三年上台阶、五年铸品牌"的教育科研齐头并进的发展思路,并将这些设想和系列举措向师生反复宣讲,务求师生理解、落实、行动。通过一系列积极措施,该校出现了教师提升自身素质及专业水平,加强校本研究、勤奋学习、争上公开课、积极进行教学交流、教学反思,学生逐步从"要我学"向"我要学"转变,可见量化管理正能量效应的积极反映。经验表明,量化管理教育功能的两条渠道,是实现制度自觉和自信不可或缺的途径。

3. 突出科学可行性,发挥激励功能作用。学校量化管理的激励功能,主要在于"量"的恰当性、科学性,不偏高,不偏低,恰如其分,赋予激励性。比如,制定解决课堂效率低的激励措施可定为:原低于平均分 10% 的学科,提高 13% 则可奖励;原低于 5% 的学科,提高 7% 则可奖励……因为原低于 10% 与原低于 5% 提高难度的力度是不一样的。这样,能使得奔此目标者跃一跃加上伸手便可得到的"量",是客观的,具有激励功能,否则非也。如果连跃带跳加上拼命伸手还够不着,那么,它不仅没有激励性、正能量,而且还会挫伤积极性。唯科学的量化管理方具激励功能。

4. 完善评价机制，发挥评价功能作用。评价功能一般都基于评价载体本身的价值存在。教育教学评价载体也基于其自身的价值魅力。当今的教育，传承传统教育百年树人的优点又不拘泥于传统教育本身，是一个与时俱进推陈出新的具有传统优点又饱含并呈现现代创新思想的全新概念的教育形态。它祈求量化管理在学校发挥良好作用，又主张将传统教育优点发扬光大的同时，将现代先进的教育思想和理念兼容并蓄，有机融合，成为教书育人的活力源泉。因此，在运用管理企业的思维方式——量化管理来管理学校时，只能根据学校实际，取其精华，去其糟粕，有所为，有所不为：把能够衡量学校发展目标的刚性指标——升学率或平均分、及格率、优秀率等，制定为量化标准；对于心灵上那种看不见摸不着的隐性效果，亦用客观尺度全面衡量，贯彻"年度注册考核将师德作为首要条件，实行一票否决"①；把遵纪守法、对工作安排不挑三拣四、不推诿，任劳任怨，言行举止堪为表率等转化为可操作的"思想道德标准"，则可将量化管理评价机制的正能量功能发挥到最大化。

量化管理虽为一种时尚，但要使之成为一种方向引领，一种精神动力，仍须不断完善。

量化管理愈科学合理、愈公正公平，愈能激发和维护有责任心的教师立志为教书育人事业奋斗终生而孜孜以求的积极性，愈能驱使其一如既往、脚踏实地、无怨无悔地为教育事业鞠躬尽瘁。

如果说《纲要》应确立"农村乡（镇）组织义务教育问责制"》《学校量化管理应赋予正能量导向之我见》两篇文章，重点是关于教育问题而作的政治敏锐性和智慧洞察力的文字呈现，那么，下面《对照课标要求　完善教材建设——给人教版〈思想品德〉教材编写、修订提点建议》《先学后教在思想品德课教学中的应用》两篇论文则是针对教学问题的政治敏锐性和智慧洞察力的力作。

适例二：

题目　　　　　　**对照课标要求　完善教材建设**
　　　　——给人教版《思想品德》教材编写、修订提点建议

摘要：教材是用来进行教育教学的科学用书，是落实课程标准的一个重要载体。教材建设是否科学、健康、完善，不仅关乎教育改革精神和教学理念的贯彻落实，也关乎教学目标的落实、正能量的传递。

---

①　2013 年 06 月 16 日浙江企业新闻网《教师将接受每五年一次的定期注册考核，师德将作为首要条件，实行一票否决》。

《课程标准》是教材编写、修订的根本依据。我相信,只要编著者以扎实细致的工作精神、精益求精的工作态度,依据课程标准要求去编写、修订和审视教材,精品教材面世,便指日可待。

关键词:课标要求;课程内容;教材编写;精益求精;建议

正文:自 2011 年版课程标准(亦简称"课标")面世至今,转眼间又过去了将近两年。期间,语文、数学、英语、物理、化学、生物等许多学科依据 2011 年版课程标准,先后于 2012、2013 年修订或编写的教材已呈现于师生面前,思想品德(政治)课教师亦望能尽快有依据 2011 年版思想品德课程标准修订、编写、审定的教材在手。

教材是用来进行教育教学的科学用书,是落实课程标准的一个重要载体。教材建设是否科学、健康、完善,不仅关乎教育改革精神和教学理念的贯彻落实,也关乎教学目标的落实、正能量的传递。

(一)应以"敏于行"的与时俱进的时代精神去思考和修订思想品德教材

现行思想品德(政治)教材是 2004 初审通过的版本。虽然作者能根据国家的大政方针对教材作了某些方面的修订,能将党和国家的大政方针精神在教材中有机地渗透;也能对近期发生在现实社会生活或学生生活中的某些现象或问题有所修订,但是,相对于能及时依据 2011 年版课程标准做出修订的语文、数学、英语、物理、化学、生物等学科来说,我们毕竟落伍了。因为我们的现行思想品德(政治)课教材毕竟还是使用"2004 年初审教材"的版本。

我们不会忘记,在新中国中小学课程改革的历程中,中学政治学科曾乘着改革开放的东风,于二十世纪九十年代后期,率先实施《课程标准》和使用根据《课程标准》编写的《思想政治》教材——那时高中初中政治教材的统称。至 2001 年 6 月 8 日,以教育部印发《基础教育课程改革纲要(试行)》为标志,全国中小学逐步进入全面课改时期,中小学政治课教材才有了如今的小学《品德与生活》《品德与社会》,初中《思想品德》,高中《思想政治》这些区别清晰的版本。想想那种敢为人先的改革创新精神,我们政治学科人是多么自豪。如今,2011 年版课程标准颁布后,政治教师同样期盼着由"初审"到"审定"的新版教材在手。为此,笔者和广大一线教师有三个希望:一是希望编著者发扬敏于行的与时俱进的时代精神;二是希望新版思想品德(政治)课教材早日面世;三是希望新版思想品德(政治)课教材以一部前所未有的经典之作面世。

(二)贯彻落实"教材编写建议",凸显"以主题方式呈现课程内容",完善教材建设

2013 年秋季使用的人教版《思想品德》教材,总的来说,编著者依据《义务教

育思想品德课程标准(2011年)》和党的十八大精神，在原版基础上对教材的某些观点的表述做精心的修订——更新了某些新观点，删除了某些内容，增补了更切合初中学生学习生活的实例。笔者了解到，修订的主要内容出现在七年级上册第三、八、九课；九年级(全册)第三、四、八、九课。修改后的教材，从思想性、人文性、实践性、综合性等方面都以较新的风貌展现了"思想品德课程是一门以初中学生生活为基础、以引导和促进初中学生思想品德发展为根本目的的综合性课程"的课程性质。它以适应初中学生的成长，融合道德、心理健康、法律、国情等相关内容，旨在促进初中学生道德品质、健康心理、法律意识和公民意识的进一步发展，形成乐观向上的生活态度，逐步树立正确的世界观、人生观、价值观；体现了思想品德课"帮助学生过积极健康的生活，做合格公民"的课程核心，逐步扩展初中生生活，贯彻"坚持正确价值观念的引导与学生独立思考、积极实践相统一"的课程理念。

但是，就课程设计思路与"课程标准"的融洽性而言，笔者觉得现行教材与2011年版"课程标准"仍需要进一步完善，以达到课标与教材内容的统一。现行《思想品德》教材对照2011年版"课标"要求，无论正文还是辅助文内容，均尚不完善，主要表现在三个方面：一是该阐述的观点没有阐述；二是该呈现的内容没有呈现；三是该删除的没有删除。据笔者粗略统计，现行教材与2011年版"课程标准"存在如下几处不协调的地方：

1. 缺乏"以主题方式呈现课程内容"的有三处：

(1)"课程标准"第一部分"成长中的我"之"一(一)1.2 了解青春期心理卫生常识，……"对应的教材是七年级上册第四课"欢快的青春节拍"的内容。本应体现课标中的"心理卫生常识"观点的如"健康的情绪""良好的意志和品质""和谐的人际关系"等主要内容，在教材中自始至终未见其踪。

由于本该出现的主题知识没有出现，教学一线的教师只能根据各自的理解去搜集素材，去阐述问题，去诠释观点，去构建教学内容。这会带来什么问题呢？可能会出现对主题知识的表述缺乏科学性。果真如此，不是与"教材编写建议"要求"以主题方式呈现课程内容"的课程改革理念相悖吗？

(2)课程标准第一部分"成长中的我"之"一(二)2.1 认识生命形态的多样性，……"中的"生命形态"没有在相应的七年级上册教材第三课呈现。如果说该册教材P25 只有这样一段表述："当我们看到小草翠绿、树影婆娑，听到虫鸣鸟叫、欢歌笑语，闻到草木清香、百花芬芳，我们感受到万物欣欣向荣，世界充满生命力和无穷希望"，就是对"认识生命形态的多样性"的阐述，就能使学生感受到"生命是地球上最珍贵的财富，世界因生命而变得如此生动和精彩"的话，那么，对什么是"生命形态"这个科学名词总该有个科学界定的表述吧。

（3）课程标准第三部分"我与国家和社会"之"三（一）1.3 了解不同劳动和职业的特点及其独特价值，……"需要对初中学生进行适度的职业生涯教育,需要通过相关课程内容帮助学生理解劳动的价值。但是,教材却没有相关主题内容的呈现。

2."课程标准"规定与教材表述缺乏严肃性的有一处,即"课程标准"第三部分"三（二）2.5 知道中国特色社会主义理论体系……"中的"中国特色社会主义理论体系"内容,以正文呈现还是以辅助文出现呢? 笔者认为,应该以正文呈现,方显严肃。现教材却以 P36"相关链接"呈现,这难免使人们或多或少地对教材的严谨性与严肃性产生某种质疑。

3. 与"坚持以正确的导向"育人的教材编写建议相悖、不利于传递正能量表述的有两处：

一是七年级上册第三课第三框 P33 正文第一段第 1 行"生命的意义不在于长短,而在于对社会的贡献"的表述,笔者认为,表述为"生命的意义不仅仅在于长度,而更在于对社会的贡献"会具有更积极的意义。别看在表述结构上只是增加了"仅仅""更"等逻辑关系的修饰词和把"长短"表述为"长度"等,其实,其意义则与原表述有着质的区别。因为它不仅与我们常常教导学生"生命是第一宝贵的""无论何时何地,都不能轻易地放弃生的希望"的育人思想相吻合,也与该页"来自中学生的箴言：'人活着,不仅要追求生命的长度,而且要注重生命的质量'"相一致,同时更显现出思想品德课的正能量导向。

二是八年级上册第九课第二框 P106 正文第一段末句"我们希望别人怎样对待自己,也就应该以同样的方式对待别人"之表述。这明显与 P105 - P106 梁楚两国化敌为友的事实不吻合。该故事是这样的：战国时,梁国与楚国毗邻,两国在各自的边境界内种了西瓜。梁亭卒善于管理,瓜秧长势很好;楚国亭卒懒惰,致瓜秧又细又弱,出于妒忌,趁夜越界把梁亭瓜秧全部扯断。梁人发现后气愤难平,报告县令宋就,并准备把楚亭的瓜秧扯断。宋就说："楚人这样做很卑鄙。可是,我们明明不愿他们扯断我们的瓜秧,为什么要反过来扯断人家的瓜秧? 别人不对,我们再跟着学,那就太狭隘了。从今天起,你们每天晚上偷偷地给他们的瓜地浇水,让他们的瓜秧长得好。"亭卒照办了。结果两国化敌为友。该正文观点显然与"课程标准"基本理念所倡导的"逐步形成基本的善恶、是非观念,过积极健康的生活,负责任的公民"相悖,不利于传递正能量。

（三）借鉴相关教材智慧,编著精品教材

如何弥补、完善现行教材的那些不足? 笔者认为,应该从以下三方面入手：

一是要深入研究"课程标准"，明确教材编写要求。2011 年版《义务教育思想品德课程标准》在"教材编写建议"中指出：教材编写"应根据《基础教育课程改革纲要（试行）》和《中小学教材编写审定管理办法》的基本精神和要求，以本标准为依据，以现实的社会生活与学生生活面临的各种现象和实际问题为基础，创造性地编写教材"，强调在编写教材时要"准确理解和把握'课程标准'，坚持正确的导向""选取现实生活中的素材，突出教材与生活的联系""倡导以主题方式呈现课程内容，激发学生思考、探索的兴趣"。

深入研究"课程标准"，吃透课标精神，明确教材编写的目的、意义和要求，广泛征求一线教师的意见，集思广益，广聚智慧，是编著上品、精品教材的一个重要途径。

二是要科学、健康、准确地表述课程内容，为正在成长中的青少年学生传递正能量。科学、健康的教材表述是正能量传递的重要途径。在修订教材或对现行教材审阅时，不仅要从文字表述上做慎重推敲，而且还要对教材整个体系进行推敲，检查是否有重复现象。比如现今使用的八年级《思想品德》上册第五课《多元文化"地球村"》的两框内容的表述，便有逻辑顺序纷乱之嫌。建议对"面对文化差异"的态度、认识及其做法做合并调整修改——将第一框 P60"面对文化差异，有两种不同的态度……"内容合并至第二框，第二框 P61"面对不同的文化，应采取……"内容调至第一框；对某些课程内容重复表述的加以整合，对歧义的表述则要坚决删除。

三是要对相关教材做一个全面的、纵横向的了解、考量。只有了解哪些相关教材有同类的问题出现、哪些相关教材的表述与本教材有重复，知己知彼，才能避免重复、雷同，才能考量自己的教材该如何表述。教材编著者必须根据"课程标准"要求，对相关教材与《思想品德课程标准》所涉及的内容表述，做深入的了解——不仅要对本专业、本学科的教材做进一步的纵向了解，而且还要对相关学科做进一步的横向了解，参考它们如何阐述这个可能涉及的概念或原理，避免简单重复。如对"心理卫生常识"的阐述，在 2012 年教育部审定的人教版七年级《生物学》下册第一章第三节《青春期》课程内容中这样描述"青春期的身体变化"的："身高突增是青春期的一个显著特征。男孩和女孩的体形开始发生变化，区别也越来越明显，这和睾丸分泌的雄性激素、卵巢分泌的雌性激素有关。另外，神经系统以及心脏和肺等器官的功能也明显增强。青春期是一生中身体发育和智力发展的黄金时期。"①对"青春期的心理变化及其卫生"是这样描述的:"进入青春期后,随着身体的发育,性意识也开始萌动,常表现为从初期的与异性疏远,到逐渐愿意与异性接近,或对异性产生朦胧的依恋,这些都是正常的心理变化。应当注意的是,青春期正是学知识、长才干、树立远大理想、塑造美好心灵的关键时期。因此,应当集中精力,努力学习,积极参加各种校园活动和社会活动,同学间相互帮助,与师长密切交流,健康地度过人生的金色年华。"②鉴于其有如此的专业表述,在《思想品德》教材里对"心理卫生常识"的表述,则可对"心理卫生常识"是何物做简要的交代或以辅助文的形式出现即可;又如对"生命形态"的表述,笔者觉得仅靠现行教材的表述,是不科学和严肃的,建议给它一个科学的界定;再如对"了解不同劳动和职业的特点及其独特价值"中所含的"不同'劳动''职业'的特点及其'独特价值'"等三个层次的阐述,是否要加以补充完善呢? 又再如对"中国特色社会主义理论体系"的呈现,是坚持用辅助文还是改用正文表述呢? 这些均须慎重考虑并做出恰当的表述。"课程标准"是教材编写、修订的根本依据。我相信,只要编著者以扎实细致的工作精神、以精益求精的工作态度依据"课程标准"要求去编写、修订和审视教材,精品教材面世,便指日可待。

参考文献:

[1]义务教育思想品德课程标准(2011 年版)[M]。

[2]2012 年教育部审定的人教版七年级《生物学》[M]下册。

[3]全国中小学教材审定委员会 2004 年初审通过的人教版《思想品德》[M]七、八年级上册、九年级。

适例三:

题目　　　　　　　**先学后教在思想品德课教学中的应用**

摘要:先学后教出现及其在思想品德课教学中运用,是适应瞬息万变的现代信息技术迅猛发展的需要;是当下初中生学习方式和教师教学方式变革的需要;是优化思品课教学平台的需要;先学后教能让更多的学生参与到思品教学中来……

---

① 2012 年教育部审定的人教版七年级《生物学》[M]下册第一章第三节《青春期》P15 第一段。

② 2012 年教育部审定的人教版七年级《生物学[M]》下册第一章第三节《青春期》P17 第一段。

先学后教,发挥的是学生自觉的主观能动性,改变学生学习的被动性。一定意义上,它是对传统"教学"的颠覆,是缓解甚至解决教与学这对矛盾的一个有效途径。

课堂中点拨学生在展示自学中没有弄懂的问题也是必须讲究的一门功课,要求教师做足功夫,扎扎实实不马虎,先学后教的应用意义才能发挥到最大化。

关键词:先学后教;教学实践;思想品德课

正文:高质量、高效率的课堂教学是课改的根本诉求。对此,业内人士津津乐道,不乏其谈,同时也乐此不疲地进行过如此这般不计其数的探索与实践。其中,有的已经形成自己的模式与特色,有的还在探索,也有的还在彷徨、举棋不定中。为什么?要答此问题,笔者认为,还须从教与学两者的关系说开去。

教与学,即我们通常说的教学。要实现教学效果,就得使教与学两方面得到有机统一。只有两者统一起来了,才能使该目标殊途同归,达到质量的彼岸。曾有一位资深教研员说过:"教得好,不一定考得好;考得好,不一定教得好。"这说明考试结果不一定能正确反映或至少不能完全反映教与学的一致性结果,尤其是政治课这门必考的、又有别于其他任何文化学科的科目。因为它除了传授马克思主义常识(书面考查的也是这些常识)外,更多的是凸现这门学科的德育性——即担负着重于其他学科为学生个性品格的形成和学生人生价值实现的影响、启迪与帮助的隐性教学效果,它与显性教学效果两者构成思品课的教学实效。因此,无论从考试成绩这一显性教学效果出发去考量,还是从德育价值出发去考量,若要取得教学效果的统一,就要正确处理好教学中的教与学这对矛盾的关系。只有教与学矛盾统一了,才能真正实现教学实效。

实践使我感受到,能使这一矛盾统一的莫过于"先学后教"这一优化课堂教学的做法了。先学后教,就是让学生带着问题、任务去先学习和完成自己能够独立完成的学习任务,然后,将自己在自学过程中遇到的不懂的、自己解决不了的问题或者困惑带到课堂上来,与全班同学和任课教师一起分享、探讨的过程。其特征有四个:(1)倡导学生必须先学,这其实与传统教学所提倡的"先预习,后听课"模式没有二致;(2)任课教师要设计适当的问题指引学生去先学;(3)学生要将自学过程中不懂的、自己又解决不了的问题或者困惑利用课堂提出来探讨;(4)任课教师既要对学生提出的所有问题热情启发探讨,更要对带普遍性的问题做出细致的启发引领、探讨指引。

(一)先学后教的出现及其在思想品德课教学中的运用,是适应瞬息万变的现代信息技术迅猛发展的需要任何事物的出现,均有其因果关系。先学后教近些年来走红我国大中小学教坛亦然。

当今世界,是瞬息万变的现代信息技术迅猛发展的时代,它迫使我们的教学观念、教学方法和教学技术,必须亦步亦趋,否则,会被大势所淘汰。

2012年9月,国务院副总理刘延东在全国教育信息化工作电视电话会议上做《把握机遇　加快推进开创教育信息化工作新局面》专题讲话指出:"教育信息化正是在全球信息化的大背景下产生的,信息技术的全面渗透深刻影响着教育理念、模式和走向,教育发展必须适应信息化时代的特征。在教育大国向教育强国迈进的进程中,加快教育信息化既是事关教育全局的战略选择,也是破解教育热点难点问题的紧迫任务。""当前,无论是发达国家还是发展中国家,都在着手布局信息化,力图抢占未来发展的战略制高点。信息化能力已经成为衡量一个国家或地区综合实力的重要标志。谁在信息化潮流中落伍,谁就会被时代所淘汰。中国曾数次与科技革命失之交臂,今天面对信息化的战略机遇,我们再也不能坐失良机!"这也是对我们还停留在传统教育教学中的教育工作者的警示和忠告。

抓住机遇付诸行动,在教改道路上继续实现教学创新、发展新常态是必然之举。把时下先学后教这一理念,借助现代化信息工具——电脑媒体、掌上通等,融入现行思想品德课教学中,是适应瞬息万变的现代信息技术迅猛发展的需要,也是创新、优化教学方式方法的需要。

(二)先学后教是当下初中生学习和教师教学方式变革的需要

现在学生学习方式多种多样。当下义务教育阶段学生父母的文化素质普遍较高,很多是受过高等教育者;即使没有受过高等教育的父母,也可以通过不断发达的现代媒介学习某些知识(当然,这里撇开其学习知识方法的正确与否而言),因此,很多孩子(学生)可以在其父母的指引下掌握很多科学知识。在这种境况下,我们的教学若还停留在传统意义上,则会被快速发展的形势所淘汰。先知先觉者,于2012年率先"慕课"开始,到研究实践"翻转课堂",两者的本质在于让学生"先学后教"。

诚然,先学后教,并非深不可测的玄奥东西,而是就像我们平常所说所做的那样——"同学们,请围绕某某问题去预习、思考某一课某一节(框)内容",只不过我们并没有将其形成一种系统的、让学生有条不紊的、如此这般地每一次都坚持做下去的规范而已。因而,我们做的是传统意义上的"教学"。而先学后教,是一个颠覆传统教学理念和做法的实践。传统的教学理念是"教学",学生的学习往往处在被动状态下。先学后教,提倡的是学生要主动去学——运用现代化信息平台——掌上通,学习微课、优课(没有这些现代化信息平台的地方、学校,可以通过

"学案"或"导学案"去学习),并把通过这些学习没弄懂的问题,带到课堂中来让师生一起探讨。

可见,先学后教,发挥的是学生自觉的主观能动性,改变学生学习的被动性。一定意义上,它是对传统"教学"的颠覆,是缓解甚至解决教与学这对矛盾的一个有效途径。

(三)先学后教是创新优化思品课教学平台的需要

自然界物种优胜劣汰的原理告诉我们,凡是适应环境生长的事物都是经过事物自身不断进化的结果。"先学后教"作为教学新思路,能适应教育发展新常态,也是教学创新发展的结果。

1."先学后教"是"慕课与翻转课堂"的本质表现。这可以从陈玉琨、田爱丽共著的《慕课与翻转课堂导论》一书找到有力的印证。据该书所述"翻转课堂",可以运用数字平台(当然,这需要每一间学校甚至每一位学生都具备数字平台条件——本文作者注),不具备数字平台条件的学校,也能实施翻转课堂教学——利用"学案"或者"导学案"来完成翻转课堂所包含的教学环节,实现翻转课堂的教学任务。

2."学案""导学案",也能实现"先学后教"的"翻转课堂",充当"翻转课堂"的平台。《慕课与翻转课堂导论》告诉我们,翻转课堂的根本做法,就是让学生"先学",然后再接受老师的"教"。而"先学"的平台,是借助数字平台条件如掌上通,学习相关课程内容,如通过微视频学习相关课程的微课、优课等辅助来学习相关课程内容和做相关的练习;若没有数字平台条件的学校,也可做到先学后教,其平台条件则是通过纸质"学案"来学习相关课程内容,这其实就是我们在教学中通常使用的平台——《导学案》。

"不识庐山真面目,只缘身在此山中",《慕课与翻转课堂导论》一语惊醒梦中人。联想我校实施的《导学案》,设计初衷就是让学生在《导学案》的帮助下,先学习相关学习资料,完成相关作业,对学习材料提出问题,并带着相关问题在课堂上展开讨论和交流,老师解答学生的疑问和困惑,这不就是翻转课堂所要的——"先学后教"吗? 翻转课堂就在我们身边! 通过研读《慕课与翻转课堂导论》,不仅开拓了教学视野,使人们豁然开朗,改变了教学中的狭隘看法,而且使人们增长了智慧,增进了教学才干,受益匪浅。

"踏破铁鞋无觅处,得来全不费功夫",原来"先学后教"就是创新优化思品课教学平台。

(四)先学后教能让更多的学生参与到思品课教学中来

课改的根本目的要实现教学质量的提高。教学质量的提高,除了教师努力教学外,更重要的是调动学生参与教学的积极性。调动学生积极参与教学,如今仍然为教学工作者不厌其烦的问题,仍然把它挂于嘴边,反映的不仅仅是教学改革的一个焦点问题,也是课堂教学质量提高不容忽视的一个关键因素。

先学后教,聚焦课堂,向课堂要质量,需要学生积极参与,已经成为不争的事实。

为此,自 2012 年 11 月起,我们就思考着如何为改变我校思品课堂教学滞后的情况寻求新出路的问题。运筹帷幄,决战千里。我们通过调研,决定创设让学生能够"先学"的平台——纸质平台《导学案》,这是针对我校农村变城镇现状,为学生量身定做、设计与开发、符合先学后教的平台。学生通过统一提供的这一平台——《导学案》,结合教材按部就班进行课前有滋有味的先学活动。课堂上,学生对先学过程中的疑难问题进行相互交流、探讨。教师对学生交流中的难点加以点拨。

我们以《导学案》为推手,有效地缓解教与学这对矛盾的对立统一。所以说"缓解"而不是说"解决",是因为教学是一个常教常新的事情。即使这一个班或者这几个班的教与学的矛盾解决了,也不等于所有班的问题都解决了。因此,说"缓解"是比较客观的,实事求是的。

所以说我校思品《导学案》的开发、使用,有效地缓解了教与学的矛盾,是有实证的。

请大家来看看学生对这一"先学"工具的反响——

初一 8 班邓妙娟说:"《导学案》中的'预习案',可以促使我们通过预习为学习内容打下基础,使我们能先学后听(课),学得轻松"。

初一 11 班的伍达锋说:"《导学案》,可以让我们学得更自觉。"

初一 5 班的班长刘纯玲说:"《导学案》能使我们的预习按图索骥。"

这是最近我们对"先学后教"实效反思中关于课堂受益者所做的一次书面调查反馈结果的摘录。

此外,在使用《导学案》的教师座谈会上,科任教师对《导学案》的优点也作了充分肯定。比较一致认为,《导学案》使"学生形成学科学习的习惯",有助于学生培养学习自觉性。

从学科组到备课组对《导学案》使用的定向跟踪分析发现,原来不想学、懒得学的那些学生,在《导学案》的指引下,大部分都能在课前去做预习。

目前情况下,《导学案》所以能成为我们先学后教的工具,是因为《导学案》能够有效地、积极地调动学生参与教学的积极性,能够为实现思品课教学实效性奠基。

（五）先学后教在思品课教学中要发挥更大作用，尚须进一步完善和优化

任何事物的发展都需要完善过程，先学后教也不例外，需要而且必须要进一步去完善。尤其是我们现行的"先学后教"，尚处于"初级阶段"，更需要一个不断地优化、不断地完善、不断地提升的过程。

1. 要通过不断完善《导学案》中的"先学"功能来完善先学后教的积极意义。为此，需要在编写指导思想，突出《导学案》之"导学"宗旨。总结经验，我校的《导学案》，总体上，"先学后教"的理念鲜明，项目设计相对完整，进阶作业设计亦较合理，但尚欠凸现导学之"导"。今后编写中，要在落实"先学后教"理念上进一步下功夫，进一步突出导学性质。比如对九年级人教版《思想品德》"我国初级阶段社会主要矛盾"的理解，编写时，可以将此知识点细化设计成几个小项目：

（1）诵读原文（原理）：我国初级阶段社会主要矛盾——人民日益增长的物质文化需要同落后的社会生产之间的矛盾。

（2）举例解读：研读过程中，也使我清楚地认识到，对于翻转课堂，我们还没有提升，还没有放开手脚，还没有好好利用。做好翻转课堂，我们须从以下几方面去不断努力：

①在经济困难的时候，更要关注民生。当前，老百姓对生活有十大希望，如就业岗位能多些；房价能低些；看病能便宜些……要将老百姓的希望变为现实，我们必须解决好现阶段我国社会的主要矛盾。这一主要矛盾是（　　）。

A. 经济发展与人口、资源、环境之间的矛盾

B. 人民日益增长的物质文化需要同落后的社会生产之间的矛盾

C. 全面建设小康社会与解决民生问题之间的矛盾

D. 人民日益增长的物质文化需要同落后的社会生产力之间的矛盾

（正确答案是 C）——通过这一题，强化对这一概念的印象、记忆。

②辨一辨：在下列"社会生产"中，哪个能满足"人民日益增长的物质需要"？哪个能满足"人民日益增长的文化需要"？将该项序号填写在相应的表格中（在右边空白处分别填写"物质""文化"即可）。

社会生产/社会生活举措	能满足"人民日益增长的物质需要"者	能满足"人民日益增长的文化需要"者
2015 年 4 月 21 日，广东自贸区（116.2 平方公里）、天津自贸区（119.9 平方公里）、福建自贸区（118.04 平方公里）挂牌		

社会生产/社会生活举措	能满足"人民日益增长的物质需要"者	能满足"人民日益增长的文化需要"者
诵读"人之初,性本善……"《三字经》;罗定榕木小学 11 岁的廖俊峰,在爸爸去世、妈妈失踪后,住在四面来风、雨天漏雨的泥瓦房中,每天自己洗衣服煮饭,还很努力读书		
中华人民共和国建立以来,我国已制定了比较完备的法律体系,为全面推进依法治国,用法治保障人民权益、维护社会公平正义、促进国家发展提供了切实的法律保障		
我国普及义务教育、实行高考改革,倡导"慕课"与翻转课堂,不断完善人们读书的愿望		
举办各级各类科学知识讲座,举办文艺科技卫生下乡活动		
2015 年 4 月 15 日,统计局公布消息称,初步核算,一季度国内生产总值 140667 亿元,按可比价格计算,同比增长 7.0%		

这个设计,目的有两个:一是让学生甄别"社会生产"或"社会生活"中的哪些做法或举措,可以满足人民日益增长的物质、文化生活需要;二是加深对"我国社会主要矛盾"知识的理解和掌握。

(3)要关注疑难问题的解读,有效帮助学生解难答疑。如对模糊概念设计时,除了指引课本解读,还要注意与相关概念的联系与区别。七年级《思想品德》下册教材中关于未成年人保护的家庭保护、学校保护、社会保护、司法保护这四个保护,比较难以区别的是社会保护、司法保护两个概念。设计"先学"(自学)问题时,必须引导学生对这两个概念的根本区别点——行使该项保护的主体是谁? 若是司法机关,则可判断该项保护就是司法保护,否则,就是社会保护。

2. 要优化教学过程,突出学生"学"的过程,是完善先学后教积极意义的重要环节。这关系到包括备课过程、上课过程、批改过程、辅导过程、评价过程等环节的整个教学过程。在这个过程中,必须考虑突出学生学习过程这一重点,包括学生自学伊始的情景引入、问题设计、课标融入、知识贯穿、成果展示等环节和过程。无论哪个环节或过程,都必须突出学生可学、能学、会学的理念因素。这样的设计,才是完善先学后教积极意义所需要的。我们今后的教研活动的主要话题也必须放在学生"学"的这一过程上来,把学生如何学的问题作为重点来研究。

还有,课堂中点拨学生在展示自学中没有弄懂的问题也是必须讲究的一门功课,要求教师做足功夫,扎扎实实不马虎,"先学后教"的应用意义才能发挥到最大化。

先学后教,我们还在路上,虽然进展缓慢,但是,它正迈着铿锵有力的步伐奋勇前进!

参考文献:

[1]陈玉琨,田爱丽. 慕课与翻转课堂导论[M]. 上海:华东师大出版社出版,2014.

[2]七八九年级义务教育课程标准教材《思想品德》[M]. 北京:人民教育出版社.

适例四:

题目　　　　　　**预测思品中考动向　感受传递正能量必要**

摘要:思品课就是这样一门担负着帮助学生过积极健康生活,做负责任的公民,引导学生逐步扩展生活,坚持正确价值观引导,融知识、能力、情感态度价值观于一体的德育课程①。这门德育课程以坚持弘扬主旋律,传递正能量为根本宗旨。这门德育课程所涵盖的知识,与时事政策、与学生实际有机融合,更能凸现它的德育特色功能与魅力。这是其他任何学科都无法替代的。

关键词:思想品德;课程标准;中考动向;传递正能量

正文:正值 2016 年《思想品德》(简称"思品")中考备考复习工作如火如荼进行之际,同事要我对今年中考命题动向作个预测。对此觉得这是一个有助于师生进一步明确思品课教学导向,有利于发挥和提升师生教学思品课程主动性、积极性的事儿,同时也是有利于锻炼师生搜集相关信息能力、扩大师生知识视野、提高师生处理信息的能力与智慧的事儿,很有意义。于是,便欣然承诺并就中考动向是什么、依据什么来判定中考动向、传递思品课正能量的方式方法有哪些等问题

_____

① 摘自《义务教育思想品德课程标准》[M]2011 年版第 2、3 页.

谈点自己的肤浅看法。

一、考纲是中考动向之舵,课标是考纲制定之本

中考动向,即中考复习方向。它的依据是当年中考考纲。要想取得复习实效,就得依据考纲的指引,扎扎实实做好复习工作。成功属于有准备的人。明确复习导向并扎扎实实地沿着考纲导向去做足做实复习备考工作者,必获最终佳效。

然而,任何事物的发生、发展,都有其内部和外部的因果联系。思品中考考纲制定亦然。2011 年版《义务教育思想品德课程标准》(简称"课标")规定的课程性质、课程理念、课程内容、课程目标等,是制定考纲的基本依据。该课标规定的课程性质是:"思想品德课程是一门以初中学生生活为基础、以引导和促进初中学生思想品德健康发展为根本目的的综合性课程。"这是制作教材、指导教学不可偏废的"定海神针"。说它是"定海神针",不仅是因为它是制作教材、指导教学之纲,而且也是该学科制定考纲和命题考试的根本依据。

重温思品课程标准,不仅是为了进一步明确中考动向,而且是为了进一步明确思品课标的要求,使之包括复习课在内的教学,都不偏离其导向。这是思品课教学及其指导备考复习都必须一以贯之地坚持的根本方向。换言之,无论是依据考纲还是依据课标来复习,都必须扣紧课标规定的课程性质、课程理念、课程内容、课程目标这根弦。必须由此出发去组织复习,去积极搜集最近发生的相关思品课知识的时政信息,包括国内国外——经济的、政治的、社会的、生态文明的以及学生本身和其身边发生的相关典型案例材料,结合所学思品课程内容,帮助初中学生过积极健康的生活,教育学生做负责的公民,坚持用正确价值观引导学生独立思考、积极实践,健康成长。

预测思品课中考动向,就是要我们明确思品课复习导向。导向明确了,复习工作就能有板有眼,就能稳步迈进。

二、立德树人,传递正能量,是思品课的根本动向

从思品课课标以及多年来思品中考命题立意可见,立德树人,传递正能量,始终是其坚持的根本动向。从实现中华民族伟大复兴梦所赋予思品课程的光荣而伟大使命看,今年和今后仍然离不开这一根本动向。

承担和完成这一使命,自始至终结合社会主义核心价值观、中华优秀传统文化,对初中生个性品格形成及其世界观、人生观、价值观形成积极引导,使之逐步形成诚实守信、明辨是非、尊德尚礼、坚韧豁达、奋发向上的良好道德品质和行为习惯;教育其尊重他人、尊重自然、尊重社会,做知荣辱、守诚信、敢创新、有作为、脚踏实地、仰望星空、志向远大的中国人;能正确处理个人与他人、个人与社会、个

人与自然的关系,做心存善念、理解他人、尊老爱幼、扶残济困、关心社会、具有集体主义精神、生态文明意识、乐于奉献的高素养的有理想、有道德、有文化、有纪律的公民,思品课责无旁贷。因此,坚持立德树人,传递正能量,仍然是思品课中考复习要继续认真落实的重要任务。

三、联系实际,有的放矢,正能量传递落实处

弘扬社会主义核心价值观主旋律,传递道德、心理健康、法律、国情正能量,是思品课有别于其他学科的特色所在。如何在复习教学中继续凸现这一特色?让学生在复习教学中继续体验这一特色内涵?实现它的渠道是什么?这些问题,可以用"三个方面,六个字"来概括,那就是:搜集、组合、落实。

搜集什么?就是要搜集与所学思品知识相关的时政,包括国内国外——经济的、政治的、文化的、社会的、生态文明的,以及学生本身和其身边发生的相关的典型案例,作为弘扬主旋律、传递正能量的引子。

组合什么?就是将搜集来的材料(案例)进行优化组合。组合的方式有两种:一是按照思品课道德、心理健康、法律、国情等相关内容脉络来组合;二是可以根据时政专题来组合,即:将近期发生在国内国外的时政按其类别来组合,如《中华人民共和国国民经济和社会发展第十三个五年规划》、"一带一路"、扶贫攻坚、"互联网+"、未成年人保护、绿色发展等。无论哪类组合、如何组合,都要遵循考纲,都要联系所学知识,这是做实复习工作的必要之举。

落实什么?就是通过恰当的方式,有机地与所学思品知识结合起来,使之成为可用、好用、实用的材料,使思品课本上的知识活灵活现地与时政、与生活实际尤其是学生的生活实际有机融合,成为有说服力的创新知识。我相信,把这些工作做实在了,便能让学生真正感悟到思品课传递正能量的美妙所在。

落实方式,可以依据考纲规定的试题结构来进行。如广东省近几年来考纲规定试题结构有选择题、简答题、辨析题、分析说明题、综合探究题等。以下试拟选择题、简答题、综合探究题等题例来加以说明。

(一)内涵为"社会主义核心价值观"内容的一道选择题题例:

图1　　　　　　　　图2　　　　　　　　图3

请认真观察上面图1、图2、图3三幅"社会主义核心价值观"的宣传图片,并分别从国家、社会和公民层面,指出正确体现社会主义核心价值观内容的选项。①（　）。

A. 和谐　平等　诚信　　　　B. 爱国　公平　敬业

C. 文明　法治　友善　　　　D. 民主　公正　奉献

此题要求学生通过观察宣传"社会主义核心价值观"内涵的三幅图片,让学生明确其中真正的正能量含义并受到教育。【答案 C】

（二）宣传初中生奋发向上的一道选择题题例:

贵州13岁初一女生文兴瑀利用人体生物钟精准计时,她在中央电视台"2015－10－04期""挑战不可能"时,第一次48秒回答挑战完全正确。第二次用时3分12秒,即192秒,结果她报出3分11.780秒,仅相差0.220秒（要求误差不超过正负0.5秒）。挑战现场问她怎样练就这项本领,她说,家里离校较远,为不耽误上课时间,经过多年苦练而成。这对你的启示是（　）。

①宝剑锋从磨砺出,梅花香自苦寒来　　②智慧源于勤奋,伟大出自平凡

③书山有路勤为径,学海无涯苦作舟　　④自立是自强的前提,自信并付诸行动是自强的关键

A. ①②③　　　　B. ②③④　　　　C. ①③④　　　　D. ①②③④

此题以表现初中生自信自强品质的背景材料,激发未成年学生感悟勤学苦练、奋发向上、积极进取的可贵品质。【答案 D】

（三）反映未成年人如何与父母沟通的一道简答题题例:

背景材料:某校九年级1班学习成绩中下的小余,面临这样的苦恼:由于长期对其忙于生计的父母隐瞒自己的学习状况,没有将学习成绩总是上不去的情况向父母及时汇报。现在面临填报升高中志愿的他,对选择中专或职业技术学校或普通高中难以决断……

为此,请你简要评析小余隐瞒父母的做法,并为其选择志愿出出好主意。

该题通过背景材料和围绕背景材料的两个问题:"评析小余的做法""为其出主意",启发学生思考:在复杂的社会生活中,遇到小余这种情况时,正确的做法应该是什么? 选择志愿时该从自身实际出发做出适合自身实际的选择。置学生身临其境,紧扣考标（课标）,引领学生融入生活,积极应对出现的实际问题。

【答案】首先,小余要实事求是地向含辛茹苦养育自己的父母及时汇报自己的学习状况,争取得到父母的谅解和帮助,隐瞒是不诚实的表现;

---

① 摘自"社会主义核心价值观"宣传图片.

其次,小余选择志愿,要从自身实际出发,根据自己的成绩状况,选择技校会更适合。在我国,无论何种选择,都是祖国和社会的需要,只有把个人的前途与祖国的命运联系起来,才能创造美好的人生。

(四)显现综合性德育功能魅力的一道综合探究题题例:

背景:在一次复习课上,某校九年级政治老师引导同学们分别以"学英模""话发展""见行动"三个板块探究以下问题。现诚邀你参与——

【学英模】

材料一:抗疟中药研究始于 1968 年,39 岁的屠呦呦担任该项目的组长。经过两年的研究对象筛选,并受到中国古代药典《肘后备急方》的启发,项目组将重点放在了对青蒿的研究上。在没有先进的实验设备、科研条件十分艰苦的情况下,屠呦呦带领着团队攻坚克难,历经了 190 次失败之后,于 1971 年通过低温提取、乙醚冷浸等方法,成功提取出青蒿素,并在接下来的反复试验中得出了青蒿素对疟疾抑制率达到 100% 的效果,胜利完成了科研任务。青蒿素问世 44 年来,有超过 600 万人逃离疟疾的魔掌。

2015 年 12 月 10 日,屠呦呦因开创性地从中草药中分离出青蒿素应用于疟疾治疗而成为获得诺贝尔医学奖的首位中国本土科学家。同时,屠呦呦被评为 2015 年度十位"感动中国"人物之一。

(1)请用《思想品德》知识概括屠呦呦值得我们敬仰和学习的优秀品质,并谈谈对你最深刻的启示。

【论发展】

材料二:2015 年我国各省市自治区生产总值继续保持较高增长态势。其中,位列前三名的分别为广东省、江苏省、山东省;增长率超过 10% 以上的有重庆、贵州、西藏、台湾等六个省市。同时,各省市自治区也规划出 2016 年度预计实现的 GDP 目标。

下表,选取部分省市自治区的数据①:

---

① 摘自 2016 年 1 月 27 日中商情报网载 2015 年我国各省市自治区地区生产总值数据.

省份	人口（万）	2015 年GDP 总量（亿元）	增长率	人均GDP	增量（亿元）	2014 年（亿元）	预计2016 年实现（亿元）	增量（亿元）
广东	10430.30	72812.55	+8%	6.98%	5020.31	67792.24	78204.64	5392.09
江苏	7920.00	70116.38	+8.5%	8.85%	5028.06	65088.32	75532.86	5416.48
山东	9579.30	63002.30	+8%	6.58%	3575.71	59426.59	66793.16	3790.86
贵州	3475.00	10502.56	+10.7%	3.02%	1251.55	9251.01	11923.43	1420.87
西藏	281.00	1026.39	+11%	3.65%	105.56	920.38	1144.02	117.63
台湾	2343.38	34000.00	+8.5%			31703.60		

我国国民经济和社会发展"十三五"规划确定今后五年,要在全面建成小康社会目标要求的基础上,努力实现经济保持中高速增长,到 2020 年国内生产总值和城乡居民人均收入比 2010 年翻一番、人民生活水平和质量普遍提高、国民素质和社会文明程度显著提高、生态环境质量总体改善、各方面制度更加成熟更加定型①。

(2)实现"十三五"发展目标,前景光明,任务繁重,前进的道路充满希望与挑战。对此,你认为,实现这些目标,必须坚持什么发展战略? 为什么?

【谈见识】

材料三:习近平 2016 年 3 月 5 日参加十二届全国人大四次会议上海代表团审议时,针对两岸关系一共强调了 3 次"九二共识",包括历史事实、核心意涵、共同政治基础,如此两岸关系就可以保持良性互动。"九二共识"是大陆对台湾的最后底线。台湾地区现任领导人蔡英文,避谈"九二共识"。台湾地区有识人士认为如果蔡英文为首的民进党搞"台独","台湾经济将雪上加霜。"

请联系所学知识,为台湾的正确出路提出几点建议。

此综合探究题,分别选取三个不同背景的案例作探究材料,引导学生结合所学知识探究相关问题,旨在通过学生思考、回答问题过程,让学生受到道德、国情、价值观的熏陶和教育。

【答案】(1)①敬业奉献,艰苦奋斗,创新发展。

人生的价值在于奉献。在当年实验设备非常落后、科研条件那样艰苦的情况下,屠呦呦带领科研团队攻坚克难,历经 190 次失败也不放弃,执着追求,坚持科

---

① 摘自《中共中央关于国民经济和社会发展第十三个五年规划的建议》[N].

学实验,艰苦奋斗,这种坚忍不拔的创业精神,仍然是我们今天实现中华民族伟大复兴梦所要发扬的精神。屠呦呦团队通过低温提取、乙醚冷浸等方法,成功提取出青蒿素,开拓进取,创新发展。萃取出古老文化的精华,成功造福当代世界,帮人类渡过一劫,正是发扬艰苦创业精神的结晶。

(2)①坚持实施创新驱动发展战略。

②实施创新驱动发展战略,坚持以经济建设为中心,坚持科学发展,坚持发展教育,培养人才,依靠科技进步,合理开发和利用各种资源,创新体制,深化改革开发,调动各方积极因素,走可持续发展道路,推进我国社会全面进步,等等这些,都是我国有效发展社会生产力,全面建成小康社会,实现"十三五"目标的重要途径和必然选择。

(3)①台湾自古就是中国的领土。世界上只有一个中国,大陆和台湾同属于一个中国,中国的主权和领土完整不容分割。

②"九二共识"的核心意涵,是坚持一个中国原则。坚持一个中国原则,是发展两岸关系,实现和平稳定发展的政治基础。

③"台独"没有出路,势必影响台湾经济发展和社会稳定。只有承认并践行"九二共识",才能为台湾人民谋福祉。

思品课就是这样一门帮助学生过积极健康生活,做负责任的公民,引导学生逐步扩展生活,坚持正确价值观引导,融知识、能力、情感态度价值观于一体的德育课程。这门德育课程以坚持弘扬主旋律,传递正能量为根本宗旨。这门德育课程所涵盖的知识,与时事政策、与学生实际有机融合,更能凸现它的德育特色功能与魅力。这是其他任何学科都无法替代的。

参考资料:

[1]思想品德[M].北京:人民教育出版社,2014.

到这里,我要提醒读者思考,为什么规范的教育教学论文需要这些构件? 为什么有些构件还要根据各级对论文的要求有所不同(比如需要国际交流的)? 我想,通过上述这些解读,帮助读者在思考问题时厘清头绪,从而明确规范性的论文需要的齐全的项目,各级各部门对参评或者发表论文字体的要求也有异同(这在本文恕不体现)。所以,在写作教育教学论文时,必须遵循具体要求去做。

明确了写作教育教学论文的基本要素后,有的人会问,教育教学论文的写作要求如此正统、正规,那么,每一个学期学校都会要求老师读一本好书,写一个读书心得;做教育教学工作总结,等等这些,是不是可以随意一些呢? 对于这个问题,要从具体实践来看。据我了解,老师们每个学期提交的读书心得和教育教学总结,就形式而言,这些文章大都只包括题目、正文等主要项目,其实这些项目,也的确是其不可或缺的要素。

三、学习心得体会的撰写及适例

学习心得文章的写作,如果没有特别的刚性要求,则对最主要项目,如题目和正文内容这两项重点,必须多花笔墨、多下功夫去做好。比如,读了什么书或者参加了什么学习班? 学习感悟或者启发是什么? 应该如何把它落实到工作中去? 这些,必须要费笔墨去写。至于其他的,如作者姓名及单位等如实地写上就可以了。一般来说,都没有像正式论文那样严谨,不用一项不落地写上、注明。

下面分别就如何写作读书心得和进修学习心得举几个例子吧。

(一)读书心得的撰写及适例

读书,不思则罔,不写亦罔。所以,读书后,还是写一写才会更有益处。

怎么写? 写些什么? 一般来说,写读后感,或者说写读书随笔,首先要简明扼要地介绍所读书籍的概貌,然后,重点写出对自己启发最深刻的方面(章节或者观点)。

适例:
读《中医药知识普及读本》第一章有感

闲置在家里书架上的书,我早就想在闲暇时拿下来翻一翻,读一读,借以发挥书的价值和使用价值。但是,很多时候都身不由己,事与愿违,一次一次因琐事而耽搁。直至今年暑假期间,除了处理近日交出版社的一部23万字的《思想品德教学实效性探索》拙作,并推脱了为东莞市中考写总结的事情,忙里偷闲,随手翻动起家里闲置的书堆来,有意无意地找到有关医学的书籍——《中医药知识普及读本》来看一看,读一读。一来聊补心理之需要,二来结合身体状况,希望通过借助读《中医药知识普及读本》得到一些答案。

《中医药知识普及读本》总共有214页,15万字,分为六章。第一章,历史悠久的中医药学;第二章,中医巧妙认识生态人生;第三章,疾病都是自身平衡紊乱;第四章,治病只为帮助你自己恢复;第五章,组方选药犹如调兵遣将;第六章,养生就是为了健康长寿。这六章诗意的标题，已经吸引住我的眼球，别说其内容了。经过认真仔细阅读，觉得《中医药知识普及读本》，不仅有道理、实用，而且还蛮有启迪性的。尤其是第一章，"历史悠久的中医药学"中的古代中医药名家的医德、医技、坦坦荡荡的医者胸怀以及为开创祖国的中医药学不屈不挠、不言代价与回报的开拓进取、无私奉献精神，堪称世人的楷模，中华民族的瑰宝。

该章讲述的古代中医药学故事，讲述的古代中医药名家、救死扶伤、为病人所急所献身的高尚精神和为人品格，让我十分敬仰和感动。

如扁鹊不仅医术高超，而且敢于打破当时"信巫不信医"的观念，提倡"有医无类"，开创民间医学，为百姓治病，救死扶伤，不信邪恶。这种"有医无类"的做法，不就是今天教学上所提倡的"有教无类"的主张吗？

又如，《文挚治病激怒闵王》，为了治愈闵王的心理疾病，文挚想方设法激怒闵王，达到治愈其病魔的目的，为此献出了宝贵的生命。这种为了他人幸福而不惜牺牲个人生命的献身精神，虽不提倡但值得敬仰。

再如，《仲景奠基辨证论治》，由于张仲景自幼好学深思，"博览群书，潜心道术"，在行医实践中敢于打破前人的条条框框，在《素问．热病》的理论与治疗方法等方面，都进行了大胆的创新。对接近死亡的"三阴死证"，提出了许多有效的方法，挽救了无数生命垂危的患者。《伤寒杂病论》更是远远超出了国界，对亚洲各国——日本、朝鲜、越南、蒙古等国乃至整个世界影响深远。如今，日本中医界还喜欢用张仲景的方子。这些表明，中医药文化是中华优秀传统文化的一朵奇葩，无论是在过去还是今天，乃至将来，仍然对中国对世界都将产生深远的影响。

《中医药知识普及读本》第一章所列举的古中医药发展历史上的名家精神，激励着我将教书育人宗旨发扬光大，鞭策着我在教学中，要积极引导学生通过借鉴课本知识去开拓创新，引导学生敢于质疑、善于拷问、勇于创新发展，把青少年学生培养成为勇于创新发展的新人。

2012 年 8 月 15 日于东莞南城格林小城

（二）进修学习心得的撰写及适例

提高教师业务素质，更好地适应教育形势的发展，是当今教育发展的需要，也是有志于从事教育事业者的责任所在。

教师提高业务素质的途径多种多样。在这里，着重介绍两种：

一种是自觉进修，就是根据自己在业务上的某方面缺失或需要，自己进行及时"补习"进修。这是一种进修，是建立在"自觉"基础上的进修，是一种不声不响的自觉的进修行为，应当提倡和支持。

另一种是根据上级部门要求，要经所在单位同意、要得到上级教育行政主管部门批准的进修学习。这种进修，是由组织统一安排的进修学习活动，例如学历提高的进修学习、跟岗研修、名师工作室研修等等。

以上两种进修学习行为，既有共同点又有不同点。两者的共同点是，其学习目的是一致的，都是为了进一步提高教师自身的业务水平或业务素养。不同点有两个方面：

1. 时间安排和保障不同。前一种不是组织统一安排的，完全出于个人的自觉行为，时间保障方面，要完全靠自己挤出时间来学习。一般来说，没有统一安排时间，会在时间保障方面吃亏，搞不好会半途而废。后一种，是由组织统一安排的，有组织监管，有时间保障。

2. 进修学习质量保障不同。在进修学习质量保障方面，后一种也优于前一种。后一种有统一的刚性要求，要求完成一定量的作业；而前一种因为是"自觉"的进修，一般情况下很少自己对自己提出刚性要求，因此，也就不会自觉去完成一定量的作业。

进修学习心得体会的写作，可以从某个角度，写感受最深刻的某一方面的问题，也可以写参加进修学习的过程和学习过程中某些深刻的体会。没有固定的模式，但要结合组织单位的要求和自身工作需要去写。下面，是我作为东莞市第二批名师工作室主持人，分别赴浙江大学、重庆师范大学参加名师工作室主持人学习的心得体会，抛砖引玉。

适例一：

领雁高飞 飞向梦想的明天——东莞市第二批名师工作室主持人培训感受

当 2013 年暑假刚拉开序幕的时候，7 月 14 日一早，在东莞市教育局张炳祥副处长等的欢送词中，我们一行 40 人作为东莞市第二批名师工作室主持人，在东莞市教育局继续教育中心主任阳涌带领下,远赴浙江大学西溪校区继续教育学院进修学习至 19 日。虽然学习时间只有短短几天,但是有名师、专家的报告、讲座,还有参习人员在一起三个半小时的专题研讨总结发言交流,真正是收获不小,受益匪浅。

1. 聆听专家、名师讲座,开拓了我的视野,增强了我领雁飞翔的信心。

几天来,我们聆听了浙江省教育厅师范处周晓英副处长《领雁高飞 群雁齐飞 雏雁起飞——浙江省中小学教师培训工作综述与思索》、浙派名师培养站特级教师张化万《基于学科的名师工作站机制与模式——期待从优秀走向卓越》、浙江大学管理学院蒋文华教授《博弈论与管理决策》、浙江省义乌中学特级教师吴加澍《优秀教师的修炼》、浙江大学管理学院陈国裕教授《机遇与“三做”》及《〈易经〉智慧与领导力提升》等报告、讲座。专家、名师、教授的报告、讲座给我们不同且丰富的感受与感悟。

(1)助我认识提高。周副处长的报告从介绍浙江省中小学名师、名校长整个情况培训入手,强调“中小学名师、名校长是整个教师队伍的领头雁或带头羊,起着带头、示范、辐射等作用”,指出“名师名校长既是受训者又是培训者;在整个中小学教育教学实践活动中,名师名校长既是学生的良师益友,又是其他教师的同伴引领;在整个基础教育事业发展过程中,名师名校长代表着今后一个时期内教育改革发展的先进水平与方向;在整个社会各行各业中,名师名校长展示着教师职业的良好形象与崇高声誉,抓紧抓好抓实名师名校长培养工作对整个教师队伍建设起着提纲挈领的作用。”周副处长从名师名校长选拔对象、培养指导思想、培养目标、培养任务、培养模式、培养项目等方面,都做了详细的阐述,使我对“名师”的理解进一步加深了认识。

(2)助我明确培养目标。张化万老师的讲座强调,“工作站走的是基于学科和课堂教学的研究,在教育教学实践中,在自身生命的发展中,走成长性、个性化、全景式的培养之路。或说,工作站不是批量复制名师,更不只是培养单一的赛课能手。我们要帮助骨干教师从教书匠走向未来具有个人思想的小学教育教学的实践家。”由此可以明确我们今后工作室的培养目标和建设规划。

(3)助我明确名师是自身修炼出来之理。吴加澍老师在《优秀教师的修炼》的讲座中提出了一个严肃的问题,那就是“名师是靠工程打造出来的,还是靠自身修炼出来的”的命题。此观点与张化万老师观点的启示是异曲同工,共同告诉我们一个道理——名师是靠自身修炼出来的!如何引导他们去修炼,这是今后我们要走的路。

(4)给我以智慧的启迪,方法论的传递。蒋文华、陈国裕两位教授从大视野观、大文化观的角度,为指引着开拓性的思路。比如蒋文华教授在《博弈论与管理决策》讲座里,列举了许多生动的实例,如"谋定后动""换位思考""先人一步,高人一等""作为管理者,传递给下属的不仅仅是目标,还需要同时告知方法""示范是一种极为有效的途径""言传身教,身教比言传更可信! 更有效"等,给了我们智慧的启迪。

陈国裕教授的两场讲座,更是高屋建瓴。他在解释机遇的实质时说:"在满足他人需求的实践和不懈努力中,展现才华,实现价值。"在解释"智慧"时指出:"上智之人知道变;中智之人跟着变;下智之人不知变;无智之人认死理不肯变。"说智慧的实质:变——变通——变之道——道法自然;创新的实质:以变应变——顺应发展的需要——对人有利,对事有用——不老化不僵化不退化;指出,创新本身就是需要,而且是一种永恒的需要,随着社会的日益发展,这类需要是无处不在,处处在;无时不有,时时有,且呈现其日日新、月月新、年年新的发展趋势;客观存在的需要与满足需要的主观可能,这两者的有机结合就是机遇。因此,机遇也是无处不在,处处在;无时不有,时时有的! 发现机遇靠眼力,把握机遇靠魄力,实现机遇靠不懈的努力! 创新与机遇永处于动态变化之中,倡导"多做少错,力争不错"! 陈教授在讲《〈易经〉智慧与领导力提升》时开门见山指出:《易经》是万经之首,是科学发展观之源头,易经的诞生彰显着历史与逻辑的一致性,实践与理论的统一。以人为本——为生存求发展——在试错中围绕最紧迫的最容易的阻力最小的路线行进着、探索着,多思则圆。孔子曰:君子有九思——视思明、听思聪、色思温、貌思恭、言思忠、事思敏、疑思问、忿思难、见得思义。教人凡事多方面去思考,问题则迎刃而解。这些智慧的启迪,方法的传递,对我们今后教育教学受益匪浅。

总之,专家、名师的报告、讲座,开拓我的视野,为我们指明了今后开展工作室工作的思路,给我们极大的鼓舞和力量,增强了我们领雁飞翔的信心和目标。

2. 使我更加明确了名师工作室的工作任务和目标。

浙江培训,使我深深认识到,名师是教师队伍中一个相对特殊的群体,其地位作用既基于一般教师又高于一般教师。一般教师的培训是名师培养的重要基础,而名师培养又是一般教师培训的升华提高,培养与造就一批高水平高素质教育家型的名师队伍,不仅有利于促进名师自身的成长与发展,也有利于激励全体教师的建功立业精神。

通过此次培训,使我更加清晰了名师工作室的地位、意义、主要任务和工作目标,明晰了名师工作室需要什么、做些什么、怎样做好这些工作等一系列问题。这是我今后扎实搞好工作室培训工作的重要基础。

3. 确定并落实工作室目标和任务,是扎实做好培训工作的必要条件。

明确了名师工作室存在的意义、主要任务和工作目标，还要把它一一落到实处。因此，对工作室的定位、工作室培养目标、培养内容和形式的确定就显得非常必要。

首先，要给工作室一个定位。通过浙江培训的案例学习，我觉得应该把"名师工作室"定位为：名师工作室是教师发展的重要平台。根据这个定位，认真落实《东莞市中小学名师工作室管理暂行办法》关于东莞市中小学名师工作室"承担市级骨干教师培训和其他师资培训任务"规定，发挥其担负着教师队伍建设、提高师资队伍整体水平、促进教育均衡发展的重要任务的作用。

其次，确定工作室的指导思想和培养目标。我认为，它应该是以先进的教育理念为先导，与东莞市教师培训部门和教研部门密切配合，结合教育教学实际，以课题研究为引领，探求教育教学相关对策，以各种方式学习、传播先进的教育思想、课程理念、教学方法，发挥名师在教育教学活动中的示范、引领、指导和辐射作用，提炼入室学员的教学特色，在任期内为培养一支在全市乃至全省范围内具有较高知名度的、专业发展领军团队奠基。

再次，确定初步的培训内容和培训形式。一是学习有关教育教学理论，提高理论素养，夯实理论基础；二是课程理念研究与实践；教学方法的研究与实践；提升教学特色；三是《高效课堂实施之初中生眼里的'我喜欢的课堂'调查研究》课题系列研讨活动。通过上示范课、专题讲座、开展教学研讨活动；参加与本学科或相关学科的教育教学研究活动；结合本校教育教学实际开展课题研究；完成一定量的学习、培训心得，写作阶段性研修报告或总结；发表一定数量的相关本学科的教育教学论文等五种形式，帮助学员提炼他们自身的教学特色，发挥他们应有的作用。

最后，通过师德修养，理论提高，教育教学能力、研究能力、业绩成果等内容的年度考核机制，保证培养目标如期实现。

适例二：

砺学致远　成就名师——2015 年赴重庆师范大学培训学习有感

2015 年 7 月 5 日至 11 日，东莞市第二批名师工作室主持人、首批名班主任工作室主持人、中职专业名师培养对象一行 50 人，风风火火，在东莞市进修学校举行开班仪式后出发，赴重庆师范大学培训学习。

一连五天的密集培训学习活动，虽然时间不长，但是内容丰富，形式多样。自重庆师范大学教育科学院院长张希希《开班典礼》和重庆师范大学教育科学院副教授、硕导伍雪辉《"破冰"活动与学习小组的建立》拓展活动之后，紧接着，是紧锣密鼓的课堂讲座学习活动。五天来，分别聆听了重庆名师、重庆北碚区教师进修学院院长朱福荣《名师工作室的方向制定与运行机制》，重庆市教科院研究员、名师工作室主持人王玮虹《名师工作室的发展规划制定策略》，重庆名师、重庆市第二十九中信息中心主任罗化瑜《匆匆那年，我们相遇"互联网＋"》，西南大学教授、博导易连云《新时期名师素养与角色定位》，重庆名师、重庆市中小学班主任工作室主持人巫正鸿《名班主任工作室管理模式及发展》，重庆市璧山区教委曾老师《班级文化建设》介绍，重庆师范大学教育科学院教授、硕导、系主任冉亚辉《名师：基于教学改革的教师发展》，重庆市教育评估院副院长沈军《名师工作室的评价与考核问题》等讲座。期间，还安排了两个半天的时间去重庆市第二十九中信息中心主任罗化瑜(重庆)名师工作室和重庆名师、重庆市璧山中学名班主任工作室考察。

接连五天聆听重庆名师讲座，参观名师工作室、名班主任工作室，给了我几点启示：

一是要砺学慎终。勤于学习，是名师成功的必由之路。勤奋学习是当今时代赋予当代教师的使命，是科技文化发展的大势所趋。活到老，学到老，树立终身学习思想，是每个弄潮儿的生存发展之道。回顾三年来作为工作室主持人的我，在工作之余，自己基本上做到身先士卒，率先带头学习，带头写读书笔记，写学习总结。由于自己的言传身教，身体力行，带头作用，学员也不敢懈怠。每学期大家踊跃上交研修作业的事实，就是最有力的见证。

二是要善于思考。善思，是成就名师的必经之径。读书不思考，等于囫囵吞枣，怎能吸取其中营养？读书不仅要善于思考，还要善于捕捉灵感，并将思考之果跃然纸上。跃然纸上，就要将所读之书及所思之果，善于写出来与大家分享。因此，跃然纸上是善思的必然结果，是检验读书思考成果的必然产物。近几年来，我除了在国家核心期刊、重要期刊发表论文外，于2012年8月出版《思想品德教学实效性探索》22万5千字的专著；继此之后，又于2014年8月，出版《初中生品德教论》26万字的专著一部。这些都是善思自己的教育教学的果实。所以，思则益，不思则罔。

三是要勇于实践。实践，是名师成长的必然之道。实践第一性，实践出真知。要使实践出真知，就须像重庆名师罗化瑜说的那样："把简单的事情做彻底，把平凡的事情做经典。"其实，能把简单的事情做彻底，则一点也不简单了；能把平凡的事情做经典，一定很不平凡。作为工作室主持人，即使没有像重庆名师罗化瑜那样"把简单的事情做彻底，把平凡的事情做经典"，至少也要中规中矩地按照工作室计划并在原工作计划基础上加以创造性地、一步一个脚印踏踏实实地坚持把事情做下去、做到底，也是实事求是做事的起码要求。在接下来的(2015 年 7 月至 12 月)半年时间里,我想,除了要继续完成工作室计划内研修任务以外,还要让学员明确入室研修三年应该如何去总结、反思、提升的问题了。

我拟想让本工作室学员,围绕入室三年来的工作、学习、生活实际,从以下十一个问题或者说十一个角度去思考和总结。我要向学员提出的这十一个问题或者十一个角度是:

1. 入室三年来,您上过的令您最满意的是哪一堂课? 好在哪里? 还有改进的地方吗? 怎样改进? 请写出改进的方案。

2. 入室三年来,您还参加过哪些培训? 在什么地方? 有什么感悟? 如果您来设计那样的培训,会怎样设计和安排? 试写出具体方案。

3. 入室三年来,您发表了哪些论文或者出版过哪些论著? 最具代表性的是哪一篇? 表达的核心观点是什么? 有哪些具体观点? 其中,哪个观点最能代表您的创新思想? 理由?

4. 入室三年来,您参加过哪些评课活动(时间、地点、具体内容)? 最具思维碰撞的是哪一次? 为什么?

5. 入室三年来,您读过哪些论著? 其中,给您最大启示的是哪一部或哪一篇? 试述其主要观点?

6. 入室三年来,您获得过哪些荣誉? 其中,最高荣誉是什么? 因什么而得? 无论您有没有获得荣誉或者获得何等荣誉,都请您谈谈对"荣誉"的看法。

7. 入室三年来,您写过哪些读书笔记(随笔)? 其中,令您最满意的是哪个读书笔记? 写出令您满意的理由。

8. 入室三年来,您所做的微课、优课,哪一个令您最满意? 获得了哪一级哪个等次的奖励? 您觉得它还有改进的空间吗? 需要怎样改进更能反映主题? 具体改进方案是什么? 请把它写出。

9. 入室三年来,您对工作室规定的各项制度和分配的各项学习、研修任务,有哪些看法? 理由是什么? 请把它写出。

10. 人们常说,教育需要温馨的阳光,更需要滋润的甘露。对此,您的感悟是什么? 请结合日常学习、工作、生活实际,谈谈自己的想法和看法。

11. 结合实例,谈谈您入室前后,对同事、对学生的情感或者评价有哪些不同的变化? 其中,最大的变化是什么? 原因是什么? 积极作用什么? 请把它写出来与大家分享。

以上十一个"问题"或者"角度"的提出,只是为学员写好入室三年来的个人总结提供思路参考。学员自己还可以抛开以上"问题"或者"角度",围绕自己入室三年来的研修经历、感悟,进行总结。通过总结,提升或改进、鞭策自己今后的发展。这才是本次总结的根本目的。

重庆研修课上,王玮虹老师提出"名师成长的路径"问题,让大家讨论,以鄙人经验认为,名师诞生途径主要有两种,一种是"自然型",另一种是"助圆型"。

何谓"自然型"? 何谓"助圆型"? 两者有什么区别? 有什么特征? 下面所述是结合鄙人经历的一家之说,希望能抛砖引玉。

所谓"自然型",就是其形成过程中,在没有附加外在压力的情况下,完全是由自己内心深处的主动因素驱动,一种对该事业的兴趣、爱好的追求,主动、自觉形成的被人们认可的,在业界颇有影响力的精英分子行动。因此,也叫"自觉型"。其主要特征有四个:一是主要靠自己自觉生成;二是生成过程没有附加任何或者很少外在压力;三是其行为及结果被业界认可;四是在业界颇有影响力。

所谓"助圆型",即在其形成过程中,主要通过组织的力量,帮助其圆满成功的一种类型。这种类型是在该学员自身所具备一定条件的情况下,加上外部条件和外部一定压力的作用,力助其朝着规定的方向或者规定的方面发展。比如当今的"百千万工程"的培养对象、教育专家的培养对象、教育家的培养对象,等等,均属于此种类型。这种类型,又可以称之为"培养型",或者"打造型",或者"逼成型"。

比较"自然型"与"助圆型",笔者更主张或者更关注、更认可前一种。主要是因为,除了我有"自然型"情结外,更多的是因为"自然型"主要是由其内在的积极因素为动力驱动形成的,习惯于内在兴趣、惯力,这种发自自身兴趣爱好的原动力,是经久的,持续发展的。我就是属于此类型。对此,我毫不夸张,并且自豪、自信地说,我从教以来,除了把课上好以外,几乎没有放弃过对教育教学的研究。无论担任什么行政职务、哪个年级的课程,也无论是否担任班主任工作,无论有没有稿酬、有没有奖励,我都一如既往,义无反顾、踏踏实实地从事教育教学研究。研究成果也得到了素未谋面的北京师大《思想政治课教学》杂志社前任社长兼主编李晓东教授、陕西师大《中学思政治教学参考》杂志主编和编辑等的青睐和称赞,后来甚至约稿。功夫不负勤奋人,勤奋耕耘果实丰。近些年来,认识我的,或者读过我发表在杂志上的文章的师范院校毕业生,见面就说,久闻(我)"大名"。我不仅课教得好,文章写得可以,得到专家的认可,多年来,还应邀在校、镇、市、省,为同行做讲座四十多场。近几年来,我连续 7 年为广东省中考思想品德学科做考纲;连续 6 年应邀在广东省中考备课会议上为全省同行作讲座(每场讲座人数不少于 500 人,多至 800 人以上)。

之所以我更关注更认可"自然型"的名师成长之路,还因为"助圆型"带有某种的功利性色彩。因为功利而为之，没有功利怎么办？在现实和事实面前，我的确不敢恭维。故以为"自然型"的才是可持续的、经久的，发展后劲足够者。对此，我也希望那些当初热忱无比的培养对象不要被我言中之，不要一旦脱离了外在动力，就失去前进的动力，停滞不前，不要昙花一现，不要销声匿迹，希望也是经久的、可持续的发展，不辜负期许的发展目标，向着优秀教师、卓越教师方向发展。也许，有人说，自古以来，卓越教师都是凤毛麟角，可望不可求。打铁还须自身硬。我想，只要自己认认真真工作、踏踏实实修炼，即使做不了卓越教师，至少也可以做个知名的骨干教师、优秀教师。

依照唯物辩证法原理来总结归纳以上话题，就是："自然型"的名师，主要是其内因作用的结果；"助圆型"成长出来的名师，主要是借助外部力量作用的结果。如果说外部条件对名师成长不可或缺的话，那么，内在因素的作用才是名师成长的决定性因素。因此，要成为名副其实的名师，最终还要靠自身的不懈努力。

四、教育教学总结的撰写及适例

教育教学总结的写作，就是将自己在一定时间段内所做工作的成绩加以罗列，然后，把自己从中悟出的道理或者启示分门别类写出来即可。一般来说，没有特别的格式要求，与教育教学体会的写作几乎没有太大的差别。只要把最主要项目，如题目、正文内容、作者姓名及单位等写上即可。不用像正式论文那样严谨，一项不落地写上。当然，另有规定者除外。

下面，举两个适例来解读，与君分享。一是《有所学　有所研　有所成——李锦宏名师工作室2013年工作总结》，二是《"三驾马车"并驾齐驱　共同奔向高效课堂——东莞市横沥中学迈向东莞市高效课堂总结》。这些都是纪实性的汇报总结。

所谓纪实性的汇报总结，就是将一段时间里所经历的事情按照时间顺序或者主次先后分别列举并加以评述的一种写作方法。

（一）汇报性的工作总结的撰写及适例

汇报性的工作总结，是对自己或单位或部门在一定时期内所做工作的综述：一是罗列该段时间里做了哪些工作，取得了哪些效果，还存在哪些不足或问题，提出对问题的改进措施，或者提出对事物的展望。一般来说，这种总结，技术含量较低，没有给人入木三分的感觉，显得平淡，没有波澜。

《有所学　有所研　有所成——李锦宏名师工作室 2013 年工作总结》就是例子。现将其全文呈现如下——

该总结的题目是：

有所学　有所研　有所成——李锦宏名师工作室 2013 年工作总结
该文在几段引言后，分成了"1. ……2. ……3. ……4. ……5. ……"五部分来写。全文如下：

在东莞市教育局统一组织领导和所在镇党委、政府的重视下，在横沥中学校长袁怀敏的关怀和指导下，东莞市中小学名师工作室——李锦宏工作室在横沥中学于 2013 年 9 月 26 日正式启动。

当日，应镇教办邀请，名师工作室主持人李锦宏为横沥镇中小学骨干教师作《修炼：优秀教师成长的必由之路》培训讲座。

工作室遵照东莞市教育局《关于选拔学科骨干教师进名师工作室跟岗学习的通知》精神，依时完成学员选拔工作，于 2013 年 11 月 20 日第一次集中工作室学员、成员学习培训。在这次学习培训中，工作室主持人为到会学员、成员作《优秀教师是靠自身修炼出来的》的讲座。2014 年 1 月 8 日，学员、成员、顾问进行第二次集中学习，这次集中学习培训的主要内容包括总结四十多天来学习、研修情况，部署 2014 年上半年研修内容任务。自第一次集中学习研修以来的四十多天时间里，主持人按时于每周星期五上午 8:30 开始至 10:30 左右，组织工作室学员通过博客研讨共 6 次。丰实的课程研修，给学员留下深刻的印象。来自石排中学的学员杨銮发参加第一次讲座学习后深有体会地说："讲座讲到教师发展到高原期，若不突破，就会停滞不前，就难以向优秀方面发展，给我莫大启发。"其他入室学员亦纷纷表示学习提升很有必要。

1. 编制《学习手册》，拟订主修课程，为有所学、有所成筑平台

未雨绸缪，先谋后动，是我做事的根本原则。作为工作室主持人，当我被评选为东莞市中小学名师工作室主持人的那时候起，就在寻求、筹划工作室的运作策

略过程。比方，要做哪些准备？要怎样才能突出本工作室的特色？要制定怎样的培训方案、章程去适应本工作室的需要？又怎样去实施培训方案，实现培训目标，使学员有所学，有所研，有所成？等等这些，作为主持人和工作室的直接管理者的我，都是在不断学习他人经验，借他山之石的过程中一一完善起来的。尤其是通过暑假浙江大学的培训学习，专家名师的指点，使我更加明确了名师工作室的工作任务和目标，认识到名师是教师队伍中一个相对特殊的群体，其地位作用既基于一般教师又高于一般教师。一般教师的培训是名师培养的重要基础，而名师培养又是一般教师培训的升华提高，培养与造就一批高水平高素质、教育家型的名师队伍，不仅有利于促进名师自身的成长与发展，也有利于激励全体教师的建功立业精神。浙江培训，使我更加明晰了名师工作室的地位、意义、主要任务和工作目标，明晰了名师工作室需要什么，做些什么，怎样做好这些工作等一系列问题。这是我今后扎实搞好工作室培训工作的重要基础。

为了扎实做好培训工作，使培训工作顺利进行，我先后制定"工作室章程""培训方案""进修选读参考书目"，开展了"优秀教师是如何练就的"讲座、印发教育部"中学教师专业标准（试行）""主要课程安排"等，并将这些内容编制成《学习手册》（见附件），印发给进修学员和指导教师、顾问等，请导师和顾问监督落实。

附件：《学习手册》目录

学员、成员、顾问名单

东莞市横沥中学简介

李锦宏名师工作室简章

李锦宏名师工作室培训方案

领雁高飞　飞向梦想的明天——东莞市第二批名师工作室主持人培训感受

李锦宏名师工作室教师选读参考书目

优秀教师是如何练就的

附件一：中学教师专业标准（试行）

附件二：主要课程安排

附件三：学员年度考核表

附件四："初中生向往的堂课"——（学生）推荐表

制定和实施方案时，主持人主动与东莞市教研室、科研办等部门密切联系，结合教育教学实际，以课题研究为引领，探求教育教学相关对策，以各种方式学习、传播先进的教育思想、课程理念、教学方法，发挥名师在教育教学活动中的示范、引领、指导和辐射作用，提炼学员的教学特色，使之学有所长，研有所成，从普通走向优秀，为走向卓越奠基。工作室拟通过培训内容和培训形式使学员达到以下目标：

一是通过学习有关教育教学理论,提高理论素养,夯实理论基础。

二是通过课程研究与教学实践,使教学方法研究与教学实践相结合,通过上示范课、专题讲座、开展教学研讨活动,参加本学科或相关学科的教育教学研究活动,增强教学特色。

三是通过当前我市高效课堂工程建设与本室开展"初中生向往的课堂"调查研究课题系列研讨活动的结合,提升进修品位。

四是结合所在学校的教育教学实际开展课题研究,完成一定量的学习、培训心得,写作阶段性研修报告或总结,发表一定数量的本学科的教育教学论文等,帮助学员提炼他们的自身特色,发挥他们应有的作用。

五是通过强化师德修养,提高理论素养、教育教学能力、研究能力,促成业绩成果等内容的年度考核机制,保证培养目标如期实现。

2. 进修培训按部就班,如期进行,富于实效

在市教育局的领导和支持下,本工作室学员入室培训的首次会议于 2013 年 11 月 20 日上午 8:30 分在横沥中学图书馆三楼顺利举行。这次培训得到横沥中学校长袁怀敏、横沥镇宣教办副主任卢伟的重视和支持,他们亲自到会并分别做了重要讲话,广东省特级教师、工作室主持人李锦宏老师主持会议并作培训讲座。工作室聘任的指导老师,东莞市第一、二批思想品德学科带头人李惠萍、邓修忠及来自全市 10 所学校的 12 位学员准时出席了会议。培训会议安排得井井有条,分为两阶段进行。第一段,从 8:30 分至 9:00 举行学员预备会议,成立学习小组和选举产生小组长,商议有关培训事宜,明确至 2015 年学员的学习任务;第二段,9:40－11:30,听取讲座,学员、成员、主持人一起研讨活动。

工作室主持人结合学员目标,围绕"优秀教师是如何练就的"这个主题,为学员举办讲座并组织了研讨。工作室主持人深有体会地与学员分享,要明确当今的教育形势,十分有利于教师的发展。国家确立了中小学教师可以评上正高级教师资格的平台,东莞市教育局明确了教师发展的两条道路。只要做教师的够优秀,教师之路就会越走越宽广。但是,优秀教师不是"打造"出来的、"包装"出来的,而是靠自身修炼出来的。他强调"三个"修炼:一是通过愿景修炼,不断追求卓越;二是通过学术修炼,提升学术修养;三是通过心智修炼,学会哲学思考。李锦宏老师结合自己卓越的教育科研成就,要求学员必须在教师路上进入成熟期后,继续创新发展,逾越高原期,决不能在成熟期后停步不前,不能中"高原期"症,而进入停滞期。要实现教师的二次发展,就要通过"三个"修炼突破"高原期",走向创新发展期。在课堂教学中,要不断地总结提炼,注重教学技能的成熟、教学模式的成

型,从"无模——有模——无模——有模——无模……进入"无模之模,乃为至模"的教学境界,经历从"经师"到"能师"再到"人师"的发展过程。主持人还进一步鼓励学员要不断学习,活到老,教到老,不断夯实专业知识,开拓学科视野,积淀厚实的文化底蕴,并在此基础上进一步思考"为何教、为谁教、教什么、怎么教"这些教学本原问题,树立正确的教学价值观、学生观、课程观和教学观,真正成为名副其实的名师。

参加培训的学员、成员均感受到讲座中的每个观点,都深深植根于主持人几十年来对教育不懈的追求、思考、感悟、升华,犹如他赠给大家的《思想品德教学实效性探索》专著那样,很具有感染力和说服力,为学员们在教师专业性成长道路上拨开云雾,领雁高飞,群雁齐飞——飞向梦想的明天。学员们纷纷表示研修培训受益匪浅。大家觉得培训时间紧凑,学习内容丰实,特别是看到手上那沓厚实的"学习资料"时,学员们由衷地敬佩工作室主持人对培训工作所做的充分准备。

第二次进修培训活动于 2014 年 1 月 8 日上午 8:45 仍在横沥中学图书馆三楼举行。名师工作室主持人李锦宏老师主持会议并作培训讲座。名师工作室顾问、市教育局教研室教研员陈礼兴老师及工作室全体学员参加了培训活动。培训活动的第一阶段,李锦宏老师对前一段的培训工作进行了总结。主持人首先指出,工作室的筹备及培训工作能够顺利地开展,离不开各方面对工作室的大力支持。其中特别对横沥教办、横沥中学领导及市教研员陈老师对工作室的筹备及各项工作顺利开展给予的大力支持与帮助表示衷心的感谢。主持人还对学员们在前一段时间的研修情况进行了小结,指出学员们研修热情高,无论现场研讨还是博客研讨,大家都能围绕主题畅所欲言,大胆提出自己对问题的见解与看法,从中得到收获。总的来说,主持人对学员们在前一段时间的研修表现非常满意。紧接着,陈礼兴老师的讲话充分肯定了工作室开办以来所做的工作和取得的成绩,接着他对学员们提出了几点要求与希望:第一、学员们一定要在工作室学有所成;第二、要通过工作室提供的基本阅读书目来不断提升自己,让阅读成为一种习惯,享受阅读的乐趣;第三、要把教学看成是创造性的工作,对教学进行反思与改革,从而改变学生、家长、同行及社会对思品课的看法。学员们说:每次研修,都有收获,都是一次成长。

3. 精心组织,积极引导,使"有所研"名副其实

自 11 月 29 日即从第 13 周第一次进修培训开始,每周星期五上午 8:30 至 10:30 左右,工作室都依时组织学员通过博客研讨近期教育教学状况;至第 18 周即 2014 年 1 月 8 日第二次集中进修学习止,利用博客研讨共 6 次。每一次研讨,都是在主持人的精心组织、引导下,紧紧围绕着教育教学中遇到的状况、困惑、疑难

而展开的。例如第 13 周展开的第一次博客研讨,其中关于教学问题的研讨,在主持人的引领下,紧紧围绕教学问题展开下列对话(经过整理,去掉了博客记录中的时间摘录):

江献良(学员) 准备公开课《身边的诱惑》,发现教材内容改了很多,我把重点放在不良诱惑的危害及沉迷诱惑的原因两方面,金钱、游戏机、黄赌毒都轻轻带过去,没有完全根据内容来讲。这样妥否?

李锦宏(主持人) 献良:可以的,只要紧扣课标"2.5 能够分辨是非善恶,学会在复杂的社会生活中做出正确选择"和"2.4 体验行为和后果的联系,懂得每个行为都会产生一定后果……"选材和构思教学素材,通过一定的方式方法定能把情感态度价值观、知识、能力"三维目标"落到实处。

江献良 三维是知识、能力、情感态度价值观还是知识与能力、过程与方法、情感态度价值观? 不同的书和文章好像各有各的表述。

李锦宏 学科课程的三维目标(知识、能力、情感态度价值观或情感态度价值观、能力、知识)与教学三维目标(知识与能力、过程与方法、情感态度价值观)是有区别的。

陈洁纯(学员) 我个人认为知识、能力、情感态度价值观是传统提法,它是带着知识走向学生,而知识与能力、过程与方法、情感态度价值观是新三维目标,是带着学生走向知识。

李锦宏 在教学设计中,须将学科的三维目标与教学的三维目标两者结合起来,没有决然之分。

横中董慧仪(学员) PCK 是学科教学知识(Pedagogical Content Knowledge)的简称。教师必须拥有所教学科的具体知识:事实、概念、规律、原理等,还应该具有将自己拥有的学科知识转化成易于学生理解的表征形式的知识。

石排中学杨銮发(学员) 大家探讨得挺热烈的。

李锦宏 这方面的论文,至今我还没有,希望通过大家的这次讨论,能促成该文吧。

石排中学杨銮发 可惜我刚好这两节有课,抱歉啦。

李锦宏 以生为本,教学为主,上课要紧。

江献良 做老师是否一定要有很多 PCK?

李锦宏 PCK 指的是学科教学知识,它要求整合学科知识、课程知识、教学知识、学生知识,是一种教学技术或者说一种教学技能在教学中的呈现。

杨文兄 李老师一说,更明了了。

李锦宏 教学的内容不同,PCK 也是有所区别的。

江献良　如果将之理解为一种教学技能，那就很符合逻辑了。

万江二中黄强（学员）　辅之以教学艺术就更高一筹。

杨文兄（学员）　由技能上升到艺术是种更高的境界了。

陈洁纯　这种境界需要修炼啊！

陈碧霞（学员）　不好意思啊，我们在期中考试，现在监考。

江献良　我觉得我们年轻教师还是先好好打造自己的一个相对固定的教学模式比较实在些。

李锦宏　建议大家研读胡兴松著、广东教育出版社的《思想政治课教学艺术》专著。

又如教学特色问题的探讨，主持人强调："教学别忘了自己的特色。"

李锦宏　作为教学多年的教师都有一定的经验积累，需要形成自己的教学模式、教学风格，在此基础上去学习、吸取他人长处，丰实自己，是正道。千万不要忘了自己是谁，如果以否定自己去学他人，恐怕很难有自己的特色，很难成名成家。

江献良　大家有什么书可以多多推荐，不限于学科教学的。谢谢啦！

东坑中学黄恒维（学员）　赞同，谢李老师。

杨文兄　赞同李老师的观点，一味地模仿的路是走不远的。

江献良　我也觉得每个老师应该根据自己的气质、技能、语言等特点选择或打造自己的教学模式，在此基础上修炼自己的教学艺术，然后进入另外一种教学境界。

陈洁纯　现在很多学校和老师到处学习，把学来的东西都用上，用了发现不接地气，又推翻掉，费时费力。我个人觉得首先得准确自我定位，然后再学习适合自己的模式或方法技巧，正确取舍后才投入课堂改革和自我教学风格的塑造，效果可能会好些。

杨文兄　关键是现在很多学校以行政力量强力推广某种教学模式，这样教师个人可以发挥的空间就小了。

莫建龙（学员）　《思想政治课教学艺术》，马上买一本读一下。

横中董慧仪　其实我们也要多向其他学科的老师学习。这个学期我参加的综合实践的一些培训，给我带来不少启发，让我更加注重调动学生的积极性，使课堂更加活跃。

莫建龙　"需要形成自己的教学模式、教学风格，千万不要忘了自己是谁。"非常赞同导师的观点。

王天立（学员）　调动学生的积极性是个值得研究的课题，我一直头大，怎样才能调动学生的积极性？

江献良　现在很多思品课老师都喜欢在网上下载课件,照着课件说一遍,展示一遍,学生读一遍,画书一遍。没有了书,没有了课件,就完全不会上课了。

杨文兄　李老师,不好意思,要去开备课组会,先离开一会。

陈碧霞　师生关系。曾看过一本书,我们课堂上也应注重关系,关系处理好了,我们的教育目的会比较容易达到。

由此可见,研讨紧紧围绕主题展开对话,畅所欲言,各抒己见,达到研讨之目的,解决教育教学中的实际问题与困惑,于己于人,都颇有裨益。

4.“学有所长,研有所成”是本工作室之追求

第一次集中进修培训时主持人就告诉大家,参加进修培训的在座学员是在全市思想品德教师报名中挑选出来的四十六位佼佼者。通过进修培训,是否能成为优秀中的佼佼者? 大家尚需努力。在这次讲座即将结束时,主持人运用著名企业家、学者俞敏洪的一分钟演讲词勉励大家说:

“人的生活方式有两种,第一种方式像草一样活着:你尽管活着,每年还在成长,但是你毕竟是一棵草,你吸收雨露阳光,但是长不大;人们可以踩过你,但是人们不会因为你的痛苦而产生痛苦,人们不会因为你被踩了而来怜悯你,因为人们根本就没有看到你。所以,我们每一个人都应该像树一样成长。即使我们现在什么都不是,但是只要你有树的种子,即使被踩到泥土中间,依然能够吸收泥土的养分。你也许两三年长不大,但是八年、十年、二十年,你一定能长成参天大树。当你长成参天大树以后,在很远的地方,人们就能看到你;人们走近你,你能给人一片绿色、一片阴凉,你能帮助别人。即使人们离开你以后,回头一看,你依然是地平线上一道美丽的风景线。”

“树,活着是美丽的风景,死了依然是栋梁之材。活着死了都有用。”

做参天大树,挺拔魁梧。主持人语重心长地告诉进修培训的学员,要明确当前教师的发展方向——国家已建立统一的中小学教师职务(职称)系列,在中小学设置正高级教师职务(职称)。中小学教师职称共分五种:三级、二级、一级、高级、正高级。东莞市也已明确教师成长发展的路径,指出骨干教师队伍建设是我市教师队伍建设的核心内容。在普通教师发展到骨干教师、优秀教师、卓越教师的历程中,伴随着教育科研成长的过程。《国家中长期教育改革发展规划纲要(2010 - 2020 年)》指出:建设高素质教师队伍。教育大计,教师为本。有好的教师,才有好的教育。提高教师地位,维护教师权益,改善教师待遇,使教师成为受人尊重的职业。严格教师资质,提升教师素质,努力造就一支师德高尚、业务精湛、结构合理、充满活力的高素质专业化教师队伍。东莞市启动“三名工程”就是贯彻落实这一精神的重要举措。

5.2014 年上半年的研修安排

有序的工作安排,能起到水到渠成、马到成功的效果。在充满希望的 2014 年伊始,工作室趁第二次培训之机,部署 2014 年上半年的主要研修安排:

1. 要求学员结合自身成长的需要,不断进行自我修炼。要明晰,愈是到熟练期,愈要提防职业的停滞期(高原期),这时的你则更要逾越职业成长的高原期。这样才能使自己顺利向优秀教师的行列迈进。

2. 初步确定《初中生向往的课堂》的课题研究,并明确《初中生向往的课堂》主题征文活动须在 2014 年 3 月前完成。4 月向教育局申报立项。

3. 确定"送课下校"活动安排。拟第一次"送课下校"为 2014 年 3 月下旬在横沥中学举行,由学习小组之第二组成员董慧仪、黄恒维进行同课异构;拟第二、三次"送课下校活动"定于 4 月中旬和下旬分别在万江二中、石排中学举行。

"有所学,有所研,有所成"是本室的培训宗旨。

"问渠那得清如许,为有源头活水来。"教学的活水源于教师的教学激情,教学激情源于教师对所教课程标准、教材的不断钻研以及对学情的了解、分析而综合生成,这些均须通过教师不断的自身"修炼"方能成为常教常新之不竭之源。

与其说这是一个汇报总结,倒不如说它是一个主要记载 2013 年李锦宏名师工作室经历过的主要工作活动的总结材料更恰当。因为它是以罗列工作室工作项目为主,鲜见夹叙夹议,纯粹为了履行向上级部门汇报工作而为之作。

(二)专题性的工作总结的撰写及适例

专题性的工作总结,是指对自己或单位或部门在一定时期内所做工作及其收获或失利以专题式归纳总结的一种形式。它相对汇报性质的工作总结而言,这种总结需要夹叙夹议的写作方式,且这种总结具有深刻性的特征。如本书第三章科研立项中期报告总结《构建学生自主学习的最优教学环境,全面推进素质教育》,就是这种总结。一般来说,这种总结可登大雅之堂。例如,《"三驾马车"并驾齐驱 共同奔向高效课堂——东莞市横沥中学迈向高效课堂总结》,就是这样一种总结。它在这个主题下,将所作所为的主要工作过程通过作者夹叙夹议的笔法展现在人们眼前。

下面举个实例:《"三驾马车"并驾齐驱 共同奔向高效课堂——东莞市横沥中学迈向高效课堂总结》

该总结题目是:

"三驾马车"并驾齐驱 共同奔向高效课堂——东莞市横沥中学迈向高效课堂总结

全文如下：

课改的根本目的是要实现教育教学质量的提高。追根溯源，教育教学质量的提高，主战场在课堂。课堂是否有效、高效，取决于教师是否转变教学方式，是否贯彻以生为本理念，是否将之凝聚成为教育教学质量提高的有生力量，这关系到学校的生存与发展。

我校根据本校实际，借助我市实施高效课堂之机，先后以《导学案》为推手，借学生"推课"之力，开展小组合作学习（被称为"三驾马车"），轰轰烈烈，奔向高效课堂，共同形成凝聚实现高效课堂实效之力量。

1. 以《导学案》为抓手，掀开高效课堂实施序幕

虽然课堂教学实施《导学案》不是什么新鲜事，但是，对于我校来说，尤其是同在一个年级全面实施《导学案》，却是"大姑娘坐花轿——头一回"的新鲜事物。如何把这一新鲜事做好，使《导学案》成为高效课堂的一个重要抓手，并发挥其应有的作用呢？我们主要从两个方面去着手：

一是从《导学案》开发抓起。依据课标和教材编写的《导学案》是我们课堂教学中要达到目标的基本要求。基于此，我们编制《导学案》的初衷是要通过使用《导学案》，使我校中下层学生学习质量提上来。因此，我们要求编写者必须依据课标和教材，保证把握好每一堂课的《导学案》内容，既要有一定的高度、深度，更要注重基础强化和能力培养，突出照顾中下层学生学习，让他们通过自己自学《导学案》，完成《导学案》中力所能及的"预习案"内容，以求达到课前学习要求。为此，在 2012 - 2013 学年度第一学期结束前，我们就提出开发 2013 年春季七年级《导学案》的构想。几经研讨，首先形成了编写适合我校校情的《导学案》思路，同时制定了编写我校《导学案》的板块和模式。紧接着，我们组织相关骨干教师利用寒假休息时间编写七年级语文、数学、英语、思想品德、地理和八年级物理等《导学案》。至 2013 年秋季，我们拓展到七年级、八年级所有统考学科。到 2014 年秋季，除了九年级英语外，七、八、九年级相关统考学科均用自己开发的《导学案》。并且，编写模板形成了"【学习目标】【自学导引】【预习案】【探究案】【反馈案】【巩固拓展】"等六个板块。开发并在实施《导学案》过程中，先后邀请省市有关专家和学科权威来校指导，期间，广泛听取了省市有关专家和学科权威对我校《导学案》的意见。现在修订的《导学案》，是在充分吸取专家意见和总结自己的教学经验的基础上修订的，当前使用的《导学案》，不仅优化为"【学习目标】【导学预习】【合作探究】【随堂反馈】【巩固拓展】"等五个板块，而且更突出了《导学案》的"导向性"。

二是扎实抓《导学案》的使用，即抓好《导学案》课堂教学的实施。《导学案》是根据课程标准和现行教材开发出来的，开发《导学案》就是为了在教学中使用《导学案》。如何才能把《导学案》使用好？教学中如何将《导学案》与教材统一起来？如何正确处理这两者关系？为此，我们从首度使用《导学案》开始，就要求实施《导学案》的教研组、备课组，层层抓起，扎扎实实，保证用好《导学案》。一是要求年级组、科组备课组对课堂教学和月考、期中考、期末质量检测等进行定向跟踪分析，发现问题、分析问题、解决问题，对差距较大的班、科目要查找、分析原因，定出追上先进的措施，切实提高教学质量；二是要求向课堂直接受益者——学生了解情况，及时优化《导学案》在教学中的实施。学校教研室认真做好跟踪收集《导学案》的实施意见工作，采用书面调查方式向学生了解情况。如2013年3月向普遍使用《导学案》的七年级学生做书面调查，初一(8)班邓妙娟说：“《导学案》中的‘预习案’，可以促使我们通过预习为学习内容打下基础，使我们能先学后听(课)，学得教轻松。”该班赖剑辉同学说：“《导学案》使作业量减少了，学习效率提高了。”初一(11)班的伍达锋说：“《导学案》，可以让我们学得更好。”初一(5)班的班长刘纯玲说：“《导学案》中的‘反馈案’和‘巩固拓展’中的题目可以作为作业，也可以作为测练题，巩固掌握知识或测试所学知识。”调查还了解到，有学生反映《导学案》练习量太少的问题。三是通过教师座谈会了解情况。在使用《导学案》第一个月的教师座谈会上，科任教师对《导学案》使用的优点也作了充分肯定。如语文备课组长深有感触地认为，《导学案》使“学生形成学科学习的习惯”；数学备课组长说：“《导学案》有助于学生培养学习自觉性。”英语备课组长认为，学生普遍反映《导学案》让学生读练结合；物理备课组长依据本学期第一次月考的成绩说：“《导学案》促使中下层学生的成绩提高的事实证明，以练为主促进学生自觉性提升，对课堂教学起到了一定的规范作用，有效地调动了学生的学习兴趣，对于提升学生学力起到了一定的作用。”座谈会上，大家也提出了《导学案》对优等生“吃不饱”等问题的解决方案。

的确，因为我校第一次大范围使用《导学案》，且编写时间仓促，使用中发现需要完善和改进的地方还不少，比如“基础知识涵盖不全面”；又比如“有些题量太多，有的相对不足”；再比如，有的问题“设问不够精准”；还有优等生反映“吃不饱”；地理备课组反映的“配上课件”问题等，有了这些改进意见，《导学案》的实施才得以完善。

应当肯定的是，《导学案》的开发和使用，使我校实实在在向高效课堂迈出了第一步。

2. 借学生“推课”之力，促进高效课堂向前迈进如果说开发和使用适应我校校情的《导学案》是我校通往高效课堂的第一驾马车的话，那么，第二驾马车就要数学生"推课"了。

2013年秋季开学伊始，我校又推出迈向高效课堂的第二部马车——学生"推课"，即学校制定的让学生来评判老师上课情况的实施方案（简称学生"推课"）。实施方案规定，每周由班学习委员牵头，组织该班各层次学生代表（包括学习委员本人在内）共11人，组成"推课"小组，实事求是地推荐本周学生最受欢迎的课、最受欢迎的教师，每周在校园网（Q群）上公布。具体要求是：

（1）抓好"推课"骨干培训。这骨干就是各班的学习委员。每个学期伊始，由学校教研室主任李锦宏负责对全校36个班的学习委员集中进行1至2次的深度培训，直至各班学习委员掌握"推课"要领并能独立完成操作为宜。

（2）充分发挥骨干作用。学习委员从骨干班回来后，首先要向班主任汇报、向全班同学宣讲开展"推课"的精神和要求；然后，每周由班学习委员牵头组织本班11位同学组成评课小组，这11位学生中，除了学习委员是固定成员外，其他10位都是不固定的，保持每周不同（11位评选成员均须在上报材料中签名），这样，促使每一个学生认真上课。

（3）"推课"成员的充分准备。11位"推课"成员须利用课余时间广泛听取本班其他同学对该周课堂教学的看法，在此基础上，结合"推课"表内项目要求做出确切的判断，准确地、实事求是地评选出"我最喜欢的那节课"。

（4）定时发布"推课"结果。"推课"时间一般都规定在每周星期五下午课外活动课时进行。"推课"结果（表）将于当晚晚修至7∶30送学校教研室主任，教研室于星期二下午在学校Q群共享公布结果。

（5）及时做好"推课"阶段性总结。学校教研室将对"推课"情况作阶段性总结，一般是每一个月进行一次小结，学期结束时进行总结表彰（结合期末考试成绩和一学期来被推荐次数进行作总结表彰）和奖励。

开展学生"推课"活动，具有两个积极作用：一是充分发挥学生是课堂主人的作用，让学生认识到要当好"推课"人——认真上课、听课方能准确地评选出好课，具有督促学生专心课堂教学的作用；二是鞭策教师更好地备课、上课，教师为了更好地为学生服务、为教学服务，不给或少给学生找碴儿的机会，必须更加认真地备课、上课，这无疑是课堂教学质量提高的积极因素。

3. 铺开小组合作学习之路，提升课堂教学实效性

与《导学案》实施一样，小组合作学习也已经不是什么新鲜事物了。但是，对于我们来说，确实是我校初次开往高效课堂的又一驾马车。

小组合作学习，尤其是义务教育阶段的小组合作学习，是要在教师引导学生

读书并独立完成练习题以后，再与同学一起讨论这些内容的过程。其前提是，需要每个同学保证自己认真学习，在此基础上，这种合作才是有效的，这样的相互学习才能获益。

小组合作学习的目的，一是为了提高学生个体的学习效果，二是为了提高整个团队的学习能力及效果，三是学会合作。学习合作能力，为将来走向社会、在社会上立足积累经验、储备力量。

业内人士都知道，决定课堂教学是否有效、高效的关键因素既在于学生是否全心全意尽力而学，又在于教师学科教学知识PCK的提升。对于课堂教学中需要全体学生全身心地投入的问题，我们通过实施《导学案》促使学生先学后教，通过学生"推课"的方式督促学生全心全意投入课堂教学，通过开展小组合作学习方式促使学生学会学习，学会合作，并在合作学习中受益，共同进步。在开展小组合作学习的教学中，教师需要转变观念——即教学中不能仅仅依赖教师自身的渊博知识，更主要的是在课堂教学中要知道如何体现以生为本，调动学生的学习主动性、积极性，提升学生学力。扎实抓好小组合作学习，这是被许多名校和后来居上的兄弟学校的经验所证明的，是一条提高教学质量不可缺少的途径。为此，我校于2014年春季提出小组合作学习模式并致力实践。春季开学后，七年级有三个班，八年级有两个班率先开展小组合作学习，学校及时组织这些班主任和相关年级组长先后到东莞市南城阳光实验中学和大朗一中去学习先进经验；8月29日，聘请山东省昌乐二中高放老师来校作《构架你的高效课堂动车组——新教师观下的小组文化建设》专题讲座，为小组合作学习进一步寻找思想基础。现在，我校各班正如火如荼地全面铺开小组合作学习教学活动。

高效课堂是一个系统工程，我校拟以三年为期，施以三大抓手（"三驾马车"）尽管"三驾马车"启动有先有后，但是，它们并驾齐驱共同向高效课堂迈进。对此，我们清醒地认识到，我校距离高效课堂的要求还有较大差距，还有很长的路要走；要坚持不懈地努力，艰苦奋斗，多管齐下，综合提升，才能不断缩小与先进地区、先进学校的差距。

我们的高效课堂在路上。虽然缓慢，但坚实有力！

要使所写文章和工作总结有说服力，首先必须实事求是；其次要在写真的基础上，做一些适度的评价，才能使之具有一定的思想性。具有思想性的文章，才更富有生命力。以上列举的三个总结适例的写作方法，都是具备这三个条件的。

亲爱的朋友，您对规范的教育教学论文以及学习心得、工作总结的写作是否有此共鸣？

加强修炼尚需啥，下章分解便知晓。

第七章

学习讲座

本章"学习讲座"主要包含两层意思：一是学习，包括向书本学习、向他人学习、向实践学习等等；二是做讲座、学习做讲座。这两者既有本质的区别，又有本质的联系。

一、学习关乎人的终身发展

正因为学习关乎人的终身发展，所以，我国依据《中华人民共和国宪法》先后制定了《中华人民共和国教育法》《中华人民共和国义务教育法》《中华人民共和国高等教育法》等一系列相关教育的法律法规。人们也经常说："活到老，学到老。"现在，将它升华到了更高层次的一种说法，叫作"终身学习"。这里的"老"，即到死；"终"即离开人世，无论是到死还是终亡，在此之前，只要还有一口气，都要坚持学习。其实，这都是对人们生活经验的总结而已。如伟人和许多名人在临终前还在坚持读书、阅文批注便是适例。

"活到老，学到老""终身学习"这两种说法，虽然在文字上有区别，但是，在本质上都表达着一样的意思，那就是：人，只要活着，就要坚持学习。只有适度的学习或者说不断地学习，才能满足自身日益增长的精神需求。

在当今科技发展迅猛的时代，只有坚持学习，才不会落伍，才不会被瞬息万变的形势所抛弃。处于这个时代的教师，如果不坚持适时学习，就有可能在学生面前或多或少出现无地自容的尴尬。优秀教师是在不断学习中和不断地吸收知识营养中成长起来的佼佼者。

学习形式多种多样。如前所述，向书本学习、向他人学习、在实践中学习等等。这里，所谈的学习包括法定的学习和自觉实践式的学习两类。

（一）法定的学习

法定的学习，是指法律明文规定的公民应当享有的受教育的权利和必须履行的受教育的义务。在我国，法定的必须完成的学习阶段和学习任务有：我国的九年义务教育和我国规定的继续教育等。

（1）义务教育

即目前小学和初中阶段的教育。目前，我国安排小学 6 年、初中 3 年的学制，设置义务教育制度。我国自 1986 年实施的九年义务教育，是奠定人生发展基础的九年义务教育。它是根据我国现阶段国情，由《中华人民共和国义务教育法》规定的一项教育制度。

《中华人民共和国义务教育法》于 1986 年 4 月 12 日第六届全国人民代表大会第四次会议通过，又于 2006 年 6 月 29 日第十届全国人民代表大会常务委员会第二十二次会议修订。该法律第二条第一款规定："国家实行九年义务教育制度。"目的是"为了保障适龄儿童、少年接受义务教育的权利，保证义务教育的实施，提高全民族素质"（见《中华人民共和国义务教育法》第一条）。"义务教育必须贯彻国家的教育方针，实施素质教育，提高教育质量，使适龄儿童、少年在品德、智力、体质等方面全面发展，为培养有理想、有道德、有文化、有纪律的社会主义建设者和接班人奠定基础。"（见《中华人民共和国义务教育法》第三条）

关于义务教育的经费保障问题，该法律第二条第二、三、四款分别规定："义务教育是国家统一实施的所有适龄儿童、少年必须接受的教育，是国家必须予以保障的公益性事业""实施义务教育，不收学费、杂费""国家建立义务教育经费保障机制，保证义务教育制度实施"。

关于适龄儿童、少年如何接受义务教育和享有这项权利的问题，该法律第四条规定："凡具有中华人民共和国国籍的适龄儿童、少年，不分性别、民族、种族、家庭财产状况、宗教信仰等，依法享有平等接受义务教育的权利，并履行接受义务教育的义务。"第五条规定："各级人民政府及其有关部门应当履行本法规定的各项职责，保障适龄儿童、少年接受义务教育的权利""适龄儿童、少年的父母或者其他法定监护人应当依法保证其按时入学接受并完成义务教育""依法实施义务教育的学校应当按照规定标准完成教育教学任务，保证教育教学质量""社会组织和个人应当为适龄儿童、少年接受义务教育创造良好的环境"；第十二条规定："适龄儿童、少年免试入学。地方各级人民政府应当保障适龄儿童、少年在户籍所在地学校就近入学""父母或者其他法定监护人在非户籍所在地工作或者居住的适龄儿童、少年,在其父母或者其他法定监护人工作或者居住地接受义务教育的,当地人民政府应当为其提供平等接受义务教育的条件";第十三条"县级人民政府教育行政部门和乡镇人民政府组织和督促适龄儿童、少年入学,帮助解决适龄儿童、少年接受义务教育的困难,采取措施防止适龄儿童、少年辍学""居民委员会和村民委员会协助政府做好工作,督促适龄儿童、少年入学";第十四条"禁止用人单位招用应当接受义务教育的适龄儿童、少年""根据国家有关规定经批准招收适龄儿童、少年进行文艺、体育等专业训练的社会组织,应当保证所招收的适龄儿童、少年接受义务教育;自行实施义务教育的,应当经县级人民政府教育行政部门批准"。

关于接受义务教育的学生及其家长或其他监护人应当履行这项义务的问题,该法律第十一条第一、二款分别规定:"凡年满六周岁的儿童,其父母或者其他法定监护人应当送其入学接受并完成义务教育;条件不具备的地区的儿童,可以推迟到七周岁""适龄儿童、少年因身体状况需要延缓入学或者休学的,其父母或者其他法定监护人应当提出申请,由当地乡镇人民政府或者县级人民政府教育行政部门批准"。

接受义务教育,是每一个公民应该享有的权利和必须履行的义务。它对于人的发展,起着奠基性的作用,是人生必须经历的重要学习阶段。

(2)高中教育。高中教育历来都是被人们所重视的一个教育阶段,它关系着一个孩子的未来;但是目前我国的高中教育还存在着很大的问题,我们希望通过大家的关注能够得到解决,更好地服务于孩子们。

中国共产党第十八届中央委员会第五次全体会议,于 2015 年 10 月 26 日至 29 日在北京举行。全会提出,普及高中阶段教育,逐步分类推进中等职业教育免除学杂费。

我国的高中阶段教育包括普通高中教育、成人高中教育、中等职业教育等。

(3)高等教育。高等教育是指在完成中等教育基础上进行的专业教育,是培养高级专门人才的社会活动。就高等教育的学历层次而言,高等教育包括大学专科教育、本科教育、研究生教育(博士和硕士)等。就我国高等教育学历种类而言,它有三种:普通高等教育、成人高等教育、高等教育自学考试。

(4)继续教育。继续教育为了应对科技迅猛发展给人们带来的知识或技术掌握的滞后性,我国对在职在岗的企事业单位相关人员规定的一种再就业形式。它要求适用对象每人每年必须具有足够的继续教育学时。否则,不予注册登记和晋升职称。例如,对中小学教师规定,每人每年必须具有 72 个继续教育学时,不然,注册登记、晋升职称,不予通过。这 72 学时中,须分别包括 42 个专业学时,18 个公需课学时,12 个校本培训学时。且"42""18""12"缺一不可。以此促使人们积极进取,加强学习,预防落伍。

其实,向书本学习(受教育)也好,向他人学习也罢,既是人们生存的需要,更是人生成长与发展的需要。今天的教师成长,大凡都要经历从中小学教育到大学教育的过程,成为教师尤其是成为优秀教师更是离不开不断学习的洗礼。也正是不断地学习,不断进取,才使得优秀教师优秀、更优秀,向着卓越迈进。

对于高中教育、高等教育,虽然也有法律的规范,但是,不是公民必须要完成的,只是人们要适应许多行业在用人用工时要求必须达到相应学历而自愿、自觉履行的教育阶段和完成的学业任务。

(二)实践中学习

"读万卷书,行万里路",描述的是身历其境去实践的学习之路。其中,有向他人学习的意义,有向书本学习的意义,还有在行路过程中自己的感受、体悟,是从感性到理性的升华的学习过程。实践出真知。因此,实践性的学习是对书本知识的升华,非常珍贵,应当珍视。

自学成才是实践中学习的一种形式。

自学成才,非自学考试之义。

(1)自学成才,靠的是自己的学习和努力取得成功或掌握才能。指在工作之余,坚持自学而成才。自学是成才的重要途径。其步骤是:选好自学的方向和目标,制定合理的自学计划,运用科学的学习方法,循序渐进,持之以恒[①]。如只有初中学历的华罗庚(1910—1985)成为我国杰出的数学家,他没有读过大学,从小自学成才,在数论、代数学、函数论和应用数学等方面都取得了卓越的成就,人称"数论大师";又如五岁时因患脊髓血管瘤导致高位截瘫的张海迪(1955年9月16日生),被誉为"八十年代新雷锋""当代保尔",成为中国著名残疾作家,哲学硕士,是自学成才的适例。

(2)自学成才与自学考试的区别与联系。两者的共同之处,都是靠自己工作之余去学习,去努力;但是,两者又有着区别。自学成才,不一定要经过自学考试来证明自己的能力,而是通过自己实践来证实自己所具备的某项专业知识或技能;自学考试,是经过自己努力学习后,再通过国家相关机构的规定测试证明自己所具备的某项专业知识或技能。

---

① 摘自 360 百科 "自学成才"词条.

二、讲座的类别、形式及适例

讲座的定义、讲座的性质、讲座的类型、学习讲座的意义、做讲座的作用，在第一章"尝试讲座修炼"里已经做了较细致的阐述。此番不再赘述。这里，只讲讲座的类别、内容和形式。

从讲座的类别看，有综合经验型讲座和专题学术型讲座之分；从讲座的内容看，有知识型讲座和技能型讲座之别；从形式上来分的话，还有互动式或问答式讲座。其实，在实际操作中，还是很难从根本上把它们区别开来，很多是以交叉型呈现的。

（一）互动式、问答式的讲座及适例

互动式、问答式的讲座是一种针对性比较强的讲座。这类讲座，能够引起听众的共鸣，一般来说，效果都是比较好的。但是，要求讲座者必须有此经验，决不许滥竽充数。

适例：

与教科研共成长——2011 年在中堂实验中学的讲座

该讲座的背景：

2011 年 4 月，东莞市中堂实验中学邀请我讲座，要求我回答如下三个问题。这三项内容是：1. 李老师的成功之路（关于李老师教师生涯所取得的成就、感悟及对年轻教师的期待）；2. 政治科教研组建设的理念和措施，及成功创建市先进科研组的经验；3. 今年初三中考思想品德学科及其他学科的趋势及备考策略。

时间：两小时。

讲座的目的：引导该校年轻教师的专业成长，促进政治科教研组建设，认清当年（2011）初三中考发展趋势，完善备考策略。

这是该校给我讲座任务的目的。

为准备这次讲座，我搜集了相关材料，将该校给我讲座的三个内容策划为三个主题，做成 PPT。讲座正是围绕这三个问题展开的。

答问一：我（李老师）的成功之路（关于李老师教师生涯所取得的成就、感悟及

对年轻教师的期待)

近几年来,我被评选为东莞市第一批学科带头人、被广东省人民政府评授为特级教师、东莞市中小学名师工作室主持人。因此,有同行问我:"你的成功之路是什么?"

其实,我不敢说我现在成功了。我只是觉得我做了自己该做的事情,有成就感而已,托大家的福,我很幸运,有那么些荣誉。

想想我在这过程中,只是做了自己应该做的工作,人们却给了我很大的信任和荣誉回报,真是有受宠若惊的感觉。若要说我的成功之路,那就是:我与教学共成长——这也是我讲座的主题。

(1)先说点收获

近十多来,我在国家、省、市教育教学期刊、核心期刊上发表论文20多篇,在各级教育主管部门获奖的教育教学论文近40篇次;独立获得省教育科研成果奖3项、获得市教育科研成果奖4项、与市教研室合作成果3项;主持市级教育科研多项;参与教育部"九五"重点教育科研课题1项;独立或合作编写出版《廉洁修身》《思想政治STS》《初中同步精练与测试》等教材教辅八部。

我辅导学生参加东莞市法律知识现场竞赛两次获得冠军;2008年10月10日,我辅导的法律兴趣小组,作为东莞市"五五普法"典型,受到东莞电视台和中央电视台法制栏目现场采访同台录像,并在东莞电视台和中央电视台法制栏目播放。我所带领的政治教研组蝉联市先进教研组称号。

从教以来,人们也给了我许多荣誉:比如先后多次被评为先进教师、先进班主任、教改积极分子、教书育人先进分子、普法先进个人、学科带头人、南粤优秀教师、特级教师等等。

(2)再说点感悟

我的座右铭:高效做事,低调做人,平和处世。

感悟之一:持之以恒,坚守岗位。

我是一个平凡的教师,我的成绩也很平凡。我能做到的,在座的各位都能够做到。我在教育教学工作中,只是做了我本分的工作,概括起来两个字:坚持。

①坚持在教学第一线,与三尺讲台结缘。用东莞市教育局中小学特级教师评审小组综合评价意见的话来说,就是:"李锦宏同志从教三十多年,他把青春挥洒在三尺讲台上。过去,面对多个转行机会,他选择了坚守。三十多年的教育教学生涯,二十八年在农村或农村山区中小学任教。"我毕业于中山大学哲学系。毕业时刻,班党支部副书记也是我的老师——张教授找我谈话,征求我意见时说:"小李,来教书怎么样?"我很委婉地答曰:"老师,您看您的学生会教书吗?"他回答得

也很干脆："那就返回你家乡,就两条路选择。"回到家乡,难却我县三位教育局正副局长之情,分别先后跟我谈话,说:"我县教育需要你来培养人才呀,三所重点中学(当时县里有三所重点中学——作者注)任你挑选!"就这样我很不情愿地走上了教学讲台——水寨中学。第二年四月的一个上午,我所在学校兼党支部书记的教育局副局长钟翰璇通知我说,中大组织部一位领导要找我谈话,当时,我想都没多想,立刻请钟书记转告,我安心于现在的教学工作了。尔后,还有1985年、1992年两次转行、2001年转至市教研室工作的机会,但是,最终我也没有动摇过离开学校讲台的念头。

②坚持在平凡的教学岗位上,做好平凡的教学工作。虽然每个工作岗位都是平凡的,但是,能把平凡的工作坚持做到位就不平凡了。在横沥中学前十年里,我连续七年担任我校九年级第三层次(即差班)的班主任,每一学年接班后,我都要深入了解这个班在七八年级时的班情学情,并针对班情学情,与学生一起制订九年级一学年的班规班约,第一天制订第一天公布,第二天实施。持之以恒,从不懈怠。实施的第一天早上,我都早于所有学生——第一个站在课室门口,迎接(其实就是监督)学生进课室,观察学生在规定的时间里谁准时到课室,谁第一天迟到、没到,违反纪律者。第二天、第三天⋯⋯连续检查一个月之后,再不定期检查,凡第一次、第二次违反者,我都给予宽容,教育他(她),而第三次则按章办事(要见家长,与家长一起来共同商量对策、教育)。班里的其他各项工作都如此这般地抓,工作做到位,班风学风自然就向好的方面发展。精诚所至,金石为开,先进班也就水到渠成。

③坚持总结教育教学工作经验,从中吸取教训、提升素质。近几年来,我结合自己的教学实践,写作《启发、阅读、思考、讨论、实践》;结合社会主义荣辱观教学,写作《思想政治课强化"八荣八耻"进学生头脑的实践与认识》;针对学生学法,写作《构建学生自主学习的最优教学环境,全面推进素质教育》和《"七字"学法在思想政治课探究性学习中的教学探究与实践》;结合广东省"初中生人生规划指引"专题教育和思想品德课教学实际,写作《"初中生人生规划指引"专题教育与思想品德课的结合》;结合民族团结教育,写作《思品课强化民族团结教育策略刍议》;通过总结中考实践,写作《分析思品试卷　把握教学方向》;结合《广东省基础教育课程改革新阶段义务教育思想品德(7—9年级)教学指导意见》实施,写作《贯彻思品课改新阶段〈指导意见〉策略初探》等论文,分别发表于《中学政治教学参考》《思想政治课教学》《广东教育》等核心期刊上。

感悟之二:甘于清贫,勇于吃苦。

曾经有同事问我:李老师,写这么多论文,出这么多成果,是不是不用上课了?

是不是得到很丰厚的报酬啊？听到这些，我感到很惊讶，为什么？在此，容我做些说明。

先说说上课工作吧。

首先要申明，至今我不是学校行政成员，甚至还不是教研组长（2003年才开始担任教研组长的——笔者注）。对此，曾经有一位其他学校的校级领导（我的老熟人）私下里问我，"李老师，据我所知，您在东莞市成名早，为什么还在原地踏步？"我笑而答曰："是我不思进取。"

我以专任教师的身份上课，课时自然不少于国家的规定。我在横沥中学任教18年，前8年我任专职教师兼班主任。对此，我几乎项项都要求自己做到极致，作为级组办公室一员，我几乎天天第一个到级组办公室，煲滚水、泡茶，老师来到办公室便有茶喝；作为班主任，我第一个到自己班课室门口，迎接学生进课室。作为老师，我对教学从来都不马虎，做班主任也从不马虎。我在横中担任班主任8年期间，无论是语数英还是理化史各科任教师，都非常乐意与我搭档。因为，这些老师与我搭档颇有成就感。一来我把学生的厌学情绪消灭在萌芽状态之中，很少影响到课堂教学，老师教得开心；二来教学出成绩，老师教学有成就感。在我任横中班主任8年里，还是实施因材施教之时。学校把学生按照"好中差"三个层次进行分层次教学。我任教的多是后进生组成的班之一。尽管这些学生是后进生层次，但是，经过我细致入微的关心，经过我做规范的班主任工作后，比起其他同类班，转变很快，进步明显。比方，纪律方面，从涣散到守纪、按时到校（到课室）；又比如，学习上，从不愿学、不想学习到爱学习、按时完成学习任务。就是这样，一步一个脚印，好了起来。这些关心学生，想方设法使班风学风好转的举措，逐步形成了良好的班风学风，赢得了科任老师的喜欢，他们很乐意在我班上课，考试成绩也名列同层班前茅。因此，我也赢得了老师们的好评和赞誉，真是"福不唐捐"哪！

现在来说说论文、科研成果奖金问题。

21世纪前那几年，我在市里开会时，其他中学的老师，半开玩笑地问我：李老师，是不是每年拿论文、科研成果奖金拿到手软？对此，我只能苦恼地一笑。因为，这些老师的所在学校是有这笔经费开支的，而且他们已经是这笔经费的受益者。他们所说的奖金我无法解释清楚，也说不清楚。由于各校对科研成果、教育教学论文的奖励制度不尽相同。他们是以他们自己学校的标准来衡量我才说出那番话的。其实，可以很坦率地告诉大家，从二十世纪九十年代到做这个讲座时的这么多年里，也就是我在横中打拼的这么多年里，我所写的教学论文和所获得科研成果，实事求是地说，在全市中小学教师中，还是比较多的，而且质量也是比较好的。这些从2000年我校正副校长、人事主任、教育局领导的反馈信息里可以窥见。一次，我校正副校长、人事主任从教育局回来，马上打电话叫我去他们那里，见面便对我说："教育局领导说你是全市最优秀的教师。"这是我校正副校长的原话。但在我的印象里，只记得多年来我从时任东莞市教育局局长叶沛涛等局领导人手里接过多个普通科研成果奖项，至于我校给我的科研成果、教育教学论文奖金，在我记忆中还没有过。因为，这么多年来，科研成果、教育教学论文奖至今还没有提到我校的工作日程上来，我校也没有这笔经费预算。

是什么力量使我多年来坚持一边教书育人，一边写教育教学论文、做教育科研课题呢？那就是，我觉得通过总结、写作教育教学经验，可以帮助我们看到教学可行之处和可取之处，可以有效地促进教育教学，推进教育教学质量提高，增强自己的业务素养。

2010-2011 年分别教育教学论文的杂志

写作教育教学论文，必然有所牺牲，那就是课余时间、节假日休息时间都要奉送上，不能打牌、甚至要少睡觉，天道酬勤。一分耕耘，一分收获，由此成就了我的教学成就。

也许有人会说，李老师，你不会跳槽吗？何必在一棵树上吊死呢，太古板了吧。其实，有时候，人也要学会吃亏。谁说吃亏不是福呢？祸兮福所倚嘛。

（3）谈点共勉的话吧

①年轻教师是教育事业发展的朝阳。提到"朝阳"，大家不禁会想起毛泽东的那句话："你们是八九点钟的太阳。"所谓"朝阳"，就是兴旺的意思。年轻教师的确是教育事业兴旺发展的接力者，是推动教育发展的朝阳。

②要利用和发挥各种成长平台。要借力校、镇、市、省、乃至国家教育教学平台，发挥自己所学、所长，积极参与各种有益于教育教学的活动。从中磨炼自己，提升自我。

③要向有经验的老教师学习。同时，还要向同龄、同辈同事学习。"三人行必有我师焉"就是这个道理。

④给力教学，有所为、有所思、有所写。为什么给力教学？用《国家中长期教育改革和发展规划纲要（2010－2020 年）》"工作方针"的话来说，就是要"关心每个学生，促进每个学生主动地、生动活泼地发展，尊重教育规律和学生身心发展规律，为每个学生提供适合的教育。努力培养造就数以亿计的高素质劳动者、数以

千万计的专门人才和一大批拔尖创新人才"。

怎样给力教学？给力教学，除了要认真教学，上好每一堂课，认真做好班德育（学生）工作外，还要对教育教学进行必要的研究，做到有所为，有所思，有所写。这些所累积的成果有利于教育教学。

有所为，指的是班主任工作和科任教师从事教学工作，都是教书育人的工作。它为有所思、有所写提供了不可或缺的素材，是有所思有所写需要的前提。

有所思，是与时俱进，开拓创新，是对实践探索教育教学策略的理性思维，是有所为之后的延续，是思考所为过程的得与失，比如哪些要坚持、哪些要改进等等。有所思，也是实施教育教学策略所不可少的基本要求。

有所写，是所为和所思的必然结果。或曰：所为、所思，都是为有所写服务的。

总之，有所为、有所思、有所写，三者相辅相成。其中，有所为，是有所思、有所写的前提。没有所为，所思、所写便成为无源之水、无米之炊，成为空话。因此，只有扎扎实实地做好教书育人的每一项工作，每一步工作，才能为所写夯实基础；有所思，则是所为所写的必要环节，如果没有思考，就不能把教书育人的众多感性材料提升到理性的高度来认识，就不能形成有所写的思路。而所写，是所为、所思的必然结果，是所为的真实反映。要使有所为、有所思、有所写，就要坚持与时俱进，不断创新，不断进修新的教育教学理论，更新教育教学理念，开拓创新，跟上时代主流，这样，才能做好教书育人的文章。

"古人学问无遗力，少壮工夫老始成。纸上得来终觉浅，绝知此事要躬行。"（宋·陆游）认真深入实践决不可轻视。

⑤要发扬良好的团队合作精神。实践经验证明，良好的团队合作是事业取得成功的保障。

⑥要勇于吃苦吃亏，甘于清贫。"自古功名亦辛苦"（宋·王安石）。吃苦是福，吃亏也是福。有代价必有回报，这是迟早的事情。

此外，年轻教师的成长需要引领。在年轻教师的成长过程中，榜样的力量是不可忽视的。这些榜样，可以是眼前的身边的科组长或学科骨干，可以是自己所熟悉的教育教学的佼佼者。总之，引领作用不可忽视。

答问二：教研组建设的理念和措施及成功创建市先进科研组的成功经验

我任科组长，时间不长，始于2003年，至今讲座止，共8年。但是，我所带领的政治科组，于2007年、2010年蝉联"东莞市先进科组"称号。如果问我"对政治科教研组建设的理念和措施及成功创建市先进科研组的成功经验是什么？"其实也没有特别的，不过，作为教研组组长，对所领导的教研组要做个定位。确立什么理

念,进行什么定位,与教研组能否取得教研成就有着密切的关系。我对教研组确立的理念与定位是:

(1)教科研引领。这是对教研组建设的理念定位。具体是:教育科研推动教研组创优实践,由此理念出发去开展教研组的活动。

教研组是教学的智囊。如何发挥其智囊作用? 需要传统的、好的工作方法,但仅靠传统的工作方法,我觉得还不够,必须根据本校教师情况,结合本校实际来对教研组确立理念、定位措施,凸显教研组自己的特色,发挥教研组自身之长处。

(2)构建开拓型、科研型教研组,这是对教研组建设的措施定位。确定"开拓型、科研型"教研组定位,并经过一定的努力后达到校内先进、市内领先的发展目标。由于有我长期坚持科研并取得成效的底蕴,所以,我接手后提出教科研引领,构建开拓型、科研型教研组这些构想和同时实施这些构想也就顺理成章、水到渠成了。

提出这个定位、构想,主要基于两个考虑:一是我校农村中学学生落后面大,需要大面积提高的实际;二是教育形势发展的迫切要求。科学定位有利于教研组和学科教学科学持续发展。如何对教研组定位? 如何组织教研活动? 如何培养提升教师素质? 等等。

具体措施,围绕"开拓型、科研型"教研组定位,抓"六工程,六促进"活动:

一是实施新时期教研组工作任务、目标转变工程,促进教研组走"开拓型"之路;

二是实施"名师"、骨干教师与青年教师"结对子"工程,促进"一帮一"措施落实;

三是优质课与普通课堂教学结合工程,促使每一节课堂教学都是优质课;

四是实施"假如我上这堂课"评课工程,促进和改善评课方式方法;

五是实施教学、教研与科研立项相结合齐头并进工程,促进教研组建设水平提升;

六是实施"精讲精练,向课堂要质量'123'"工程。"123"工程之"1",即每堂课一个教学案,其设计须简约;之"2",即把握两个环节:学生阅读之素材或练习题,要精心选择;引领学生课堂探究须精心点拨,有序有效;之"3",即"三个注意事项":课堂练习,须举一反三,并须限时完成;阅读、讨论之素材,须根据"课标",是教材范例的拓展;引领学生探究,须发挥"两主"——教师主导、学生主体作用。

通过此系列工程建设,促进了教学效率提高,从而也取得了三个经验:即依靠学校党政热情支持作后盾,保障"六工程""六促进"顺利进展;依靠艰苦创业、无私奉献的师德作支撑,保障"六工程""六促进";依靠师生的密切合作,保障"六工程""六促进"取得实效。

答问三:中考趋势及备考策略

回答"中考趋势及备考策略"这个问题,对于我的确有点难为情。因为讲座是该校校长亲自邀请我去的,校长要求该校各学科教师都要听我这个讲座。既然该校那么盛情邀请,我也不好推辞,只有认真准备,才能不辜负该校的盛情。

为使这次讲座对该校各学科教师有所帮助,使他们有所收获,讲座前,我向我校相关语文、数学、英语、物理、化学等学科教研组长和老师请教,他们也热心为我提供相关素材。我从他们提供的相关素材出发,理了理讲座的头绪,形成了我这次讲座。

我认为,中考趋势及备考策略的问题,主要要从中考导向和落实两大方面着手。

如何抓住导向? 导向就是发展的方向。中考方向,来自考纲,考纲是命制试题的依据,考纲是依据课程标准制定的。明确这些关系,有利于确立备考总体思路。

我们要确立的备考总体思路,应该是这样的:无论是文科,还是理科,在新课程背景下,都要研究课程标准、考试大纲以及教材。这是备考的根本。

如果说课程标准、教材,我们已经很熟悉,那么,就来认真研究考纲。考纲规定的考试性质、命题指导思想、考试依据、考试内容与要求、考试方式与试卷结构、试题示例等,需要认真地研究、吃透。磨刀不误砍柴工嘛。

在具体落实方面:还要抓好"两个三",并在夯实基础,培养能力,增强素质方面下功夫。

"两个三"中的第一个"三"即"三维目标":亦即知识、能力、情感态度价值观;

"两个三"中的第二个"三"即"三个贴近",亦即贴近学生、贴近生活、贴近时代(或贴近发展要求)。

结合各学科来具体谈谈如何抓住"两个三"的问题。

先谈第一个"三"即"三维目标",亦即知识、能力、情感态度价值观。如:

语文科

知识目标:(2008 年中考题)名著第 2 题

中国古典章回小说常常以诗词引出人物和故事。A 段中的诗词引出了作品中的哪个故事? 请把故事的起因、经过、结果概括出来。

能力目标:(2010 年中考题)议论文阅读第 3 题:

简述第⑥段的论证思路。

情感态度价值观目标:(2010 年中考题)《偷父》第 4 题:

文中末尾,"我是想追上去叮嘱他:'孩子,你以后可以来按我的门铃,从正门进来!'"请结合全文分析,这表露出"我"的什么情感愿望?

数学科

体现考查学生知识点的题目有:如广东省 2010 年的第 11 题,本题考查算术平方根、零指数幂、负指数幂、特殊角的三角函数值等多个知识点及计算能力。

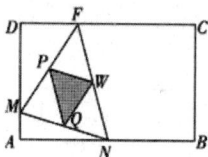

第 22 题图(1)

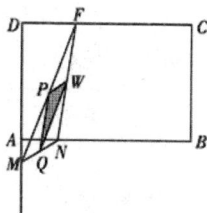

第 22 题图(2)

体现考查学生能力的题如广东省 2010 年的第 22 题,如图(1),(2)所示,矩形 ABCD 的边长 AB = 6,BC = 4,点 F 在 DC 上,DF = 2. 动点 M、N 分别从点 D、B 同时出发,沿射线 DA、线段 BA 向点 A 的方向运动(点 M 可运动到 DA 的延长线上),当动点 N 运动到点 A 时,M、N 两点同时停止运动. 连接 FM、MN、FN,当 F、N、M 不在同一直线时,可得 ΔFMN,过 ΔFMN 三边的中点作 ΔPQW. 设动点 M、N 的速度都是 1 个单位/秒,M、N 运动的时间为 x 秒. 试解答下列问题:

(1)说明 ΔFMN∽ΔQWP;

(2)设 0≤x≤4(即 M 从 D 到 A 运动的时间段). 试问 x 为何值时,ΔPQW 为直角三角形? 当 x 在何范围时,ΔPQW 不为直角三角形?

(3)问当 x 为何值时,线段 MN 最短? 求此时 MN 的值.

英语科

知识目标:2009 年单项选择题,考查了所有的语法知识

能力目标:2009 年配对阅读题,考查了学生的阅读理解能力和辨析能力

情感态度价值观目标:2009 年书面表达,通过评述老师以及老师在学习上对

学生的帮助,体现了学生对老师的尊敬。

物理科

知识目标:2009 年 8 小题,考查了原子的组成

能力目标:2009 年 13 小题,通过流速对压强的影响,进一步分析汽车尾部"气流偏导器"的工作原理

情感态度价值观目标:2009 年 17 小题,通过探究实验,培养学生的观察能力,及对实验实事求是的科学态度。

化学科

知识与能力

(2009 年广东中考第 17 题).(4 分)下表是氯化钠和硝酸钾在不同温度时的溶解度,根据此表回答

温度/℃		20	30	40	50	60
溶解度/g	NaCl	36.0	36.3	36.6	37.0	37.3
	KNO₃	31.6	45.8	63.9	85.5	110

(1)60℃时,氯化钠的溶解度为_____g。

(2)在 30℃时,100g 水中加入 50g 硝酸钾,充分搅拌后得到的溶液质量为_____g。

(3)欲从海水中获得氯化钠晶体,应采取_____方法。

(4)由表中数据分析可知,硝酸钾和氯化钠在某一温度时具有相同的溶解度 x,则 x 的取值范围是_____g。

情感态度价值观

2010 年广东中考第 21 小题.(8 分)硫酸铜晶体常用作农业和渔业的杀虫剂、杀菌剂。以下是由废铜料(含铁)生产硫酸铜晶体的流程。

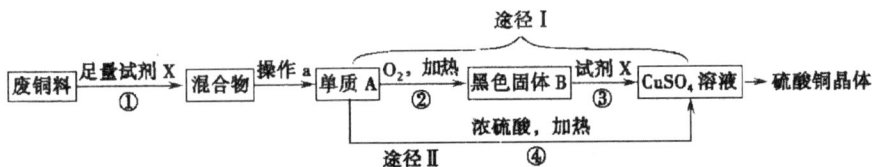

(1)B 的化学式为_____,操作 a 的名称是_____。

(2)②的反应基本类型为_____;反应①、③的化学方程式分别为

①_____;③_____。

(3)已知:$Cu + 2H_2SO_4$(浓)$\xrightarrow{\triangle} CuSO_4 + SO_2\uparrow + 2H_2O$。从环保和经济的角度分析,对比途径Ⅰ、Ⅱ,途径Ⅰ的优点有:不产生有害气体和_____。

再谈谈第二个"三"即"三个贴近"亦即贴近学生、贴近生活、贴近时代(或贴近发展要求),同样,结合各学科来一一解读吧。如:

语文科

贴近学生:

例子:(2010年中考题)《偷父》第3题:

文中画横线的句子写"偷父"少年"眯眼看我,仿佛我是个怪物"。请揣摩少年此时的心理活动,并用第一人称描写出来。

贴近生活:

例子:(2009年中考题)作文

题目:我和_____一起_____

贴近时代(或贴近发展要求):

例子:(2010年中考题)广州将举办第16届亚运会,学校拟选派10名同学参加滨海市中学生啦啦队,届时到亚运会赛场为运动员呐喊助威。假设你参加啦啦队队员的竞选,请你完成以下工作:

1)请你为啦啦队设计一个为运动员呐喊助威的口号,必须用两个句子,要求朗朗上口,富有鼓动性。

2)啦啦队队员的竞选大会上,选手有一分钟时间亮相并作发言。请你准备一段简短的发言,要突出自己胜任啦啦队队员的优势,争取评委和与会同学的支持。

3)啦啦队应该做好哪些准备工作?请你提出两项建议。

数学科

贴近学生的题目:如广东省2010年的第1题:-3的相反数是(　　)

A. 3　　　　　B. $\dfrac{1}{3}$　　　　　C. -3　　　　　D. $-\dfrac{1}{3}$

贴近生活的题目:如广东省2010年的第19题:某学校组织340名师生进行长途考察活动,带有行李170件,计划租用甲、乙两种型号的汽车共10辆.经了解,甲每辆最多能载40人和16件行李,乙车每辆最多能载30人和20件行李.

(1)请你帮助学校设计所有可行的租车方案;

(2)如果甲车的租金为每辆2000元,乙车的租金为每辆1800元,问哪种可行方案使租车费用最省?

贴近时代的题目如:广东省 2010 年的第 6 题:据中新网上海 6 月 1 日电:世博会开园一个月来,客流平稳,累计至当晚 19 时,参观者已超过 8 000 000 人次,试用科学计数法表示 8 000 000 = _____.

英语科

贴近学生:2010 年书面表达,让学生描写校园里容易发生的意外事故,提出解决办法。

贴近生活:2009 年完形填空,关于学生生日聚会的情况

贴近时代:2010 年阅读理解 B 篇,如何购买适合自己的衣服

物理科

贴近学生:2009 年 11 小题,考查了搓手是通过做功的方法使内能发生改变

贴近生活:2009 年 3 小题,考查了小提琴的"定弦"是为了改变它的音调

贴近时代:2009 年 7 小题,考查了"神舟七号"载人飞船里人的运动的知识

化学科

贴近时代

(2010 年广东中考题第 2 题)"低碳生活""低碳技术"的基本理念是节能减排。下列做法不符合"低碳"理念的是

A. 焚烧大量秸秆　　　　B. 焚烧垃圾发电

C. 用旧报纸制铅笔杆　　D. 使用可降解塑料

贴近生活

如(2010 年广东中考题第 3 题)2010 年 5 月起,广州市的液化石油气瓶要统一加贴新标识。新标识上要含有以下项中的

又如(2010 年广东中考题第 4 题)食品安全与人的健康密切相关。下列做法会危害人体健康的是

A. 做菜时用铁强化酱油调味　　B. 用甲醛溶液浸泡水产品　　C. 食用面条时放入少量食醋　　D. 在煲好的鸡汤中放人适量加碘食盐

贴近学生

如(2009 年广东中考第 7 小题)以下家庭小实验不能成功的是

A. 闻气味鉴别酒和醋　　　　B. 用含氧化钙的干燥剂制取石灰水 C. 用食醋鉴别蔗糖和食盐　　　　D. 用灼烧的方法鉴别蚕丝和化学纤维

思想品德科

现在,我要对我所教学的学科多谈些看法。

(一)2010 年试题亮点回放——关键词:理念　立意

分析 2010 年考卷可见,考卷始终围绕《广东省 2010 年初中毕业生思想品德学科学业考试大纲》(下称"考纲")要求,从广度、维度、适度上下功夫,凸显素质教育命题导向,彰显"三贴近"(贴近学生、贴近生活、贴近时代)理念,其亮点突出地表现在六个方面:

1. 重视"三维目标"考查,彰显素质教育理念。新课程十分强调情感态度价值观、能力、知识等"三维目标"和素质教育元素。综观考卷,无论是主观题还是客观题,其内涵素质教育的素材、题目、"考点"(依据"考试内容与要求"制定的提纲称之为"考点"),均可见其踪。如客观题均以简约的情感背景设置,引领考生身临其境,感受、感悟、领会其中道理,促进考生情感、态度、价值观升华。如单项选择题第 10 题"对右边漫画中所反映的问题,正确的建议是",正确答案"D 项'要诚实做人,文明上网,主动接受父母的教育'"符合漫画含义。该题从价值观方面引领教育学生从小必须养成诚信品德。又如,多项选择题第 25 题:2010 年广东省财政支出部分计划情况

支出项目	金额(亿元)	比去年同期增长
促进经济发展和产业结构调整的支出	83.82	42.36%
用于改善民生、提供公共服务的支出	539.78	34.51%
均衡区域公共服务水平、帮助市县增强发展后劲的支出	662.56	42.36%
用于建立应急预警机制、防范风险的支出	37.27	2.38%

上表中的支出情况体现了"A. 科学发展观的基本要求,B. 共同富裕的根本原则,C. 科教兴国战略的要求,D. 社会经济又好又快发展的要求",需要运用第 72、79、84 等 3 考点知识去分析判定,突出了能力考查;多项选择题第 27 题"近年来,一本本记录新中国发展变化的历史图书,一部部讲述开国领袖人生轨迹的人物传记悄然走俏很多学校。品读这些'红色书籍'有利于 A. 弘扬和培育自强不息的中华民族精神,B. 青少年树立远大理想和奉献精神,C. 培育青少年爱国热情、

报效祖国的爱国情怀,D. 青少年发扬艰苦奋斗的精神,积极应对新时期的竞争和挑战"等四个答案,需要运用第 88、91、92、93 等 4 考点知识去分析判定,既突出了能力考查,又富含情感态度价值观等德育素质考查。又如以富含思考力的哲言或图表或漫画作为命题背景,除了单项选择题第 10 题,还有多项选择题第 25、26 题,使得考卷不仅新颖和颇具韵味,凸现新课程"活"的理念,而且凸显了能力考查理念。如单项选择题第 6 题以"人们常说:'生气是拿别人做错的事来惩罚自己。'(这句话源于德国古典哲学家康德:'发怒,是用别人的错误来惩罚自己。')"背景的哲言,凸显了思维能力的考查;此外,单项选择题组合选择也分别有第 7、15、17、18、20 等五题,比往年多 1 至 2 题,此举是加强综合运用知识能力考查命题立意的体现。似此重视"三维目标"考核的不仅在选择题中随处可见其踪,而且在非选择题第 28、29、30、31 题中,亦显而易见。如综合探究题第 31 题则以漫画等为背景材料,可见 2010 年考卷命题立意最突出的特色就是不仅凸显"活"的新课程理念,而且凸显素质教育中能力考查的理念。

2. 凸显"三贴近"课程理念,指引学生健康发展。考卷体现"三贴近"的例子均以非选择题为例来说明。①贴近学生的诸如第 29 题辨析题:"上自习课时,班主任刘老师发现小浩同学的座位下有一堆纸团,要求小浩捡起来。小浩不捡,老师就批评了小浩,小浩觉得很委屈,气冲冲地顶撞了老师。老师生气地捡起了纸团后,发现不是小浩丢的。请你辨析小浩同学的上述言行。"以发生在学生身边的故事为背景,引导学生增强责任意识、集体观念;尊重、理解老师,主动与老师沟通;平和友善、换位思考、养成良好行为习惯、提高是非善恶观念等;②贴近生活的诸如第 31 题综合探究题:"广州亚运离我们越来越近了,不同民族、不同种族、不同肤色、不同语言、不同习惯的外国朋友走进广东,走进我们的生活。为了迎接广州亚运会的召开,某班开展了以'亚运,从身边生活做起'为主题的实践活动。要求同学们围绕漫画《久而不闻其臭》中所反映的问题,展开讨论,并探究通过回答——(1)你从漫画中看到什么? 请把你看到的问题具体写出来。(2)你认为上述问题产生的原因有哪些? (3)要解决上述问题,你有哪些有效的建议"等三个问题,引领考生观察生活、分析生活、解决生活问题;③贴近时代的诸如第 30 题分析说明题,该题以时髦的"低碳""减碳"话题为命题背景,引导青少年学生认识在生活中的责任和身在课堂,胸怀全球,脚踏实地,从我做起,从小事做起,践行实事。像这样充分体现"三贴近"的考题在 2010 年选择题中举不胜举。

3. 考卷充分体现"考纲"对本次考试的定性和国家有关"民族团结"的要求,凸显国情教育理念。"考纲"明确指出:"初中毕业生思想品德学科学业考试是义务教育阶段的终结性考试。目的是全面、准确地评估初中毕业生是否达到《全日制义务教育思想品德课程标准(实验稿)》所规定的思想品德学科毕业水平的程度。"贯彻教育部、国家民委于 2009 年 7 月 16 日印发的《全国中小学民族团结教育工作部署视频会议纪要》(下称"纪要")的要求。综观考卷的整体设计思路,无论选择题还是非选择题,均体现"考纲"和"纪要"这一精神,该题例,恕不一一列举。

4. 考卷凸现国情(含民族团结教育)、品德、法制教育等内涵,彰显思想性、人文性新课程理念。凸现民族团结教育的如简答题第 28 题背景材料:"从 2010 年 2 月 1 日起,全国首部关于加强民族团结的地方性法规《新疆维吾尔自治区民族团结教育条例》正式实施。该条例规定,任何单位和个人不得散布不利于民族团结的言论,不得收集、提供、制作、发布或者传播不利于民族团结的信息,不得实施破坏民族团结、煽动民族分裂的行为。"作为中学生,在实际生活中应该如何理解和做到上述规定的要求? 答案(1)要求回答"民族团结是我国处理民族关系的重要原则之一,维护民族团结是我们每个青少年的责任和义务,也是爱国主义的具体表现"。(2 分)答案(2)要求回答"在实际生活中,积极宣传我国的民族政策和加强民族团结的意义。在日常生活和学习中,要尊重各民族的宗教信仰,尊重各民族的风俗习惯,尊重各民族的语言文字,发现影响民族团结的言行要说服和抵制,并及时向有关部门反映"。这不仅凸显民族团结教育内含而且也内涵法制教育内容。凸显品德、法制教育的考题较多,据粗略统计,全卷中有二十多分。如单项选择题第 14 题"2009 年 1 月至 10 月,全国各地法院加大力度审理涉及手机淫秽色情信息的犯罪案件,从重处罚向未成年人传播淫秽物品的犯罪分子。法院的上述做法体现了对未成年人的"(哪些保护)答案中"A. 社会保护"对应本题。该题要求考生必须掌握并正确运用《中华人民共和国未成年人保护法》关于未成年人的保护。又如,单项选择题第 17 题"2010 年 4 月 14 日,重庆市原司法局局长文强因犯包庇纵容黑社会性质组织罪、受贿罪、巨额财产来源不明罪、强奸罪,被判处死刑。这充分表明①刑罚当罚性是犯罪严重危害性及刑事违法性的必然后果;②任何公民在法律面前一律平等;③法律对全体社会成员具有普遍约束力,④犯罪分子终究要受到严厉的刑罚处罚"组合答案"C①②③"是该题正确答案;又如多项选择题第 23 题"在玉树地震中,已及时安全脱险的香港义工黄福荣又冒险迅速返回废墟,英勇地救出了三名孤儿和一名教师,而自己却在 6.3 级的余震中,被残余的楼房压倒而遇难。港府追封黄福荣'金英勇'勋章,成为下葬香港景仰园的第一人。网民称其为'伟大的志愿者'"。上述材料说明(正确答案)"A. 生命的价值和意义与个人的无私奉献是紧密联系的;D. 勇于承担社会责任,努力帮助他人,能使生命价值得以延伸"等等这些,不仅凸显法制教育、国情教育,而且也彰显出思想性、人文性的课程理念。

5. 考查内容所涵盖的知识面广,昭示全面复习把握知识的重要性,警示避免猜题押题的命题立意。纵观 2010 年思品卷,全面涵盖心理、品德、法律、国情等考点知识和本学年度的国际、国内重大时政。选择题第五题时事涉及国内(含广东)、国际的经济、政治(国际)、科技、文化、体育等五个方面;其他十六题选择题和四题非选择题等,均不同程度地涉及"成长中的我""我与他人的关系""我与集体、国家和社会的关系"等考点共有 47 条次,占应考考点 93 条的 50.54%(含 8 个被反复使用 1 次和被重复使用两次的 1 个考点在内),较 2007 年 41 条次(含 8 个被反复使用 1 次的考点在内)考点多 6 条次;较 2008 年 33 条次(含 6 个被反复使用 1 次和被反复使用两次的 1 个考点在内)考点多 6 条次;较 2009 年涉及考点内容的共有 40 条次(含被 5 个被反复使用 1 次的考点在内)多 7 条次。2010 年考卷涉及面之广,是近几年来少见的。

6. 鼓励考生创新,彰显"一标多本"课程理念。据笔者粗略统计,有近 10 分左右需要考生综合发挥的题,对此,笔者确定为鼓励考生创新之依据之一;依据之二是,《2010 年广东省初中毕业生学业考试参考答案及评分标准》规定:"有创意、能结合个人和社会实际、有与教材不同、并能紧扣题目要求的新的正确观点,可酌情加分。"这些"创意""加分"的规定,充分体现"一标多本"和新课程评价的基本要求。

综上所述,无论从考卷的广度、维度、适度,还是从"三贴近"的彰显力度,或展现新课程情感态度价值观、能力、知识"三维"目标课程理念,或贯彻"考纲"关于初中毕业生思想品德学科学业考试,体现"义务教育阶段的普及性、基础性、发展性"指导思想,都是非常到位的。

7. 借鉴上年思品中考题命题理念与命题立意导向,谈今年思品中考备考复习方向——关键词:借鉴 导向

若把上年思品中考命题理念与命题立意,作为今年的命题导向,可以从以下四个方面去思考。

第一方面,"三维目标"课程理念的命题立意。

知识、能力、情感态度价值观"三维目标"考核,是新课程十分强调的素质教育元素。综观历年中考卷,无论是主观题还是客观题,其内涵的素质教育元素,都充分体现。因此,要加强对知识、能力、情感态度价值观"三维目标"的重视和训练。

"三维目标"在试题中,一般的出现方式,都是通过情境设置的方式,引领考生身临其境,感受、感悟、领会其中道理,促进考生情感、态度、价值观升华。下面举例说明——

例如,在拥挤的公交车上,年轻人坐着,老年人、带小孩的妇女却因没了座位而一直站着,要避免这种"睁眼瞎"的现象,就要(　　)。

①制定法律加以严惩　②加强公民思想道德建设　③加强精神文明建设④加强教育科学文化建设

A. ①②　　　　B. ①③　　　　C. ②③　　　　D. ③④

这个组合选择题,既考核学生对社会现象的关注度,体现情感、态度、价值观目标;又考核学生对所学知识的运用和对阅读理解材料(漫画)准确判断的能力等。

又如,2010 年 8 月 19 日,突如其来的大雨使得辉县许多地方遭遇了山洪的袭击。该县人武部干部杨强在抗洪救灾中献出了自己的宝贵生命。对此,下列说法正确的有(　　)。

①杨强不珍爱自己的生命,缺乏责任感　②杨强用生命践责,值得我们学习③承担责任要付出代价　④人类在灾难面前无能为力

A. ①②　　　　B. ③④　　　　C. ①④　　　　D. ②③

这个组合选择题,需要运用责任的知识去分析情境中的主人公——辉县人武部干部杨强在抗洪救灾中的表现以及判断该背景材料所倾注的价值取向和能力因素等,"三维目标"因素显而易见。

再如,2010 年 11 月 16 日,国际超级计算机 TOP500 组织正式发布第 36 届世界超级计算机 500 强排行榜,安装在中国超级计算机天津中心的"天河一号"超级计算机系统,以峰值速度4700 万亿次、持续速度每秒浮点运算 2566 万亿次的优异性能居世界第一。对此,我们应该这样认识(　　)。

①科学技术是第一生产力　②我国的自主创新有了很大提高　③科学技术是推动生产力发展的决定性因素　④我国的科技实力从总体上看同发达国家还有相当的差距

A. ①②③　　　　B. ①②④　　　　C. ②③④　　　　D. ①②③④

这个组合选择题,突出考核运用科学技术对生产具有的重要作用的知识去分析、判定材料的能力,同时,也不乏检测学生关注我国科技事业进步的情感、态度、价值观目标。

又再如,从 2011 年 2 月下旬至 3 月 3 日不到 10 天时间里,我国政府通过轮船、飞机等交通工具,海上、空中等通道,帮助受困于利比亚国、因内骚乱而影响工作、生活的我国 35680 公民撤离。这次我国的重大国家行动表明(　　)。

A. 我国国力不断增强

B. 我国政府以实际行动落实以人为本的科学发展观

C. 中国共产党始终代表最广大人民的根本利益

D. 我国党和政府关注民生

这个多项选择题,既突出检测学生对九年级《思想品德》有关知识的运用能力的目标,又考核学生是否关注国家大事的情感、态度、价值观目标。

第二方面,"三贴近"课程理念的命题立意。

设置贴近学生、贴近生活、贴近时代的实例,可以通过发生在学生身边、生活实际中,代表时代发展的事例为背景来设置。

例如,分析说明题:

背景材料一:中央在制定"十二五"规划建议中指出,必须适应国内外形势的新变化,顺应各族人民过上更好生活的新期待,以科学发展为主题,以加快转变经济发展方式为主线,深化改革开放,为全面建成小康社会打下基础。

背景材料二:广东按照中央《建议》的要求,围绕国家"十二五"规划的主题和主线,制定《中共广东省委关于制定国民经济和社会发展第十二个五年规划的建议》,努力使我省"十二五"规划建议既符合十七届五中全会精神,又符合广东实际,注意突出以科学发展为主题、以加快转变经济发展方式为主线,突出着力保障和改善民生,突出深化改革开放,突出区域协调发展,突出全方位提升软实力,突出加强和创新社会管理,努力使广东在"十二五"时期走出加快转变经济发展方式、实现科学发展的新路子。

阅读材料并回答下列问题:

(1)上述材料体现九年级《思想品德》课中的哪些观点?(至少写出三个,共3分)

(2)结合所学知识和上述材料,谈谈为什么要加快转变经济发展方式?(3分)怎样加快转变经济发展方式?(2分)

(3)作为中学生,你能为加快转变经济发展方式尽哪些责任?(不少于两点)(3分)

这一分析说明题,可以引领学生关注我国"十二五"发展(贴近时代),国家和个人(贴近学生、贴近生活)分别该做些什么。

参考答案:(略)

又如,分析说明题:

背景材料一:作为"嫦娥三号"先导星的"嫦娥二号"于2010年10月1日18时56分已成功发射。"嫦娥之父"欧阳自远接受记者采访时谈到我国探月工程的计划分三步走:一个是无人探月阶段;第二是载人登月阶段;第三是把月球作为基地,进行研究开发的阶段。预计 2020 年至 2025 年,中国将择机载人登月,并与有关国家共建月球基地。

材料二:目前,我国仍面临着按人口比例,科学家和工程师、高级技工等均远不如日本、美国、俄罗斯和韩国的现状。

阅读材料并回答下列问题:

(1)材料一反映的是我国什么事业的情境?(1 分)它与我国哪项举措相关?(1 分)

(2)针对材料二,请你提出有效可行的解决办法。(5 分)

(3)青少年应该怎样为进一步实施此举做出应有的贡献?(4 分)

这一分析说明题,可以引领学生关注我国科技事业的发展(贴近时代),关注国家和个人(贴近学生、贴近生活)在发展科学技术事业中该贡献些什么。

参考答案:(略)

第三方面,品德、法制、国情(含民族团结)教育在内的思想性、人文性课程的命题立意。

体现品德、法制、国情(含民族团结)教育在内的思想性、人文性课程理念的案例:

1)国情(含民族团结)教育的如单项选择题:背景材料:新中国之前,民族地区几乎没有现代意义的学校,文盲率非常高。如今,民族地区的各级各类学校已达 72711 所,在校生 3452.3 万人,基本普及九年义务教育和扫除了青壮年文盲。少数民族在校大学生达 115.35 万人,比 1950 年增长了 886 倍,这表明(　　　)。

A. 我国民族地区文化教育事业蓬勃发展

B. 现阶段我国各民族享有平等的政治权利

C. 我国已经彻底消除各民族间文化发展的不平衡

D. 发展民族地区文化教育事业是我国当前一切工作的中心

2)《中华人民共和国国民经济和社会发展第十二个五年规划的建议》,还要交由 2011 年举行的第十一届全国人民代表大会四次会议审议通过。

(1)这表明全国人民代表大会有怎样的地位?(1 分)审议通过该建议表明全国人民代表大会行使什么权?(1 分)

(2)宪法和法律赋予公民建议权。你可以怎样行使自己的建议权?(4 分)

参考答案:(略)

(3)关于品德的如辨析题:背景材料

某校九年级(1)班在围绕九年级《思想品德》第一单元"承担责任　服务社

会"的学习展开了一场讨论。其中,代表性的观点有两种:一种认为,只要搞好自身学习,就能承担责任、服务社会,养成亲社会的行为,就是一个负责任的公民了;一种认为,对中学生来说,承担责任,服务社会,奉献社会,培养亲社会的行为,做负责任的公民,就要从搞好自己的学习开始。

请用所学知识辨析上述观点。

参考答案:(略)

(4)关于科技人文理念的如单项选择题:2011年1月8日,2010年度国家最高科学技术奖揭晓。中国科学院院士师昌绪、王振义获此殊荣。设立"国家最高科学技术奖",表明我国(　　　)。

①尊重知识、尊重人才、尊重劳动、尊重创造　②把发展科技工作摆在首要地位

③积极推进科教兴国和人才强国战略　④科技创新能力已经达到世界领先水平

A. ②④　　　　　B. ②③　　　　　C. ①③　　　　　D. ③④

第四方面,"一标多本"课程理念的命题立意。

"一标多本"就是允许在尊重课标或考标的前提下,可以从不同角度来探究(解答)问题的方法。

如综合探究题,背景材料:2010年8月30日,胡锦涛总书记在中共中央政治局第二十二次集体学习时指出,要坚决抵制庸俗、低俗、媚俗之风。要引导广大文化工作者和文化单位自觉践行社会主义核心价值体系,坚持社会主义先进文化前进方向,坚决抵制庸俗、低俗、媚俗之风。

抵制"三俗"从我做起,从现在做起,某校九年级要求同学们联系所学《思想品德》知识,对"三俗"电脑上网、手机上网等方面"穷追不舍"。讨论,并回答下列问题:

(1)漫画反映了哪些问题?(4分)

(2)为什么有关部门要对"三俗"穷追猛打?(3分)怎样才能使全社会都来抵制"三俗",净化社会风气?(3分)

(3)结合自身实际,谈谈你如何抵制"三俗"?(不少于2点,3分)

参考答案:(略)

在组织"一标多本"案例复习时,要加强对各问题的深入分析,帮助学生搞清楚问题的内涵。如本综合探究题(1),关键要抓住漫画反映的"问题",不是"现象";(2)之第一问要抓住严打"三俗"的意义,第二问要抓住"谁"才能"使全社会都来抵制三俗"?是国家(政府)而不能是个人,避免误判误答。如问题(3),要抓

住"自身"而不是他人。只有问题清晰了,才能在实践中从容有效地应对"一标多本"的问题。

最后,谈谈结合 2010 年思品中考答卷中存在的问题,联系学生现状,加强训练。

——关键词:结合　训练。

我认为,今年的中考复习,除了要做到上述"一依据",还要做到"一借鉴""一联系",即既要依据课标、教材,还要借鉴上一年考生的答卷情况,联系现在的学生状况来组织实施,有的放矢,复习的效果会更佳。

"一借鉴""一联系":

"一借鉴""一联系",就是要借鉴 2010 年考生答卷中存在的问题,联系(思考)面对的学生是否有雷同的问题,在复习中加强针对性训练。

从 2010 年中考阅卷中发现的问题看,比较有代表性的有审题不清、答案不全、表述凌乱、答非所问、丢散落四、用词失范、词不达意等问题。

(1)审题不清,答案不全。如第 30 题第(2)问,要求对两种观点判断后说明理由,很多考生没有理解命题立意,所以,作答时只写"同意",究竟同意哪种观点却没有表明;对于该"理由"表述,则没有围绕"低碳"关键词而笼统地谈做志愿者的意义,答案很不完善,得分很低。

究其原因:一是在分析说明题里出现的"辨析",是 2010 年思品中考题中第一次出现的新题型;二是平时针对辨析题的解题方法,部分学生不能有效地将之迁移到解决这类问题上;三是相当部分考生碰到此类较为复杂的问题时,显得紧张,不知从何下手。我们现在面对的考生会不会有类似的情况呢? 有,应该采取什么对策呢?

对策:通过对相关图表、漫画题型解读,强化训练,提高审题、分析、概括与表达能力。纵观近几年我省思品中考卷,我们均可见到选择题和非选择题中出现的漫画、图表、文字结合的新颖命题思路。对于漫画或图表式的较为抽象的题目,考生理解起来是比较困难、吃力的,对此类题,考生答题过程中都患得患失。对此,教学中要加强对此类题型的针对性训练,以帮助学生正确处理对漫画或图表类信息的解读和表达;帮助学生积累审题经验,提升审题能力,练就审题素养,提升对图表、漫画信息与所学知识的表达力。举一道简答题:

背景材料:右边表格是 2009 年广东省分区域主要指标统计表:

项目 指标 区域	人均 GDP （元）	比上年 增长（%）	第三产业 增加值占 GDP 比重 （%）	比上年提 高（百分点）	城镇化 率（%）	比上年 提高 （百分点）
珠三角	67321	9.0	49.9	2.2	79.86	−0.19
东翼	16687	11.2	37.2	0.9	61.15	4.57
西翼	18819	9.0	39.3	3.0	39.53	0.28
山区	16672	9.5	36.4	1.7	44.10	0.94

要让学生知道，阅读表格式材料时，要关注表外表里的相关信息，不要遗漏，即要注意表头文字、表里各项内容、表后文字说明等，同时还要与设问联系起来。就这道题而言，通过阅读此表信息，要求回答两个问题，即：

（1）表中"人均GDP"和"城市化"统计有何积极意义？（4分）

（2）请你为广东经济持续发展提出不少于两点好建议。（2分）

参考答案：（略）

要让学生知道这两个问题所要联系的考点、知识是什么，怎样表达，答案要点精准了没有。等等这些，都要告诉学生并训练学生，如此反复地培养正确的审题思路和表达能力。

再如一道辨析题：

背景材料：小伟自小就立志要成为一名出众的"名人"。上小学后，逐步表现出自己与众不同的个性，但学习成绩总是欲速不达。于是，开始烦躁起来：上课时，不认真听老师讲课，东张西望，心不在焉；回答问题时总是不按规定先举手后回答，在他的"带动"下，其他同学也跟着"凑热闹"，甚至起哄。小伟觉得太爽了，有"小领袖"的感觉。进入初中后的一段时间他仍然我行我素，对此，有的同学鄙视他。在老师的耐心教导下，小伟渐渐地意识到曾经的"爽"都是不对的，并开始改过自新。

请用所学知识辨析上述各种言行。

参考答案：（略）

通过对辨析题训练，告诉同学们，凡是有关辨别观点对错，或者对某些观点赞成与否的，均要一一厘清判断，并一一分析回答，切勿落下。问答题如此，选择题亦然。

多项选择题例了——

例题1：多项选择题：背景材料：备受关注的《国家中长期教育改革和发展规划

纲要(2010－2020年)》于2010年7月29日正式全文发布。它与2010年6月6日公布的《国家中长期人才发展规划纲要(2010－2020年)》一样,成为我国社会主义现代化建设新阶段(　　)。

　　A. 创新教育发展,培养更多合格人才给力的有效举措

　　B. 实施科教兴国、人才强国战略的重要保证

　　C. 实现人们共享改革开放成果的保证书

　　D. 创造条件,让人们通过接受良好教育,获得更好地生存和发展的机会

　　例题2:多项选择题:背景材料:2011年中央一号文件《中共中央国务院关于加快水利改革发展的决定》于1月29日全文发布,这是新中国成立62年来中共中央首次系统部署水利改革发展全面工作的决定。文件提出多渠道筹集资金,力争今后10年全社会水利年平均投入比2010年2000亿元高出一倍。这意味着(　　)。

　　A. 中国的经济发展,需要多渠道筹集资金来实现

　　B. 水利发展事关民生,多渠道筹集资金发展水利事业,是实现水资源科学发展的重要举措

　　C. 水资源可持续发展,终于被人们重视

　　D. 中国共产党和政府重视人民的生活质量和生存环境

　　例题3:多项选择题:2011年1月27日,据经济之声报道,家乐福在一些城市的部分超市确实存在多种价格欺诈行为,玩价签戏法欺诈消费者,引起国家发改委的高度重视。目前,已责成相关地方价格主管部门依法予以严肃处理,没收违法所得,并处违法所得5倍罚款;最高处以50万元的罚款。家乐福的价格欺诈行为,表明(　　)。

　　A. 既违反消费者权益保护法,又违背公德心

　　B. 家乐福赚钱心切

　　C. 加强依法治国的同时,还必须加强以德治国

　　D. 违法违德者必须受到法律的严厉制裁

　　(2)表述凌乱,答非所问。如对第28题简答题,有的考生把"民族团结"与"民族精神""民族文化"混为一谈,前言不搭后语,答题思路、条理凌乱而难以得分。又如第30题第(1)问"材料一体现了《思想品德》课中的哪些观点",有的考生却写成"低碳生活,我国GDP消耗大,以公有制为主体,多种所有制经济共同发展,尊重劳动、知识、人才、创造,让创造财富源泉远(涌)流,提高和发展低碳经济,国家要寻找新型环保资源",一大堆文不对题的凌乱表述,典型的答非所问。

　　究其原因:一是基础知识不够扎实;二是缺乏足够的训练,临时抱佛脚,随意

乱搭,胡乱写些文字应付考试。这些问题,当前学生中是否存在呢?

对策1:通过加强基础知识强化训练,夯实"双基"。对答卷中所反映出来的如表达语言不规范即不是所学思品术语,而是方言或口头禅甚至粗俗口语等基础知识很不扎实的情况,在复习教学中,我们应该加强针对性训练,以克服或者减少类似问题。可着力从夯实基础知识、强化学科素养入手,逐步规范学生使用本学科名词术语的习惯。

(1)对易混概念的复习,可以通过列图表的方式来夯实。平时教学中发现,不少学生对违法行为、一般违法行为、犯罪行为等三个概念,很容易混淆,若将它们以图式呈现,可以一目了然,易记多了。如图:

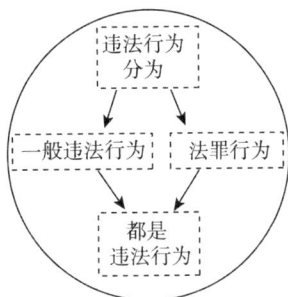

总之,对于诸如此类的问题,备考复习中,要加强针对性训练,做到有的放矢。

(2)知识观点的把握,可以设置非选择题的方式来训练,如下一道简答题:

背景材料:中新网联合国 2010 年 9 月 23 日电

中国总理温家宝在纽约联合国总部出席第 65 届联大一般性辩论,发表题为"认识一个真实的中国"的讲话指出:中国国内生产总值位居世界第三,但人均水平较低,只相当于发达国家的十分之一左右。中国经济已保持 30 多年的快速增长,但进一步发展受到能源、资源和环境的制约。中国若干重要产品产量位居世界前列,但总体上仍处于全球产业链的低端。中国已经成为国际贸易大国,但出口产品技术含量和附加值低,核心技术仍然大量依赖进口。……

请用所学《思想品德》知识概括上述材料观点。(不少于 6 个)

参考答案:(略)

通过类似训练,可以使学生掌握好基本知识,并使学生能正确运用思品课的基础知识,从而增强知识的积累,夯实基础,克服或者减少像阅卷老师反映的考生对第 30 题第(3)问"中学生应该如何做到低碳生活",个别考生随心所欲,写"不烧香、不放屁"等表达粗俗,"灯灭人走"口头语等用词失范、词不达意的现象。

对策2:通过加强问题意识的答题规范训练,增强学科素养。鉴于去年答卷中,不少同学大段大段写答案而没条理、不分段、没层次、逻辑乱、使得阅卷者眼花缭乱,影响准确给分的现象,备考教学中,除了要言明其利害关系,使学生明白此种现象对自己的伤害,还要强化针对性的规范训练,切实增强学科素养。

可以设置综合探究题训练:

背景材料一:2011 年 1 月 19 日在北京揭晓的,由 557 名中国科学院院士和中国工程院院士,投票评选瀚霖杯2010年世界十大科技进展新闻之一的《发布首份全球海洋生物普查报告》,历时10年的历史上首次全球"海洋生物普查"项目10月4日在伦敦发布最终报告。根据普查得出的统计数据,海洋生物物种总计可能有约100万种,其中25万种是人类已知的海洋物种,其他75万种海洋物种人类知之甚少,这些人类不甚了解的物种大多生活在北冰洋、南极和东太平洋未被深入考察的海域。来自80多个国家和地区的2700多名科学家共发现6000多种新物种,它们以甲壳类动物和软体动物居多,其中有1200种已认知或已命名,新发现待命名的物种约5000种。

背景材料二:我国的"嫦娥二号"正在绕月飞行,未来我国登陆月球的"嫦娥三号"模型亮相于珠海航展。昨日,中国空间技术研究院产业部部长闫忠文接受本报记者独家专访时表示,按计划"嫦娥三号"2013年会实现登月,"嫦娥三号"最大的特点是携带一辆月球车,实现月球表面探测。

阅读材料并完成下列问题:(1)上述材料共同说明了什么? (2分)对你有什么启示? (2分)

(2)结合背景材料一和所学知识谈谈"来自80多个国家和地区的2700多名科学家""历时10年""共发现6000多种新物种"具有哪些意义? (5分)

(3)请你举例说明自己或身边一两个合作成功的实例并加以说明。(4分)

参考答案:(略)

通过针对性训练,可以减少考生对如2010年中考思品卷第30题第2问,既不写理由也不做判断而交白卷及对第31题第(3)问,很多考生对解决漫画中问题的建议,出现多数考生只回答道德层面的,而漏掉法治角度的回答而失分的现象。

综上所述,通过对2010年中考思品卷以及考生答卷存在的问题的分析,联系当前学生的现实状况,不失时机地加强训练,必有裨益。

"江山代有才人出,各领风骚数百年。"(清·赵翼)只要大家刻苦钻研,持之以恒,把扎扎实实平凡的工作做到不平凡,先进教研组、优秀教师等称号,并非可望而不可即的事情。努力吧,老师们!

祝大家身体健康、家庭幸福、工作愉快、事业兴旺、心想事成!

祝愿中堂实验中学蒸蒸日上,超越梦想!

之后,该校教师反馈信息传话给我说,这个讲座后,该校许多教师对我的讲座点赞有加,引起校园一时轰动,引起老师共鸣;说我的讲座很实在、很生动、很感动。诸如此类的赞言传进我耳,我很受鼓舞。

(二)经验型的讲座及适例

A."经验型"讲座的意涵

"经验型"讲座包含三个意涵:一是指被邀请讲座的主题内容为介绍讲授者自己的经历和体会的讲座;二是基于自己经验的技术运用的显示;三是通过被邀请者的讲座,能引起听众的共鸣,即讲座内容能使得听众有启发,能学习,可借鉴。

这类讲座的作用通常有两个:一是可以使得讲座人的教学经验或教育科研经验能借助讲座传递出去;二是对于听讲座者而言,能从中得到应有的启发——听得明白,听得有益,学得上手。因此,讲座人必须具备实实在在的经历、经验(体会)。如"有所为、有所思、有所写——我的论文与我的教学"的讲座。

B. 适例

有所为、有所思、有所写——我的论文与我的教学

要我为在座的老师讲怎样写教学论文,我深感为难。原因主要有两个:一是因为我所学的专业不是中文,不是文学,而是哲学;所教的课程,也不是语文,而是政治,现在要我讲怎样写教学论文,我的确力不从心,不能满足大家的期望。二是因为在座的许多老师,不仅教学经验丰富,而且都是写文章的行家里手,因此,要我来讲怎样写教学论文,简直是班门弄斧,不自量力。但是,由于难辞大家的盛情,所以,只好硬着头皮上阵。在这里,只能谈点我的做法和体会,和大家一起探讨。

我调入横中十年来,在领导和各位同事的鼎力支持下,默默耕耘,一直担任初三毕业班的政治课教师。考试成绩多年来名列我校前茅,得到领导和同事的好评。在搞好教育教学工作的同时,我把总结教育教学经验,看作是提高教育教学质量不可缺少的环节。我充分利用课余时间、节假日休息时间,学习新理论、新方法,结合自己的教育教学经验,认真做好总结。十年来,我先后写就了:《情感效应对强化思想政治课实施素质教育的作用》《启发、阅读、思考、讨论、实践》《复习课最优化教学探索》《加强师生合作,提高课堂效率》《构建学生自主学习的最优教学环境,全面推进素质教育》《思为核心的"七字"学法教学的探索和实践》《爱、勤、严、细、实,耐心转变后进生》《班主任工作在学校德育中的地位和作用》等50多篇论文。其中,获得国家、省、市级以上的教育教学论文32篇次,发表在市以上教育教学刊物上的论文20多篇,在省级以上教研会上宣读和交流的教育教学论文4篇次;还有,获得省、市级教育科研成果5项,与他人合作科研研究成果4项次,与人合作的专著 2 部,有一部先后出版 3 次。这些论文、著作和科研成果都是关乎教育教学的。可以说我是为教育教学而作,为教育教学服务的。因此,教学论文的写作是离不开我们所从事的教育教学工作的。

也许有人要问:李老师,十年里,写这么多论文,出这么多成果,是不是不用上课了,是不是得到很丰厚的报酬啊? 对此,我必须作个解释。

先说上课问题,我不仅要上课,而且是专任教师的身份,课时不于少于规定。而且,在横中十年里,前 8 年是兼任班主任,在座有的老师的子女,就是我做班主任时的学生。我教课不马虎,做班主任也从不马虎。许多跟我搭档的老师,都非常高兴,非常愿意与我搭班。横中是分层教学的。在分层教学中,我担任的班主任多是低层次的。但是,我有办法使班纪班风逐步向良好方面发展,并最终得到任课老师的认可。多年来,任课老师都很喜欢上我班的课,考试成绩也名列同层班前茅。因此,十年来,我也赢得了老师们的好评。

我的做法和体会,概括起来有三个方面九个字,即有所为、有所思、有所写。

1. 教学之所为,是所思所写的必要前提。

为者,做也,也就是做好教育教学工作。为人师表,教书育人,是教师义不容辞的职责。怎样去做呢? 怎样做好它?

(1)有计划、有步骤、有目的地去进行教学的所作所为。大家知道,我们的教书育人都是有计划、有步骤、有目的的。无论班主任上班会课,还是科任教师教学书本知识,每上一堂课,我们都要事先为做这件事或上这堂课定下目标,一堂课下来,要完成哪些教学任务、要达到什么样的要求、要采取何种措施和方法等等,都要按部就班,有序进行。

教育教学是无止境的。教育教学工作的经验也是无穷尽的。对于一生从事教育教学工作的教师来说,有几十年的工作经历,应该说个人教书育人的经验极为丰富。即使刚刚参加教育教学工作的教师,也有初为人师的感触,有了经历就有经验。我相信,无论老教师还是新教师,无论是主考科的教师还是非主考科的教师,无论是班主任还是任课教师,都始终坚守着自己教书育人的岗位,并在各自的岗位上默默地进行着有计划、有步骤、有目的教书育人的工作。它为有所思、有所写提供了不可或缺的素材,是所思所写需要的前提。

(2)与时俱进,开拓创新,实践探索教育教学策略,是有所为的关键,也是教育教学策略跟上时代主流的基本要求。

①跟上时代的主流,明确方向而为之,保证所为取得实效。我们做任何事情,都要有明确的方向。做好教学工作,同样要有明确的方向。当前实施素质教育、开展探究性学习等,就是我们搞好教育教学工作的方向。

认清我国教育发展的新形势,教书育人才更有作为。

②抓住机遇,积极进取,是实践、探索教育教学策略的正确态度。当前教育教学改革的大好形势,为我们提供了探索实践教育教学策略的良好机遇。抓住机遇,开拓创新,是做好教书育人工作的重要条件。当前,进行教改的主题是如何实施素质教育、如何开展探究性学习的问题,这有待我们在实践中去认真探索。

教改问题的核心,归根到底,是如何提高教育教学质量的问题。要提高教育教学质量,就要改善课堂教学。改善课堂教学,就是改革课堂教学方法。"授人以鱼",更要"授人以渔"。教学中,帮助学生总结出规律性的学习方法,比传授知识更为重要,更为有用。我们正值知识经济时代,科学技术日新月异,知识充实或更新的周期越来越短,需要学习的知识越来越多。新形势要求人们在学生时代固然要学习,到了工作岗上还要学习,活到老,学到老,终身学习。因此,培养学生掌握学习方法,终身受益,是不是很有意义啊? 搞好这些方面的探索,是不是与时俱进? 所以,只要认清方向,不辞劳苦,我们的教育教学探索就能搞好。这些年来,我在如下七方面做了一些尝试性的探索:①对于素质教育方面,尝试"情感效应对强化思想政治课实施素质教育的作用";②对于新教材的教法方面,尝试"五环"教学法——"启发、阅读、思考、讨论、实践";③在初三升高中复习课方面,尝试"复习课最优化教学"探索;④在如何提高课堂效率方面,尝试"加强师生合作,提高课堂效率"的探索;⑤在培养学生自主学习方面,尝试"构建学生自主学习的最优教学环境,全面推进素质教育";⑥在培养学生学习方法上,尝试"思为核心的'七字'学法教学的探索和实践";⑦在班主任工作方面,尝试"爱、勤、严、细、实,耐心转变后进生"和"班主任工作在学校德育中的地位和作用"等等。

(3)领导给"压力",使有为更有为。最近,《中国教育报》报道,北方有一间办学历史不长而小有名气的中学,有一天,一位班主任怨气冲冲地找到校长,要求校长开除她班上的一名学生。理由是这个学生成绩差、调皮捣蛋、没法教……校长听完这位老师的意见后未置可否,只轻轻地对这位老师说:给你一个课题——请你就"转变差生的研究"为题展开研究。经过一段时间的努力,这位学生有了明显的转变,老师的课题研究也取得实效。校长微笑着问这位班主任:那个学生还要开除吗? 喜笑颜开的班主任说:谢谢校长! 举这个例子,主要是说明,在一定的条件下,领导的压力,是教师做好教书育人工作的动力。

讲到这,也许有人会问我,李老师有那么多论文、那么多成果,是不是在领导的压力下完成的。老实说,有些是,大多数不是。"有些"指的是哪些? 主要是省教育厅临时卜达的课题,比如,省教育厅要组织一批骨干教师编撰出版教学专著;又如,中考备考时,市教研室要组织一些骨干教师,做备考研究工作报告;还有一年一度的中考总结,这几年都是市教研室政治科指定我在规定时间内要完成的任务。大多数是自己自觉完成的。因为我能做到课余、节假日不打牌,利用这些时间,看看书,思考、总结一下自己的教育教学,可以提高和充实自己。我始终认为,教师做好教书育人工作,是天经地义、义不容辞的责任。所以,对教学进行阶段性总结,不能依赖或等待领导给压力才做,而应该靠自觉和勤奋去做。天道酬勤、持之以恒,必有收效。我这样想,我也是这样做的。尽管我在教书育人的历程中有了一点成绩,也只是做了我应该做的工作,微不足道。

据我所知,在座的老师能力都比我强,工作热情也挺高,教育教学教研的能力也不弱。所以,我想,只要我们发挥自身优势,做好教育教学这块文章,就没有难事。

2. 所思是所为所写的必然过程

所思是所为的必然趋势。要做好教书育人的文章,必须对自己所从事的教书育人工作进行理性的思考,三思而后行嘛。那么,应该怎样来思考呢? 思考的作用又是什么?

(1)由表及里,由浅入深,去粗取精,去伪存真。教书育人工作,千头万绪,纷繁复杂,要从众多的事实中提取出其精华,其方法是由表及里,由浅入深,去粗取精,去伪存真,从中找出规律性的东西。例如,做班主任工作,少不了向全班学生贯彻学校的各项纪律;少不了号召全班学生遵守学校的各项纪律,动员全班学生争当先进班;少不了挑选和培养班干部;少不了鼓励学生好好学习,提高成绩,为班争光;少不了培养学习尖子,也少不了对"双差生"反复地做思想教育转化工作,培养其学习兴趣,帮助其掌握学习方法,提高学习效果,等等。其实,做科任教师也一样少不了这些既要耐心又要细致的工作。把这些细微的工作,与当前教育教学的发展形势统一起来,加以思考,由表及里,由浅入深,去粗取精,去伪存真,这是成文前的必要准备,是所为和所写的必要环节。

(2)判断、筛选、整理,对教书育人的具体做法、效果进行分类、归纳,是所写的必要前提。通过由表及里,由浅入深,去粗取精,去伪存真的思考、提炼,还要对教书育人的具体做法加以归纳、整理、分析、分类。分清哪些是德育的,哪些是教学方法的,哪些是素质教育的,哪些是探究性学习的,把它们一一分类、归纳,通过分析、筛选、整理,留下精华,为成文做足准备工作。

(3)从感性认识上升到理性认识,是对教书育人的具体做法、效果思考的必然结果。把自己所做过的许许多多的教书育人工作,从感性认识过程,提升到理性认识的高度,要做到两个明确:

①明确从感性认识到理性认识,是对教书育人工作进行实事求是的深刻的正

确反思。任何人在从事工作过程中都不可能一帆风顺，十全十美，难免有挫折。实事求是地反思自己、评价自己，肯定成绩，吸取教训，是做好今后工作所不可缺少的正确态度。

②明确将教书育人的感性认识提升到理性认识的现实意义和历史意义——那就是对教书育人成功经验的弘扬。大家知道，两千多年前的中国大教育家——孔子，为什么相隔几千年，他的教育思想对我们仍然有着这样强大的影响力呢？我想，这与他把毕生所从事的教育经验以文载事，留给后人、影响后人是分不开的。进而，我想，现在的条件，总要比古人优越得多，我无功利之求，但愿将自己所从事的教书育人工作（哪怕教训也罢），也要做阶段性总结。这就是我从事教书育人工作多年坚持所为、所思、所写的根本动力。

③把感性认识提升到理性认识的实例，举三个例子。

例1：如何调动学生学习的积极性、主动性、创造性？我是教《思想政治》课的，回顾20多年来的教育教学历程，课堂教学中，经常碰到老师讲得头头是道，入情入理，绘声绘色，有些学生却我行我素，课堂睡觉，搞小动作，甚至大声讲话等尴尬现象，批评一下，这些现象似乎有所收敛，但是，不久又死灰复燃，难以遏制。通过对比课堂批评与课后找违纪学生谈话的效果，从中我受到起启发：动之以情、晓之以理、导之以行的情感投入教育效果，优于硬性粗暴批评。于是，我认真总结经验，吸取教训，改变过去粗暴、硬性的批评做法，代之更多的情感投入，并以自己正确的言行举止影响他们。精诚所至，金石为开。情感投资的结果，使我深深地体会到，情感对教育教学的作用不容忽视。通过分析、思考自己运用情感教育的做法，从感性认识提升到理性认识，归纳为"五个方面"的作用：那就是"情感具有促使素质教育主体参与意识升华的功能作用；情感具有增进友谊、促进教学协调，进而实现素质教育的功能作用；情感具有激活思维、培养创造力的功能作用；情感具有增强自信心、激励勤奋学习、促成良好心理素质和勇于开拓进取精神形成的功能作用；情感具有不可替代的德育功能作用"，并于1998年写出《论情感效应对强化思想政治课实施素质教育的作用》一文，得到东莞市、广东省、中国教育学会等各级权威人士的好评。

例2：1998年《思想政治》课在全国率先实行《课程标准》。探索实施《课程标准》和新教材的教学方法，成了当时摆在我们政治教师面前的一件大事。经过一段时间的教学实践，我从感性出发，为根据《课程标准》编撰的新教材增设了许多小栏目："读一读""想一想""忆一忆""做一做"等，图文并茂，具有可读、可讲、可做等特点，从五个方面总结自己实施《课程标准》和新教材的教学方法，这五个方面就是"启发、阅读、思考、讨论、实践"五个环节。论文被指定在1999年1月8日在广东省中学思想政治课课堂教学暨交流会上宣读和书面交流。

例3：面对"减轻学生课业负担"出现的诸如"减负"就是少做或不做作业，减少学习任务等错误认识。结合思想政治课教学实际，我从加强德育功能实践出发，把它从感性认识提升到理性认识的高度，写就了《关于"减负"中如何发挥思想政治课德育功能作用的思考》，发表于2001年《广东教研》第三期上。举这些例子，主要说明一个问题，那就是要对我们所做的教书育人工作进行由表及里、由浅入深、从感性认识出发上升到理性认识的高度，就能有所收获，教书育人工作就能一分耕耘一分收获。

3. 所写，是所为所思的必然结果

所为、所思，都是为有所写服务的，所写是所为、所思的必然结果。为什么要写？怎样写？要把握哪些方面去写？这里我做个简要的说明。

（1）为什么写？换句话说，写的作用是什么？我的体会可以概括为三个方面：

①把自己的教育教学经验，提升到理论的高度并用文字记载下来，能更好地鞭策自己，促进自己提高。例如，我发表《论情感效应对强化思想政治课实施素质教育的作用》等论文后，教学中，我时刻提醒自己，针对学生课堂违纪，不能用粗暴简单的批评，而要用情感感化学生，使学生受到教育。

②把自己的教育教学经验，提升到理论的高度并用文字记载下来，能把自己的教育教学经验，提供给他人学习和借鉴。教育教学是一门科学。科学实验是可以重复的。科学是人类的共享资源。随着时代的发展，教育理论的发展和完善，需要广大教育工作者共同努力。当代教师，责无旁贷。多年来，我通过总结自己的探索和实践经验，先后有20多篇教育教学论文发表在《广东教育》《广东教研》《中小学德育》《中学政治教学》《东莞教研》《中学思想政治课教研通讯》《科研促教的实践与探索》《普教科研的实践与探索》《在实践中升华》《中考政治快递》等教育教学杂志上；合著广东省初、高中教材两部。

③把自己创新的教育教学理念或者超前意识，提升到理论的高度并用文字记载下来，能为我国的教育教学改革提供必要素材。20世纪90年代初的一个时期，有一种倾向认为，要取消考政治。对此，在征求意见时，通过总结多年来从事思想政治课教学的经验，我针对性地提出"不考政治会误导"的观点（当然，这个观点可能不止我一人提出）。据1995年湖南省召开的全国思想政治课研讨会通报消息，得知这一具有超前意识的建议被采纳了。

（2）怎样写？写的时候，要把握哪些方面去写？

①要以现代心理学、教育学、系统论、优化结构论、素质教育理论、研究性或探究性学习等原理为指导，把自己在教育教学中的所作所为即教书育人过程中的主

要做法和效果，加以总结、提炼、提升，形成文字，要充分体现与时俱进的理论本质。

②要有新意。论文不仅材料要新颖，内容有新意，更主要的是主题要有新意。比如，有个老师的一项科研课题申报了三年，没有获奖。2000年7月初，他主动要求和我合作。我看过材料后，觉得材料很丰富，但是，主题缺乏新意。原来的题目是"精心组织教研教改活动，推进思想政治课向素质教育转轨"。后来，我重新组织改写，主题定为"教研科研齐头并进，全面推进思想政治课素质教育"。结果，这个课题成果成了重量级的科研成果，先后获得广东省教育科研成果二等奖、广东省中小学教育创新成果三等奖、东莞市普教科研成果一等奖。经过再次修改的论文《教研科研齐头并进，全面推进思想政治课素质教育的实践与认识》被收录在全国教育科学"九五"规划、教育部重点研究课题《面向21世纪中等学校思想道德素质对策研究》专著里。

③论文必须具有实效性、理论性、实践性、操作性、指导性、推广性等要素。

a. 实效性，说的是论文必须反映作者在教书育人中所取得的具有说服力的实际效果。

b. 理论性，指的是论文观点要有新意，要体现与时俱进的理论本质。

c. 实践性，指的是论文必须体现作者的教育教学实践和探索。

d. 操作性，就是说，他人学习了你的经验后，能够照着你文章中所说的去做并富有成效。

e. 指导性，就是说能为相同学科或相关学科提供导向作用。

f. 推广性，具备了实效性、理论性、实践性、操作性、指导性的经验或论文，也就有了推广的价值。

有所为、有所思、有所写，三者相辅相成。其中，有所为，是有所思、有所写的前提。没有所为，所思、所写，就会成为无源之水、无米之炊，成为空话、套话，因此，只有扎扎实实地做好教书育人的工作，才能为所写夯实基础；有所思，则是所为所写的必要环节，如果没有思考，就不能把教书育人的众多感性材料提升到理性的高度来认识，就不能形成有所写的思路。而所写，是所为、所思的必然结果，是所为的真实反映。要使有所为、有所思、有所写，不断创新，就要坚持与时俱进，不断进修新的教育教学理论，更新教育教学理念，开拓创新，跟上时代主流，这样，才能做好教书育人的文章。

（三）知识应用型的讲座及适例

A. 含义

知识型应用型讲座,即知识型、技能型讲座。顾名思义,知识型、技能型讲座,少不了知识与技术、能力的意涵。但是,这里的知识,是指在学科领域里的知识,并非包罗万象。这里所指的技术,也是基于该学科领域而言的适例技术在其中的运用。如下面适例《2014 年广东省思想品德考纲解读及命题预测》所列"2014 年《思想品德》考纲解读"及"考点内容与'三贴近'素材结合运用",就是知识型应用型讲座之例。

B. 适例

2014 年广东省思想品德考纲解读及命题预测

一、2014 年《思想品德》考纲解读

——广东省 2014 年初中毕业生思想品德学科学业考试大纲修改依据及与 2013 年考纲对比分析

（一）2014 年《思想品德》考纲修改依据。

2014 年考纲修改依据

根据《2014 年广东省中考学科考纲修改函》精神,对广东省 2014 年初中毕业生思想品德学科学业考试大纲进行修改。主要有两条:

（一）依据《义务教育思想品德课程标准（2011 年版）》;

（二）根据沈老师传达 2014 年中考考纲修订建议进行修改的。

一是按照 2011 年版课程标准修订。

二是新课标有的,现行课本尚未出现的,亦不是本次考试考虑的范围。

三是社会主义特色理论的内容。

（二）考纲的总体情况

1. 考试性质保持 2013 年的传统。

2014 年考纲规定的考试性质:初中毕业生思想品德学科学业考试是义务教育阶段的终结性考试。目的是全面、准确地评估初中毕业生达到《全日制义务教育思想品德课程标准（2011 年版）》所规定的思想品德学科毕业水平的程度。考试的结果是确定学生是否达到义务教育阶段思想品德学科毕业标准的主要依据,也是高中阶段学校招生的重要依据之一。

2. 命题指导思想没有变化。

指导思想,2014 年与 2013 年一样,即初中毕业生思想品德学科学业考试应体现义务教育阶段的普及性、基础性、发展性,强调对综合素质的全面考查,尤其是对学生创新精神和实践能力的考查。要坚持全面、准确地反映初中毕业生在思想品德学科学习目标方面所达到的《义务教育思想品德课程标准(2011 年)》关于"情感态度价值观、能力和知识"三维目标的要求。

从初中学生的认知水平和生活实际出发,考查的内容注重学生终身发展所需的必备知识,加强试题与社会实际和学生生活的联系,坚持在课程标准范围内注意对学生能力的培养,尤其是学生在具体情景中运用所学知识分析和解决具体问题的能力。注重考查学生通过思想品德课的学习逐步形成正确的世界观、人生观、价值观和基本的善恶、是非观念,考查内容具有科学性、思想性、人文性,体现综合性的课程性质和实践性的课程基本原则。试题以贴近学生、贴近生活、贴近时代为命题立意,将知识、能力、素质的考查融为一体。

3. 命题依据和试卷结构与 2013 年相同。

(1)命题依据:一是考纲规定的内容,如截图"考试依据"(右边为讲座截图图片);二是应届毕业生所学的思想品德课内容即 2010 至 2013 三个学年度的《思想品德》教材。

讲座截图图片:

考试依据:
2014年初中毕业生思想品德学科学业考试以教育部**2011年版**的《义务教育思想品德课程标准》、教育部**2002年12月**印发的《关于积极推进中小学评价与考试制度改革的通知》、教育部、国家民委于**2009年**7月印发的《全国中小学民族团结教育工作部署视频会议纪要》为依据,适应使用经全国中小学教材审定委员会初审通过的在我省使用的各版本义务教育课程标准实验教科书的考生。

(2)2014 年试卷结构,如表:

题型	题数	分值	备 注
单项选择题	28	56	各题的四个选项中,只有一项是最符合题意的答案。每小题 2 分。
简答题	1	8	要求只对问题做简要的回答。
辨析题	1	10	仅作判断不说明理由者不得分。

续表

题型	题数	分值	备　注
分析说明题	1	12	要紧扣题意,联系实际,综合运用所学知识,结合材料展开分析。
综合探究题	1	14	要求紧密结合材料,联系生活实际,综合运用所学知识,探究问题。
合计	32	100	

4. 考试方式没变:闭卷、笔答。

2014 年内容结构分布	备　注
成长中的我　　　约占 25% 我与他人和集体　约占 30% 我与国家和社会　约占 45%	民族团结占 10% 的要求不作规定。

5. 考点内容的有变化。

2014 广东省中考考纲内容摘录——考试内容与要求

初中毕业生思想品德学科学业考试以《义务教育思想品德课程标准(2011 年版)》规定的内容标准为考查范围,共分三个部分——

第一部分　成长中的我

1. 认识生命形态的多样性,理解人类生命离不开大自然。

2. 认识自己生命的独特性,珍爱生命。

3. 体会生命的价值,认识实现人生意义应该从日常生活的点滴做起。

4. 悦纳自己的生理变化,体会青春期的美好,学会克服青春期的烦恼,调控好自己的心理冲动,促进生理与心理的协调发展。

5. 理解情绪的多样性、复杂性,学会调节和控制情绪,保持乐观、积极的心态。

6. 客观分析挫折和逆境,寻找有效应对挫折的方法,主动锻炼个性心理品质,磨砺意志,陶冶情操,提高心理承受力,形成勇于克服困难、开拓进取的优良品质和良好的学习、劳动习惯和态度。

7. 了解自我评价的重要性,能够客观地认识自我,积极接纳自我。

8. 自尊、自爱,不做有损人格的事。

9. 养成自信自立的生活态度,体会自强不息的意义。

10. 正确认识好奇心和从众心理,发展自我控制能力。

11. 能够分辨是非善恶，学会在比较复杂的社会生活中做出正确选择。

12. 知道法律是由国家制定和认可，由国家强制力保证实施的一种特殊行为规范。

13. 知道法律对未成年人的特殊保护，了解家庭保护、学校保护、社会保护和司法保护的基本内容。

14. 知道不履行法律规定的义务或做出法律所禁止的行为都是违法行为，理解任何违法行为都要承担相应的法律责任，受到一定的法律制裁。

15. 了解违法与犯罪区别。

16. 知道不良心理和行为可能发展为违法犯罪，分析未成年人犯罪的主要原因，增强自我防范意识。掌握获得法律帮助和维护权益的方式和途径，提高运用法律的能力。

第二部分　我与他人和集体

17. 体会父母为抚养自己付出的辛劳，孝敬父母和长辈。

18. 学会与父母平等沟通，调适"逆反"心理，增强与家人共创共享家庭美德的意识和能力。

19. 了解青春期闭锁心理现象及危害，积极与同学、朋友和成人交往，体会交往与友谊对生命成长的意义。

20. 学会用恰当的方式与同龄人交往，建立同学间的真诚友谊，正确认识异性同学之间的交往与友谊，把握原则与尺度。

21. 了解教师的工作，积极与教师进行有效的沟通，正确对待教师的表扬与批评，增进与教师的感情。

22. 知道礼貌是文明交往的前提，掌握基本的交往礼仪与技能，理解文明交往的个人意义和社会价值。

23. 理解竞争与合作的关系，能正确对待社会生活中的竞争，敢于竞争，善于合作。

24. 学会换位思考，学会理解与宽容，尊重、帮助他人，与人为善。

25. 知道每个人在人格和法律地位上都是平等的。

26. 平等待人，不凌弱欺生，不以家境、身体、智能、性别等方面的差异而自傲或自卑，不歧视他人，富有正义感。

27. 领会诚实是一种可贵品质，正确认识生活中诚实的复杂性，知道诚信才能得到信任，努力做诚实的人。

28. 了解文化的多样性和丰富性，尊重不同的文化和习俗，以平等的态度与其他民族和国家的人民友好交往。

29. 了解宪法对公民基本权利和义务的规定,懂得要正确行使权利、自觉履行义务。

30. 知道公民有受教育的权利和义务,学会运用法律维护自己受教育的权利,自觉履行受教育的义务。

31. 正确认识个人与集体的关系,主动参与班级和学校活动,并发挥积极作用。有团队意识和集体荣誉感,感受学校生活的幸福,体会团结的力量。

32. 知道公民的人身权利受法律保护,任何非法侵害他人人身权利的行为,都要承担相应的法律责任。

33. 知道法律保护公民的财产所有权。

34. 懂得法律保护公民的财产继承权,未成年人的财产继承权受法律的特殊保护。

35. 知道公民的智力成果权不容侵犯,未成年人的智力成果权受法律保护。

36. 知道法律保护消费者的合法权益,学会运用法律维护自己作为消费者的权益。

第三部分　我与国家和社会

37. 理解遵守社会规则和维护社会公平对于社会稳定的重要性。

38. 感受个人成长与民族文化和国家命运之间的联系,提高文化认同感、民族自豪感。

39. 正确对待学习压力,克服厌学情绪和过度的考试焦虑,培养正确的学习观念。

40. 知道责任的社会基础,体会承担责任的意义。积极参与公益活动,有为他人、为社会服务的精神。

41. 懂得承担责任可能需要付出代价。懂得每个行为都会产生一定后果,学会对自己的行为负责,努力做一个负责任的公民。

42. 知道中华人民共和国宪法是我国的根本大法,是全国各族人民、一切国家机关和武装力量、各政党和各社会团体、各企业事业组织的根本的活动准则,增强宪法意识。

43. 知道依法治国是依照宪法和法律的规定管理国家。

44. 了解建立、健全监督和制约机制是法律有效实施和司法公正的保障,增强公民意识,学会行使自己享有的知情权、参与权、表达权、监督权。

45. 关注社会发展变化,增进关心社会的兴趣和情感,养成亲社会行为。

46. 知道中国特色社会主义理论体系。

47. 了解我国现阶段的基本经济制度。

48. 了解我国现阶段的根本政治制度。

49. 知道我国各民族人民的共同理想。

50. 了解全面建设小康社会的奋斗目标。

51. 了解我国科技、教育发展的现状。

52. 理解实施科教兴国战略的现实意义,认识科技创新的必要性,努力提高自身素质。

53. 了解我国人口现状的基本特点,理解实行计划生育是我国的基本国策,知道实行计划生育的目的。

54. 了解我国自然资源的基本特点,我国面临严峻的资源形势。

55. 了解我国面临的主要环境问题、我国环境形势的总特点,理解保护环境是我国的一项基本国策。

56. 增强环境保护意识,自觉履行保护环境的义务。

57. 知道我国是一个统一的多民族国家,各民族人民平等互助、团结合作、艰苦创业、共同发展。

58. 懂得维护国家统一,维护各民族的团结,维护国家安全,是每个公民的义务。

59. 学习和了解中华文化传统。

60. 了解当今世界发展趋势,知道我国在世界格局中的地位、作用和面临的机遇与挑战,增强忧患意识。

所谓考纲,它只不过是指导命题、复习备考的一个纲领性文件。不是命题、复习、考试的具体内容。因此,在复习备考教学中,必须结合具体教材具体实施。

二、考点内容与"三贴近"素材结合运用——对命题导向预测以及对备考复习点滴建议

虽然今年是 2011 年版课程标准颁布实施的第二年,也是依据 2011 年版课程标准修改考纲的第二年,但是,至目前,依据 2011 年版修改的新教材尚未面世,考纲已经明确了 2014 年中考思想品德的命题依据和试题结构,所以,今年一定还会将弘扬主旋律、传递正能量的命题指导思想一如既往地贯穿在试题中。去年讲中考命题方向时讲到这个问题,今年还要强调这个问题,要引起大家的关注,要具体去落实。去年我列举近三年的中考试题来提醒大家,现在我还要同样列举近三年来的广东省中考思想品德试题来提醒大家。希望大家足够重视,认真落实。

一要准确把握考纲和思想品德课程性质,综合落实课程目标。

帮助学生过积极健康的生活、做合格公民,是课程的核心,要落实课程基本理念。

"思想品德课课程标准"关于课程基本理念的阐述指出,帮助学生过积极健康的生活,做合格公民,是课程的核心。初中生正处于身心发展的重要时期,自我意识和独立性逐步增强。在初中阶段帮助学生形成良好品德,树立责任意识和积极的生活态度,对学生的成长具有基础性的作用。思想品德课程的任务是引领学生了解社会、参与公共生活、珍爱生命、感悟人生,逐步形成基本的善恶、是非观念,过积极健康的生活,做负责任的公民。

要帮助初中学生逐步扩展生活,这是思想品德课程的基础。思想品德是人在对生活的认识、体验和实践过程中逐步形成的。初中生生活范围逐渐扩展,需要处理的各种关系日益增多。思想品德课程正是在学生逐步扩展生活经验的基础上,与他们一起体会成长的美好、面对成长中的问题,为初中学生正确认识成长中的自己,处理好与他人、集体、国家和社会的关系,提供必要的帮助。

要坚持正确价值观念的引导,使学生独立思考、积极实践相统一,这是思想品德课程的基本原则。思想品德的形成与发展,离不开学生的独立思考和积极实践,国家和社会的要求只有通过学生的独立思考与实践才能为学生真正接受。思想品德课程将正确的价值观引导蕴涵在鲜活的生活主题之中,注重课内课外相结合,鼓励学生在实践中进行积极探究和体验,通过道德践行促进思想品德的健康发展。

平时教学中要坚持,备考复习教学中仍然要坚持。

备考复习时,教师要把握思想品德课程的综合性,以学生健康成长需要处理的主要关系为线索,将道德、心理健康、法律、国情等内容进行有机组合、梳理、设计,避免将教学内容分裂、分块;同时还要准确把握思想品德课程的德育性,使复习教学服务思想道德的发展。

二要创造性地使用考纲,优化复习教学过程,为复习课赋予实效。

考纲是复习教学的依据,教材是搞好复习的文本资源。教师要研究考纲和教材文本,把握考纲与教材,明确考纲涵盖的具体内容、任务,根据考纲,设定鲜明的教学内容和目标,要创造性地利用考纲进行复习教学。

创造性,即以现实中的案例,结合相关考点,使学生明确答题必须运用所学相关知识。如:

选择题——2014年1月19日,中共中央、国务院印发《关于全面深化农村改革,加快推进农业现代化的若干意见》(以下简称《意见》),提出建立农业可持续发展的长效机制等八项重点工作。《意见》指出,要完善森林、草原、湿地、水土保持等生态补偿制度,继续执行公益林补偿、草原生态保护补助奖励政策,建立江河源头区、重要水源地、重要水生态修复治理区和蓄滞洪区生态补偿机制。支持地方开展耕地保护补偿。加快编制村庄规划,以治理垃圾、污水为重点,改善村庄人居环境。提高农村饮水安全工程建设标准,加强水源地水质监测与保护。这有利于( )。

①深化改革开放,完善分配制度 ②生态文明建设 ③走共同富裕道路 ④共享改革开放建设成果

　　A.①②④　　　　　B.①③④　　　　　C.①②③　　　　　D.①②③④

三要注重学生的情感体验和道德实践,不忘主旋律的弘扬、正能量的传递。

如反映关注学生成长生活主旋律的——2010年选择题10.通过漫画(略去漫画,其大意:晚上,在自己房间里玩游戏,以"妈,我先睡了"的话回应母亲对自己的督促)所反映的问题,正确的建议是( )。

　　A.家长要依法履行监护子女的责任

　　B.网络游戏有利于克服青少年学习焦虑,家长不应该干涉

　　C.子女的隐私受法律保护,家长要尊重和保护其隐私权

　　D.要诚实做人,文明上网,主动接受父母的教育

又如反映改革开放人民生活大大改善主旋律的——2011年选择题17.漫画《变化》描述了小明读小学时(1978年)的学习环境(晚上,在煤油灯照明下温习功课的情景)和参加工作时(1995年)的工作环境(明亮的电灯下,用的是电脑)。通过对比,我们认识到( )。

①改革开放给人民生活带来巨大变化 ②青少年在享受改革成果的同时,应该关心社会发展,增强公民意识 ③现在生活条件好了,没有必要再居安思危、艰苦奋斗了 ④中学生要把个人前途命运与祖国前途命运结合起来,自觉投身社会主义现代化建设

　　A.①③④　　　　　B.②③④　　　　　C.①②③　　　　　D.①②④

再如反映战胜挫折,成就事业正能量的——2012年选择题5.十岁盲童刘浩"看不见钢琴上的黑白键,更看不见自己面前的五线谱,却登上了德国舒曼国际青少年钢琴大赛的领奖台"。同学们探讨其成功秘诀时,看法不一,你认为正确的是( )。

①乐观向上的人生态度 ②在竞争中博取评委同情 ③自强不息的执着追求 ④不屈于逆境的顽强意志

　　A.①②③　　　　　B.①②④　　　　　C.①③④　　　　　D.②③④

又再如传递少年能自强正能量的——2013年选择题5.漫画作者许铃通过一组漫画展现了留守儿童的生活情景:在父母不在家,缺少父母关爱的情况下,孩子们没有怨天尤人,没有自暴自弃,用自己一双幼小的手包揽着家务和农活,自己照

顾自己。这些情景告诉我们,中学生应该(   )。

  A. 自尊、自傲,不做有损人格的事

  B. 培养自尊、自信,克服自负和自卑

  C. 克服依赖心理,脱离父母独自生活

  D. 学会自立,懂得管理和安排自己的生活

等等这些都是情感体验和道德实践,也是思想品德课中考必考的元素。

复习教学中,教师要善于利用并创设教育情境,引导和帮助学生通过感悟,在获得情感体验的同时,深化思想认识,提高学生道德践行的意识和能力。

四要贯彻课程理念,联系实际,落实"三贴近"。

根据初中学生的实际,面向丰富多彩的社会生活,联系初中学生已有的生活经验,选取"三贴近"的素材,关注初中学生的思想道德成长话题组织教学。

贴近实际的选择题,如:八年级 2 班围绕隐私问题展开了一场讨论。下列观点中对隐私理解正确的是(   )。

①无意中曝光好友个人信息的行为不属于泄露个人隐私

②故意泄露个人信息的行为既不诚信也构成违法

③不择手段报复他人可以理解,但将个人信息公开却不道德

④我国是法治社会,任何组织、团体、个人都须依法行事,包括保护自己和他人的不宜公开的事情

A. ①②③④   B. ①②④   C. ①②③   D. ②④

贴近生活的如辨析题:背景材料

某校八年级(2)班在学习《思想品德》八年级上册《同学·朋友》时,老师让各学习小组推荐课外搜集的有关图文资料。第五小组推荐同学甲的《我们是最好的挚友》漫画(图所反映的是两个同穿一条裤子的朋友)。

请用《思想品德》八年级上册《同学·朋友》相关知识对该漫画进行评析。(10 分)

相关考点 20:学会用恰当的方式与同龄人交往,建立同学间的真诚友谊,正确认识异性同学之间的交往与友谊,把握原则与尺度。

答:(略)

贴近学生的如材料:某校九年级专题复习结合十八届三中全会审议通过的《中共中央关于全面深化改革若干重大问题的决定》全面贯彻党的教育方针,增强学生的社会责任感、创新精神、实践能力。强化体育课和课外锻炼,促进青少年身心健康、体魄强健时出现这样的对话——

男生:现在考试学习压力太大了,科目多,知识量大,太辛苦了;

女生：没啥的，听说现在我们的学习环境和各项条件都比父辈们当年好多了。

请联系所学知识辨析上述观点。

相关考点39. 正确对待学习压力，克服厌学情绪和过度的考试焦虑，培养正确的学习观念。

答：（略）

通过这些训练，既可以增强思想品德课程的开放性、综合性、教育性，又可以提升学生的应考能力。

五要梳理考点内容。

依据教材梳理。如：

考点1. 认识生命形态的多样性，理解人类生命离不开大自然。

（1）生命形态的多样性：①多彩的生命构成了缤纷的世界。生命是地球上最珍贵的财富，世界因生命而精彩，因生命而充满希望和活力。②生命是顽强的，也是脆弱的，只有尊重每一个生命，生命之间相互关爱，才能维护世界的缤纷多彩。

（2）人类生命离不开大自然：人类来自自然，人类的生存离不开大自然的恩赐。

又如：46. 知道中国特色社会主义理论体系。

中国特色社会主义理论体系，包括邓小平理论、"三个代表"重要思想以及科学发展观等科学理论体系。

再如：考点59. 学习和了解中华文化传统。

（1）中华文化传统包括传统美德、中华民族精神等。

（2）中华文化的历史影响：中华文化源远流长，博大精深，对促进人类文明发展做出了巨大贡献。保护、继承中华优秀传统文化，弘扬中华民族精神，是我们义不容辞的责任。我们不仅要以开放的心态尊重不同的文化，还要宣传、弘扬我们的民族文化，让世界了解迅速发展的中国，了解中国源远流长的文化。

（3）中华民族的传统美德有：敬业乐群、公而忘私的奉献精神；天下兴亡、匹夫有责的爱国情操；先天下之忧而忧、后天下之乐而乐的崇高志趣；自强不息、艰苦奋斗（创业）的昂扬锐气；富贵不能淫、贫贱不能移、威武不能屈的浩然正气；"鞠躬尽瘁、死而后已"的为政风范；厚德载物、道济天下的广阔胸襟；奋不顾身、舍生取义的英雄气概；大道之行、天下为公的社会理想，等等。

（4）中华民族精神：伟大的中华民族精神：在五千多年的发展历程中，中华民族形成了以爱国主义为核心的团结统一、爱好和平、勤劳勇敢、自强不息的伟大民族精神。

民族精神在不同时期的具体体现。革命时期：井冈山精神、长征精神、延安精神等;社会主义建设时期:大庆精神、"两弹一星"精神、抗洪精神、载人航天精神、三峡移民精神、青藏铁路精神、汶川抗震精神等。

(5)弘扬中华民族精神:①民族文化是民族的根,民族精神是民族的魂,民族精神是民族文化的精髓,是一个民族生存和发展的精神支撑;②民族精神是中华民族生命机体中不可分割的重要组成部分,始终是鼓舞我们民族迎难而上、团结互助、战胜强敌和困难的不竭力量之源。

(6)对待传统文化:①宣传、弘扬中华民族文化,让世界了解中国的文化。

②对待我国的民族文化,不能全盘否定,一概抛弃,也不能全盘肯定、全部吸收。要批判地继承,取其精华,弃其糟粕。

(7)弘扬和培育民族精神:①我们每一个中华儿女都有责任、有义务弘扬和培育民族精神。

②要立足于建设中国特色社会主义伟大实践、继承和发扬中华民族的优良传统,正确对待外来思想文化的影响,积极参与精神文明建设活动。

③在新的时代条件下,培育民族精神,最重要的是结合时代和社会发展要求,不断为之增添新的富有生命力的内容。

④我们中学生要热爱祖国,报效祖国,努力学习,加强道德修养,开拓创新,成为民族精神的传播者、弘扬者和建设者,促进社会主义精神文明建设。

六要抓复习重点、热点。

1. 近三年来的考试热点重点。近年来试题"三贴近"的实例。如:

2012 年选择题——1. 在 2011 年"全国道德模范高校巡讲活动"中,巡讲团每到一个地方,道德模范们的先进事迹都震撼着在场的师生,很多人泪流满面,甚至失声痛哭。师生们的感受说明

A. 忧郁的情绪能引起人们的共鸣　　B. 不同情绪的发泄方式是完全相同的

C. 人的情绪具有相通性和感染性　　D. 崇高的精神能激发人们乐观的情绪

2012 年综合探究题(14 分,其中综合评价 1 分。要求紧密结合材料,联系生活实际,综合运用所学知识,探究问题)

32. 背景材料:PM2.5(2.5 微米以下的可入肺的细颗粒物)是日常发电、工业生产、汽车尾气排放等过程中经过燃烧而排放的残留物,大多含有有毒物质。人们在晴朗的白昼拍摄到的细颗粒物造成的灰霾天气情况图片(略)。有关专家认为,这种灰霾天气对人体健康的危害甚至比沙尘暴更严重。

某班同学结合上述材料和右图展开讨论,最后形成了两种不同的观点:第一种观点认为,PM2.5 的存在是经济发展的必然结果,人们没办法治理;(8 分)第二种观点认为,PM2.5 的产生与中学生无关,不必杞人忧天。(5 分)请你谈谈对上

述两种观点的看法。

相关考点:55. 了解我国面临的主要环境问题、我国环境形势的总特点,理解保护环境是我国的一项基本国策。56. 增强环境保护意识,自觉履行保护环境的义务。

答:(略)

2013 年选择题——10. 带着生病的父母上大学的王东雪说:"20 多年来父母陪在我身边,把全部的爱和一切都给了我,如今我应该义无反顾地让父母留在我身边。"对这句话理解正确的是( )。

A. 学会与父母交往,化解矛盾　　　B. 父母对我们的爱是有条件的

C. 子女要懂得感恩和孝敬父母　　　D. 当父母有困难时才给予帮助

2013 年简答题:根据右边漫画回答如下问题:(1)漫画(图片略。该情景大致:电脑桌面呈现:政府网站里有"留言""反映问题""意见""建议""呼声""回帖"等)反映了政府维护公民的哪些权利?(4 分)

(2)中学生在行使这些权利时要注意什么?(4 分)

相关考点:44. 了解建立、健全监督和制约机制是法律有效实施和司法公正的保障,增强公民意识,学会行使自己享有的知情权、参与权、表达权、监督权。

答:(略)

2. 根据近年来的试题结构、分值以及内容结构的变化,编题进行训练。如搜集以下三个材料,可以编制分析说明题

材料一:广东省改革开放前后人均 GDP 比较:

指标	1952 年	1978 年	2013 年
年底人口	2910.45 万人	5064.15 万人	1.1 亿人
人均 GDP	101 元	369 元	58500 元

材料二:党的十八届三中全会审议通过了《中共中央关于全面深化改革若干重大问题的决定》指出:改革开放最主要的成果是开创和发展了中国特色社会主义,为社会主义现代化建设提供了强大动力和有力保障。事实证明,改革开放是决定当代中国命运的关键抉择,是党和人民事业大踏步赶上时代的重要法宝。

材料三:广东省省长朱小丹在 2014 年做政府工作报告时指出:2014 年是全面贯彻落实党的十八届三中全会精神、全面深化改革的第一年,是完成"十二五"规划目标任务的关键一年。当前我省正处于经济社会转型、升级、爬坡、越坎的关键阶段,经济周期性波动与长期积累的深层次矛盾叠加、结构性矛盾与体制性矛盾叠加、经济下行压力与社会矛盾凸显叠加的挑战依然十分严峻,发展的内外环境

仍不容乐观。但经济保持平稳健康发展的基本面没有改变,仍面临转型发展的难得机遇,特别是中央关于全面深化改革的战略部署,为我们战胜挑战、深化改革、加快转型、促进发展提供了根本动力。做好今年工作,最核心的是坚持稳中求进、改革创新。

阅读上述材料,回答三个问题:

(1)材料一说明什么?说说材料二、材料三的核心内容是什么?(3分)

相关考点45:关注社会发展变化,增进关心社会的兴趣和情感,养成亲社会行为。

(2)结合所学知识谈谈广东应该如何贯彻落实党的十八届三中全会精神,坚持稳中求进、改革创新?(5分)

相关考点45:关注社会发展变化,增进关心社会的兴趣和情感,养成亲社会行为。

(3)作为广东人的你,能为广东乃至全国的发展做些什么?(3分)

相关考点45:关注社会发展变化,增进关心社会的兴趣和情感,养成亲社会行为。

相关考点40:知道责任的社会基础,体会承担责任的意义。积极参与公益活动,有为他人、为社会服务的精神。

答:(略)

此外,还可以设置若干时政专题复习。如:

一、改革开放　共享成果	二、科教兴国　吾辈有责
三、依法治国　社会稳定	四、遵法守纪　你我之责
五、节能减排　环保民生	六、民族文化　你我弘扬
七、未成年人　特保自保	八、食品安全　法治保障
九、关注民生　医保教育	……

只要我们足够重视,在备考复习中,搜集相关素材,结合相关考点,编制相关练习题,加强练习,是会有成就的。

学习,是人们吸收知识、增长才干、增进智慧、积累精神食粮的重要渠道;讲座,或者说讲堂,是教师历练、成长的一个大舞台,是成就优秀教师的一个大舞台。而且仅仅是其中"一个大舞台",而不是唯一的大舞台。

重视学习,不断学习,不骄不躁,善于思考,善于创新,与时俱进,才是事业成就之根。

正是:教科研里论修行,仍须躬身实践中。

结束语

人生修炼路漫漫，学海无涯苦作舟。

树有根水有源，送君千里终须一别。本书研讨至此，该来个小结的时候了。

至此，可以说，关于普通教师到优秀教师的过程，应该具备的哪些素养及其练就问题，相信智慧的读者，能清晰地从上述"成就教学素养""立足教育""立项科研""命制试题""评析试卷""写作论文""学习讲座"等项目中得到某种启示，不再重述。

这里要强调的是，教师专业成长和教学素养形成，必须靠自觉修炼。只有自觉修炼而成，才能在由普通教师向骨干教师发展、由骨干教师向优秀教师发展、由优秀教师向卓越教师发展的道路上，越走越稳健，发展才能越有后劲。也只有后劲十足的发展，才能有源源不断的原动力。

要指出的是，为什么本书没有强调班主任工作的修炼？因为，本书主要是从教师专业技术角度而言的，专业技术主要包含的是知识能力与方法；而班主任主要是管理，管理需要勤奋、细致与方法。两者的前提不同。前者突出的是知识与能力，后者的前提条件是勤奋。前者需要的知识，要靠学习而得，能力靠磨炼而成；后者需要的勤奋，只要具有勤劳而不怕苦和累就可以。虽然两者都强调方法，但是两者的前提决定此方法不同于彼方法。因此，本书略去了对班主任修炼的强调。没有强调，并不意味着优秀教师不需要班主任工作修炼。相反，从事过班主任工作，是成为优秀教师必须具备且不可或缺的一个重要因素，并非可有可无，千万不能误读。

关于班主任德育问题，虽然在第二章后一部分有所涉及，但尚未深入讨论，主要考虑到本书的主题是"专业"修炼，故未将班主任德育工作作为研讨重笔。在我所写作的、并于 2012 年 8 月出版的《思想品德教学实效性探索》一书中已有专题阐述，恕不一一赘述。

亦是：千言万语书不尽，一切都在不言中。

本书能够顺利成书,除了作者自己的努力外,还要十分感谢鼓励、支持我,给我勇气撰稿的东莞市教育局和东莞市中小学名师工作室主持人团队以及我原工作单位的领导、同事。同时,十分感谢为我成书提供参考材料、书目的单位和个人。

完稿于二〇一六年五月

修改于是年十一月

于东莞市南城

参考书目

[1]1994 年、2004 年、2010 年广东省初中毕业生学业考试思想品德试题及其答案。

[2]2013 年、2014 年、2015 年广东省、广州市、佛山市、梅州市、湛江市初中毕业生学业考试思想品德试题及其答案。

[3]义务教育思想品德课程标准[M](2011 年版)中华人民共和国教育部制定 北京师范大学出版社 2012 年 4 月第 4 版第 4 次印刷 ISBN 978 - 7 - 303 - 13327 - 7

[4]现行人教版、粤教版、北师大版《思想品德》/《道德与法治》[M]教材。